复旦大学新政治经济学研究中心
走向新的政治经济学论丛

Systemic Risk Management
and International
Financial Regulatory Reform

系统性风险管理

和国际金融

监管体系改革

孙晓云 著

格致出版社　　上海人民出版社

金融危机凸显当代金融理论的重大失误是忽视了金融的系统性风险。如何分析、测量和管理金融市场的系统性风险，就成为金融学和风险管理的重大挑战。孙晓云有多年在国际银行做风险管理的经验，她系统地整理了最新的金融系统性风险的文献，结合中国案例进行分析。本书是研究生和专业人员学习参考的好教材。

陈　平　北京大学国家发展研究院教授，复旦大学新政治经济学研究中心高级研究员

系统性风险(systemic risk，又称整体性风险)多年前已进入学者研究的视野，但直到2008年金融危机之后，才被G20等世界重要经济实体的政府作为制定金融监管规则的中心考虑。事实上，2009年以来一系列新的国际金融标准的制定，主要是围绕着如何加强系统性风险管理这一命题来考虑的。虽然美国、欧洲、亚太等多个经济实体的金融监管当局已经或正在根据新的国际标准修改自己的监管条例或制定新的条例，但如何实施，以及如何评价鉴定实施后对控制系统性风险的效果，对于全球各地监管当局和研究学者双方都仍然是一个全新的课题。本书从理论和实例两方面都有系统的阐述，有助于国内监管部门、从业人士和研究学者了解世界前沿的研究成果和监管实施动态，了解世界各地监管当局、金融从业人士和研究学者在系统性风险管理方面正在想什么、讨论什么，这对于促进双方的对话交流，推动中国在这一领域的理论和实践走在世界前沿，作出了重要贡献。

骆　宁　美国纽约联邦储备银行资深督查员，北美华人银行家协会第一任会长

与一般的金融学教授不同，孙晓云有在国际大银行的管理经验；与一般金融行业人员相比，她又有在学术界长期积累和研究的功底。她综合的实业和学术背景形成了本书独特的视角。从过去40年国际金融体系的演变切入，引导读者重新审视金融的功能；对全球金融危机中多种角色的互动分析，对私营部门和监管当局作为的梳理，使得系统性风险的话题变得现实而具体。将系统性风险测量工具带入对中国案例的分析，更是本书的亮点。

杨　壮　北京大学教授，北京大学国家发展研究院BiMBA院长

系统性风险的理论研究一直在经济学里占有重要席位,它在实践上的重要性也通过金融危机/经济大衰退而得以凸显。孙晓云女士这本系统性风险的大作,集中了非常详尽的资料,贯穿了大量细致的研究工作,同时也渗透进了她本人学术界厚实的功底和华尔街多年的实战经验,不失为风险管理领域重要的政策、实践和理论参考。

卢 菁 《我在美联储监管银行》作者,加拿大帝国商业银行纽约投行执行董事

本书结合世界金融系统风险的重大案例,介绍了金融体系统性风险的基本概念,揭示了系统性风险的产生机理与演变过程,对系统性风险的识别、测量和管控做了全面的阐释。作者多年来在著名跨国金融机构从事高层管理工作的经历给本书带来宽阔的国际视野。作者在北京大学指导研究生围绕中国金融系统性风险开展的研究工作,为本书提供了实证分析支持。相信本书会得到金融行业管理人员和金融领域研究人员的青睐。

王其文 北京大学光华管理学院教授,中国管理现代化研究会常务理事

系统性风险是全局性、宏观性的风险,影响每一个生活在市场中的企业的生态环境。控制系统性风险是世界各国监管部门的共同责任。作者基于在中美两国金融界的实践经验,从风险管理的视角,梳理了金融市场系统性风险的种种表现和监管实践,以及针对系统性风险的监管重点。特别地,将系统性风险的度量模型应用到中国金融业,并针对中国金融监管存在的问题,提出了三条建议。本书不仅对中国金融的学者和监管部门,而且对一般风险管理的研究者,都是一本有价值的著作。

吕多加 第一会达风险管理董事长,全国风险管理标准化技术委员会副秘书长

序　言

史正富

孙晓云博士的《系统性风险管理和国际金融监管体系改革》一书完成，即将付梓，嘱我作序。

我与晓云相识在马里兰大学留学期间，她从南开大学物理学学士到马里兰转读管理科学运筹学博士，毕业后曾多年在华尔街就职。她在花旗集团北美信用卡风险管理部门就任副总裁时，恰好亲历美国次贷危机发生并发展为全球金融危机的过程，此后便开始研究这一危机的成因与系统性风险管理的基本问题。2010年晓云回国讲学，我们在上海相见，谈起系统性风险的话题，深有同感。后来在我的鼓励下，她来到复旦大学新政治经济学研究中心担任高级研究员，专心从事本书主题的研究。

历经三年多的潜心研究与写作，《系统性风险管理和国际金融监管体系改革》一书终于完成。虽然就市场效应来说，本书出版是晚了一些，但就主题思想之重要和涉及内容之宽广深刻而言，此书将具有长期的重要性；对于正在探讨金融体系深化改革的中国经济学与金融学界而言，此书自然更是一部极具现实参考意义、值得认真阅读的好书了。

本书主题是系统性风险，而其爆发便是金融危机。对2008年爆发的全球金融危机的分析，本书并未就事论事（比如说人性的贪婪），也没有以偏概全（比如说政府缺乏监管），而是将危机置于近40年整个金融产业，尤其是资本市场的结构变迁这一宏大历史背景之下。书中把这段历史变迁分为三个阶段，聚焦近40年来形成的现代金融产业，对金融机构、金融产品、市场体系、商业模式和薪酬激励制度等金融产业运行的基本问题做出了简洁而清晰的分析。透过对这些基本问题的分析，本书展示出金融危机的成因虽然是多元而复杂的，但归根到底，是金融产业结构的内生产物。

　　我们知道,近 40 年美国金融产业结构变迁的主旋律是金融自由化以及相伴而来的金融衍生品的爆炸式增长。书中对金融衍生品既有总体分析,又对基于资产的衍生品和信用衍生品作了区分,特别指出了 CDO(担保债务证券)和 CDS(信用违约互换)两种信用衍生品所具有的极端杀伤力。而金融衍生品的爆炸式增长则是美国 1980 年以后金融自由化极度发展的产物。首先,商业银行与投资银行的分离原则被废除,允许混业经营,造就了若干规模空前、业务广泛而复杂的全能银行;其次,放开银行业务限制,允许银行资金高比例地投入高风险资产,同时银行也可用多种手法在存款之外筹集资金,创造出规模骇人听闻的所谓表外业务和表外资产负债;另外,1999 年,更是出台《金融服务现代化法案》,明令禁止对金融衍生品进行监管,由此彻底地使美国金融业由金融服务中介转型为金融自我循环体,由风险管理工具的提供者变质为制造风险而牟取暴利的怪物。对比金融自由化之前的 40 多年,美国金融业主要为实体经济服务,没有发生重大危机,实体经济倒是有长期增长;而推行金融自由化以来的近 40 年中,我们看到的却是金融产业规模的空前暴增和实体经济的持续快速衰败,金融从业者收入水平空前提高而金融风险与危机则频频发生。就三场大金融危机而言,破坏力更是一次甚于一次。按美国学者的研究,20 世纪 80 年代的储贷危机造成的国民经济损失尚是数以千亿美元计,2002 年的互联网泡沫破灭的损失则上升到了 5 万亿美元,而 2008 年的次贷问题引爆的金融危机则更是造成了十几万亿美元的天量损失。金融自由化借金融创新之名开路,听起来挺美妙,但真的实行了,那可是会让一个国家,哪怕是美国这样的老牌金融强国,一朝倾覆!

　　既然分析了金融系统风险和危机,自然需要探讨系统风险的防范与监管了,晓云博士在书中对此用了相当的篇幅,而重点又放在了对当前国际金融界关于各种系统性风险评估模型的评价之上。这些模型虽有沟通国内外学术动向之功,但说实话,我自忖,这部分内容对金融监管实践益处有限。现代金融产业内的机构、产品、行业之间存在错综复杂的关系,相互反馈放大是形成系统性风险的根源。故研判系统性风险首要在于调查解析真实金融过程中的这些复杂互动关系。可惜书中所述种种模型基本是从数学逻辑出发推演,而对真实经济逻辑则不了了之。另外,要谈金融监管,不能不谈监管对象的复杂性和监管能力之间的关系。就最近的美国金融危机而论,是国会立法不让监管衍生品,怪不到金融监管部门。可是如果假设法律授权政府监管部门对金融衍生品进行监管,结果会怎样呢? 政府部门能担当起监管之责吗? 大多数业内人士会告诉你,只要允许美式金融工程意义上的金融产品创新,监管就不可能有用,一个原因在于,监管者的知识与能力永远赶不上被监管者。金融衍生品的种类越多,行业规模越大,其中涉及的技术复杂性越高,则监管部门的能力缺口就越大,对破坏性衍生品的监管可能性就越低。这既是经验事实,也是容易理解的常识,但却常常被人忽略。因此,才有人专门撰文,以现代经济学的学理严肃而细致地证明复杂金融产品监管的不可能"定理"。

目前,我国上下正在研讨金融体制深化改革的大计。正如晓云博士所言,"金融之于经济如同血液之于肌体"。金融业的活力与健全对一国经济与国民福利均极为重要。但美国经验表明,金融自由化不仅无助于打造具有活力、健全有效的金融产业,反而有害。金融毕竟是以玩钱为业务的,而钱之流动,本就无形无依;而今电子时代,更是来去无影无踪,不像实体行业总少不了房屋、机器、物料之类的实物。况且,实体经济的一个行业通常影响有限,就算前后延伸,也不过涉及国民经济的一域,而金融业一旦出事,其影响则很容易遍及国民经济整体,可以说无所不在,无远弗届。现代经济学虽经 200 多年发展,但时至今日,理解现代金融产品和机构幕后的经济学家又有几人? 对现代金融产业运行规律的理解和把握,也许还只是现代经济学一个遥远的梦。因此,任何关于金融体制改革的方案,如果打扮成来自科学理论的科学成果,那么,如果它不是学术扯淡就是别有用心。金融产业必须以服务国民经济为宗旨,金融产业的部门利益经常与国民经济整体利益相悖,一个不断创造"新"的金融产品的金融产业,是极难被政府有效监管的。这些历史教训,也是我在阅读晓云这本书后,引申得来的结论。

但愿我国金融体制改革的参与者能够了解本书。

2014 年 10 月 20 日

前　言

　　金融之于经济如同血液之于肌体。因此,在国际竞争中,各国都将金融业视为具有战略意义的领域。自上世纪70年代以来,金融业在全球范围内经历了深入的发展,以致现代金融业已经演变为一个高度复杂的综合行业。2007年以来的世界金融危机,给全球的经济活动、社会财富和就业市场都带来了巨大的冲击,对各国的公共财政产生了长久而深远的负面影响。据美国达拉斯联邦储备银行于2013年7月进行的保守估计,这次危机给美国造成了可达14万亿美元的损失,大致相当于美国2008年的国内生产总值。未来几年,本轮危机的危害仍将继续,欧洲国家和其他发达经济体的主权债务问题将使社会各界对未来发展的不确定性持续担忧。

　　本次危机之后,世界各地的学者、金融家、政策制定者和监管人员均从各自的角度探索其产生的根源,积极地寻求各种方法来降低未来发生金融危机的可能性和危害性。近年来,新的金融监管法律法规陆续出台,新的监管机构相继成立或对原有机构进行重组,相关出版物如雨后春笋,对金融业的一些基本问题进行重新思考和研究。例如,金融的功能到底是什么? 是否存在促进经济价值增值的最优金融规模? 金融体系的快速发展对自身和经济的健康和稳定有何影响? 本次危机与历史上其他金融危机的核心不同点是什么? 怎样进行监管改革以提高国际金融体系的稳定性? 等等。这些问题的涉及面宽广而深刻,笔者从系统性风险和国际金融监管的角度,对上述问题进行研究和讨论,提出自己的看法。

　　2000年至2008年,笔者曾就职于华尔街,在全球最大的两个全能银行——摩根大通和花旗集团分别担任北美信用卡决策科学部门和风险管理部门副总裁。2008年以来,笔者一直潜心研究全球金融危机的触发原因、金融体系的脆弱性以及系统性风险(systemic risk)和全面风险管理(enterprise risk management)等方面的问题。在深入研究的基础上,做了数十场公开讲座并在五所高校的EMBA/MBA/EDP以及行业培训中讲授有关方面的课程。近些年来,笔者有幸在北美、中国台湾和中国大陆工作,有机会与各地的金融家、研究者、监管者、企业高管和行业朋友探讨金融领域的问题,从视野和思考角度,到分析判断方法等方面均受益匪浅。而将自己的观察体验和研究心得写作成书，与更多的读者分享，一直是笔者多年的愿望。

基于风险管理的视角，结合亲身的经历和观察，笔者认为，系统性风险是这次全球金融危机的核心部分，也是使其有别于历史上其他危机最重要的特征之一。发达经济体金融的自由化和对监管的放松是造成这次危机如此严重的重要原因。在本轮金融危机中，美国次贷泡沫破灭迅速演变为系统性风险，并在全球金融体系内放大与传递，形成系统性危机后对全球经济造成巨大破坏。随后多国政府联手救市，对金融体系进行修复，并强力改革国际金融监管。这些过程可以说都是围绕着系统性风险这一核心问题展开的。危机往往是改革的催化剂，这次系统性危机暴露了当代金融体系结构中深层次的问题，并成为推动国际金融治理和监管改革的强大动力。

鉴于系统性风险对金融、经济以及社会系统的严重破坏性，对其引发的危机管理已经成为世界各国面临的重大挑战。因此，要真正理解新一代金融危机，寻求新的、有效的监管方法，理解系统性风险是关键所在。

全书共十章，前六章以介绍系统性风险为重点，第 7 章分析中国当今的系统性风险，分享了五个研究实例，后三章以国际金融监管体系改革的讨论为落脚点。全书的框架结构和各章的核心观点如下：

第 1 章定义金融体系及其基本功能。始于 2007 年夏的全球性经济衰退，除了房地产资产泡沫破灭和次级贷款违约等触发原因之外，与现代金融机构的商业模式，市场和产品过于复杂的关系，特别是自 20 世纪 60 年代以来金融体系整体发生的变化带来的内在隐患很有关系。本章围绕这一主题展开，以金融的规模、机构和业务，以及薪酬制度这三个方面的事实为依据，展示以欧美为代表的国际金融体系在 2007 年前夕与 20 世纪 60 年代时的显著不同，以及发达经济体的金融规模远远超过其实体经济总规模的事实。接着笔者将这段近 40 年的历史分为三个阶段，分别阐述在每个阶段中，金融业演变的原因、过程和特征，作为背景铺垫。

第 2 章是对系统性风险的基本概述。在回顾国际上众多学者和监管者对金融系统性风险定义的基础上，笔者给出自己的定义，强调外部"冲击"和内部"传染"是产生系统性风险的两个主要原因。接着论述金融体系本身就含有系统性风险的基因，探讨金融系统性风险与一般风险的不同及其传导机制，并讨论五种常见的表现形式。

第 3 章讨论系统性风险与危机的关系。历史是一面镜子。笔者回顾金融百年史中重大的系统性风险演化为系统性危机的事件，深入挖掘 2007 年全球金融危机的必要条件和充分条件——人性的贪婪和傲慢，人类的判断失误和不负责任的行为，以及无法避免的经济周期，是危机的必要条件；非传统的次级抵押贷款和以此为基础的高杠杆复杂金融衍生品的泛滥,现代金融体系的系统脆弱性,以及监管当局失去对大局的了解与控制是造成这次危机的充分条件。从系统性危机特征分析层面上,笔者试图总结出其演化过程中六个具有普遍性的阶段,指出全社会过度的信用和负债的假繁荣期是形成"泡沫积累"的第一个阶段。进而对近30年来的危机事件进行研究并发现,金融危机发生的频率在不断上升,其中半数与金融衍生品交易的风险事件密切相关。

第4章论述金融衍生品与系统性风险的关系。笔者首先回顾全球衍生品演进的三个阶段直至本世纪初的迅猛发展和惊人规模,进而聚焦于两类信用衍生品(CDO、CDS)的特征分析。笔者发现,在交易市场中,这两类信用衍生品具有高杠杆、模型失效和交易对手风险的内在特征。在本世纪初,许多大型金融机构已经抛弃了将衍生品用于资本筹集、风险转移、风险对冲的初衷,而变成几乎完全以套利为目的,使这两类信用衍生品在系统性风险的传导中起到了助推和放大的作用。

风险管理的核心部分是风险评估,而对风险的识别和测量是其基础。只有正确地迈出这两步,才可能谈得上对风险的防范、治理和监管。第5章专门讨论对系统性风险的识别。与在第2章中对系统性风险的定义相呼应,本章的讨论包括三个层面:(1)用于识别宏观冲击的指标;(2)用于识别系统性重要机构的五大指标;(3)识别系统性风险在金融体系内传导的机制和途径。之后,对助长系统性风险传导的现代金融运营的体制或客观条件的四个方面进行分析。

对系统性风险的测量是在风险管理理论和实践中都极具挑战性的一个难题。笔者检索和梳理了近百篇有关文献,这些文献多半是欧美的研究者、监管人员或从业人员针对本次金融危机的研究发表的,有一定的代表性。在第6章中,笔者从机构、市场和子系统三个层面,综述其中的21篇文献,介绍对系统性风险的测量方法,包括宏观和微观层面的模型和工具,并对其应用的可行性、解释性和预测性,以及面临的挑战进行讨论。这些模型和方法水平很高,但在预测性方面仍然欠缺,这是由于整个国际金融行业普遍缺少需要的数据信息。过去,无论是监管方还是机构自身,都是围绕着单个机构独立的风险来采集数据的。本次危机的重要教训之一是:因数据信息不足而付出的代价是巨大的。今后,随着相关数据信息的收集,希望会有更多更好的测量模型问世。

第6章讨论的系统性风险测量模型,都是应用于美国或发达经济体的金融业的。第7章笔者将目光转向中国,首先分析当今中国的宏观环境,对商业银行、影子银行、地方政府性债务、房地产、公共债务以及证券业这些重要的行业和部门各自的状况和相互作用进行了讨论,并指出潜在的系统性风险所在。接着,报告关于中国系统性风险研究方面的五个实证研究。鉴于目前中国在这方面的研究还十分有限,这五个研究具有一定的创新性。

第一个研究属于系统性风险的微观测量方法在中、美金融业的应用。我们使用了条件在险值(CoVaR)的概念,用分位数回归模型测量单个金融机构在系统性风险中的风险外溢,并计算 ΔCoVaR,即单个金融机构对系统性风险的边际贡献。我们采集了中国的14家上市银行的数据,并对美国具有代表性的8家银行进行了较长时间的测量和比较,建立了风险因子的模型。研究发现,银行规模、杠杆率,以及自身风险都对系统性风险有显著影响。这一研究成果富有启发性,主要工作由笔者指导的北京大学金融信息工程专业的硕士研究生陶健同学完成。

第二个研究运用系统性期望损失(SES)和边际期望损失(MES)模型对我国金融机构的系统性风险外溢情况进行实证分析。我们不但使用 SES 和 MES 两个系统性风险测度指标对我国24家上市金融机构的系统性风险外溢情况进行定量测度,验证 SES、MES 与杠杆率(LVG)之间的数理关系,而且还对 MES 与其各风险因子之间的静态和动态影响关系分别进行面板多元线性回归分析和面板向量自回归分析,得到一些有意义的结论。这一研究工作由笔者指导的北京大学金融信息工程专业的硕士研究生和宗昌同学完成。

第三个研究,我们从宏观、中观和微观三个层面,用格兰杰因果关系定义出"紧密度"的6个指标,探索经济和金融体系内部各个子系统形成的关联结构,用"紧密度"来定量描述子系统的连接、相关和共谐的程度,以及间接度量经济系统内所关注的部门之间的潜在的系统性风险。通过对中国经济的6个行业即房地产、工业、公用事业、金融、商业和综合行业的建模分析,我们研究的结果比较一致地反映了中国经济的风险状况,不失为一次有意义的尝试。这一研究主要由笔者指导的北京大学金融信息工程专业的硕士研究生勾金海同学完成。

第四个研究着眼于压力测试方法。在这次危机中,压力测试成为监管者评估银行在具挑战性的经济环境下的资金需求情况,进而判定是否需要政府额外注资援助的一个重要而有效的方法。银行业通常使用的压力测试多为静态模型,不能反映经济系统的动态演化以及对目标变量的影响。因此,我们试图对压力测试理论方法进行改进,研究压力情景概率的分布等问题。选取中国香港零售银行业从1997年第一季度到2012年第四季度共64期的数据,运用动态结构方程,考虑了反馈效应、时滞效应以及风险因子的相关性,观察到 GDP 和房地产价格分别受到冲击时对贷款违约率的影响,获得富有启示的发现,可为实际操作提供一定的参考。这一研究主要由笔者指导的北京大学金融信息工程专业的硕士研究生刘瑜同学完成。

第五个研究是关于中国地方政府的债务问题的,可以说这是研究中国的系统性风险不可回避的一个子问题。我们将研究聚焦于地方融资平台发行的债券及其信用风险,对2003—2012年全国地方融资平台债券的发行总额、发行数量、发行地区和平均期限的变化趋势进行研究。选取财务报告中的几类重要指标,如盈利能力、收益质量、现金流结构、偿债能力等,与普通企业债进行对比分析和统计检验,发现两类债务的显著不同。为了研究地方融资平台债券的信用风险,我们采用平台债券的信用利差作为其间接度量,建立了两个回归模型,得出了一些有意义的结果。这一研究主要由笔者指导的北京大学金融信息工程专业的硕士研究生赵婧伊同学完成。

在充分讨论系统性风险的相关理论问题之后,笔者在后面的三章中转入讨论系统性风险的治理和危机后国际监管体制和模式改革。主要涉及以下核心问题:

这次金融危机使全球经济蒙受了 20 世纪 30 年代大萧条以来最严重的创伤,充分表明了监管当局的失职和监管的严重不配套。金融创新发展所带来的行业巨变,使得过去的监管已不再适用。第 8 章阐述私营部门机构的风险管理与公共金融监管当局关注的不同点,"对系统性风险进行管理应当是央行的工作"。本章还讨论系统性风险监管的特殊困难,指出推进机构与市场跨境和跨业的监管整合的必要性。要做到有效的监管,两个方面的工作是必需的:(1)建立和实施统一的国际监管标准;(2)重振和加强功能性的统一监管模式。

关于第一个方面的工作,本书第 9 章以银行业为例,回顾金融危机之前的主要国际监管标准:骆驼评级法和巴塞尔协议。讨论巴塞尔协议 Ⅱ 在金融危机中受到的挑战和在防范系统性风险方面的五个主要缺陷;叙述巴塞尔协议 Ⅲ 的诞生,具体介绍其三个支柱的演进和最新内容,特别是针对治理系统性风险方面所做的努力和改进,并报告世界各国对巴塞尔协议 Ⅲ 的最新实施现状。

第 10 章聚焦于危机后国际金融监管改革的努力和现状,以及重振和加强统一监管模式的工作。笔者首先回顾 2007 年之前国际金融监管的三种主要模式:统一型监管、分业型监管和不完全统一型监管,并讨论每种监管模式的优劣。之后对二十国和美、英、欧洲金融监管改革的法案法规和机构改革,特别是与系统性风险管控有关方面的举措分别展开讨论。详细介绍美国的"多德—弗兰克法案",聚焦于金融体系健康而稳定的发展问题,以及未来国际金融监管的联合努力的方向和发达经济体对我们的启示。针对中国金融环境和监管存在的问题,笔者提出了三条建议。笔者认为,注重系统性风险的宏观审慎监管和强调单个机构个体风险的微观审慎监管是有效监管的两个方面,它们的有机结合与优化平衡是未来国际监管体系改进的趋势。希望中国金融业能够充分吸取发达经济体的经验教训,结合自身情况,创造出适合中国的、为实体经济服务的、健康稳定的金融体系,以及与之相匹配和有效的宏观与微观审慎监管结合的金融监管体制。

孙晓云

2014 年 6 月 2 日

于纽约

目 录

第1章 现代金融体系演变 / 001

1.1 现代金融体系的基本结构 / 001

1.2 现代金融体系的演变及其"脆弱性" / 003

1.3 历史的观察 / 019

第2章 系统性风险概论 / 028

2.1 系统性风险的定义 / 028

2.2 系统性风险的特征 / 032

2.3 金融体系含有系统性风险的基因 / 033

2.4 金融系统性风险按表现形式的分类 / 036

第3章 系统性风险演变为系统性危机 / 039

3.1 2007 年的全球金融危机 / 039

3.2 系统性危机的历史回顾 / 049

3.3 金融系统性危机的特征与演化过程 / 058

第4章 金融衍生品和系统性风险 / 063

4.1 全球金融衍生品的演进 / 063

4.2 信用衍生品成了系统性风险的助推器 / 068

4.3 对金融衍生品的监管 / 078

第5章 系统性风险的识别 / 082

5.1 宏观预警指标——识别宏观冲击 / 082

5.2 识别"系统性重要机构"的必要性 / 084

5.3 衡量"全球系统性重要机构"的指标法 / 085

5.4 金融体系中系统性风险的传导途径 / 090

5.5 系统性风险传导的放大效应 / 095

第 6 章　系统性风险的测量 / **100**
　　6.1　以机构为核心 / 102
　　6.2　以市场为核心 / 115
　　6.3　以系统为核心 / 121
　　6.4　系统性风险测量小结 / 126
　　6.5　对数据信息的思考 / 128
　　6.6　与系统性风险测量相关的四类数据 / 130

第 7 章　中国系统性风险的研究 / **132**
　　7.1　中国系统性风险环境分析 / 132
　　7.2　中国系统性风险的五个实证性研究 / 145

第 8 章　现有金融监管体系面临的挑战 / **210**
　　8.1　风险管理和金融监管 / 210
　　8.2　系统性风险监管的特殊困难 / 212
　　8.3　系统性风险对现有监管框架的挑战 / 218

第 9 章　银行监管改革的国际标准 / **221**
　　9.1　回顾 2007 年之前的银行监管 / 221
　　9.2　巴塞尔协议Ⅲ / 226

第 10 章　全球金融监管改革的法案与举措 / **234**
　　10.1　国际上主要金融监管模式及其特点 / 234
　　10.2　美国《多德—弗兰克法案》开启影响深远的改革 / 239
　　10.3　二十国集团、英国和欧洲的新举措 / 249
　　10.4　对中国金融监管改革的思考 / 253

参考文献 / **261**
后记 / **274**

第1章 现代金融体系演变

◎ 1.1 现代金融体系的基本结构

金融之于经济如同血液之于肌体。金融体系是一个经济体中资金流动的基本框架，它是由资金流动的工具（金融资产）、市场参与者（中介机构）和交易方式（市场、基础设施）等各金融要素构成的综合体，它有所有能够将现实资源分配到最终用途的功能。同时，由于金融活动具有很强的外部性，在一定程度上可以视为准公共产品，因此，政府的管制框架也是金融体系中一个密不可分的组成部分。一般来说，现代金融体系包含下列四个部分：

（1）金融机构：包括商业银行、投资银行、证券公司、保险公司、共同基金、银行控股集团（BHCs）、非银行金融机构、非银行金融控股公司、私募基金等。

（2）金融市场：其基本经济职能是作为流通渠道，使得资金能在资金富余者和资金不足者之间进行转移配置。它主要包括货币市场、债券市场、股票市场、外汇市场，以及金融衍生品市场等。

（3）金融基础设施：它是为商品和劳务的交换提供支付便利的设施和服务，主要指支付系统、交易系统以及结算和清算系统。

（4）金融制度、金融监管及其他：主要包括中央银行、监管调控机构、制定法律法规和政策条例的政府部门、信用评级机构、行业自律协会，以及为金融机构和市场提供信息或其他服务的机构等。它决定一个国家的金融环境。

按主要业务分类，金融业可划分为银行业、保险业、证券业和信托业等多个行业。金融体系的主要功能是货币资金的筹集、分配与管理，通过对资本进行有效的配置，为实体经济活动提供服务，帮助总体经济获得更高的产量和效率。运作良好的金融体系是经济获得高速增长的一个关键因素。金融体系既是资金密集和风险密集的，也是信息密集的。

金融体系的外围是经济和社会系统以及自然生态系统,如图 1.1 所示。

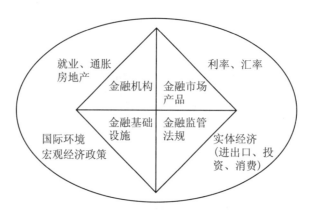

图 1.1 金融体系和经济、社会系统

金融体系具有以下六大基本功能(Bodie and Merton,1999):

(1) 清算和支付功能,即提供便利商品、劳务交换和资产交易的清算支付手段;

(2) 融通资金和股权细化功能,即通过提供各种机制,汇聚资金并导向大规模的无法分割的投资项目,调节储蓄—投资缺口;

(3) 为在时空上实现经济资源转移提供渠道,即提供促使经济资源跨时间、地域和产业转移的方法和机制;

(4) 风险管理功能,即提供应付不测和控制风险的手段和途径;

(5) 信息提供功能,即通过提供价格信号,帮助协调不同经济部门的非集中化决策;

(6) 提供激励和约束机制,即解决在金融交易双方拥有不对称信息及委托代理行为中的激励问题。

金融本来起于实体经济,也应依赖于和服务于实体经济而存在。金融的存在是为了帮助实现社会的其他目标,也就是通过必要的金融手段实现一系列社会和经济的目标,金融并非"为了赚钱而赚钱"。合理的金融行业的运转机制和监管体制是必需的。从这个意义上讲,研究金融体制和运作的金融学是一门功能性的学科,其中包括通过充分的管理、保护和保存相应的资产,使得这些资产能够为社会目标的实现和延续提供支持。如果正常运转,金融能帮助整个社会走向前所未有的繁荣;如果其运行脱轨,金融的力量将颠覆任何试图实现目标的努力。这是我们在过去和这次危机中所看到的(Shiller,2012)。金融把财富的价值形态和权利从各种实物形态中剥离出来,证券化为虚拟的金融资产,从而使社会财富能以符号的形式方便地流动,配置的效率得到提高,使得整个社会的资源配置真正进入了效率化时代。美欧经济过去几十年的繁荣,与其金融的深度发展分不开。金融的强大,已是美国多年的国家战略。

◎ 1.2 现代金融体系的演变及其"脆弱性"

金融体系的四大部分,近百年来不断地发展变化。在演化的过程中,充满了创新、危机、改革的循环变奏,历经各种变化而在经济生态圈里占据了一个重要的位置。在相对和绝对数目的意义上,金融业在整个经济体中一直在扩张,它好似是一个永动体,不断地从本质上革新自己,并且其运营方式日益复杂化,涵盖的业务范围也日益扩大和深入。过去的 40 年,欧美发达经济体经历了广义上的"经济金融化"过程①。始于 2007 年夏的全球性经济衰退,除了房地产资产泡沫破灭和次级贷款违约作为触发原因之外,与现代金融机构的商业模式,市场和产品的关系过于复杂,特别是自 20 世纪 60 年代以来,金融体系整体发生变化带来的内在隐患很有关系。以美欧为代表的发达经济体,金融业的规模已远远超过相应的实体经济,金融自由化思潮和新古典经济学的市场有效理论占主导地位,全民借债并使用高额杠杆,金融产品创新达到空前的活跃,衍生工具结构变得极其复杂,各种证券产品的交易量爆炸性增长,这是一场金融的革命,是自 70 年代以来全面的、大规模的、深层次的变化。这种变化,对全球经济增值是否更有效、风险更小、能否持续,目前有很多争论留待历史检验。

"金融深化"(即金融结构的变化)的现象导致了本书重点关心的金融稳定性问题。美国和西方金融业 40 年来的高速发展,为实体经济发展注入了新鲜的血液,改善了资金的流动和配置,促进了经济增长和社会繁荣,特别是为美国的强盛立下了功劳;但同时也增加了现代金融体系的不稳定性和脆弱性,使得行业的风险管理和对金融业的监管日益艰难,造成在危机爆发时失控并给全社会带来重大损失。

2010 年 9 月,美联储主席伯南克在金融危机调查委员会的证词中,对这次危机的原因作了分析,提出将危机的"诱因"(triggers,引发危机的特别事件或者因素)和"脆弱性"或"隐患"(vulnerabilities,存在于金融系统和监管领域、令初始冲击蔓延并放大的结构性薄弱之处)区分开来。这样的方法会有助于理解为什么诱因的大小与危机的严重程度不成比例。笔者认为,房地产次级抵押贷款市场的破灭是 2007 年危机的诱因,而更基本的隐患,与现代金融体系演变形成的脆弱性和监管框架的内在弱点密切相关。后者对初始冲击起到传播和放大的作用,造成系统性的大规模破坏。"脆弱性"或"隐患"来自私营部门和公共服务两个方面。在私营部门方面,主要包括:过度债务杠杆;不稳定的短期融资渠道;风险管理的不足;以及被大量晦涩难懂的金融衍生品掩盖了的高集中度的风险。在公共部门

---

① 经济金融化是指包括银行、证券、保险、房地产信贷等广义的金融业在一个经济体中的比重不断上升,并对该经济体的经济、政治等产生深刻影响。

方面,包括监管架构的缺失——对系统性重要机构和市场没有认真地监管;未能有效地运用现存的监管权力;政府对构成系统整体稳定性的威胁缺乏重视,即宏观审慎监管的缺失。

我们认为要真正理解金融系统性危机的来龙去脉,就必须将危机的"诱因"和系统性的"隐患"分析透彻。而要懂得"隐患",就必须客观地观察危机前的金融体系以及它是如何演化为具有以上"脆弱性"特征的。下面,我们试图从金融业的相对规模、金融机构及其业务的拓展,以及行业薪酬制度这三个方面的变化,对 20 世纪 60 年代和 2007 年前的金融体系展开对比式的讨论。

1.2.1　金融相对规模

金融业是指经营金融商品的特殊行业,它包括银行业、保险业、信托业、证券业和租贷业。在最近 40 年来欧美发达经济体中,金融业的规模无论在绝对数量还是在相对数量方面,都呈现巨大的增长。金融高速增长的特征事实表明金融业在全球经济体系中具有显著的深化趋势,其重要性与日俱增。

1. 金融行业的相对占比

在危机前期的欧盟,银行业的资产总规模已达到总 GDP 的 3.5 倍。在英国,银行资产相当于 GDP 的 5 倍,爱尔兰和瑞士是 8 倍,在德国是 3.5 倍,日本大约 2 倍。以美国为例,相对于其实体经济来说,金融业规模的增长十分显著。很多学者研究这几十年金融业的增长,有用各自不同方法进行测量的。我们从以下 5 个方面的数据进行分析:

(1) 金融业对经济整体(GDP)的贡献。根据美国商业部的数据,图 1.2 表明,这个比例从 1945 年之后,延续了一个长期的上升趋势。从 1965 年到 2010 年的 45 年中,银行业(包括保险业)在 GDP 中的占比从 4% 增加到 8.4%,翻了 1 倍多(Philippon,2011)。

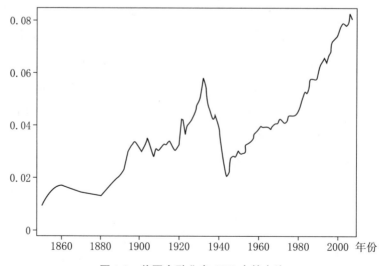

图 **1.2**　美国金融业在 GDP 中的占比

（2）从资本市场来看,美国金融行业的股票市值占整个美国股市总市值的比值,从 1975 年时的 5％增长到了 2007 年的近 23％(图 1.3)。

（3）从行业的利润而言,在 2003 年前后,美国金融业的利润超过了美国整个国民经济利润总量的 1/3,而在 1980 年时,这个量只占 15％(图 1.3)。

资料来源:Thomson Reuters Datastream。

图 1.3　美国金融业在经济中的市场份额

（4）在资产增长的相对比例方面,我们用美国经济中四个主体部分的资产增长比例来对比考察,它们分别是居民户、非金融企业、商业银行和证券经纪交易商。图 1.4 将这四个部分的资产增长比例的数据以 1954 年 3 月为基点进行归一化处理。该增长曲线清楚地表明,尽管前三个行业的平均值从 1954 年到 2007 年之间已经增长了大约 80 倍,但证券经纪交易商的资产增长则是令人瞠目的——在 2008 年金融危机前几乎达到了 800 倍!(美国的证券经纪交易商包括五大投行,资产总规模大幅度上升,主要是由于股票市值急剧上升,另外还包括投行业务的快速发展,投资顾问费和资产管理费增加值,见下一节对投行业务的讨论)。

（5）金融行业资产债务的绝对值和占比,从 1978 年到 2007 年,美国金融行业的贷款的绝对数由 3 万亿美元上升到 36 万亿美元;若看在当年 GDP 中的占比,从与 GDP 持平到成为 GDP 的两倍多(The Financial Crisis Inquiry Report,2011)。

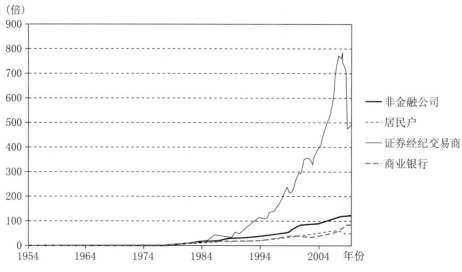

资料来源:Brookings 研究所论经济活动的文章,2010。

图 1.4 美国经济中四个部分的资产增长比较

(6) 美国公司市盈率和市值大幅度增长,增长速度远远超过 GDP 增速和企业实际利润增速,导致金融资产总值与实物资产(资本)价值之比例亦大幅度上升。美国金融市场的摩尔定律:1929—2009 年,美国股票市值每 10 年翻 1 倍,最近 30 年,每 2.9 年就翻 1 倍。

2. 杠杆

广义来说,一个国家的经济杠杆可以用其总债务对 GDP 的比率来衡量。这一比率在过去 40 年间,包括美国在内的很多发达经济体都有显著增长。而债务内容的增长主要来自居民户和金融体系内部两部分,家庭背负了越来越大的债务并且过度支出,同时金融体系内部公司之间的高风险借贷也急剧增加。如图 1.5 所示,在 1965 年时,居民户债务大约占美国 GDP 的 46%,2007 年时该比率增长到了 99%左右;金融体系内部债务在 1965 年时只占美国 GDP 的 15%左右,2007 年时该比率猛增到约 110%! 另外,图 1.6 显示了美国的个人房地产抵押贷款证券由银行和房地美(Freddie Mac)、房利美(Fannie Mae)(简称"两房")等准政府机构渠道发行的总量变化。美国的房地产抵押贷款债务,从 2001 年的 5.3 万亿美元攀升到 2007 年的 10.5 万亿美元。美国家庭的平均抵押贷款债务数额从 2001 年的 91 500 美元增加到 2007 年的 149 500 美元,在这 6 年中的增长量比整个国家在过去 200 年里增长的债务还多(The Financial Crisis Inquiry Report,2011)。在 2008 年时,由银行发放的个人房地产抵押贷款超过了 GDP 的 40%;"两房"发放的贷款也超过 GDP 的 30%。这表明美国经济杠杆化的加剧,尤其是金融业杠杆化程度在近 40 年间急剧上升。这种过度杠杆化的现象，本质上放映了实体部门与金融部门的不对称，金融的发展大大超过了实体经济的发展。

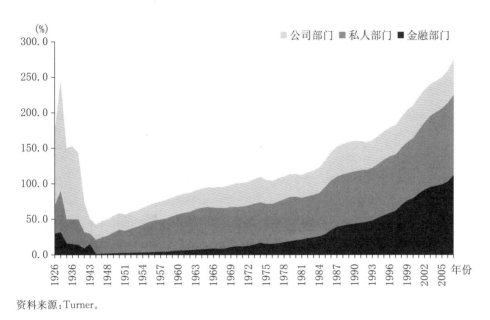

资料来源：Turner。

图 1.5　按借款者类型分类的美元债务占 GDP 的比重

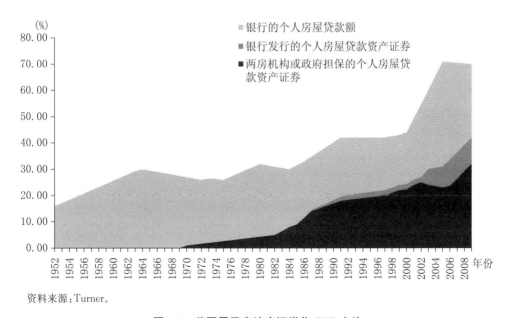

资料来源：Turner。

图 1.6　美国居民房地产证券化 GDP 占比

美国联邦政府债务在 1965 年时占美国 GDP 不到 40％，2012 年时该比率猛增到约 78％。

3. 创新

由于竞争的加剧,过去的 20—30 年是金融业创新发展最快的时期,金融创新使得金融产品变得极其复杂,例如住房抵押贷款证券化的增长。图 1.7 展示了全球资产证券化产品从 1995 年到 2007 年的发行量,几乎呈指数型增长,在 2005—2006 年达到近 2.4 万亿美元的高点;图 1.8 展示了金融利率衍生品在场外市场的名义额度,在危机前的 2007 年达到过 400 万亿美元的高点。这些结构复杂的资产证券化产品和金融衍生产品在最近 20 年间的巨大发展,充分显示了金融业在创新方面的影响以及在银行业务结构上带来的深刻变化。

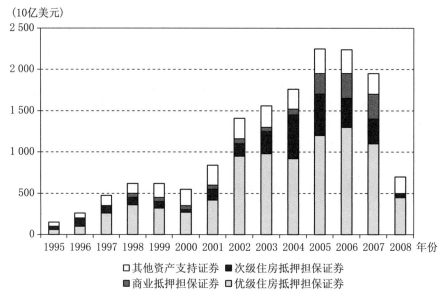

图 1.7　全球资产证券化的发行量

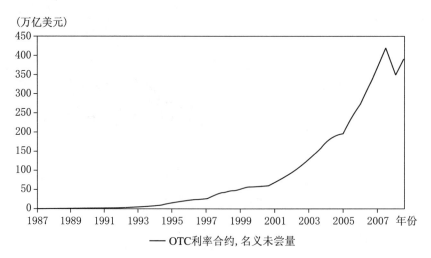

图 1.8　场外利率衍生品交易的名义额度

4. 举例分析:英国银行业的变化

为了帮助读者更清楚和容易地了解,我们用英国的银行业为例子,来看看 40 年以前与 2007 年相比,有什么不同,什么是主要的变化。金融危机之后,英国伦敦经济学院组织了一个"未来金融小组",由 18 位英国领先的思想家,包括资深的学者、业界人士、媒体记者和来自英国金融监管机构的官员共同组成,联合研究国际金融改革的问题以及什么应当是未来的金融体系。在谈及英国银行业的演变时,他们用 1964 年和 2007 年的英国银行业的资产负债表做了一个有趣而深刻的比较(Turner et al.,2010)。我们来看图 1.9 和图 1.10,图中列出了英国银行业资产负债表的细分科目与其 GDP 的比率。首先,我们发现,1964 年时,英国银行业资产负债表总额只占 GDP 的 34%;到 2007 年该比率飙升至497%,这个增长是令人难以置信的。

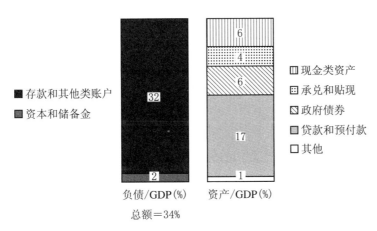

图 1.9　1964 年英国银行业资产负债表(用 GDP 占比表示)

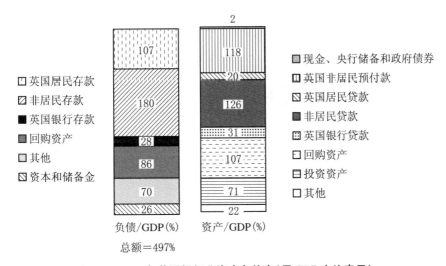

图 1.10　2007 年英国银行业资产负债表(用 GDP 占比表示)

   并且,负债和资产的构成结构在这 40 多年间也变得更加复杂。先看负债方面,1964 年存款和其他类账户是 GDP 的 32%,占负债总额的绝大部分,而资本和储备金只占 GDP 的 2%;2007 年存款和其他类账户以及资本和储备账户都取得了大幅增长。另外,出现了回购类(repo)负债账户,占当年 GDP 的 86%(回购类负债属于影子银行的业务)。

   再看资产方面,1964 年时英国银行业吸收的负债主要用来发放贷款、支付预付款和购买国债,这部分为资产总额的 68% 左右,占当年 GDP 的 23%;到 2007 年,资产总额的一多半还是用来发放贷款和支付预付款,但是只有 2% 的 GDP 是用来购买国债的,这相对于 1964 年时用 6% 的 GDP 来购买国债的部分大幅减少;另外还有 107% 是用来经营回购业务的。这说明英国银行业经营的业务类型发生了变化,其资产由主要用来购买国债、发放贷款较单一的业务模式转变为发放贷款、从事回购及投资等较多样复杂的业务模式。在一定程度上,这也能说明英国金融业在 40 多年间对经济影响程度的深化。

   下面我们再来看看英国银行业(包括住房抵押贷款互助会)对实体部门(非金融部门)的影响。如图 1.11 和图 1.12 所示,在 1964 年时,英国银行业吸收的存款总额(针对非金融部门,即居民户和非金融企业)占英国当年 GDP 的 46% 左右,其中大部分来自居民户的存款,大约是 GDP 的 39%,而发放给它们的贷款只占 GDP 的 14%;另一部分存款来自非金融企业,大约是 GDP 的 7%,而发放给它们的贷款却占 GDP 的 13% 左右。这说明,当时英国银行业有一个很重要的职能,就是促进来自居民户的净存款转变为商业投资,进而促进了国民经济的发展。

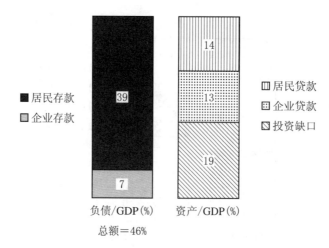

图 1.11 1964 年英国银行业和住房抵押贷款互助会存贷款(非金融部门)占 GDP 的比重

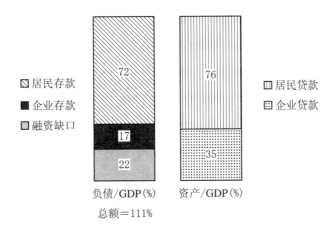

图 1.12　2007 年英国银行业和住房抵押贷款互助会存贷款(非金融部门)占 GDP 的比重

另外,从图 1.11 中也能看出,1964 年时银行吸收的存款并没有被利用于金融体系之外,大约占 GDP 比例为 19％的部分停留在金融系统内部。而在 2007 年时(图 1.12),英国银行业吸收的存款总额(针对居民户和非金融部门)大约占英国当年 GDP 的 89％。其中大部分依然来自居民户的存款,大约是 GDP 的 72％,但是,这时发放给它们的贷款(含 22％证券化贷款)大约是 GDP 的 76％;另一部分来自非金融企业的存款大约占 GDP 的 17％,而发放给它们的贷款(含 1％左右的证券化贷款)占 GDP 的 35％左右。这说明,2007 年英国银行业相对于 1964 年来说,不再是依靠居民户的净存款来转化为商业投资,而是产生了相当于 GDP 的 22％的融资缺口,因为发放给居民户的贷款已经超过了来自其存款。融资缺口可以由包括来自海外的大规模融资所填平,这时英国银行业强大的融资能力显示出其在国际上作为大型金融贸易中心的地位。

总的来说,英国银行业在过去的 40 年间的发展趋势和美国的金融业非常类似,呈现出三个显著的特点:

(1)金融对经济和人们日常生活的渗透程度不断加深。银行业存贷款占 GDP 的比重不断提高。(2)居民户和企业部门的收入杠杆增长明显。居民户和企业这两个经济主体变得负债累累,负债相对于 GDP 的比例不断提高已说明这一趋势。这里所说的收入可以用居民收入、企业利润和产权租金等来衡量。整个社会的杠杆化程度不断上升,金融体系内部的杠杆作用急剧膨胀。(3)银行不断增长的债务是由不断增长的资产所支持的,这些资产的增长又主要由日益膨胀的住宅和商业地产的资产抵押债务来维持。

1.2.2　金融机构和业务

自上世纪 60 年代以来,金融机构的演变和所从事业务的变化令人瞩目,我们分别从投资银行、商业银行和一些新兴的金融机构的变化来分析,并利用机构的金融杠杆和金融市场的交易量这两个反映业务变化的维度来展开讨论。

1. 投资银行

从 20 世纪 60 年代到 2000 年,投资银行的变化可以说是革命性的。过去相当长的时间里,投资银行一直是以紧密的合作伙伴关系为主的小微型企业,利害关系造成人员的流动性较差,很多人终生的职业生涯都在同一个机构。这些早期的投行,通常是依靠员工的才智,以做股票经纪和投资咨询为主要的收入来源。例如,20 世纪 60 年代美林证券 70% 的收入都是来自客户的交易费用。由于 70—80 年代资本市场的快速发展,IT 技术的渗透,对资金的需求导致这些投行放弃了自己的合作伙伴关系结构,或者上市融资,或者加入商业银行,提供全方位的服务。投行从早期合伙制形式为主的小公司变成了可以操纵国际资金流动的上市航母,承销各类证券。比如发行新的股票,设计和交易复杂的证券及衍生产品,甚至做起了保险买卖。从 1960 年到 2000 年,美国前十名投行的市值由 10 亿美元猛增至 1 940 亿美元。从 1979 年到 2000 年,美国前五名投行的专业人员人数从 5.6 万人上升至 20.5 万人,增加了近 3 倍,这是因为投行的规模经济成为盈利的一个重要因素(Morrison and Wilhelm,2007)。随着投行的快速发展,美国实体经济的融资结构也在变化,很多非金融企业的融资渠道也从过去绝大部分在商业银行等金融中介公司贷款,逐渐转移到利用资本市场,或通过发行公司债券,或采用上市等直接融资方式。从 2005 年到 2010 年,美国直接融资占比在 70% 左右,直接融资规模开始高于商业银行信贷规模。

2. 商业银行

商业银行虽然基本功能保持不变,仍是提供存贷服务,为货币供应作贡献,使贸易发展成为可能,但资产负债业务已扩大到远远不是只做简单的存贷业务,不再是传统的"3-6-3"的经营方式(以 3% 的利率借款,以 6% 的利率贷款,每天下午 3 点打高尔夫球),银行也不仅仅是简单靠吃利差生活的中介行当了。特别是自 1999 年美国通过了《金融服务现代化法案》(即 Gramm-Leach-Bliley Act),允许金融控股公司(financial holding company)同时从事银行、保险和证券业务(也即常说的"混业经营"的全能银行),之后两年中出现了大约 600 多家金融控股公司(其中 3/4 的资产小于 5 亿美元)以及全能银行,经营"金融超级市场",诸如花旗、摩根大通等,这些银行的业务和产品变得越来越复杂。2005 年,美国最大的 10 家商业银行持有 55% 的整个银行业的资产,占据了主要的市场份额,在整个社会和产业中居于中心地位。

3. 新兴的金融或非银行金融机构

起源于 1950 年代美国的对冲基金(hedge fund)概念[①],其操作宗旨在于利用期货、期

---

① 对冲基金(也称避险基金或套利基金)意为"风险对冲过的基金"。

权等金融衍生产品以及对相关联的不同股票进行空买空卖、风险对冲的操作技巧,在一定程度上可规避和化解投资风险。虽然对冲基金在 20 世纪 50 年代已经出现,但是,它在接下来的 30 年间并未引起人们的太多关注,直到上世纪 80 年代,随着金融自由化的发展,对冲基金有了更广阔的投资机会,从此进入了快速发展的阶段。到 90 年代末,对冲基金的资产及业务已经与全球固定收益市场紧密交织在一起。另外,1995 年信用衍生产品出现后,很多新型的金融机构和商业模式纷纷建立,如特殊目的载体(special purpose vehicle,简称 SPV)——为了特殊目的而建立的法律实体,通常采用公司、信托或合伙形式。大多数 SPV 的应用是在资产支持证券(ABS)市场。SPV 通过一系列专业手段降低了证券化的成本,解决了融资困难的问题,它可以使一些资产不出现在公司的资产负债表上,来对类似资产比如抵押贷款进行包装,然后将其卖给某一托管人;而且通过风险隔离降低了证券交易中的风险。SPV 方便于银行资产负债表管理以及创造新的投资资产等级,因此令银行和投资公司受益。另外如结构性投资主体(structural investment vehicle,简称 SIV),是银行支持的一种投资业务,银行发行短期票据和中期债券,所得收益用于投资高收益资产,比如抵押贷款证券。所发行票据与结构性证券之间的差额就是银行能得到的利润。其职能是购买、包装证券化资产并以此为基础发行资产证券化的特殊实体。这一类证券化载体也称"管道公司"(conduit)。

另外,大量的对冲基金卷入衍生品交易,并增长神速。1990 年,对冲基金行业仅仅支配着 390 亿美元的资产,从 1990 年到 2000 年,3 000 多个新的对冲基金在美国和英国出现,2000 年上升到 4 900 亿美元,2007 年进一步膨胀到 2 万亿美元,其中还不包括银行内部的对冲基金部门的业务。在金钱快速盈利的驱动下,很多投行和全能银行都有旗舰对冲基金,轻而易举地筹得数十亿美元,通过杠杆支配万亿巨资。

另外,"影子银行"(shadow banking)也迅速成长。影子银行是指那些非传统的、游离在银行系统以外,具有杠杆效应和期限错配,并对资产价格的波动非常敏感的信用中介。它和银行之间有着非常复杂而密切的关系,但完全不受对传统商业银行的监管约束,长期游离于监管者的视野之外。它们在成立之初就被精心设计,使得自身无法被定义为商业银行。影子银行有四个特点:期限的错配(存款时间短、借款时间长)、流动性的转换(银行资产的流动性小于负债的流动性)、信用的转换(银行的资产比负债拥有更大的风险)、高杠杆。

影子银行最初出现于 20 世纪 70 年代,近 20 多年来发展极其迅猛,以上提到的"结构性投资主体"也是影子银行的一个例子。影子银行可以获得商业化贷款或抵押贷款,并以手中所持证券为抵押,与机构投资者签订回购协议(repo)。这种业务形式使影子银行获得了具有流动性的投资,如同存款一样。因此影子银行的业务活动在流动性紧缺时,也存在挤兑的可能性和导致整个经济体系崩溃的风险。

金融稳定理事会(Financial Stability Board,简称 FSB)的报告表明,从广义上来说,2011 年末这些建立在"其他金融机构"基础上的影子银行的在全球的总规模大约接近 67 万亿美元,占到金融中介总资产的 1/4,达到当年世界 GDP 的 95%;在美国,影子银行的规模估计已达到 22 万亿美元,为美国当年 GDP 的 147%。图 1.13 表明了在 1996 年,美国影子银行的资产负债额与商业银行的资产负债额相当,之后开始超过商业银行的负债,业务量逐年增长,在 2008 年第一季度,达到 20 万亿美元的高点,远高于传统商业银行的 11 万亿美元。

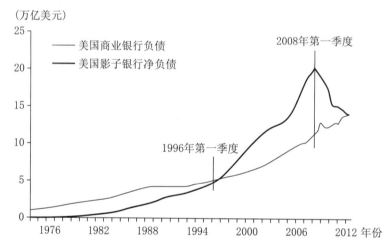

资料来源:The Finacial Crisis Inquiry Report,The Finacial Crisis Inquiry Commission,2011。

图 1.13　影子银行与商业银行的负债比较

传统商业银行的业务受到来自影子银行的巨大竞争压力而遭受损失。因此商业银行纷纷转向依靠短期资金,有能力就会采取和影子银行同样的做法,从事高风险高收益的业务,比如发行次级抵押贷款证券等非传统新兴业务,这会给经济体系带来新的风险。从图 1.14,我们可以看到,与影子银行有关的市场是巨大而复杂的,交易极其不透明,且涉及的许多新型机构都不在监管覆盖之下,存在着巨大的隐患:影子银行相对于传统商业银行而言,开展的业务更为广泛,涉及更多资产证券化行为,但是除了将货币市场基金(MMF)作为影子银行最主要的来源外,仅依靠证券出资人、机构投资者、短期债券、现金以及公司资金等货币市场批发融资工具来获取资金,有时候甚至没有任何后备资金保障,缺乏诸如美联储、联邦存款保险公司(Federal Deposit Insurance Corporation,简称 FDIC)存款保险的支持。一旦不稳定因素出现,很多短期投资"储户"需要变现资产,或者终止投资,迫使影子银行以极低的价格将复杂的证券变现,导致金融资产大范围掉价,资金源便会被阻断,整个系统就可能崩塌。有关影子银行如何放大系统性风险并造成对金融体系稳定性的威胁,有很多学者和监管专业人员在研究,诸如金融服务管理局(Financial Services Authority,简称 FSA)的主席 Turner(2012)、达拉斯联储银行的研究人员 Luttrell 等(2012)和 Heires(2013)等都有非常详尽的研究报告和发表的文章。

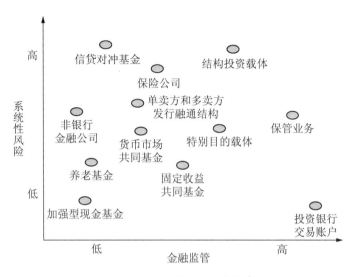

图 1.14　影子银行市场参与者

4. 金融杠杆率与市场交易量

金融杠杆率(financial leverage ratio):一个公司的金融杠杆率指其借贷总额对自有资本的比率,是一个乘子。形象地说,杠杆率是自有资本与其所撬动的交易资本总和的比率,杠杆率高(即权益比率低),经济意义是少量的资本支撑着过多的负债,一般意味着风险大。金融机构的杠杆可以使其在业务活动中支配比资本金高得多得多的资金,在这次金融危机中成为一个要害问题。2007 年,美国的五大投行的平均杠杆率约为 40(即1∶40),房地美甚至高达 67(见图 1.15 和图 1.16)。贝尔斯登(Bear Stearns)拥有的所有者权益仅为 118 亿美元,而其负债达到了 3 836 亿美元,其中在隔夜拆借市场上的借款高达 700 亿美元。下面我们可以用假定的数字举一个例子,从而让读者比较清楚地了解高杠杆的危险。"假如一个人原有 100 万美元本金,从银行获得了 300 万美元贷款,加上自己的 100 万美元本金后投资到基金中,他的杠杆率就为 4 倍(以 100 万资本支配 400 万投资)。再假设这个基金从其他银行借入 1 200 万美元,连同这 400 万美元一起投资到另一个对冲基金中去。此时的杠杆率还是 4,但最初的 400 万美元已变成 1 600 万美元。再假设对冲基金又按照 4 倍的杠杆率借入 4 800 万美元,将这 6 400 万投资到高风险的衍生产品上,在指数的作用下,最初的 100 万美元竟然变为 6 400 万美元"(Roubini, 2010)。这个例子清楚地表明了金融杠杆使得一个机构(或人员)用较小的资本可以撬动大得多的资金。

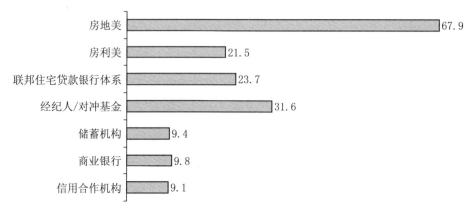

资料来源:FDIC, OFHEO, Bloomberg。

图1.15 美国金融行业杠杆比率(总资产/股权)

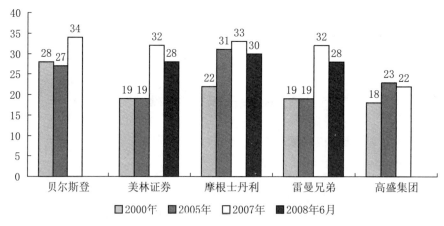

图1.16 美国重要投资银行杠杆比率(总资产/总股权)

图1.16中,2007年时贝尔斯登的杠杆为34。我们借用它来看一个杠杆投资的例子。假设贝尔斯登的自有资金为5 000万美元,根据34倍的杠杆率,它可以借用的资金为16.5亿,一并用于购买价值为17亿美元的投资产品。若这个产品的资产价格从17亿美元跌到16.5亿美元(跌了5 000万美元),虽然跌幅只为2.94%,但贝尔斯登的本金已全部丧失。更糟糕的是,当收到追加保证金的要求时,贝尔斯登必须再追加4 853万美元的自有资金才能继续等待产品价格恢复升值的可能(16.5亿美元的1/34)。若贝尔斯登当时有这笔钱还好,否则需要出售其他的资产,或者只能将这笔投资以16.5亿美元的价格出售,眼看5 000万美元的本金付诸东流。这个例子清楚地表明了杠杆越高,风险越大。

高杠杆导致的复杂性和高风险在这次危机中使得金融机构付出了惨重的代价,最后要求政府和纳税人付出数以千亿计的美元来拯救主要的金融机构,造成社会财富的巨大损失。

市场交易量:过去的 40 年,金融市场不再是原来 1970 年以前的那个恬静世界,成了一个各种复杂衍生品充斥的巨大的自繁殖机器。计算机和信息技术几乎完全改变了金融的基础设施和市场交易方式,场外交易市场(over the counter market,即 OTC market)[①]交易量爆发式增长。金融创新驱动的复杂的证券化和衍生产品高速发展,全球金融市场的交易量在近 30 年间取得了快速的增长,达到了惊人的程度。如图 1.17,美国股市交易量与 GDP 的比值,2008 年接近 3.6 倍(Philippon,2011);全球外汇市场在 1977 年的交易量总额只是全球贸易和长期投资总额的 11 倍左右,在 2007 年时,这个比率增长到了约 700 倍(图 1.18)。另外,同样的快速增长也发生在石油和衍生品交易量方面。全球金融资产呈现了典型的倒金字塔结构:传统的货币(M1 和 M2)只占 1%,广义货币占 9%,金融债券占 10%,而金融衍生品则占据了金融市场 80% 的份额(巴曙松,2010)。

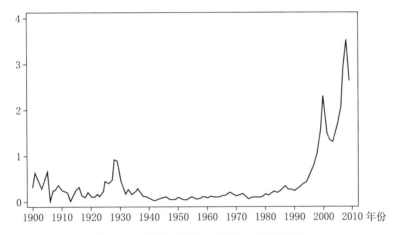

图 1.17 股票交易量与 GDP 的比值(SEC)

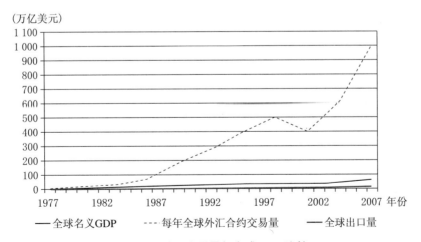

图 1.18 外汇交易量与全球 GDP 比较

---

① 是指在证券交易所外进行证券买卖的市场。它主要由柜台交易市场、第三市场、第四市场组成。

1.2.3 金融业的薪酬体系

金融活动需要耗费相当多的资源,为了与其高度发展相适应,金融业和保险业的总就业人数持续上升。根据美国劳工统计局的数据,2008 年,美国就业人口中 20.3% 都在从事与金融和保险相关的工作。人均工资水平与整个经济体中其他部门的雇员平均薪水的差距也越来越大(Turner et al., 2010;Bisias et al., 2012)。近些年来,金融业的薪酬体系以及高管的巨额收入成为社会关注且极富争议的问题。我们来看看自 1965 年至 2009 年这 40 多年间,美国金融行业 CEO 的薪酬与普通员工平均薪酬的比率数据。如图 1.19 中的统计数据所示,可以得出以下变化趋势:

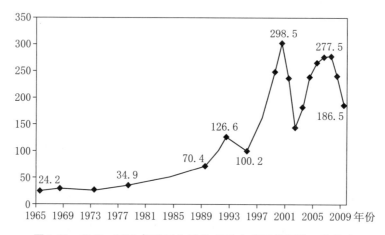

图 1.19　1965—2009 年美国金融业 CEO 与雇员的平均工资比率

1965 年该比率是 24,而到了 2009 年其增长到了 186,年复合增长率为 4.74%,即这44 年的平均增长率。1965 年至 1978 年这 13 年间,比率从 24.2 增长到了 34.9,年复合增长率为 2.86%,增长的斜率比较平缓,增长速度低于平均水平。1995 年至 2000 年以及2002 年至 2007 年这两个时间段,该比率增长较快,年复合增长率分别为 24.4% 和 14.2%,大大高于平均水平。2000 年之后的两年以及 2007 年之后的两年,该比率又出现了大幅下滑,这主要是因为互联网股票危机和全球金融危机。

CEO 薪酬与普通员工薪酬的比率在 2000 年前后几乎达到了 300 倍,金融危机之前是 277 倍,例如,贝尔斯登高管层的五名成员从公司拿走的薪酬达 14 亿美元,这远远超过了美国证监会一年的财政预算。华尔街的激励和薪酬机制十分扭曲,如果一个银行在一次投资中赌赢了,银行的股东们将得到分红。即使不幸赌输了,与客户相比银行的损失也不大,交易员顶多也就没有奖金罢了。投资经理和交易员的奖金可以高到天文数字,助长了他们为个人谋取短期高额回报的行为,这一切都使得高风险投资具有强烈的吸引力。

高风险投资可以在短期内获得更多的利润,员工的收入也会增加,而亏损则由其他人承担。这就是为什么会在欧美投行造成种种追求短期利益、不惜以高风险的代价去做各种冒险投机行为的主要原因。

○ 1.3 历史的观察

在前两节,笔者试图用 20 世纪 60 年代和 2007 年作为两个时间点,为金融体系做一个状态"快照"(snapshot),旨在为读者提供一个强烈的对比,显示以欧美为代表的国际金融体系在这两个时间点的显著不同。下面,笔者将从演化的观点,深入展开在这 40 年中,金融体系到底是如何演化成为 2007 年时的状态的。

最初为经济活动资源配置需要而出现的美国金融业,在经历了多次的金融危机和 1933 年大萧条的重大灾难之后,美国银行和证券监管的重要法案首次建立,对安全性的顾虑开始优先于利润的增长。银行与证券业分业经营,银行回归其存贷的基本业务。直到 20 世纪 60 年代末,银行和市场受到严格监管,跨州的银行扩张都是受到禁止的。当时美国信贷市场规模占经济的比重约在 100%—150% 之间(2007 年达到了 GDP 的 350%),银行对一系列规定的执行很严格,比如,住房抵押贷款规定至少要求 20% 的首付,股票质押借贷受到严格的保证金比例限制,贷款不得超过抵押物价值的 50% 等,使得银行几乎没有什么不安全的信贷。金融机构的股市市值只占美国股市总市值的一小部分。大多数国家对国际金融交易的监管十分严格,国际资本流动也很少见。

自 20 世纪 70 年代以来,金融体系中的各个部分开始快速发展。从前一节的讨论中可以清楚地看到,在经历了 40 多年的变革到 21 世纪初,金融机构的结构和商业模式发生了重大变化:商业银行已不再是传统的只做简单存贷业务、靠吃利差生活的中介行当了;投资银行的变化更是革命性的,从早期合伙制的小公司变成了可以操纵国际资金流动的大型上市公司;金融市场成了一个衍生品充斥的巨大的自繁殖机器,场外交易市场爆发式增长;全球所有的全能银行都在制作和买卖复杂的金融衍生品并深陷其中;计算机和信息技术的革新彻底改变了金融的基础设施和市场交易方式。一句话,当今的现代金融体系与 40 年以前完全不同了,银行、证券及其他金融机构在经济中发挥的作用可称天壤之别。上一小节我们已经用数据展示了这些深刻变化的事实,而理解这个变迁对我们研究系统性风险是至关重要的。

这一节我们来探讨造成这些变化的原因和背景。通过历史分析,可以认为主要源于 5 个方面的因素:(1)20 世纪 70 年代以来现代金融理论的发展,对证券投资行业的直接影响;(2)国际经济环境的变化导致对金融业需求和供应的变化;(3)计算机发展和信息技术革命的影响;(4)金融自由化思潮与金融监管环境的变化;(5)经济与金融的全球化。这几个方面的纵深发展和交织演化,对推动金融行业的结构性变革起到了巨大的作用。下面我们分 3 个时间段来进行分析。

1.3.1　20 世纪 70 年代:以金融理论的首次工程化为标志

早在 1952 年,美国的经济学家哈里·马科维茨(Markowitz)提出了资产组合理论,为投资者、股东及金融专家们提供了衡量不同的金融资产投资风险和收益的工具,以估计预测股票、债券等证券的价格,最早将数理工具引入证券研究,将风险因素引入取得优化的风险收益组合。一个只包括两个证券的资产组合,其收益是各个收益的加权平均,标示其风险大小的标准差决定因素包括:单个证券的标准差、权重和相关系数。只要组合中的证券之间相关系数不是+1,那么组合的风险就被降低。扩展到多个证券的资产组合,马科维茨的基本思想其实是说:在收益一定的情况下,可以通过分散投资的方法降低投资的风险。马科维茨由此获得了 1990 年的诺贝尔经济学奖。1963 年,斯坦福大学的威廉·夏普(Sharpe)、哈佛大学的林特纳(Lintner)和挪威经济学家莫辛(Mossin)各自独立提出风险资产定价的模型,即后来发展为在金融领域广泛应用的组合投资理论——资本资产定价模型(Capital Asset Pricing Model,简称 CAPM),在马科维茨理论的基础上进一步发展:一是认为市场组合即是最佳组合,二是引入了无风险利率借贷。这样投资者就可以在市场最佳组合和无风险利率两者构成的一条收益—风险直线上进行投资选择。夏普也因此获得了 1990 年的诺贝尔经济学奖。数量方法从此进入金融学,被正式称为“数量金融”(quantitative finance)。在金融发展史上,CAPM 是第一个有关于金融资产定价的均衡模型,同时也是第一个可以进行计量检验的金融资产定价模型。该模型最重要的贡献在于建立了资本收益与风险之间的关系,指出金融资产的预期收益率等于无风险收益率与投资金融资产的风险补偿之和,揭示了金融资产收益的组成结构之谜。

1973 年,芝加哥大学的布莱克(Black)、斯克尔斯(Scholes)和默顿(Merton)这三位金融学术界的重量级人物,各自发表论文阐述如何对期权进行定价,后来成为被广泛应用的布莱克—斯克尔斯(B-S)期权定价模型。B-S 定价模型的基础是无风险套利,卖空一份衍生期权的同时持有一定数量的标的证券,这样就可以把未来一段时间内证券随机波动带来的风险全部对冲,从而将上述组合变为一个无风险的资产组合。根据无风险套利原则,这个组合在未来所获得的收益是无风险收益。通过构造这样的等式关系可以反过来计算这份衍生期权的价值。B-S 模型在 1973 年被正式提出之后,随即就成为了研究现代期权定价的基础模型,并伴随着期权市场的快速成长,其在全世界范围内经过了三四十年的发展现已日臻成熟。由于在现代金融衍生产品的研究工作中，期权定价的研究方法是最重要的，同时也是应用最广泛并且难度最大的，所以 B-S 模型的产生和成熟使其成为了现代金融学、数量经济学的基础模型之一。该模型最重要的贡献是使全球的期权交易商、投资银行家、金融管理者以及相关利益群体可以很方便地对不同的期权资产组合进行风险管理，因为只有对期权产品进行准确的定价，才可能对其进行有效的风险管理。布莱克于 1995 年逝世，斯克尔斯和默顿于 1997 年分享了当年的诺贝尔经济学奖。

在这些金融理论发生突破性进展的同期，国际经济环境也在发生巨大的变化，对金融业的创新和变革提出了新的要求。最关键的动因始于浮动汇率制。1971 年，为了解决由于巨额贸易赤字和代价高昂的越战之后日益严重的危机，美国总统尼克松宣布单边取消美元与黄金挂钩，导致了 1973 年布雷顿森林体系的崩溃，浮动汇率成为国际外汇市场的主要汇率形式之一。①货币一旦可以自由跨界流动，整个世界都变了。对任何一个公司而言，若其成本和收入来自两种不同的货币时，就有了对冲汇率风险的需求。1972 年芝加哥商品交易所首次推出了外汇期货产品。当时就有人预言，未来的金融期货市场将会远远超出已存在了一个多世纪的商品期货市场。后来确实如此，21 世纪初那些五花八门的复杂的金融衍生工具正是外汇交易的直接后裔。

以浮动汇率制度和利率频繁波动为特征的国际货币体系带来的另一个后果，是资本的流动和交易解除了对"国籍"的管制。很多保险公司和养老金以及公共基金等机构投资者开始了跨境投资。之后，随着纽约在 1975 年推出了削减交易佣金的改革，并允许外国公司的资金进入市场，机构投资者改变了过去长期投资的战略，开始以更廉价的费用、更频繁的交易和更大规模的资金进行短期的交易。

另一方面，20 世纪 70 年代发生的两次石油危机以及世界经济环境的不确定性，造成了西方发达经济体的经济衰退，原油价格的暴涨导致了大宗商品和一般商品的价格波动，名义利率与实际利率脱节，通货膨胀率和利率波动急速增大，加大了投资回报的不确定性。例如，当利率从 10% 提高到 20% 时，会导致 30 年债券的损失接近 50%。利率风险的提高，增加了对那些能够减少利率风险的金融产品和服务的需求。

"期权合约"（option contract）就是在这个时期发展起来的。作为一种衍生产品，期权在历史上早已存在，它的功能更像是保险。买方支付"溢价"购买行使未来购买的权利。如果价格在其锁定的方向移动，买方行使购买权；如果价格朝反方向移动，认股权失效，买

---

①　在二战结束时创立的布雷顿森林体系，实行固定汇率制，外汇是受管制的，即资本不能从一个国家到另一个国家自由流动，例如，当时的养老保险基金只能在自己的国家内投资，不能到海外投资。

方只会失去最初支付的买权的溢价。期权的价值取决于相关资产的波动性。波动性越大,期权越容易行使,因此,它可以作为管理利率风险的工具。1973 年芝加哥期权交易所诞生之后,在前面提到的布莱克和斯克尔斯的具有里程碑性质的 B-S 期权定价理论模型进入了金融行业,很快被运用到期权交易的实践中并产生了爆炸性的需求。仅仅半年内,美国德州仪器公司就生产出了内含有 B-S 计算程序的计算器。"很快地,大家都配备一个掌上计算器,只要输入数据就可算出数值。许多期权交易员则利用效力更强的电脑来运算。"分析技术发展的速度显著加快,金融理论产生了应用性的突破,前所未有地迅速渗透证券行业并开始改变人们投资的方式。具有良好数学基础和强大编程能力的物理学家、数学家们被吸纳到华尔街,成为强有力的"宽客"(quant),他们的任务之一便是帮助完善 B-S 模型,并将其运用到各种期权产品中。这可以说是"数量金融"第一次在金融业的工程化,或誉为"华尔街的第一次革命"。

经济环境的动荡造成需求和供给的改变,金融机构发现很多旧的经营方式不再能获利了,必须研究和开发新产品以满足客户的需要,以管理新出现的风险,获取利润。金融机构开始寻找可能有利可图的创新,能够转嫁汇率、利率、通胀风险的金融衍生工具由此诞生。70 年代这个时期,具有代表性的产品有浮动利率票据(国际银行机构,1970)、联邦住宅抵押贷款(美国,1970)、外汇期货(美国,1972)、外汇远期(国际银行机构,1973)、浮动利率债券(美国,1974)和利率期货(美国,1975)等等。值得注意的是,这些产品当时多是由于对价格的波动,也即对市场风险管理的需求而产生的。或者说,资产价格波动是最初金融衍生工具产生的必要条件,但非充分条件。

另外的一个创新产品,正是 2008 年金融危机的中心——资产证券化(asset securitization),也是 20 世纪 70 年代的产物。资产证券化通俗而言是指将缺乏流动性、但具有可预期的稳定现金流的贷款资产(如抵押贷款之类),通过一定的结构安排,对资产中风险与收益要素进行分离与重组,捆绑打包,通过在资本市场上发行证券的方式予以出售,以获取融资,最大化提高资产的流动性。比如,资产证券化把抵押贷款之类的低流动性资产转变为可以在市场上公开交易的流动性资产,美国住房抵押贷款就是资产证券化的第一大市场(前面的图 1.7 充分反映了这一点),后来发展到还包括商业房地产抵押贷款、信用卡借款和各种消费性贷款。这个时期计算机技术的革命与进步以及在金融业的应用,促成了市场结构性的变化,为金融创新提供了物质上和技术上的保证。

1.3.2 20 世纪 80 年代:金融业自由化时期

20 世纪 70 年代金融体系的变化,美国的芝加哥扮演了重要的角色。也许并非巧合,在 80 年代的金融自由化时期,芝加哥也是倡导自由市场经济的中心。以米尔顿·弗里德曼(Friedman)和罗伯特·卢卡斯(Lucas)为第二代领袖的芝加哥学派,倡导新古典派经济学,相信市场机制与自由放任(laissez-faire),认为凯恩斯主义经济学强调政府干预是失败的。在对资本的配置上,坚信市场会比政府来得更加有效,人类不加限制的追求自利的行为会导致资源的最优配置。主张改革金融制度,改革政府对金融的过度干预,放松对利率和汇率的管制使之市场化,促进美国国内储蓄率的提高,最终达到抑制通货膨胀、刺激经济增长的目的。

当时执政的美国总统里根和英国首相撒切尔夫人,也都认为更自由的市场环境会给经济活动带来更大的收益和更稳定的发展,会对巩固民心有利。因此在经济和金融政策上开始放松管制,市场原教旨主义观念成为主导的信条。西欧各国也普遍放松管制,金融自由化形势愈演愈烈。在此背景下,总的流行趋势为金融监管淡出和金融创新加速。金融业除了承接70年代创新的产品之外,更多地体现在融资方式的创新。自由化的市场使得购房者更容易获得抵押贷款。另一个对金融体系影响巨大并为后来的全球金融危机埋下危机种子的是"互换"或"掉期"(swap),它是国际金融机构规避汇率风险和利率风险的重要工具,也在这个时期出现了。

在跨境市场中,发债主体用一种货币发行债券,用另一种货币进行交换,可以同时为双方借款人创造较低的利率,产生潜在的套利机会,外汇掉期就由此而发展起来了。外汇掉期具体是指在外汇市场上买进即期外汇的同时又卖出同种货币的远期外汇,或者卖出即期外汇的同时又买进同种货币的远期外汇,也就是说在同一笔交易中将一笔即期和一笔远期业务合在一起做,或者说在一笔业务中将借贷业务合在一起做。而利率掉期的概念与之相比也只有一步之差,即市场交易双方约定在未来的一定期限内,根据约定数量的同种货币的名义本金交换利息额的合约。借款人可以在固定利率与浮动利率之间进行转换。这使得公司的财务总监和投机者们,能够根据他们认为的利率变化的方向来改变其风险暴露程度,而不需要直接支付给对方利息成本(支付已经相互冲销了)。掉期的基本经济功能体现在两个方面:一是掉期可以用来规避汇率或利率风险,例如(以利率掉期为例),预期利率下跌时,可将固定利率形态的债务,换成浮动利率,当利率下降时,债务成本降低;预期利率上涨时,则反向操作。在预期利率下跌时,将浮动利率的资产转换为固定利率资产;在预期利率上涨时,反向操作。二是掉期被用来灵活管理资产负债(主要体现在利率掉期交易中),例如,参与利率掉期的双方可以将固定利率转变为浮动利率或将浮动利率转变为固定利率,使其利率敏感资产和负债相匹配。投资者通过利率掉期交易可以将浮动利率形式的资产或负债转换为固定利率形式的资产或负债,从而达到规避利率风险、进行资产负债管理的目的。

20世纪80年代这个时期,基于信用的金融衍生产品开始出现,并大多以银行表外业务(off—balance sheet activities,简称OBS)①的形式来操作。具有代表性的有:货币掉期(美国,1980)、利率掉期(美国,1981)、票据发行便利(美国,1981)、期权交易(美国,1982)、期货交易(美国,1982)、可变期限债券(美国,1985)、汽车贷款证券化(美国,1985)等。

由于金融监管对商业银行存贷利率上限的限制,以及在1988年"巴塞尔资本协议"对资本充足率的最低要求,银行具有动力在资产负债业务以外寻找新的利润增长点,使银行表外业务得到了空前的发展。银行业认为监管的准备金要求等是一种隐含税收,因此,怀着"规避管制"的心理,采取表外业务形式将资产转移至表外,以减轻资本金的压力并获得较高的收入。信息技术的进步以及计算机网络和数据分析系统的建立大大提高了金融体系的运作效率,为表外业务的规模经济创造了条件。这一时期金融自由化的背景为大量创新型的金融产品的国际化提供了环境,结构性的泡沫和隐患开始形成。

1.3.3　20世纪90年代至2007年:金融衍生品和金融工程的二次革命

延续欧美国家20世纪80年代以来的自由化浪潮,90年代初世界经济发展呈现全球化趋势,很多国家特别是发达经济体进一步放松金融监管,进行制度和监管的改革。这一阶段,伴随着一些重要的金融法案的颁布,银行业的兼并和金融创新达到了历史空前的高潮。

1999年,美国国会参众两院均以压倒性票数通过了《金融服务现代化法案》(Financial Services Modernization Act),核心内容是废止1933年通过的《格拉斯—斯蒂格尔法案》(Glass-Steagall Act)以及其他一些相关的法律中有关限制商业银行、证券公司和保险公司三者混业经营的条款。克林顿总统签署这项法案使其成为法律。该法案结束了美国长达66年之久的金融分业经营的历史,在美国金融业掀起了新的兼并浪潮。其他欧美和拉美的13个国家也同样,金融行业的收购、合并、合资、战略联盟频繁增加,年并购数量与90年代之前相比,增加了3倍,并购交易总价值几乎增加了10倍。其中8 000多个(53%)是银行间的兼并,有246个属于大型兼并。美国历史上最大的10个银行兼并案有9个发生在1998年。一方面是商业银行开始同时大规模从事投资银行的活动,出现了像花旗集团(Citicorp-Travlers)、美国银行(America-Nations Bank)和第一银行(Bank One-First Chicago)这样的集商业银行、证券和保险业务于一身的全能银行;另一方面,一些专门提供单种金融产品的大公司也得到了快速的发展,如经营信用卡业务的第一金融(Capital One)。随着新银行法的实施而出现的大型金融超级市场,可以为公司客户提供从传统的贷款到

---

① 银行表外业务是指商业银行所从事的,按照通行的会计准则不列入资产负债表内,不影响其资产负债总额,但能影响银行当期损益,改变银行资产报酬率的经营活动。

股票公开上市等全面的金融服务,普通消费者在一个金融公司内就可以办理所有的金融
交易或业务。新产生的大金融公司提高了效率,降低了成本,交易费用也下降,致使经济
规模效益不断增加。总之,这个阶段全球性金融机构兼并浪潮的后果就是,出现了很多复
杂的大型金融公司,形成了银行间高度的相互依存性,加大了潜在的系统性风险,无疑是
影响金融体系变化的重要因素之一(Group of Ten,2001)。

2000 年,美国国会通过了《商品期货现代化法案》(Commodity Futures Modernization
Act,简称 CFMA),放松了对场外金融衍生产品的监管,12 月 21 日由克林顿总统签署成为
法律。简单说来,CFMA 修改了《商品交易法》(CEA)、1933 年《证券法案》和 1934 年《证
券交易法案》,对衍生品的交易进行以下管辖规范:对于具有"证券"性质并在交易所交易的
衍生品,由美国证券交易委员会(SEC)负责监管;对于具有"期货"性质的、并在交易所交易的
衍生品,则由商品期货交易委员会(CFTC)负责监管;对于合格合约参与者之间的场外衍生
品交易,只要产品是该法管辖之外或者豁免的工具,比如利率、汇率、货币、掉期、证券指数、
信用风险,以及没有现货市场,或者价格、价值无法由交易方控制的商品指数和通货膨胀率
等,商品期货交易委员会则不得进行监管,场外衍生品市场因此成了监管的空白地带。

面对全球化下激烈的国际竞争和宽松的监管环境,金融机构为增强自身实力,扩大市
场份额,目标更加集中在如何为客户提供个性化服务,迎合需求以获得更大的利益。在
20 世纪 80 年代的基础上发展出来的金融衍生品,进一步受到推广和运用,市场规模不断
扩大。投资组合、金融与非金融产品的组合,银行、证券、保险业务的资产证券化,以及复
杂的信贷结构衍生品等开始在市场上出现。如图 1.20 所示,1980 年美国的资产证券化产
品占房屋抵押贷款的比例为 15.6%,金额约为 9 580 亿美元;到 2008 年,这一比例上升到
59%,总额达到 11.3 万亿美元。在《商品期货现代化法案》实施后,美国场外衍生品市场
发展极为迅速。该法所确立的制度,促使越来越多的合格交易者(投行和全能银行)为规

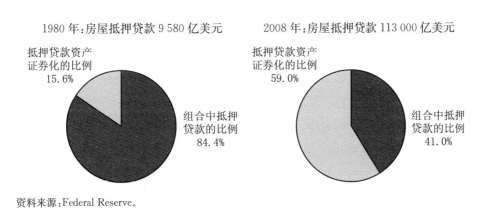

1980 年:房屋抵押贷款 9 580 亿美元　　　　2008 年:房屋抵押贷款 113 000 亿美元

抵押贷款资产
证券化的比例
15.6%

抵押贷款资产
证券化的比例
59.0%

组合中抵押
贷款的比例
84.4%

组合中抵押
贷款的比例
41.0%

资料来源:Federal Reserve。

图 1.20　资产证券化产品占房屋抵押贷款的比例

避监管,从衍生品的场内市场转移到场外市场。衍生产品的名义价值(notional value)由165.5万亿美元迅速增长至754.37万亿美元。场外衍生产品市场在1992年到1999年增长迅猛,名义价值翻了4倍(Group of Ten,2001)。下面的几个复杂产品是在这个时期发展起来的最具代表性的场外交易衍生品。

信用违约互换(credit default swap,简称CDS)出现于1995年,简单地讲,它是一种贷款或信用违约保险。基于金融机构在提供金融产品后,可能出现债务人违约,为了保障债权人权益,衍生出这种针对债务人违约的保险产品,旨在转移债权人风险。具体的做法是,贷款人向保险公司支付保费,为贷款投保。若借款人违约,由保险公司代为偿还。这使投资者能够将利率波动的风险和借款人无法偿还的风险分开。信用违约掉期在20世纪90年代末几乎没什么市场,但从2003年到2007年,却以爆炸性的速度增长了约10倍,相当于当时整个美国家庭财富的一半或美国国家债务总额的6倍。

20世纪70年代出现的资产支持证券,逐渐演变为一个"结构金融"家族(structural finance),比以往任何时期的产品都更为复杂。一个例子是债务抵押债券(collateralized debt obligation,简称CDO),由高收益债券、新兴市场公司债、政府债券、银行贷款或其他证券化产品组成的资产池,经过结构化重组,将资产池的现金流转化成一组具有不同的证券投资层级的新产品,以适合不同投资人风险偏好的需求。CDO通常是由一个特殊目的载体进行操作的(其可以视为CDO产品交易而设立的独立公司)。它的参考实体(或称标的资产)是信贷资产或债券,这也就衍生出了它按资产分类的两个分支:信贷资产的再证券化(collateralized loan obligation)和市场流通债券的再证券化(collateralized bond obligation)。在2008年的危机中,这些CDO和CDO的平方产品,甚至CDO三次方乃至N次方的产品具有严重的不透明、高杠杆和巨大额度的特征,引发了无穷无尽的麻烦和灾难,我们将在第4章对此专门讨论。

结构金融类的产品和期货、期权一样具有相同的特点:一个小的初始头寸,一旦有信用事件发生,可能会导致比初始头寸大得多的风险暴露。例如,期货合约初始只需要小笔的存款或保证金;期权卖家必须覆盖买家的损失,这可能是溢价的很多倍;而掉期,交换对手方的净风险可能较小,但如果对方违约时,总抵押量和资金的需要量将是巨大的。一句话,这些衍生品都是高杠杆的交易产品。当市场崩溃时,这些表外资产的威胁都回到资产负债表上,可能造成资金的巨大缺口,甚至资不抵债。

计算机通信技术、互联网技术在这一时期的高速发展和广泛应用,成为金融体系创新的手段和推力,甚至成为强大的压力。金融产品的日益复杂变得与技术密不可分,技术已成为金融服务行业中的DNA,带来了先进的业务流程,实现了信息化管理,前、后台办公功能真正的无缝集成。它不仅推动全方位的风险和收益管理,从根本上改变了投资决策

的方法,并且革命性地改善了支付系统,清算、结算系统和证券交易等金融基础设施。"公
开喊价"交易的做法,已被股票、债券及货币市场的电子交易平台所代替,"电子化"的实
现,从根本上改变了证券市场的交易行为,为量化投资奠定了基础。很多高频交易采用的
对冲金融工具,比如程式化交易(program trading)、算法交易(algorithm trading)等都是
在这个阶段产生并高速发展起来的。21 世纪的头十年的国际资本市场中,大约有 2/3 美
元交易市场的交易量来自高频交易。从地区上来说,美国占 73%,欧洲大约占 40%,亚洲
占 10%。2009 年,德意志交易所的交易有一半的流动性来自算法交易。在此期间,大批
具有深厚数学和物理学背景的专业人士进入华尔街,这些"宽客"加入到投行、对冲基金、
全能银行,通过组合基础金融工具,设计出多种多样的具备不同风险偏好的证券,并研发
出丰富的交易对冲策略,获取了巨大的财富。这就是历史上"金融工程"的第二次革命,深
刻地改变了现代金融的业务模式,也成为新的系统性风险的潜在土壤。

1.3.4　理解系统性风险的前提

回顾过去 40 年间金融环境经历的变迁和演化轨迹,可以看到"金融深化"(即金融结
构的变化)的过程,欧美金融业在国民经济上不成比例的迅速扩张是畸形的,是市场扭曲
的产物,而非经济发展的必然趋势。风险与回报的优化平衡是金融管理的核心,但过去
20 多年以来的很多金融活动(诸如过度的资产证券化和衍生产品交易)致使风险与回报
脱节,是市场扭曲导致金融畸形扩张的根源。金融机构最大化地将风险剥离分散到社会
的几乎每个角落,而同时又最集中化地聚结风险回报在少数精英手中。风险和回报的责
任承担主体的分离是金融市场扭曲和畸形扩张的起因。

笔者认为梳理以欧美为代表的金融业的变迁是理解现代金融体系在 2007 年前与 20
世纪 60 年代显著不同的前提,也是更好地理解和分析始于 2007 年中爆发的系统性风险,
以及引发的金融危机有别于其他危机的前提,从而更好地理解为什么当今国际金融改革
要围绕"系统性风险"这一主旨问题来进行。

第 2 章　系统性风险概论

　　系统性风险这一概念最初是与银行挤兑和货币危机联系在一起的,在历史上重要的金融和经济危机中都或多或少地出现过,但真正成为国际金融界关注的焦点,是在2007—2009 年的全球金融危机之后。如第 1 章所述,在经过了 40 多年演变之后的现代金融体系,无论是金融机构、金融市场,还是金融基础设施、金融监管,都表现出了许多新的特征。系统性风险的研究将会对金融行业的风险管理实践产生重大的影响,对维护一个健康稳定的国际金融体系,预防其在金融和经济体系内的生成、传播和爆发,以及风险蔓延后的危机治理,具有非常重要的意义。

○ 2.1　系统性风险的定义

　　对风险的传统定义或划分方法有很多种。可以根据风险形成的原因、性质、对象、程度、环境、方式等进行划分,但在风险管理的实践中,最具实际操作意义的是由风险产生的原因来定义的。比如,市场风险是由于市场价格的波动,或利率、汇率、股价等变动产生的企业运营或投资回报行为的损失;信用风险是由于交易对手的信贷质量恶化,不愿或无力履行合同义务,导致最终违约而产生的损失;操作风险是由于不健全的制度或流程,人为错误或欺诈伪冒,系统控制不善(包括品质管理、应急系统等)或外部因素等导致损失的风险。

　　对系统性风险而言,采用的定义更多考虑的是风险产生的原因和结果。当我们说某一种风险具有"系统性",是指一个风险事件可能影响整个体系的功能,有可能让不相干的第三方卷入并最终承担一定的成本。

　　对系统性风险的认识经历了很长的时间。自 20 世纪 80 年代开始,系统性风险的概念就出现了。如前所述,90 年代以来,国际金融环境和市场经历了剧烈变化,有不少学者、政策制定人员和金融行业的实践家开始从不同角度,对系统性风险进行描述,给出了多种定义。然而时至今日,尚未出现一个被学界和业界广泛接受的定义,这也体现了这一问题的复杂性。下面我们将归纳一些主要学者对系统性风险的描述。

国际清算银行(BIS,1994)将系统性风险定义为"这样的一种风险,(系统中的)参与者未能履行其合同义务进而引起其他参与者连锁的违约反应,从而导致更广泛的金融困境"。比如,一个金融机构不能满足合同义务,会传递到其他的市场参与者,造成风险溢出(spillover),致使金融机构之间、金融机构与实体经济之间互相影响,造成灾难性的后果。

Mishkin(1995)认为系统性风险可以来自金融体系的内部或外部。他认为,系统性风险可能来自"一个巨大的宏观冲击,对整个国民经济系统产生同步性的负面影响;或者一个突发的意外事件,扰乱金融系统的信息,使金融市场无法有效地将资金配置到最优的投资机会上"。他强调了系统性风险可能带来的负面效果,会使得经济滑落到一个次优均衡的状态,同时注意到"市场信息"是系统性风险传播的一种可能的途径。

Group of Ten(2001)定义系统性风险是"一个事件,这个事件会触发经济和信心的损失,增加(部分)金融系统的不确定性,严重时会对实体经济产生重大的负面影响"。该定义注意到市场参与者的信心。通常当经济处于剧烈波动时,由于获得信息的成本和难度增大,参与者的信心有可能迅速崩溃。

早期美联储(Board of Governors of the Federal Reserve System,2001)把系统性风险定义为"如果一家支付系统中的金融机构不能对债务进行清算,或者清算失败导致其债权人无法清算其债务,进而发生严重的不良后果,影响到支付系统中的其他金融机构并扩散到整个金融体系,系统性风险就可能发生"。美联储的定义特别强调的是支付系统内的系统性风险,这确实是非常重要的一个环节,但是这个定义显然没有把其他很多系统性风险包括进来。

Kaufman 和 Scott(2003)提出"系统性风险涉及的是整个(金融)系统崩溃的可能性,而不是单个部分的崩溃。它的特征是系统众多部分或者所有部分的协同运动(co-movements)或者高度的相关性(correlation)",该定义强调系统性风险的负面后果必须是系统性的、高度耦合的。同时还注意到金融系统内部高度的相关性是系统性风险的重要特征。他们在总结了众多的定义和描述后把系统性风险归为具有三种特征的风险:(1)宏观震荡风险:一个巨大的宏观震荡同时给经济的很多部分造成严重的负面影响。(2)危机传播链(failure chains):一家金融机构的危机会传播给和它有关系的其他金融机构;其他金融机构又连带传播给更多的机构。在这样一个紧密相连的链条中,一家金融机构出现危机就会导致相关链条上的很多金融机构相继出现危机。(3)重估风险:当一家或者多家金融机构出现危机时,市场中持有同种或者相似资产和业务的其他银行,会受到市场的重新估值，所持有的资产价值可能被调低，进而导致这些金融机构也出现危机。Kaufman 等人的定义，强调由于一个参与者不能履行其合同义务或一个事件的发生，就能引发其他的参与者集体违约的连串反应，即在整个体系中形成"多米诺骨牌"式的风险，从而造成广泛的金融困境。

Jurion(2007)把系统性风险描述为"一个很难实证分析的对象"，定义为"当一个冲击(shock)威胁到很多金融机构时，系统性风险就产生了"。这个定义强调的是系统性风险的导火索"冲击"。

在 2007 年的金融危机中，世界货币基金组织、国际清算银行、金融稳定理事会共同给出系统性风险的说明："系统性风险严重扰乱金融服务业，会全面或部分地破坏金融系统，并可能对实体经济造成严重的负面后果。"

Adrain 和 Brunnermeier(2008)认为，系统性风险是整个金融体系作为经济系统中枢的功能遭到破坏，同时可能无法再向实体经济提供信贷支持。

Gonzalez-Hermosillo 和 Hesse(2009)提出，系统性风险可以被认为是使得不相关的其他经济体遭受经济损失的外部性，这种外部性通常表现为风险的传染性与溢出性。

Hendricks(2009)把系统性风险定义为"使得经济状态从一个均衡状态到另一个次优均衡状态转移的风险，它的特点是自强化反馈(self-reinforcing feedback)机制使得这种转移很难逆转"，他注意到在经济不稳定时市场表现出来的自强化反馈现象。

美联储主席 Bernanke(2009)对系统性风险是这样描述的——系统性风险不只是一个或两个机构的风险问题，而是威胁整个金融体系的稳定，从而广泛地影响实体经济的风险。

Anabtawi 和 Schwarcz(2011)把系统性风险定义为"一个经济震荡(shock)导致一系列的市场或者金融机构的失效，抑或是金融机构的重大损失，进而造成资本成本的高涨或者资本的严重缺失，通常还伴随着金融市场上资产价格的剧烈波动"，该定义强调系统性风险可能带来的多种负面结果。

以上对系统性风险的定义是从略为不同的角度来考察系统性风险的特征，主要集中在两个方面——系统性风险的原因和系统性风险的结果。我们看到，和所有我们熟悉的单个风险不同，系统性风险是一种有可能引发更大范围的系统性危机、对整体经济有灾难性威胁的风险。

在回顾众多学者对其定义的基础上，从外部和内部以及宏观和微观区分的视角，笔者试图给出一个操作性较强的定义：

金融系统性风险是一种破坏金融体系稳定性、使众多的金融机构甚至整个金融系统崩溃的风险，它可以引发金融危机并对实体经济造成巨大的损失。起因可以是(1)宏观冲击或特定冲击;(2)金融体系内部子系统之间的传染,例如个别金融机构产生危机、某个金融市场的剧烈波动或支付系统等金融基础设施出现故障,这些局部危机进而传染到更大范围;(3)第三方风险的间接暴露,市场重新估值时信心缺失,资产普遍大幅贬值。

下面我们集中讨论这三个起因。

(1) 宏观冲击(macro-shock),这是系统性的、对金融或经济系统产生几乎是同时的、巨大的不利影响。有很多危机的例子体现了由宏观冲击引起的系统性风险。比如,主权国家的意外违约事件;引起整个国民经济进入周期性衰退的事件;宏观经济波动及区域总量变化的冲击(如 GDP 的突发性负增长、恶性通货膨胀、银行过度信贷等);金融市场和环境的巨变(如重要原材料或资产价格的意外大幅变动,利率突然提高,汇率波动引起的货币贬值等);金融政策的重大改变(如货币政策或者宏观财政政策的变更);天灾人祸等突发事件的冲击。另一种是特定的冲击(idiosyncratic shock),指的是对个体机构或单一资产价格的冲击,一般比较猛烈,但也可能会产生系统性的影响。

(2) 金融体系内部子系统之间的传染,或微观机构间直接连接导致的传染。由于金融体系是相互连接、相互影响的网状结构,机构之间微观层面上的联系使得一家或多家金融机构出现风险时,可能导致风险向另一些机构传染,并通过网状结构传递到市场参与者,即风险外溢。该起因关注的是机构或市场之间的密切的、直接的连接,强调的是连接性、相关性和互为因果的关系。例如,银行期限错配引发的危机;银行间大额支付系统出问题时的传染效应;引起金融市场或者支付清算体系操作失灵的灾难性事故;资产价格相关性导致风险在两个市场间的传递、股市崩盘等。

(3) 第三方风险的间接暴露。金融机构由于受到"共同冲击"(common shock)或"在冲击中重新估值"(reassessment shock),导致系统性风险。这类起因最初来自外部冲击的风险外溢,机构之间依赖于较弱的间接连接,不涉及直接连接的因果关系。由于市场受参与者心理和认知因素的影响,当一个机构出现危机时,市场上的负面预期会影响对拥有类似资产或业务的其他机构的重新评估,即使这些机构是健康运行的,也会受到一定的负面影响。比如,最近这次次贷危机在银行中的表现起初就是由于共同的资产风险暴露造成的;信息不对称下的债权人挤兑带来的流动性困境;"再评估冲击"造成风险的"溢出效应"都涉及这一类起因。

第二和第三个起因强调微观方面的原因,是从金融体系内部风险传染的角度来讨论的,核心是"传染",意味着某些公司或部分系统的问题会波及其他企业和整个系统。系统性风险与传统单个机构风险的主要区别在于:不仅有最初的冲击因素,更重要的是存在之后的传染机制。这在 2007 年的金融危机中是非常典型的。

○ 2.2　系统性风险的特征

一般的传统风险,根据损益结果和性质可分为两种:纯粹风险(pure risk)和机会风险(speculative risk)。纯粹风险通常指,只有损失的可能性而无获利可能性的风险,造成的后果只有两种可能:损失或无损失,比如操作风险、声誉风险、天灾人祸等。这一类的风险是最早被人们认识到的,本质上它们的发生是小概率的,一旦发生将造成较大的损害,同时不易预测和预防,人们通常通过购买保险来对纯粹风险进行管理。另一种风险是现代商业中普遍存在的,指既存在损失的可能性,也存在获利可能性的风险,我们称它为机会风险。它对企业造成的后果有三种可能:损失、无损失、获利。比如,股价波动、商品价格波动等带来的市场风险,违约带来的信用风险,市场经营环境变化引起的商业风险等。人们常说的"风险越高,获利的可能性也越大",在一定的范围内是正确的。"风险是机会和威胁的统一",承担一定的风险是为了获得相应收益上的更大补偿,这就是机会风险的特点。因此,所有的商家或金融机构对项目进行评估时,都要分析和检查两个维度——风险与收益;在业绩跟踪和评估时,也是要看两个维度——损失与回报。它们是不可分离的。风险管理的目标就是要寻找实践中的风险与收益的最优组合。

对于系统性风险,若不进行有效的管理和控制,一旦引发系统性危机,后果只有损失:财富的净流失和对市场信心的打击。因此在这个意义上,对金融体系或实体经济而言,系统性风险属于"纯粹风险"。

再有,我们谈风险都是和风险所有人的目标有关的。那么系统性风险的所有人是谁,他们的目标是什么? 与传统风险的所有人不同,系统性风险的所有人是整个社会的利益相关人,因此系统性风险管理的目标是金融体系的稳定性。

与其他传统的单个风险相比,系统性风险有下列这些特征:

(1) 风险与收益不对称。系统性风险对整个金融体系和实体经济都是一种威胁,基本没有正面的意义,即使在危机发生之后一定程度上可能对经济过热、薪酬激励机制或金融监管有纠错、警告的作用,但其代价太大。

(2) 传染性与负外部性。与信用风险或市场风险等发生于具体金融机构或资产组合中的单个风险不同,系统性风险在复杂的金融体系中具有高度的传染性,即出问题的那部分金融机构、市场或基础设施的风险会溢出和扩散,造成的负面冲击将强加于金融体系中不直接相关的其他部分或经济部门。负外部性还包括援助失败金融机构的直接财政支出,以及随之而来的经济衰退造成的间接支出,而金融业并没有为其可能的外延风险损失对社会造成的影响付出应有的代价。

（3）与市场信心直接相关。系统性风险的传播和放大与对资产进行再评估的金融机构、投资人或消费者的预期和信心高度相关。市场行为受市场情绪的影响，在信心丧失或预期发生转向时，会影响市场情绪普遍看跌，资本的流动性可能急剧降低，很容易产生系统性的集体塌陷。这种信心丧失的快速传染与金融机构之间是否有直接的业务联接无关。索罗斯反身性理论中参与者的观点和他所参与的情境之间相互作用的模型，与这种现象十分有关（Soros，1987）。

（4）自加强与正反馈性。系统理论中典型的正反馈机制能够在风险传染过程中充分体现。往往政策、行动和事件具有亲周期性（procyclicality）特点。金融部门与实体经济之间有动态的正向反馈机制。这种互相依存的作用关系会扩大经济周期性的波动程度，并造成或加剧金融部门的不稳定性。通常在经济上升、顺周期的好时光，由于资产升值，信贷会更加扩张，高杠杆、高回报，刺激经济进一步扩张，泡沫形成，系统性风险逐渐积累起来；一旦经济出现衰退时，在逆周期的压力条件下，由于借款人财务状况恶化，原先发放的许多贷款很可能转化成不良贷款，抵押物价值下降，信贷开始紧缩，泡沫破裂，系统性风险开始爆发，其他的外围影响，诸如信用评级、公允价值会计规则、估值模型等都呈现加速的正反馈效应，导致提高贷款条件、担保要求、信贷审查的要求，促进恶性循环。这种自加强与正反馈性使得风险迅速放大蔓延，导致经济进一步衰退，经济复苏举步维艰。

（5）缺乏信息和数据造成识别的高难度。由于系统性风险的拓扑结构不是一家机构或单一市场，而是网络型的，金融机构往往只关注自身的风险数据，反映金融机构、市场以及基础设施之间关系的数据基本上是空白的，造成了系统性风险识别上的困难。如本次金融危机中的交易对手风险，很多是间接性的，一方与另一方交易时，并不知道对方是否与其他更多人进行交易。金融监管机构甚至机构自身都缺少这类数据，几乎是不可能事前观测和防范系统性风险的。美国国际集团（AIG）在濒临破产时，政府准备施以援手，但就 AIG 属于流动性还是清偿性问题没有清晰的认识，并且由于缺乏数据，对可能的损失估计在一周之内就反复变动了多次，这就给监管机构做出有效决策带来了很大困难。

国际清算银行指出系统性风险有两个维度：第一，时间维度，考虑的是系统的总体风险如何随时间发展，涉及逆周期问题；第二，空间维度，也称行业维度，指的是在一个给定的特定时间内，风险如何在系统内的金融机构之间分布和相互作用，涉及跨业经营和风险转播的问题。

◎ 2.3 金融体系含有系统性风险的基因

系统性风险可以发生在很多领域，金融体系则是最容易发生的领域。这是由于金融体系内在的特殊性和关联性造成的，我们可以从四个方面来分析。

首先，金融中介（银行）机构的特殊性及其在金融市场中的作用。金融中介机构存在的经济理由之一，是因为它具有降低交易成本的专业能力和获得规模经济的好处。机构的规模越大，越能受益于规模经济，规模效应带来的低成本意味着很容易为客户提供高流动性的服务，为客户进行各种交易和间接融资提供便利。以一般的商业银行业务为例，银行扮演中介的角色，利用存贷利差，对客户进行短借长贷，即用短期负债，比如存款、商业票据、回购协议等来支持长期、流动性相对较差的投资。正常情况下，只要银行持有一定的流动性存款准备金（即现金或在其他银行的存款，以保证储户提出突然的支付要求时能够满足其要求），并保持一定的资本充足率，就可以使得政府不需要援救陷入困境的银行。但在实际情况中，由于有市场风险暴露和不可避免的存贷期限错配，加之信息不对称，存款人就有可能对银行贷款资产价值以及其他存款人失去信心，进而突然要求提取他们的资金，贷款人也有可能拒绝购买商业票据或回购。在这样的情况下，尽管银行有清偿能力，但面对流动性冲击和市场利率的变化时，就有可能遭受挤兑，产生违约危机，被迫破产。2007年贝尔斯登的崩溃，就是因为当时投资者拒绝购买该公司的短期债务，使得流动性枯竭进而导致破产。在2007—2008年时，随着市场对借款人的信用重新评估，不少公司面临大幅走高的融资成本。一般来说，在危机时期，市场可能出现"关掉水龙头"的现象，造成流动性暂时中断，就会使金融机构尤其是金融市场遭受巨大损失。

其次是金融体系高密度的相互联系。正常情况下，大型商业银行和投资银行以及各种金融中介机构之间的往来业务，存在着极其复杂的头寸网络。银行同业贷款和存款市场、证券交易市场、衍生工具柜台交易以及批发支付系统每时每刻都在进行着大量的清算和结算工作。一家大型机构通常一天的风险暴露可达几十亿美元，各种交易闪电般的速度使得任何一家机构都很难跟踪其交易对手，更别说交易对手的对手了。某个机构出现问题，不仅会影响其复杂头寸网络上的交易对手，甚至那些不直接参与问题机构交易的金融机构，也可能会受其影响而产生间接的风险暴露。在这种复杂的关联性网络中，一家机构如果不能按时履行债务支付，会立即损害其他机构履行各自的债务支付能力，危机传递的速度和金融体系整体崩塌的概率将大大增加。

第三个原因是金融杠杆。虽然杠杆不完全是金融体系内生的，不一定能看成"基因"，但它是在历史演化中生成并同时也成为金融机构之所以有高收益的秘密之一，并且大多数非金融机构没有这个特点，我们还是把它列入了。现代的银行和金融机构资产的主要部分是通过发行债券，而不是出售权益获得。在房地产市场的繁荣期，许多银行、对冲基金和其他金融公司从债券市场大量举债融资，然后将巨资投入房地产抵押贷款证券市场。在危机之前，一些投资银行持有极高的杠杆比率，债务对权益比率约为25比1。也就是说，对于每 1 美元的股权，将对应发行 25 元的债务（相对而言，商业银行的最低资本要求是 12 比 1）。杠杆率为 25 意味着在资产负债表中，每 100 美元的资产，仅有 4 美元的股票权益。如果 4% 的资产下跌，公司就面临零权益，就必须筹集额外资本或出售部分资产，来增加资本权益。过度的高杠杆使得金融机构在面临冲击时抵抗力过低，市场正常的震荡就可能引发危机。可以说，一旦系统性风险发生，它在机构和市场间的传染强度与杠杆率成正比。例如，房利美和房地美在 2007 年时，杠杆率分别高达 22：1 和 68：1（见第 1 章图 1.15），2008 年次级债的抵押贷款资产证券化的违约率开始上升，虽然不是很大的幅度，但已经促使"两房"在 2008 年 7 月走向破产的边缘，美国联邦政府只好对其进行接管。

最后一方面，就是信息因素，或称"信息不对称"（asymmetric information），即在金融市场上一种信息的不平等性。当做决策的时候，交易一方通常并不完全了解另一方，产生了信息不对称，加上决策是基于对消费者购买力的跨期分配，不确定性因素较多，导致金融承诺的可信性受到质疑。比如，对于借贷基金用途的潜在回报率和与投资项目相关的风险情况，借款者通常比贷款者要了解得更多些。假如市场预期发生逆转，会导致资产价格大幅波动，回报率完全不确定。对于信息不对称引发的问题，用基本的经济理论难以解释，更多涉及心理学、行为学方面的理论，使得该问题更加复杂。在系统性风险的传播过程中，信息不对称导致的交易对手风险发挥了重要的作用。

在金融市场中，信息不对称会进一步在交易的两个阶段产生两个不可避免的问题：一是在交易发生之前的逆向选择（adverse selection），另一个是在交易发生之后的道德风险（moral hazard）。

逆向选择是交易之前的信息不对称引发的问题，是由那些最可能造成不利结果的人导致的——即具有潜在信贷风险的借贷者，往往是那些最积极寻找贷款的人，因而也是最有可能得到贷款的人。尽管在市场上可能存在信贷风险很小的贷款选择，但是逆向选择造成的信贷风险和违约，很可能使得贷款者不愿意再发放任何贷款（Mishkin，2011）。

道德风险是由交易之后的信息不对称引发的问题，是指借款者可能为了最大限度地增进自身效用而从事对贷款者不利（不道德）的活动，这些活动很可能会使这笔贷款无法偿还，这是任何一个想要通过直接投资获得回报的人都必须面对的问题。由于道德风险降低了偿还贷款的可能性，贷款者可能因此决定不发放任何贷款。道德风险往往与利益冲突紧密联系，即金融合约的签订一方有动机为了自己的利益而不是对方的利益采取行动。

逆向选择和道德风险是银行业努力尝试避免和解决的问题，它们是影响金融市场有效运作的重要障碍，也是系统性风险关注的重要问题，特别是道德风险。我们在后面会进一步谈到。

鉴于金融体系的以上四个特征，说明金融市场更具脆弱性（financial fragility hypothesis），金融体系比经济系统中的任何其他部门（例如，能源、零售业、制造业等）都更容易发生系统性风险。金融系统性风险是以金融体系为载体的系统性风险。

◉ 2.4 金融系统性风险按表现形式的分类

从表现形式上，我们将金融系统性风险分为五种基本类型：机构之间直接的风险暴露带来的系统性风险、共同的风险暴露带来的系统性风险、市场的重新估值带来的系统性风险、与流动性有关的恐慌和挤兑带来的系统性风险以及金融基础设施崩溃带来的系统性风险。下面我们将逐一进行讨论。

2.4.1 机构之间直接的风险暴露

机构之间直接的风险暴露带来的系统性风险是建立在金融机构之间真实业务相互联系的基础之上。有证据表明，在过去十年中，庞大而复杂的金融机构之间的相互依存关系，在美国和日本以及欧洲发达国家都大大增强了。金融机构之间必然存在着大量的业务关系，就使得金融机构之间相互暴露着大量的风险，诸如银行同业间的贷款风险，市场活动中场外衍生工具的风险暴露，对手交易合约风险，以及支付和结算系统的连接风险等等。当处在金融体系巨大交易网络中的某一个金融机构出现危机时，它的债权银行将可能面临损失，这就会导致这些银行面临困境，然后这些银行会再次影响它们自己的债权银行，当这种链式反应的最终影响都显现出来时，将会有若干银行最终面临破产的危险。国际货币基金组织的几位学者对此给出过一个形象的描述（Chan-Lau，et al.，2009）：在第一轮的冲击中，银行 2 的破产导致银行 1 和银行 N 陷入破产危机，在第二轮的冲击中银行 1、银行 2 和银行 N 的破产导致银行 3 的破产，以此类推，直到银行系统中所有的冲击结果都显现出来后，可以得到银行系统的破产序列。这种直接的风险暴露还可以通过金融机构之间的股权关系、紧急信贷或者支付系统传递。对手交易风险是在 2007 年金融危机中传递系统性风险的一个重要因素，后面我们会专门讨论。

2.4.2 共同的风险暴露

共同的风险暴露引发的系统性风险是相对比较直观的，金融系统内的很多金融机构可能同时持有相同或者相似的资产，如果这些资产突然贬值或者价格剧烈波动，可能立刻导致持有这些资产的众多金融机构陷入困境。在此次次贷危机中，某种意义上最初的一轮危机就是发生在大量持有住房贷款资产证券(mortgage baked securitization,简称 MBS)的"两房"和华尔街投行中。危机爆发之初的美国,流通中的抵押贷款总计有 14.2 万亿美元,其中 8.9 万亿美元是住房抵押贷款证券。这些证券被金融系统内的多家银行和投资机构所持有,房地产泡沫的破灭使得住房抵押贷款证券的价格大幅下降,给持有它们的金融机构带来巨大压力。另外,共同风险源还可能来自宏观经济政策或者货币政策的改变,抑或是国际金融环境的改变,比如国家产业结构的调整、利率汇率等的突然改变等。这些宏观层面的风险事件引发的冲击,将会影响到许多金融企业,比如,可能通过金融机构和市场的批发业务或支付和结算系统,给金融体系带来广泛的影响,并传递到实体经济活动中,使经济主体中的其他无关方也承担损失。

2.4.3　市场的重新估值

市场的重新估值带来的系统性风险有两种典型的情形,一方面当一家或者多家金融机构处于危机中时,市场上持有与这些机构相同或者相似的资产和业务的银行将会被市场重新估值,它们的价值评估将会被调低(Kaufman and Scott,2003);另一方面这些处于危机中的银行为了满足流动性和市场追加抵押的要求,被迫出售部分资产,若多家金融机构同时出售大量的金融资产,这种资产就会迅速贬值,即出现"降价急售"(firesales),其他持有相同资产的金融机构也可能因此而陷入危机。资产贬值的影响还会因为通行的抵押品原则而被放大。抵押品或保证金的要求通常是按照当天的市场价值确定的。当资产贬值时,金融机构会被要求提供更多的抵押品或追仓(margin call),这无疑会给已经面临困境的金融机构雪上加霜。这种盯市的会计原则(mark to market,简称 MtM)无疑会在危机时期加重系统性风险的传播和危害。美国联邦保险公司的前主席威廉·艾萨克(William Isaac)认为盯市原则在交易市场上的应用,其实是在次贷危机的演变中起到了催化剂的作用(Issac,2010;Maxam,2008)。

2.4.4　与流动性有关的恐慌和挤兑

恐慌和挤兑造成了流动性枯竭,进而引发了系统性风险,其背后的基本推动力量是信息不对称。债权人获得信息的成本相对比较高,在经济危机的时候,获得信息的成本会更加昂贵甚至是不可能的。在金融危机的情况下,信息的不对称很容易引发消费者和投资者的恐慌,造成逆向选择和道德风险,从而妨碍金融市场的有效运作。会出现这样的现象:一方面重要债权人收紧手中的资金,变得谨慎甚至不再投资,比起可能获得的一些利润,资产安全是他们此时最关心的问题;另一方面恐慌严重时会造成挤兑,债权人迫不及待地拿回自己的投资;而且由于信息的缺乏,债权人和投资者没有办法区分"好银行"和

"坏银行"或判断一家金融机构的好坏,挤兑一旦发生在某家金融机构身上就很容易在金融系统中蔓延,造成更大范围的恐慌。两种情况都会造成市场上流动性的缺失,这时金融机构不仅没有途径获得新的流动性,自身的流动性也会迅速地流失,使得资产负债表良好的金融机构也会陷入流动性危机中。在 2007 年的金融危机中,不同于过去债权人对银行的挤兑,而是金融机构之间的挤兑并且流动性问题成为危机漩涡的中心。我们看到 2008 年,影子银行卷入的回购业务一度令一些出问题的大银行陷入挤兑危机,是造成华尔街的几个"百年老店"流动性枯竭,最终面临破产悲剧的原因之一。

2.4.5 金融基础设施崩溃

金融基础设施崩溃带来的系统性风险是指金融体系中的结算系统、证券交易系统等基础设施如果发生意外而无法正常运作,就将会给金融系统和实体经济带来巨大的冲击。美联储在 2001 年时就强调了由清算失败扩散到支付系统中的其他金融机构并进一步蔓延到整个金融体系的系统性风险。一笔大额支付的取消可以导致 37% 的 CHIPS 参与者违约①。另外,还有高频交易或微妙交易的业务行为有可能引起市场异动或暴跌现象。2010 年 5 月 6 日,道琼斯工业平均指数暴跌 9%,几分钟后才出现反弹。根据商品期货交易委员会和美国证交会对这次"闪崩"事件的调查,暴跌的直接原因是交易所接到一笔通过自动出售算法执行的高达 41 亿美元的卖单,而高频交易买方突然终止了活动。现在的证券市场上也能看到类似的突发情况。

实际生活中,当系统性风险爆发造成系统性危机时,五种基本的系统性风险并不是完全分离,没有关联的。相反,它们是彼此交叉、相互影响、协同作用的,这就使问题变得极度复杂,给系统性风险的识别、测量、监管和治理都带来巨大困难,这也是研究系统性风险的特殊挑战所在。

---

① CHIPS 是美国银行间大额支付结算系统,每天的结算额超过 1 万亿美元,银行同业支付约 25 万亿美元。

第 3 章　系统性风险演变为系统性危机

由于风险与危机之间的因果关系,一旦系统性风险积累到一定程度,当有突发事件触发时,如果风险无法或未能得到及时有效地控制,负面影响就会迅速扩大,就可能引致系统性危机,进而破坏整个金融和经济体系的稳定性。

系统性危机往往发生在金融开放程度高,金融资产、金融系统和金融经济比较繁荣的市场化国家和地区,以及赤字和外债较为严重的国家。由于影响的规模大、时间长、破坏严重,金融系统性危机可以被视为"全面性金融危机"或"金融复合型危机"。这种危机使得主要的金融领域出现严重混乱,造成相当数量的机构倒闭或市场价格大幅下降,进而对社会和经济的基本功能造成严重损害。其表现形式可以是货币危机、银行危机、债务危机和股市危机等同时或相继发生。危机的影响范围可以从一种金融市场波及另外一种金融市场,如从股市到债市、外汇、期货、场外衍生产品交易市场;从一个领域传染到另一个领域,如从房地产到金融系统,再到实体经济;从局部区域到整个国家,再到全球。本章从历史角度回顾上世纪80 年代以来一些国际系统性危机,以及百年金融史上 16 个重大的金融危机。在此基础上,进一步探讨金融系统性危机的普遍性特征,以及从积累到演化再到治理的过程。

◉ 3.1　2007 年的全球金融危机

在过去一百多年中,国际金融市场从未远离过危机,在上个世纪发生的最为严重的一次就是 1933 年的大萧条,而另一次与之可以相提并论的便是始于 2007 年的全球金融危机。

2007 年的金融危机引起的大衰退属于典型的系统性危机,从风险积累到危机触发、传染蔓延到金融体系几近崩溃的过程,完整地体现了第 2 章我们对系统性风险定义的陈述,危机演进的过程几乎涵盖了前面讨论过的所有五种形式。危机之后,各界都在寻找和反思其原因。2009 年,美国政府直接任命成立了"金融危机调查委员会",由商业、法律、经济、房地产等领域的 50 位人员组成,全面调查研究危机的成因,总结经验教训。经过两年多对 700 多位见证者的访谈和大量的调查研究,该委员会于 2011 年发布了《金融危机调查报告》,披露了这场危机的背景、过程及根源。

自 2008 年以来,笔者一直潜心观察、研究分析并多次在公开场合的会议或讲堂上讨论这场金融危机,目前这一过程仍在继续之中。笔者认为,这次危机的爆发和演化有多方面的原因:人性的贪婪和傲慢,人类的判断失误和不负责任的行为,以及无法避免的经济周期,是危机的必要条件;非传统的次级抵押贷款和以此为基础的高杠杆复杂金融衍生品的泛滥,现代金融体系运行的系统脆弱性,以及监管当局失去对大局的了解与控制是造成这次危机的充分条件。笔者同意金融危机调查委员会报告的结论,这场危机是一场"人祸",是金融监管负主要责任的"领导人"的作为和不作为所导致的。仔细分析,危机是从美国的次级抵押贷款证券市场的崩溃开始的,在房地产泡沫和信贷泡沫的形成与破灭过程中,社会系统中至少有八个参与方的互动,道德和责任的缺失出现在各个层面,其中几方对这场巨变的破坏结果负有严重的社会责任。下面我们就各方的角色一一讨论,分析这场危机的背景和爆发的条件(孙晓云,2009)。

3.1.1　危机中的八个参与方

(1) 文化环境、商业媒体。2001 年美国互联网络泡沫破裂,以及"9·11"事件发生之后,时任美联储主席的格林斯潘担心悲剧会进一步影响已进入衰退的经济,便采取相应的政策,以促使政府鼓励大众消费文化的重新兴起。克林顿和小布什两任总统以及国会试图提高房屋拥有率,得到了广泛的政治支持,政府采取了进一步的刺激政策、援助程序和委托管理来鼓励房屋自有。报刊、电视、书籍和互联网等各类媒体媒介铺天盖地地宣传房地产投资的高回报,"任何房地产投资都不会亏钱","房价会一直涨","买房将是永不损失的投资",这样的

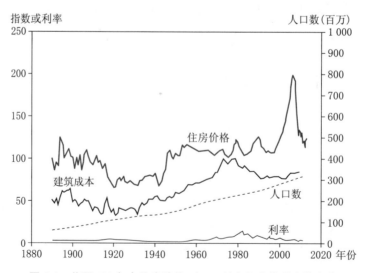

图 3.1　美国 130 年来住房价格、人口、利率和建筑成本的变化

概念深入人心。资金由互联网股票转向房地产,全国掀起了购置屋业的狂热。住房的繁荣创造了空前高涨的房地产价格并带动了相关行业的快速发展。图 3.1 给出了美国 130 年来房地产价格及其他指标的变化。我们看到,自 2000 年以来,房地产价格开始飙升,上升的速度远远超过历史上的任何时期。再有,2002 年到 2005 年利率持续维持在一个很低的水平。

(2) 借款人。在舆论和媒体的引导下,消费者普遍地错误认为房价将继续长远地升值,宽松的信贷加强了这一认知,鼓励大量次级信用人借款,消费者积极地参与到制造房地产泡沫的过程中。不少借款人为了获得批准,虚假陈述贷款申请数据,在 2002—2006 年间,过度投机人群的规模前所未有。在 2004 年,美国整体的自住房率上升到高峰,占家庭户比例的 69.2%。在 2005 年中期,美国有将近 1/4 的借款人办理了只付息贷款,选择了非传统的抵押贷款(见下面对这些产品的讨论),因为这是唯一能使他们在高房价的地方拥有房产的方式。大量借款人被房产销售商误导,不知不觉地将自己置于风险较高的贷款之中。

(3) 放贷机构(商业银行和贷款公司)。本世纪初,美国社会中的优级信用人口大多都已购置了住房。但是,银行之间竞争日益加剧,为了赢得更多的客户,银行开始想尽一切办法,瞄准次级信用群体(占美国成人人口的 22%),通过创造一系列的次级抵押贷款的新产品,旨在向之前无法进入金融市场的家庭提供贷款。这些产品诸如,Alt-A 贷款(另类 A 贷款,对那些信用记录不错,但缺少或没有固定收入、存款、资产等合法证明的申请人的贷款);可调利率抵押贷款(ARMs)——2-28s 贷款(30 年期贷款,前两年利率固定并很低,后 28 年利率浮动,利率调整后本息负担会陡增,可能造成借款人负担不起。类似地,还有 3-27s 和 5-25s 贷款等);选择性可调利率抵押贷款(Option ARM,在贷款余额每月增长的情况下,可以选择支付较低的还款);只付息式贷款(Interest-Only Loans);Low-Doc(免收入证明贷款);二次抵押贷款(对于需要融资 80% 以上的房屋,在第一个抵押之外同时达成的第二个抵押);负摊销贷款(指的是只要还款额低于当期的利息额,差额部分转入本金。可能会把借款人的产权吃掉)。总之,发起抵押贷款的过程有被严重滥用的现象。市场上充斥着各种各样的新式的非传统抵押贷款产品,门槛很低,每月的贷款还款比租金还便宜,给大众造成“买房还比租房便宜”的错觉,他们可以用少量甚至不用首付就能购买住房,并且可以利用房产再融资。这样的做法迷惑了千千万万没有仔细检查合同细节的借款者,不管自己是否有能力偿还贷款,他们都实现了成为房屋“拥有者”的梦想,并背上了自己无法偿还的高额贷款。

为了扩大客户群体,银行或贷款机构改变了对次级贷款的审批标准,降低了对就业收入、信用评级、资产与贷款比率以及偿还本金和付息能力设置的借贷条件,使得过去很多不符合条件的次级信用人群也可以借款。一些贷款公司出现了严重的道德风险,使用债务整合、信用修补等手段,甚至篡改申请人的记录,以求签订抵押贷款协议。自 2001 年到

2007年,抵押贷款的数量与房地产价格的攀升成正相关关系。我们来看几个惊人的数据(The Financial Crisis Inquiry Report,2011):(1)美国全部的房屋抵押贷款负债从2001年的5.3万亿美元攀升到2007年的10.5万亿美元;(2)美国家庭的抵押贷款债务在这6年中的增长量比整个国家在过去200年里增长的债务还多;(3)优级客户与次优客户贷款利率的平均差,由2001年的2.8%下降到2007年的1.3%;(4)1994年发放的次级抵押贷款占抵押贷款总额的5%(350亿美元),到2006年增加到20%(6 000亿美元)。在这个过程中,一些著名的银行和贷款公司,诸如美国最大的储蓄和贷款协会"华盛顿互惠银行"(Washington Mutual Bank)、专门经营房地产贷款的"国家金融服务公司"(Countrywide Financial)、"快速贷款资金公司"(Fast Loan Funding)等都扮演了泡沫放大者的角色,其中不乏有严重误导投资者,为自己赚取高额利润的恶行。最后,它们纷纷在2008年倒闭。房地美和房利美这两大政府支持企业(GSEs)参与了次级贷款的扩张,使得房产泡沫进一步扩大。由于享有联邦政府的支持和补贴,"两房"在运行模式上存在严重缺陷,因为它们可以使用政治力量来躲避调控和监管;在2010年,它们不得不依靠政府提供的1 510亿美元救援资金来维持运营。

(4)抵押贷款经纪人。他们参与了抵押贷款的发起阶段,与购房者商谈贷款细节,签订贷款协议。由于经纪人不贷出自己的钱,佣金酬劳与贷款的质量、风险、赔偿行为无关,所以道德风险不可避免,进行信息欺诈、过度投机的经纪商比比皆是。2003年美国房屋贷款的68%是由经纪人贷出的,其中43%为次级贷款或另类A方案。这样的现象我们是熟悉的,经纪人说服购房者买下大的住房,为了满足贷款条件,甚至篡改借款人的信用情况和有关还款能力的信息(如收入、负债等),使其签订浮动利率抵押贷款协议,或者通过某种与借款人的需求和经济情况不符的抵押贷款种类,使借款人获取了自己无法还清的高额贷款。因为经纪人在完成签订贷款协议之后,就可拿到佣金,今后借款人的还款情况与他无关。在2004—2007年间的部分市场参与者的行为,反映了发起抵押贷款的初期过程就被严重滥用,把借方和贷方都置于风险之中,抵押贷款诈骗所导致的损失已达到1 120亿美元。

(5)美国政府、美联储。在自由化思潮和市场均衡理论的影响下,美国政府信奉金融机构有自我约束力,市场具有自我修复特性。在1992—2008年间,美国的次级贷款和准优级贷款大幅增长,且贷款担保标准不断下滑。造成这种状况与政府在这段时间内通过了一系列的金融法案,实施放松管制的政策和3个住房政策的具体项目有关。早在1992年,美国国会颁布实施了住房与社区发展法案第13条,在克林顿及乔治·W.布什政府的住房和城市发展部的推动下,支持"居者有其屋"的计划,从法律上要求房利美和房地美降低中低收入者申请贷款的抵押担保标准,提高美国公民房屋所有权的持有率,提倡次级贷款者和抵押贷款银行的"最优实践创新",导致发放2 800亿美元的高风险贷款。下面的几个数据很能说明问题：1992 年,政府住房和城市发展部要求房地美和房利美发放的抵押贷款额度中用于购买保障性住房贷款的占比为 30％；1996 年此配额提高到 40％,1997年提高到 42％,2000 年提高到 50％。房地美和房利美尽职尽责地满足政府这些不断提高的目标,直到 2008 年次贷危机爆发、"两房"深陷危机时,这个配额已经达到了 56％。那些银行与社区团体达成协议的《社区再投资法案》的贷款总额,已从 1991 年的 80 亿美元上升至 2007 年的 4.5 万亿美元! 鉴于此,15 年来,美国的信贷结构和基础质量变化很大。另一方面,抵押贷款资产证券化业务的兴起很大程度上可以称为是美国政府的发明(Shiller,2012)。1990 年,几乎没有次级贷款被证券化；但到了 2007 年,所有的次级贷款和高风险贷款都被证券化了。

1999 年,美国国会通过了《金融服务现代化法案》,允许银行、证券、保险业混业经营的合法性,支持该法案的国会议员这样描述："我们必须大力创新,《格拉斯·斯蒂格尔法案》(Glass-Steagall Act)是最后一块挡路的绊脚石,该搬走它。"2000 年,《商品期货现代化法案》出台,规定衍生品交易免受政府监管,为衍生品交易的高速发展大开绿灯。在2001—2003 年间,美联储 13 次降息,将联邦基金利率由 6.5％降至 1％,并保持一年以上,从而导致伦敦同业削减 LIBOR 利率,致使贷款利率长期较低,刺激了房地产和金融市场的过度繁荣,为资产泡沫的积累奠定了宽松的信贷基础。2004 年,美国证券交易委员会放弃了对杠杆率使用的限制规则,致使美国的五大投行获准免于以往对杠杆率的规定,迅速将杠杆用到了 20、30 甚至 40。"两房"的杠杆借贷比率之和,包括它们所借的贷款和担保的贷款,已经达到了 75∶1。2003—2007 年,美国监管机构的监管严重缺位导致风险扩散,很多关键的保护措施被剥离,使得数万亿美元的资产暴露在风险之下。面对众多灰色地带,美联储和美国证监会以及其他监管机构未能运用其权力,对银行、抵押贷款商和其他放贷商,以及影子银行和场外衍生品市场进行有效的监督与管理。总之,我们只要回顾自上世纪 80 年代以来,美国政府的一系列法律和监管实施的背景,就可以发现它们实际上起到了孕育资产和信贷泡沫的作用,被索罗斯称为酝酿"超级泡沫"(supper-bubble)(Soros,2008),这也是危机隐患的重要根源之一。

(6) 住房抵押贷款支持证券与衍生品制造商(投资银行、商业银行以及影子银行)。设计制作并交易抵押贷款资产证券化产品和以其为基础的衍生产品。拥有抵押贷款资产的银行(抵押贷款的放贷者)将这些未来现金流的信贷资产,打包卖给投行或影子银行(抵押贷款证券化专业机构),从而降低和分散它们固定利率资产的利率风险,提高资本充足率,增加资产流动性,降低筹资成本。而这些投资银行或影子银行从放贷机构收购了次级抵押贷款协议,对这些未来现金流的信贷资产进行重组,以此为基础在金融市场上发行可以买卖的住房抵押贷款支持证券(RMBS),再将证券出售给投资者。它们打包、切割、再打包、上保险,制造出了价值数万亿美元的抵押贷款相关证券,再被评价机构评为 AAA 级,卖给了全世界各类投资者。2000 年至 2006 年,次级债相关证券发行额高达 1 万多亿美元,证券中的次级贷款比例从 2001 年的 54% 上升到 2006 年的 75%。

更进一步,这些证券经常被再次打包成一类结构性的信用衍生产品——债务抵押债券(CDOs)卖给投资者。为了让投资者相信证券的质量和安全,扮演保险作用的信用违约互换(CDS)产品也出现了,该产品能为证券的违约提供保护。对每个信用违约互换的买家,都有一个卖家,随着这些投资者押注相反的方向,衍生品交易市场错综复杂的交易层次再次增加。进而那些"CDOs 平方"以及"虚拟 CDOs"产品越来越复杂,充斥全球衍生品场外交易市场。没参与的个别银行看到别的银行做得热火朝天,生怕自己被拉下,不顾一切地赶快加入。直到 2007 年中,市场预期变得与现实相差太远,但主导的趋势出于惯性仍在延续。花旗集团前首席执行官查克·普林斯(Chuck Prince)在 2007 年 7 月说了一句名言:"当音乐停止时,流动性将会把事情变得复杂。但只要还有音乐,就一定要站起来跳舞。我们还在继续跳。"这种现象有趣地揭示了在系统性风险积累的过程中,很多个体机构搞不清自己正在卷入制造泡沫的大潮中,直至趋势达到拐点,朝相反的方向自我强化时,人们才恍然大悟。我们在后面章节有专门讨论,在 2007 年时,尽管美国全部的房屋抵押贷款负债大约为 10.5 万亿美元,次级抵押贷款总额大约只有 6 000 亿美元,但经过证券化的产业链之后,主要基于这些抵押贷款作为原始标的的两类信用衍生产品(CDS 和 CDO),在几年内急剧增长,2007 年仅 CDS 场外交易的名义价值,竟然达到 58 万亿美元!在房产泡沫破灭、音乐停止之时,金融衍生品处于风暴的中心,成为全球系统性风险最有效的传播者和助推器。

(7)信用评级机构。有"金融市场看门人"美誉的美国三大信用评级机构(穆迪、标准普尔和惠誉),可以通过"评分"来反映企业或债券的风险度,而它们的失误是导致此次金融危机的一个重要原因。没有它们的信用评级印章,抵押贷款相关证券和复杂的衍生产品是不能被发行和出售的。它们不负责任地使用简单的数学模型对次贷债券给予高信用评级,使得这些债券轻而易举地在市场上销售。例如,仅穆迪公司一家,在 2000—2007 年间,就把近 45 000 种抵押贷款相关证券评为 AAA 级。危机爆发后,其结果是灾难性的,最终 83% 被评为 AAA 级的抵押证券的信用等级被调降,相应的债券价值大幅缩水,对市场造成严重破坏,投资者遭受巨额损失。另外,由于债券发行商是评级机构的客户,评级机构的收入是依靠债券发行商支付的,这已严重涉及行业中的利益关联问题。再有,很多时候评级机构甚至对它们自己参与设置的证券进行评级,远远失去了这个行业要求的中立性和客观性的立场。这些涉及行业中的利益冲突关系并缺少有效的公共监管的严重缺陷,无疑是将危机放大的一个重要环节。

(8) 投资者。在整个资产泡沫形成的过程中,有大规模的贪婪的投资者,它们不清楚自己的风险承受度,盲目地买进高风险的金融产品,这就在客观上抬高了资产价格。这些投资者主要包括国家基金、对冲基金、理财基金、保险公司、新兴市场基金、大学教育基金、养老基金、非金融公司和个人投资者等。当然,它们的资产多数仍然是被银行和金融机构管理着的。

从以上的分析可以看到,来自八个方面的互动,共同导演了这场危机。美国房地产的次级抵押贷款大规模违约是此次危机的触发原因,这是没有多少争议的。在由次贷到证券化再到衍生品的产生和分配的产业链上,以上各方扮演了各自的角色,直接或间接地卷入了产业链的不同环节,在经济良好的情况下,各方均受益;一旦其中一个环节出了问题,资金链断裂,就产生风险的放大效应和危机的链式反应。2007 年之前,发贷方和制作方市场存在的缺点以及部分市场参与者的行为都真实地反映了当代金融体系的弱点。在这个产业链条中,销售更多的贷款意味着获取更高的利润,因此贷款方不再像过去一样避免借出高风险的贷款。而资产证券化的快速发展,导致无法辨识出谁是最初的出借人,金融市场因此而变得过于复杂。图 3.2 显示了这八个方面的互动。

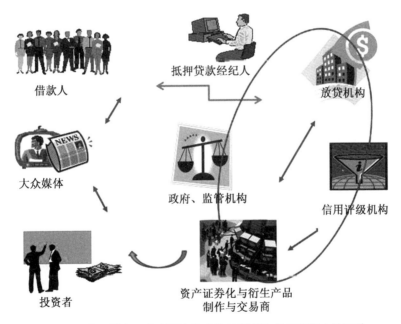

图 3.2　美国社会八个方面在资产泡沫形成和危机演化中的互动

3.1.2　危机中私营部门和公共部门的隐患

从上面的分析我们看到,道德和责任的缺失出现在各个层面,这并不奇怪,一是人性的弱点,二是金融行业的趋利性,它们自古以来总是存在的。要深入地理解这次危机的特殊性,吸取教训,避免灾难重演,我们还需要对现代金融体系基本面的系统性隐患,也就是危机的充分条件进行分析。它们是使得次贷风险传播、放大,演变为危机,以及市场和监管同时失效的根本所在。回头观察一下数据,在 2007 年时,美国房地产未偿还次级抵押贷款的总量大约为 1 万亿美元。从绝对数目来看,尽管次贷损失的预期值不小——大约在数千亿美元的数量级(与全球证券市场的日常波动造成的增益或损失的规模相当),显然不足以为这场百年不遇的大衰退造成的损失负全面的责任(其损失估计为 14 万亿美元)。因此仅仅从危机的"触发原因"来解释这场危机是不够的。

我们来看一个例子:2000 年间互联网泡沫破灭导致股票价格下跌,摧毁了市场账面超过 8 万亿美元的财富。但这个冲击只在一个相对短暂的时期内造成了美国温和的经济衰退,并没有破坏全球性金融和经济的稳定性。观察这两个危机之间的差异,2007 年的系统性危机演化过程,展现了美国房地产和信贷双泡沫隐含的系统性风险的积累。在房地产市场受到宏观冲击(利率回升,次贷违约,泡沫破灭)时,局部违约风险引发的流动性短缺在金融子系统之间迅速传播,加之第三方风险的间接暴露,在市场对以次贷为基础的证券化产品和衍生产品进行重新估值时,信心缺失导致资产大幅贬值,这就放大并加速了危机的蔓延,最终造成全球实体经济的全面衰退。

因此,我们认为,金融体系中的系统性隐患和与次贷导火索的相互作用,以及监管和政府对危机的反应举措不力,乃是导致此次大衰退如此严重的主要原因和充分条件。美联储主席伯南克在对"金融危机调查委员会"的证词中列举了私营部门和公共部门的隐患,揭示和反省了现代金融体系的结构弱点所在,极具启发性和参考价值(Bernanke,2010;2012),下面我们分别对这两方面进行讨论分析。

私营部门的内在隐患主要包括四个方面:短期融资、风险管理、杠杆、衍生品。

(1) 过于依赖不稳定的短期融资。影子银行是指除受监管的存款机构(商业银行、储蓄和信用合作社)之外的金融实体,它可以中介服务的形式将储蓄转化为投资。制作资产证券化的机构(各种特殊用途工具)、资产抵押商业票据(ABCP)、货币市场基金、投资银行、抵押贷款公司和各式各样的其他实体,都是影子银行系统的一部分。在此次危机之前,影子银行已经在全球金融体系中扮演了主要角色(第 1 章我们有讨论)。事后看来,影子银行业无疑是某些关键隐患的根源。它之所以会导致危机的爆发和传染,是因为过去 40 多年来,影子银行和一些国际大投行日益依赖于各种形式的短期大额融资,比如商业票据、回购协议、银行同业贷款、附带资金承诺等。就在危机前几年,这些形式的短期融资中,有些增长特别迅速,比如美国券商的回购协议负债,在危机前 4 年里增加到原来的 2.5 倍。

在危机期间,资产抵押商业票据等短期融资市场相继崩溃,而影子银行一度对短期无保险融资过于依赖,因而遭遇挤兑,很像储蓄银行在存款保险机制产生之前所遭受的挤兑。单个实体受到挤兑可能始于怀疑其偿付能力的谣言,不过即使在投资者知道谣言并无实据的时候,也有可能出于个人利益而参与挤兑,因为如果其资产遭遇贱价大甩卖,几乎没有实体还能保持偿付能力。审慎的投资者甚至会撤回很可能和次级抵押贷款无关的投资。因此,挤兑大恐慌在一定程度上具有自我实现(self-fufilling)的性质,并会模糊资不抵债企业和流动性困境企业的区别。然而,在正常情况下,美联储只能贷款给储蓄机构,仅在非同寻常和紧急的情境下,才有权放贷给非储蓄机构。因此,在危机爆发之前,美联储并不能直接解决非储蓄机构的流动性问题。也就是说,影子银行一旦出现流动性困境,很有可能得不到来自政府的有效救助,这就为危机的发生埋下了伏笔。

(2)薄弱的风险管理。短期大额融资带来的隐患可以被看成是全球金融体系的结构性弱点,也可以被视为发行人和投资者疏于风险管理的后果。此次金融危机暴露出私营部门在风险管理和控制方面有着很多重大的缺陷和不足。它们主要包括:①个人房地产抵押贷款承销标准在危机前严重弱化(前面谈到的房贷机构和抵押贷款经纪人的所作所为),并且这种弱化不仅限于次贷借款人。②商业房地产贷款的承销标准也有类似弱化。③金融机构的贷后管理较差。④投资者过度依赖信用评级,尤其在结构性信用产品上。⑤大型金融机构缺乏对企业整体风险暴露的管理能力,几乎没有对表外资产暴露的跟踪管理。⑥大型金融机构的风险过于集中。⑦风险管理没能跟上金融创新的步伐,将"发起—分销"业务模式扩展到了涵盖日趋复杂的证券化信用产品之中。薄弱的风险管理埋遍布于这个产业链的各个单元或阶段,包括那些规模相对较小的机构在内。例如,发放次级贷款的机构不只是大银行,小银行也参与其中,事实上,商业房地产贷款问题多集中于地区和社区银行。

(3)过度杠杆。作为导致此次金融危机的一个重大隐患,过度杠杆经常被提及。可以肯定的是,在危机之前很多家庭、企业和金融机构所借债务都超过了其承受能力,部分反映了借出者设置的借贷标准较低。一个很明显的例子便是购房者低首付、抵押贷款工具的频繁使用以及房屋净值抵押信贷政策的推广,致使某些房主的杠杆化程度很高。当房价下跌时,这些房主的房屋净值变为负数,导致很高的违约偿贷的可能性。

杠杆倾向于在经济顺周期中顺势循环上升,而在逆周期中则循环下跌。这种亲周期顺势性在危机时期将给金融体系带来重创。比如,对冲基金、证券经纪交易商等金融机构的资产基本上都是有价证券,并大多以回购的方式融资。在顺周期时,资产价格上升,回购协议中的贷款人针对这些抵押证券收取较低的抽头(即抵押证券市场价值与借款价值之差),使得一定总量的抵押证券可以融到更多的资金,这便是杠杆上升。在逆周期时,资产价格下降,回购协议中的贷款人变得更为谨慎,要求更高的抽头,这将使得贷款人有更大的动力去卖出资产,而不是通过回购协议融资。然而一般来说,这类兜售资产的行为往往会加剧资产价格的下跌(特别是在流动性不足的市场里表现更为明显)。更进一步,这些资产价格的下跌将引起市场的恐慌,这就会导致贷款人要求更高的抽头,继而更多资产会被迫卖出,如此造成恶性循环。最终,有可能使整个金融系统深陷危机泥潭,无法自拔。

(4)复杂的衍生品被不恰当地使用。一般来说,金融和非金融机构大量使用衍生产品是为了更好地对冲其所面临的风险。然而,如果对衍生产品使用不当,完全成了牟利的工具,同样会存在隐患。一个典型的例子是美国国际集团(AIG),它在伦敦的子公司Financial Product在危机之前使用了大量的信用衍生品CDS,承担了巨额的抵押风险,加之其没有对风险进行有效的对冲,也没有准备充足的资本,导致其在危机爆发之时造成AIG身陷破产危机,最终被政府接管。另外,衍生产品的复杂性和多样性也会带来问题。比如金融机构有时会发现难以完全评估其自有衍生品的净风险,或者难以向交易对手和监管者沟通这些风险的性质和程度,这就会产生大量的不确定性继而令市场信心不断下降,最终有可能演变为流动性危机。我们在第4章将专门讨论金融衍生品和系统性风险的关系。

公共部门的隐患主要包括三个方面:监管法规、监管权力、政府的危机管理能力。

(1)金融监管法规的空白和冲突。在金融危机之前,涉及金融监管的法规框架存在着严重的空白和冲突,这主要体现在以下几个方面:

一是影子银行大多没有受到有效的管理监督。几乎没有监管机构来约束这些实体的杠杆率和流动性政策,对其风险管理质量和审慎冒险程度也很少有相应的监管标准。另外,对影子银行的监管缺失还体现为有效信息的缺乏,即无人要求影子银行报告足以揭示其风险状况的数据信息。

二是在危机之前,金融监管往往集中于金融机构和市场,而不针对于具体的金融产品,这就使得对于分散在众多金融机构里的规模不一的金融产品的监管长期处于空白状态,从而使风险累加便有可能产生系统隐患。另外,即使一个国家单方面对这些金融产品进行监管,也是无效的,因为很多金融产品是由不同国家的金融机构发起的。

三是危机之前美国金融监管存在着严重的权力分割,进而产生法规空白状态。比如,美联储被要求在全国银行隶属机构问题上听从货币监理署(OCC)的政策,在经纪交易隶属机构问题上,听从证券交易委员会(SEC)的政策。这就导致任何一个金融监管机构都不可能了解所有金融机构的活动,进而不能对风险进行宏观监管。实践表明,《金融服务现代化法案》使得危机前任何单个监管机构都难以观测大而复杂的银行机构的所有活动和风险。

四是一些重大问题往往出现在政府资助的企业里,比如房利美和房地美。对这两家公司负有监管责任的是联邦住房企业监理署,而该机构却存在着相互矛盾的双重使命——既要促进美国居民住房拥有率,又要保证"两房"运营的安全和稳健,这就使得其监管的有效性大打折扣。

(2)监管权力的使用效果不力。监管法规空白和冲突是系统中风险累积的重要原因,也是公共部门对这些风险疏于监管的重要原因。但是,即使赋予监管机构足够的权力,它们也不能保证在实际的工作过程中实施强有力并且有效的监管。在大多数情况下,金融监管机构的政策不足以迫使大型金融机构加强其内部风险管理或者减少冒险之举。

其实在危机爆发前,为了识别更广泛的金融系统性风险,监管者本可以做得更多。现在来看,美联储完全有能力在危机前就发现并解决次级抵押贷款的滥用问题,进而避免触发危机的导火索;也完全可以实施更严格的银行资本金标准并对银行及其他金融机构所面临的流动性风险给予更多的关注,这样就可以令金融机构更具有弹性。但是,美联储却没有这样做。

(3) 政府部门的危机管理能力薄弱。危机一旦爆发,政府如果能够采取及时而有效的行动,对控制金融混乱以及由此带来的对经济社会造成的严重影响至关重要。可以采取多种方式救助银行系统,比如通过国会采取行动向银行系统重新注资、美联储提供流动性、联邦存款保险公司(FDIC)提供债务和存款担保以及财政部的重大行动,使银行系统重获稳定。此次危机暴露出政府部门面对危机的管理能力薄弱,不能快速有效地反应,同时也不能保证纳税人和经济体系付出的成本最低。

但是,相比于银行系统,美国政府中无人有权力解救正在出问题的非银行类金融机构。更重要的是,在危机期间,如果金融机构发生了重大危机而面临破产风险时,依据美国当时实行的破产法,应该更加重视债权人的权益而非经济的整体稳定性。而事实上,如果某些重要的金融机构得到了救助,就会对经济危机起到缓解和稳定作用;相反,如果选择立即破产,虽然债权人的利益在一定程度上得到了保障,但是对经济危机无疑具有负面影响。一个典型的例子就是雷曼兄弟,当它的破产极大地加重了危机。

以上的分析有助于我们更好地了解此次危机的原因,提高我们预测危机和减轻既有危机影响的能力。但是,无论如何我们不可能完全避免危机。因为成长中的经济,需要一个有效的金融体系的支持,而金融中介的本质不可避免地涉及冒险之举,如老生常谈"金融业就是靠经营风险生存的"。为了维持持续的增长和稳定,我们需要的是提供一个更好的金融和监管的基础架构,促成审慎、冒险和创新的适当组合。

● 3.2　系统性危机的历史回顾

3.2.1　20 世纪 80 年代以来重大的金融危机

Laeven 和 Balencia 等学者专门研究金融危机,对 1970 年以来的银行危机等进行跟踪统计,建立了较全面的数据库(Laeven and Balencia,2008；2012)。这些数据显示,虽然在危机发生时,各个国家已经采取了一系列的危机管理策略,使用紧急流动性支持和存款全额保障的方法来控制危机和恢复信心,但这两种手段并不总是有效。我们看到,与这些危机相关的财政成本是巨大并且实实在在发生的。根据统计,自 1970 年到 2007 年,全球共发生过 124 次银行危机,208 次货币危机,63 次国债危机,26 次双危机(至少其中两种同时或相继发生);93 个国家共发生了 112 次系统性的银行危机。其中 1990—2007 年间有 77 个国家发生过系统性危机,与 1970—1989 年间相比,危机发生的频率随着国际化程度的提高呈上升趋势,越来越高,几乎翻倍。同时危机的深度与广度也不断扩大。其中与金融衍生品交易密切相关的危机达 9 次:1987 年的美国股灾、1992 年的欧洲货币体系危机、1994 年的墨西哥金融危机、1997 年的亚洲金融危机、1998 年的俄罗斯金融危机、1999 年的巴西危机、2000 年的土耳其金融危机、2001 年的阿根廷金融危机以及 2007 年的全球金融危机。我们从他们的研究数据库中挑选了自 1980 年之后,一些重大的(定义为危机救援财政成本超过 GDP 的 15%)、有国际影响的系统性危机,共计 21 次,见表 3.1。

表 3.1　1980 年之后全球现代金融危机一览

序号	国　家	危机始发年份	损失峰值(%)	财政成本(GDP的%)	实际GDP最小的增长率(%)	评　　述
1	阿根廷	1980	9	55.1	−5.7	1980 年 3 月许多金融机构面临取款压力,依赖央行的金融救助。在 1980—1982 年间,超过 70 家机构被清算或进行了财政干预(占商业银行资产的 16% 和财务公司资产的 35%)
2	智　利	1981	35.6	42.9	−13.6	到 1981 年底,6 年的发展期突然终止。高昂的国际利率、较低的铜价,以及对拉美的国外信贷的突然中止,将智利推进了代价高昂的经济危机中,并进一步被银行间不健康的关联借贷(占到总贷款的 12%—45%)所加剧。金融体系在 1981—1982 年受到了第一轮冲击,紧接着在 1983 年又遭受了第二轮冲击
3	乌拉圭	1981		31.2	−9.3	受到影响的机构占到银行系统总资产的 30%;破产银行的存款则占到金融系统存款的 20%
4	毛里塔尼亚	1984	70	15	2	1984 年 5 家主要银行的不良贷款率达到 45%—70%
5	贝　宁	1988	80	17	−2.8	所有的 3 家商业银行都倒闭了
6	科特迪瓦	1988	50	25	−1.1	1987 年的衰退以及可可和咖啡市场的问题大量增加了银行私人部门的不良贷款。由于公共企业部门的大量不良贷款、政府逾期债务的积累、银行系统的公共和私人储蓄的大幅下降,以及国外信贷的减少和一些银行混乱的管理,使得问题进一步恶化。4 家银行受到影响,占到银行系统总贷款的 90%,其中 3 个破产,1 个几乎破产;6 家政府银行倒闭

序号	国 家	危机始发年份	损失峰值(%)	财政成本(GDP的%)	实际GDP最小的增长率(%)	评 述
7	塞内加尔	1988	50	17	−0.7	1988年,银行系统50%的贷款为不良贷款。6家商业银行和1家发展银行倒闭,占金融系统总资产的20%—30%
8	马其顿	1993	70	32	−7.5	政府接管了银行的外债,并且关闭了第二大银行。银行系统的善后成本、承担外部债务带来的负债、冻结外汇产生的负债,以及银行的或有负债总共估计达GDP的32%
9	墨西哥	1994	18.9	19.3	−6.2	1994年,34家商业银行中的9家被干预,11家参加了"贷款/购买"的善后计划。9家被干预的银行占金融系统资产的19%,并且被认为已失去偿债能力。到2000年,50%的银行资产被外国银行所持有
10	委内瑞拉	1994	24	15	−2.3	破产银行占金融系统存款的35%。1994年政府当局对47家银行中的17家进行了干预(持有50%的存款),并国有化了9家,关闭了另外7家银行。1995年政府又干预了另外5家银行
11	牙买加	1996	28.9	43.9	−1.2	1994年,商业银行集团布莱斯集团(Blaise Group)倒闭。1996年,FINSAC为5家银行、5家人寿保险公司、2家建筑协会、9家商业银行提供援助。政府通过非交易政府担保债券对21家问题机构进行了资本结构调整。到2000年3月,这些在外流通债券估计达到GDP的44%
12	印度尼西亚	1997	32.5	56.8	−13.1	2002年5月,印度尼西亚银行关闭了237家银行中的70家,国有化了13家。在危机高峰时,银行系统的不良贷款占到了总贷款的32.5%
13	韩 国	1997	35	31.2	−6.9	1997年7月泰铢贬值,随之而来的恐慌区域性蔓延和中国香港股市暴跌,迅速将冲击传递到韩国金融系统。尽管韩国汇率保持稳定,但是较高的短期债务和较少的可用外汇储备使得整个经济迅速受到市场情绪的影响。虽然宏观经济基本面继续向好,但对金融部门和企业集团问题的逐渐认识使得银行更难以延缓它们的短期借款。2002年5月,5家银行通过"购置法"被迫退出市场,303家金融机构被关闭,另外4家银行被国有化
14	马来西亚	1997	30	16.4	−7.4	银行以每年近30%的速率持续向私有部门尤其是向房地产部门的信贷扩张,使金融系统暴露到潜在的(如1997年发生的)资产价格下跌的风险之中。而紧随着1997年下半年的市场波动和传染效应,以及财务公司的脆弱,市场参与者关于金融体系的真实状况和抵御能力的担心便成为中心问题。财务公司部门被重组,通过兼并使财务公司数量从39家减少到10家。包括最大的独立财务公司在内的两家公司被央行接管。两家银行(占金融系统资产的14%)被认为已失去偿债能力,与其他银行合并。不良贷款率高峰时达到25%—35%,2002年3月下降到10.8%

序号	国　家	危机始发年份	损失峰值（％）	财政成本（GDP的％）	实际GDP最小的增长率（％）	评　　述
15	泰　国	1997	33	43.8	−10.5	泰国长期实施钉住汇率制度，但是到1997年上半年，由于不可持续的经常账户赤字、实际汇率的显著上升、短期外债的不断增加、不断恶化的财政平衡以及不断显露出来的金融体系的脆弱性，泰铢承受越来越大的压力。财务公司则首当其冲地受到房地产部门价格下跌的影响和冲击。随着不断增加的汇率压力和政府干预的无效，1997年7月2日，泰铢开始浮动。由于支持性政策的不足，7月泰铢相对美元贬值20％。到2002年5月，泰国银行关闭了91家财务公司中的59家，占金融系统资产的13％和财务公司资产的72％；关闭了15家国内银行中的1家，并且国有化了4家银行。不良贷款率最高时达到33％，而后在2002年2月降低到10.3％
16	中　国	1998	20	18	7.6	在1998年底，中国的4家大型国有商业银行（占银行系统总资产的68％）被认为失去偿债能力。银行系统的不良贷款在2002年和2003年分别占到总贷款的20％和15％。重组成本大概为1.8万亿元人民币，占2002年GDP的18％
17	厄瓜多尔	1998	40	21.7	−6.3	1998—1999年，7家金融机构（占商业银行总资产的25％—30％）倒闭。1999年3月银行存款被冻结6个月。到2000年1月，16家金融机构（占商业银行总资产的65％）要么被关闭（12家），要么被政府接管（4家）。所有存款到2000年3月才全部解冻
18	土耳其	2000	27.6	32	−5.7	银行持有大量的政府公共证券，使得银行对政府有较高的风险暴露，从而使银行容易受到市场风险的影响。2000年11月，银行间信贷突然中止，使得这些银行被迫清算它们持有的大量长期政府证券，引起了这些政府证券价格的急剧下跌，从而导致资金外流、利率骤跌、币值下降。2家银行倒闭，19家银行被储蓄存款保险基金接管
19	乌拉圭	2002	36.3	20	−11	由于对阿根廷存在较高的风险暴露，使得2001年12月阿根廷的资本控制和存款冻结引发了乌拉圭两家最大的私有银行Banco Galicia Uruguay（BGU）和Banco Comercial（BC）（两家银行的资产占系统总资产的20％）的清算问题。仅2002年1月，BGU就失去了15％的存款。BGU在2月被干预并且在之后被暂停。紧接着，在乌拉圭的评级由投资级下调后，在2002年4月又发生了第二波的存款挤提。到5月，挤兑蔓延到公有银行（Republica和Hipotecario），占到了系统总资产的40％

续表

序号	国　家	危机始发年份	损失峰值(％)	财政成本(GDP的％)	实际GDP最小的增长率(％)	评　　述
20	多米尼加共和国	2003	9	22	−1.9	2003 年 4 月，央行接管了 Baninter(Banco Intercontinental)。Baninter 的负债超过资产 550 亿比索(约合 22 亿美元)，或 GDP 的 15％。从 2002 年 9 月央行便一直给 Baninter 提供流动性支持。另外两家银行 Bancredito 和 Banco Mercantil 也一直获得央行的流动性支持
21	全　球	2007	40.8	17.9	−24.3	始于 2007 年的全球经济危机，给世界经济带来了惨重的影响。在虚拟经济濒于崩溃的同时，实体经济也处于持续衰退之中。金融机构面临严重的经营危机与信用危机；世界货币体系紊乱，各国货币汇率巨幅波动；部分国家财政发生危机，国家经济濒临破产；世界经济步入一轮较长的衰退

3.2.2　百年国际系统性危机

我们将历史再往前推到 20 世纪初，观察到一百多年中，国际金融市场从未远离过危机。我们挑选出了一些具有国际代表性的金融系统性危机，供读者参考(在 80 年代之后发生的危机中有个别与上面表中例子重合)。

(1) 1907 年美国银行危机。美国第三大信托公司尼克伯克信托公司(Knickerbocker Trust)大肆举债，在股市上收购联合铜业公司(United Copper)股票，但此举失利，引发了华尔街的大恐慌和关于尼克伯克即将破产的传言，股市暴跌。贷款给这家信托公司的银行被挤兑，几家大银行濒临倒闭，恐慌迅速蔓延到全国，银行业纷纷紧缩借贷，市场流动性严重不足。纽约股票交易所交易的股票市值持续下滑，从上一年的高峰下跌近 50％。摩根银行、洛克菲勒联合其他银行共同出手，筹集流动资金，才使市场重归平静。之后，1908 年美国国家货币委员会成立(NMC)；1913 年《联邦储备法》通过，美国联邦政府于 1914 年成立了美国联邦储备系统(由 12 家区域性储备银行组成)，充当最后贷款人。

(2) 1929—1933 年美国金融危机导致的西方经济大萧条。一战以后，美国经济复苏并出现繁荣增长，但与此同时，农业并没有从战后萧条中恢复，农场主纷纷破产，此外工业增长和社会财富再分配极端不均衡，引发生产过剩和资本过剩。随着经济通胀，市场投机现象严重，资金在房市和股市流窜，银行大量地投资于非金融企业发行的股票和债券。1929 年初，纽约股市一路飙高，10 月 24 日，纽约证券市场突然崩盘，道琼斯指数单日下跌 23％，金融危机爆发。从 1929 年 10 月到 1932 年 8 月，道指从 380.33 点跌到了 42.84 点，累计跌幅近 90％。美国国民生产总值下降了 30％，进出口贸易额锐减 77.6％，企业利润下降90％,银行业破产49％,失业率高达25％,至少13万家企业倒闭。在大萧条的影响下,世界贸易也急剧衰退,世界贸易额从1929年的686亿美元下降到1932年的269亿美元。1933年,罗斯福就任美国总统后,增加了政府对经济直接或间接的干预,经济危机得以缓解。本次经济危机也直接促使美国国会进行了一系列重要的金融立法,如《1933年证券法》、《1934年证券交易法》、《格拉斯—斯蒂格尔银行法案》、《联邦存款保险法》、《联邦储备法》等重要法案;成立了美国联邦存款保险公司(FDIC);提出了保障商业银行安全的"单元银行"体制,对银行进行地域上和业务上的限制。

（3）1949—1969年布雷顿森林体系下的货币危机。1944年7月,以美元和黄金为基础的金汇兑本位制,实质是以美元为中心的国际货币体系——布雷顿森林体系诞生了。此体系持续了近30年,它为战后世界经济的恢复及发展做出了贡献。但因为其国际收支调节机制不健全,内部存在特里芬困境(Triffin dilemma)等自身缺陷,加之英镑在英镑区仍然保持了储备货币的地位,因而此体系内成员国的货币也会受到冲击。1949年9月18日英镑贬值30.5％,受此影响,英镑区国家和法国、比利时、荷兰、加拿大、丹麦、瑞典和埃及等24个国家在几天内也相继宣布本国的货币贬值。进入50年代,美国黄金储备开始源源不断地外流。随后,由于欧洲各国经济实力增强而美国却陷入越南战争的泥潭等原因,1963年出现美元危机,一些国家大量抛售美元,挤兑黄金,黄金价格猛涨到1盎司41美元,远远超过布雷顿森林会议规定的1盎司35美元的官价。1964年,英镑再度贬值,兑美元汇价一度跌至2.78美元。1967年11月18日英镑再次贬值14.3％,对美元汇价降为1英镑折合2.4美元。1968年3月,爆发了第二次美元危机,美国的黄金储备半个月里就流失了14亿美元,黄金价格一度涨到44美元1盎司。1971年12月,《史密森协定》标志着美元与黄金挂钩的体制名存实亡。

（4）80年代的拉美债务危机。70年代,许多拉美国家依靠石油矿产资源以及经济持续多年的高增长,大量举借外债,发展现代化。但是这些国家对外债的管理不足,过多地将外债投资于周期长、收效慢的工程上,造成及时偿债能力较低。进入80年代后,拉美国家货币相对美元日益贬值,其出口的初级产品价格大幅下降,导致它们的外债压力不断增加。1982年8月墨西哥宣布无力偿还到期外债本息,引起了拉美债务危机的爆发,并迅速扩散。危机将智利、阿根廷、巴西、墨西哥、秘鲁等7个拉美国家卷入其中,使它们的平均负债率由4.5％增加到36％,同时经济发展速度大大下降;GDP的增长由3.9％变为－3％。拉美债务国为此次危机付出的代价是整整"停滞的十年",直至90年代才逐步走出危机的阴影。

（5）美国80年代初储贷协会危机。美国储贷协会成立于20世纪30年代,以居民的储蓄存款作为资金来源,资金用于支持不动产抵押贷款特别是住房抵押贷款。30年代到60年代,储贷协会发展良好,成为美国重要的储蓄机构。60年代中期,美国市场利率提高,而储贷协会提供的贷款利率大部分是中长期固定利率,存贷款利差出现倒挂,运营出现困难。1966 年美国国会通过利率控制法案,规定储贷协会存款利率上限,暂时缓解了协会的运营困难。70 年代末,共同基金的出现以及持续的高通胀高利率,使得储贷协会储源大幅减少,再度面临危机。1980 年美国国会错误地认为储贷协会的问题源于其单一的资产结构,所以对其放松了管制,使得储贷协会可以进行类似商业银行的业务。1986 年取消了规定存款利率上限的 Q 条例,使得它的经营更加自由,更多地投资于高风险高回报的项目。直到 80 年代中期,油价下跌引起的美国西南部经济衰退,房地产价格下降,使得储贷协会贷款损失激增,导致联邦存款保险公司(FDIC)的保险基金被耗尽,无法继续履行赔偿保证金的义务,储贷协会爆发集体性的清场危机。在 1980—1994 年间,共有 1 295 家储贷协会倒闭,倒闭率 36%,平均不到 3 家储贷机构就有 1 家倒闭;倒闭储贷协会的资产总额为 6 212 亿美元,占全部储贷协会资产总额的 41%;美国政府为处理储贷协会危机付出了 1 600 多亿美元的代价。

(6) 1986—1991 年日本楼市和股市危机及之后"失去的二十年"的长期经济萎靡不振。1985 之后,日元升值,日本国内兴起了投机热潮,尤其在股票市场和土地交易市场更为明显。1989 年,日本泡沫经济迎来了最高峰,各项经济指标达到了空前的高水平,1989 年 12 月 29 日,日经指数日内触及历史最高点 38 957.44 点,收于 38 915.87 点。房地产市场方面,到 80 年代末,住宅价格涨了两倍,商业地产价格相比于 1986 年上涨了 3 倍。1989 年 5 月,日本开始实施通货紧缩的货币政策,银行加息、控制不动产的融资,以降低房地产价格。此后泡沫经济开始正式破裂,土地价格在 1991 年前后开始下跌。到了 1992 年 3 月,日经平均股价跌破 2 万点,仅为 1989 年最高时的一半,8 月进一步下跌到 14 000 点左右。大量账面资产在短短的一两年间化为乌有。

(7) 1990—1993 年北欧国家的银行危机。1985 年北欧银行业的金融改革取消了对金融机构贷款限额的管制,银行发放了过多的高风险贷款。此后至 1989 年,北欧三国(芬兰、瑞典、挪威)房价和股市表现都呈倍数增长,投机风气盛行。经济进入加息周期后,上述国家经济出现衰退,资产价格便剧烈下跌,随后银行业也受到牵连,坏账与不良资产过高导致危机。1990 年挪威首先爆发银行危机,隔年芬兰、瑞典银行业告急,各国政府开始投巨资拯救银行业。之后,挪威、芬兰和瑞典三国投入的解困资金分别占到 GDP 的 2%、5% 和 3.5%。

(8) 1992 年英镑危机。1990 年英国决定加入"欧洲汇率体系"。欧洲汇率体系要求西欧各国的货币相互盯住,并以德国马克为核心;各成员国的央行有责任通过买卖本国货币进行市场干预,使该国汇率稳定在规定范围之内。由于欧盟各国的经济发展不均衡,导致某些西欧国家将汇率维持在规定范围之内十分困难。1992 年 9 月,投机者开始进攻欧洲汇率体系中那些疲软的货币,其中包括英镑、意大利里拉等。为了维持英镑汇率不至于低于欧洲汇率体系规定的下限,英国央行不断买入英镑并提高英镑利率,但收效甚微。在这场捍卫英镑的行动中,英国央行动用了价值 269 亿美元的外汇储备,但最终还是失败,被迫退出欧洲汇率体系,英镑也在 1992 年累计贬值约 19%。

(9) 1992—1993 年的欧洲汇率机制危机。1992 年 9 月 13 日意大利宣布里拉贬值 7%,之后,欧洲货币市场便陷入不断动荡之中,欧洲汇率机制亦频频告急。9 月 16 日,里拉和英镑在相继贬值后,同时宣布退出欧洲货币体系汇率机制,西班牙货币比塞塔宣布贬值 5%。接着,比塞塔和葡萄牙货币埃斯库多同时宣布贬值 6%。欧洲金融市场对弱币疯狂抛售,使法国法郎、比利时法郎、西班牙比塞塔、丹麦克朗、葡萄牙埃斯库多多次逼近欧汇机制规定的最高限度,欧共体财长紧急会议决定将机制内与德国马克挂钩的 6 种弱币波动幅度的上下限扩大至 15%,这才使欧汇机制不致崩溃。

(10) 1994—1995 年墨西哥货币危机。墨西哥政府贸然推进贸易和金融自由化政策导致了这场危机的爆发。1994 年 12 月 19 日,墨西哥政府突然宣布比索对美元贬值 15%,引发墨西哥金融市场剧烈动荡,短短 48 小时内,比索再度贬值 15.3%,迫使墨西哥政府放弃钉住美元的汇率制度,比索的汇率在短时间内跌幅达到 60%。投资者信心动摇,股市暴跌。到 1995 年 2 月,主要股票指数累计下跌近 45%,一大批银行和金融机构濒临破产,资本外逃 180 亿美元。1995 年墨西哥全年 GDP 下降 6.9%,通货膨胀率从 1994 年的 4% 上升到 52%。

(11) 1997—1998 年的亚洲金融危机和俄罗斯金融危机。1997 年之前,东南亚区域经济已经连续 10 年高速增长,过度的投资导致资产价格膨胀。许多东南亚国家如泰国、马来西亚和韩国等,长期依赖中短期外资贷款维持国际收支平衡,汇率偏高并大多与美元或一揽子货币维持固定或联系汇率。索罗斯的量子基金乘机狙击泰铢,迫使泰国放弃与美元挂钩的固定汇率制度而实行自由浮动。菲律宾比索、印度尼西亚盾、马来西亚林吉特相继成为攻击对象。东南亚金融危机爆发,继而演变成亚洲金融风暴。

此次危机迫使除了港币之外的所有东南亚主要货币在短期内急剧贬值,货币体系和股市相继崩溃,由此引发大批外资撤逃,区域内经济体承受巨大的通货膨胀压力。在金融危机冲击下,泰国、印度尼西亚、马来西亚、菲律宾四国经济增长速度从危机前几年的 8% 左右下降到 1997 年的 3.9%,1998 年经济都呈负增长。此次危机同时也给一直不稳定的俄罗斯经济带来一场浩劫。俄罗斯中央银行 1998 年 8 月 17 日宣布年内将卢布兑换美元汇率的浮动幅度扩大,并推迟偿还外债及暂停国债交易。这使俄罗斯股市和卢布汇率急剧下跌,引发金融危机乃至经济、政治危机,卢布急剧贬值,GDP 下降了 5.5%。

(12) 1998 年美国长期资本管理公司(LTCM),在 4 个月内巨额亏损几近破产。美国长期资本管理公司(LTMC)是从事定息债务工具套利活动的对冲基金,其团队由业界及学术界的精英组成。公司的交易策略是"市场中性套利",即买入被低估的有价证券,卖出被高估的有价证券;利用计算机处理大量历史资料、研究资料和市场信息,通过自动化系统进行程序化投资。从成立的 1994 年到 1997 年,公司业绩斐然,资产净增 2.84 倍。公司所持核心资产德国债券与意大利债券,被大量历史统计数据证明两者之间存在正相关性,但是历史数据的统计过程往往会忽略一些小概率事件。1998 年俄罗斯金融风暴引发了全球的金融动荡,公司量化投资模型所忽略的小概率事件出现,程序化交易错误地不断放大金融衍生品的运作规模,由此造成巨额亏损。公司从 1998 年 5 月俄罗斯金融风暴起至 9 月全面溃败,短短的 150 天资产净值下降 90%,出现 43 亿美元巨额亏损,最终在美联储的安排协调下由其他金融机构接管。

(13) 1998 年巴西债务和货币危机。1998 年底巴西外债高达 2 350 亿美元,占 GDP 比重近 30%;本币高估,雷亚尔兑美元为 1∶1,外汇储备短缺。1999 年 1 月 6 日当米纳斯吉拉斯州宣布 90 天内无力偿还联邦政府 154 亿美元债务时,引起投资者恐慌,15 天内外逃资金 52 亿美元,全年外资撤走 400 多亿美元;圣保罗股市和里约热内卢股市相继大幅度下跌;雷亚尔贬值 50% 以上。

(14) 1999—2001 年阿根廷债务危机。由于经济陷入萧条、政府财政赤字和债务情况显著恶化,阿根廷于 20 世纪末陷入债务危机。2001 年底,阿根廷政府宣布无力偿还外债,决定实施债务重组。2002 年 1 月,阿根廷政府确认其 818 亿美元的外部债务违约。而这次债务危机已导致阿根廷经济严重受损,失业率曾上涨至 25%,2002 年经济下滑 10.9%,此外也使阿根廷陷入了政治危机和社会危机。

(15) 2007—2009 年全球金融危机。这是自 1933 年大萧条以来最严重的全球性金融和经济系统性危机。这次危机由美国次级房屋信贷违约和房地产资产泡沫破灭引发。由于持续多年的低利率、信用盲目扩张和衍生产品的过度使用,房价连涨 8 年直到 2007 年,市场上充斥着大量银行发行的以房地产按揭资产为基础的债券和金融衍生品。2007 年房价下跌,以房地产为基础的债券和衍生品大幅度贬值,投资者开始对这些产品的价值失去信心,挤兑事件大量发生,电话银行和网上银行业务一度瘫痪。没有存款保险制度保护的影子银行也遭到机构的挤兑,造成严重的流动性危机,从而导致了这场金融危机的广泛传播和纵深发展。2008 年贝尔斯登和雷曼兄弟(Lehman Brothers)的倒闭,多家相当大型的金融机构被政府接管。华尔街五大投资银行中有三家破产,美国前九大银行都接受了政府提供的注资。当金融危机向实体经济延伸并引发经济衰退时,各国政府又纷纷联手救市,出台货币政策和财政政策刺激经济,造成 14 万亿美元的财政援助。金融危机这段时间,全球经济增长从 2007 的 5.4% 下降到 2009 年的 -0.7%。2010 年全球经济增长跃升至 5.1% 之后,再次慢慢滑向衰退,2011 年的增速为 3.8%,2012 年再次降到 3.3%。详细的讨论见本章第 1 节。

(16) 2008 年至今的欧洲主权债务危机。2008 年 10 月,冰岛主权债券问题浮出水面。2009 年 12 月,全球三大评级公司分别下调希腊的主权债务评级,欧元兑美元大幅下跌。此后欧洲多个国家相继陷入危机,"欧债五国"(PIIGS)(葡萄牙、意大利、爱尔兰、希腊、西班牙)的信用评级被调低,债台高筑,其 2010 年债务与 GDP 比值处于 82% 到 124.9% 之间,主权债务危机在欧洲蔓延开来。2010 年 5 月 10 日,欧盟 27 国财长被迫决定设立总额为 7 500 亿欧元的救助计划,帮助可能陷入债务危机的欧元区成员国。因受债务危机的严重拖累,欧元区经济自 2011 年第四季度开始就已"二次探底"。截至 2012 年第三季度,意大利经济已连续 5 个季度萎缩,西班牙经济持续 4 个季度萎缩,而希腊的经济"大萧条"则已进入第 6 个年头。连一向表现良好的荷兰和奥地利经济在 2012 年第三季度也意外出现环比萎缩。目前,欧元区的失业率已攀升至 12%,而希腊和西班牙的失业率更高达 25% 左右。欧洲至今还未从主权债务危机中走出,2012 年欧元区的经济增长为 −0.4%,IMF 预计 2013 年其经济亦接近停滞状态。

以上是从过去百年的金融史中挑出来的具有系统性特征的危机。我们看到,金融史是由创新—泡沫—危机—治理—监管—进步的循环构成的,是创新与监管、危机与改革的变奏。只要人类的努力不停止,危机总会伴随着创新和进步而发生,它是不可避免的,但却是可以被认识和管理的。

● 3.3 金融系统性危机的特征与演化过程

3.3.1 系统性危机的特征

通过观察百年来的金融系统性危机,特别是上世纪 80 年代之后的现代金融系统性危机,我们可以发现,与其他的危机相比,由系统性风险引发的系统性危机具有以下的特征:

(1) 非"小概率"事件。从以上列举的历史上频频发生的系统性金融危机的例子中,我们可以看到,金融系统性危机绝非是偶然发生的"黑天鹅"[①],而是必然会发生的,甚至

---

① "黑天鹅"隐喻那些意外事件:它们极为罕见,在通常的预期之外,在发生前,没有任何前例可以证明,但一旦发生,就会产生极端的影响。纳西姆·尼古拉斯·塔勒布(Taleb,2008)在金融危机前夕出版的著作《黑天鹅》中将很少发生而又不能预测的重大事件称为"黑天鹅事件"。他认为,我们的世界是被极端的、未知的、不可能的事情主宰着。此时应把不可预知的事情当作起点而不是当作例外放下不管,尤其在"黑天鹅"开始繁殖的情况下。技术和科学的进步带给人们一种幻觉,以为自己能控制命运,而事实上,"黑天鹅"才是历史上决定性的事件。他向人们提出建议:假定确实会发生糟糕的事情,我们要做好准备,从美妙的突发事件中获利,尽量不要受到糟糕的突发事情的伤害。

是可以预测的。美国经济学家鲁比尼认为金融危机其实是经常发生的，并且是可以预测的，人类不但需要做好准备，而且能够做好准备。而不是如同常规人们认为的，如果金融危机是"黑天鹅"，就像飞机失事那样，尽管后果非常严重，但发生的可能性很小，更不可能预测，那么我们就没有必要过多担心。但事实上危机并非偶然，是注定要发生的，是有迹可寻和可以预测的。从前文对历史的回顾，我们看到，虽然每次金融危机都有不同的表现形式（可能是银行危机、货币危机、债务危机、股市危机等），而且问题根源也出自不同的经济领域：有时源自房地产市场的高杠杆率，有时源自金融企业甚至政府部门，或新技术泡沫等，但事实上，每次金融危机的爆发都表现出一些类似的特征，比如市场非理性的亢奋、高昂的杠杆率、资产泡沫、情绪恐慌、银行和其他金融机构挤兑等等；其产生的原因也都是经济和金融市场中的风险不断积累，并达到了临界点。事实表明，金融危机发生的频率在不断地上升，过去认为的"黑天鹅"般的危机事件，更应该被看作是一般风险性事件，它们可能在任何时间、任何地点，以多种新形式爆发。它们已不再是可以忽略的"小概率事件"，几乎隔几年就有一次，逐渐成为一种常态。

（2）高危害。过去几年的金融危机，无论用什么方式衡量，造成的损失都是巨大的。危机波及的范围越来越大，不仅仅跨越了地域上的界限，而且危机的全球性后果越来越明显，与经济、政治的关联性越来越强，持续时间也变得更长，破坏深度加大。危机之后的平均恢复时间为2.5—3年，有的长达10多年，例如70年代的石油危机持续了7年；80年代的美国储贷协会危机持续了6年；90年代日本坏账危机持续了8年；90年代后期亚洲金融危机持续了4年；2007年金融危机引起的世界经济衰退至今尚在逐步恢复，全球的GDP年化率在2008年第四季度降低了6%，世界贸易量减低了25%。系统性危机普遍需要政府财政卷入，政策响应、各种救援措施的联合实施，花费占GDP的12%—55%。例如，1997年印度尼西亚危机的财政成本占GDP的56.8%；1997年泰国金融危机的财政成本占GDP的43.8%；1999年中国的银行偿付性危机造成的净损失达4 280亿美元，占当年GDP的47%（Caprio and Klingebiel，1999）。2007年至2009年，席卷全球的金融危机使得美国股指下跌56%，美国大型银行共计从美联储获得7.7万亿美元救援款才得以存活。系统性危机往往伴随着资产价格大幅下跌，最后都涉及动用纳税人的税款救市，以及道德风险对社会系统有序运行造成的严重影响。以上所说的损失只反映了具体部门对风险损失的计算，而对整个社会的风险损失估计远远不足。

（3）高复杂。危机的复杂性更加明显。正如第1章所谈及的上世纪70—90年代两次金融工程革命，深刻地影响了金融体系的转型：国际货币体系的浮动汇率制带来的不确定性、跨国资本流动的激增，使得金融全球化趋势加大，机构、产品、市场的联系越来越密切，金融体系各部分之间及其内部都呈现了高度的相关性；经济的自由化和监管环境不断放松;金融业混业经营趋势明显且竞争加剧;信息与通信网络新技术的应用使得金融机构能够在短时间内完成大量复杂的交易活动,风险管理者跟踪这些活动的成本加大,风险积累范围急剧扩张,风险传播急速加快;技术发展加快了信息的传播速度,某一区域的负面消息能快速扩散到全球,影响相关市场的情绪;90 年代的并购使得金融机构过大,银行资产更加集中,有限数量的公司占据着市场的支配地位,与经济的联系也更加密切,"大而不倒(too big to fail)"、"联接过度而不能倒(too connected to fail)"以及"大而不能管理(too big to manage)",成为巨大的道德风险,形成对监管的新挑战。

(4) 高挑战。对系统性危机的管理不仅使得金融立法和监管治理需要经常改革,而且对各国政府对危机的快速反应能力,以及各国之间的协调能力也提出了越来越严峻的挑战。对系统性危机的反应,实质是一个非常规决策的问题。由于危机的突发性、破坏性和无序性的特点,往往难以估计危机的影响范围和破坏程度,政府应对危机的方法和效果都将直接影响到整个国际金融体系的状况。这次金融危机中,全球多次召开二十国会议,多家央行几次联手降息,同时出台救市措施,充分反映了系统性危机管理范围的全球性特征,要求对重大问题的共同治理,任何国家和政府都必须慎重对待。

3.3.2　系统性危机的演化与治理的过程

对历史的回顾和研究表明,金融系统性危机或经济危机虽表现形式各有不同,但绝非偶然事件,无论新兴国家还是发达国家都会出现,且很多时候表现为在不可持续的繁荣之后的崩溃。大体说来,系统性危机有两大类,一类是"由小危机的积累或长期的衰退演变为系统性的危机",诸如日本的情形,"失去的二十年"的长期经济萎靡不振,日本实质上已经进入了系统性的长期衰退,但这一类不是本书的研究对象,所以不在这里做详细讨论。另一类是"繁荣背后的危机",由繁荣到过度负债,再到危机,往往是创新和冒险精神伴随着资产和信贷泡沫,积累到一定阶段,泡沫破灭,危机形成。1997—2007 年,负债增长最多的国家通常也是住房价格涨幅最大的国家,同时也是 2007 年危机爆发后消费支出受影响最严重的国家。有不少学者专门研究金融危机,发现每次金融危机都有类似的特征,比如过度投机和过高的债务是其共同的特征,所以危机是有迹可寻的,是可以预测和预防的。然而,尽管不少知名的经济学家,诸如鲁比尼、罗伯特·希勒都在 2007 年之前警告过房地产泡沫可能导致金融危机,但之前很多人并不相信,认为这个靠金融创新支撑起来的现代金融体系具有自我纠错机制,即使有问题,也会回到相对稳定的均衡状态。鲁比尼的《危机经济学》全面地讨论了历史上的经济危机,对重要的、有用的经济学理论进行了梳理,强调了系统性危机是可以预测的。我们认为研究系统性风险的意义就是通过认识和理解危机,进而实现预测、预防和管控风险和危机的目的。

由繁荣的背后或泡沫到破灭的危机现象,基本概括了过去一百多年的金融危机的演化过程,不论其表现形式如何,它们的动态演化过程是存在共性的。包括危机之后治理和改革的部分,我们把它分为 6 个阶段,形成了金融体系演化和螺旋形发展中的一个完整的环。而金融史正是由很多这样的环构成的。

(1) 隐患阶段。系统性风险逐渐积累。大多数金融系统性风险都是由资产泡沫的积累开始的,即对资产的价值估计远远超过了其真实的价值。这里所说的资产,可以是股市、房地产,甚至是一项重大的技术革新。这一阶段,投资者对资产价格会不断上涨有很强的预期,对经济高速增长有极大的热情,从而引发资产泡沫。在资产泡沫形成的同期或之后,往往伴随着银行过度的信贷扩张,金融业、政府、企业和居民的负债率增高,市场流动性过剩,资产价格上涨,金融机构杠杆率过高,甚至出现"全民借贷高杠杆"的现象。很多情况下,还有金融监管放松,市场纪律弱化,过于宽松的货币政策和自由化的经济大环境与之伴随。这就是所谓的"泡沫积累"阶段,真正具威胁性的是全社会过度的信用和负债。如同研究经济危机的大师穆勒所说:泡沫本身并不会造成经济危机,信用和负债才是真正的元凶(Mill, 1848)。

(2) 突变阶段。系统性风险积累到一定程度就会爆发金融危机。它的触发可能是突发事件的冲击,或是对个体的冲击,会造成局部损失;也可以是宏观冲击,会造成整个区域的损失。前面所举的危机例子几乎都有这个阶段,冲击的形式多种多样,可以是个别机构的信用事件、主权债务国家的意外违约事件、支付或清算系统操作失灵、金融资产价格的突然大幅度变化、金融市场未预料到的巨大损失、金融政策环境的重大变化(如利率突然的调整)等。由于信息不对称,冲击事件还可能影响到那些没有直接遭受损失的机构,加重逆向选择造成的流动性进一步降低的问题。

(3) 传染阶段。局部或金融子系统的问题开始蔓延,这个过程可以是直接的传染,也可以是间接的传染。传染与金融体系的脆弱性有关。往往体现为信贷紧缩、流动性下降、市场信心丧失、资产价值水平普遍下降、金融资产被低价甩卖、恐慌和挤兑蔓延、银行倒闭、破产增加、经济总量和经济规模出现较大的损失、经济秩序混乱等。系统性风险的传染具有正反馈效应,以及自我实现、自我强化的特征。这个阶段也会发生一种"纯传染"的现象,即那些没有受到直接影响的机构,由于担心流动性的影响,可能会削减授信或减少现有头寸,结果导致整个金融体系的流动性进一步下降。这种行为尽管从个体的金融机构来看是自然的和理性的,但对整个系统和社会而言,却不是最优的。

(4) 爆发阶段。金融机构、金融市场互相影响,危机蔓延的范围影响到大量的企业,失业率提高,社会普遍经济萧条,对投资、消费、产出、出口等方面造成全面的负面影响,甚至还有引起社会动荡的趋势,系统性金融、经济危机全面爆发。

（5）救市阶段。如果系统性金融危机爆发，那么政府救市势在必行。公共部门或经济的其他部门对金融领域流动性的问题做出反应，采取行动的可能是中央银行、监管部门或政府的财政部门。如在本轮金融危机最危急的阶段，为缓解金融动荡对经济的冲击，全球6家主要央行有史以来首次联手降息。全球范围内的（无论是发达经济体，还是新兴市场）政府都不同程度地调整货币政策和财政政策，采用不同的量化宽松政策，防止了1933年大萧条的重演。然而，金融机构去杠杆化、政府再杠杆化，使得政府债台高筑。金融体系的损失被整个社会吸收，政府预算赤字增加，公共债务大规模上升，失业率升高，政府和社会都背上了巨大的负担。极端情况下，债务负担会引起政府债务违约。这个过程的退出代价很高，经济复苏需要漫长的时间，欧美目前正处于这个阶段。

（6）改革阶段。危机以极端的破坏方式暴露出金融体系存在的问题，引起社会公众的反思，所以金融体系必然面临着重大的改革。一方面，金融机构自身在危机中损失惨重，将会对现有的商业模式进行结构性的调整，风险管理和内部控制将会提到公司战略层面。另一方面，政府监管机构也会出台新的金融法律法规、监管条例，甚至设立新的监管部门，尝试不同的监管模式，专门对危机中暴露出来的系统性风险问题进行监管。这一切都会对整个金融体系产生深刻的影响。如同1933年之后，美国一系列重要的有关银行业、证券业的法案和政策的出台，首次奠定了美国金融监管的基础。1998年，七国集团在亚洲金融危机、俄罗斯危机和长期资本管理公司被接管之后，宣布成立金融稳定论坛（后在2009年重建为金融稳定理事会）。另外近几年来，欧美发达经济体以及新兴国家推出了大量应对系统性风险管控的法案、实施议程以及探索全球性联合监管的模式，充分体现了这个改革阶段的必然性。这个问题我们在后面会进一步讨论。

第 4 章　金融衍生品和系统性风险

回顾近 30 年来的金融危机,我们可以发现金融衍生品(derivative financial instruments)是这一时期金融业最重要的创新之一。基于风险管理的需要,人们使用风险转移、风险对冲以及风险组合的技术和手段,将财富和风险从交易的一方转移到另一方。在经济良好的时期,金融机构的衍生品交易通过将金融风险从不愿意承担的一方转移到愿意承担的一方而间接地创造了丰厚的利益,金融衍生品也一度成为发展最快的金融产品。但金融衍生品也会带来巨大的困境成本,特别是在逆周期时,它变成了一个扩散和放大系统性风险的重要助推器。近 30 年的金融危机中有一半起源于与衍生品交易密切相关的风险事件。在 2007 年金融危机形成的众多原因中,以非传统抵押贷款为基础的证券化产品衍生出来的金融衍生品交易在整个体系中累积和传递着系统性风险,对毁灭华尔街的百年老店,给金融系统造成巨大危害都负有不可推卸的责任。可以说,这次全球金融危机与 1933 年的大萧条最大的不同点之一,就是金融衍生品在全球巨额的交易规模及其具有的加速危机传染的负面效应。

国际互换和衍生品协会(International Swaps and Derivatives Association,简称 ISDA)将金融衍生品描述为"旨在为交易者转移风险的双边合约。合约到期时,交易者所欠对方的金额由基础商品、证券或指数的价格决定"。它是在原生金融产品(如商品、债券、股票、利率、外汇等即期交易产品)基础上派生出来的,其价格决定于原生金融产品的价格。金融衍生品和基础金融产品一样,可以为投资者提供流动性转换和期限转换。

○ 4.1　全球金融衍生品的演进

这一节我们将简要地回顾一下金融衍生品的演化历史,以及它的发展规模。

4.1.1　早期衍生品渊源

衍生品的起源至少可以追溯到公元前古米索不达米亚时期,距今已近 4 000 年的历史。当时叫谷物贷款(标的不限于谷物),符合远期合约的特征。在合约签订时,买方即向卖方支付价款(可以是谷物,也可以是银币),而卖方则在收获谷物或其他作物后以实物形式偿还贷款(交割)。其后,随着商业活动的逐步活跃,希腊、罗马等地也出现了衍生品的痕迹,如船舶抵押契约。到了13世纪,欧洲经济贸易活动愈来愈活跃,未来交割合约、公债期货、年金等各类表现形式的衍生品都已逐步开始在富人们的经济活动中使用。尤其在14世纪,意大利商业城邦的公债交易非常活跃。其后,英国与北欧一直主宰着衍生品发展的主要趋势。随着北美殖民地的开辟,英国衍生品的发展自然就延伸到了美国。18世纪的北美殖民地也存在可转让工具的交易,比如汇票。同时,有组织的市场也逐步发展起来,比如1727年成立的谷物交易所、1752年仿效英国成立的皇家交易所等。但真正具有现代期货交易所雏形的,是1848年美国成立的芝加哥交易所(CBOT),这也成为期货发展史上的一个里程碑事件。当时的交易品种包括谷物、牛肉、猪肉、木材、盐、皮革等商品。

这些早期西方国家的金融衍生品产生于商品市场,其商品价格是由市场和供求关系等因素决定的,因而价格风险是必然存在的。当市场经济发展到一定阶段时,就需要一种分散风险、转移风险的机制,以商品远期、商品期货为代表的衍生品就应运而生了。它们的自然演进经历了若干个世纪,但是在这个阶段,衍生品的应用范围狭窄、交易品种稀少、市场规模也极为有限,与现在的衍生品不可同日而语。真正现代意义上的金融衍生品是在20世纪70年代产生的。

4.1.2　第一代金融衍生品的产生

1973年,布雷顿森林体系瓦解,使得西方主要国家的货币普遍与美元脱钩而采用浮动汇率制。同时,不少国家又逐步放弃了对利率的管制。这样,汇率加利率的双重变动,使得基础金融产品的价格变得很不稳定。为了降低基础金融产品的风险,真正现代意义上的金融衍生产品诞生了。1972年5月16日,美国芝加哥商品交易所(CME)货币市场分部在国际外汇市场动荡不定的情况下,率先创办了国际货币市场(IMM),推出了英镑、加元、西德马克、日元、瑞士法郎、墨西哥比索等货币期货合约,标志着第一代金融衍生产品的诞生。1973年4月,芝加哥期权交易所(CBOE)正式推出股票期权。1975年10月,利率期货在芝加哥期货交易所(CBOT)问世。这一时期的金融衍生产品主要是与货币、利率有关的金融期货、期权,它们在各自不同的期货与期权交易所市场内进行交易,在后布雷顿森林体系时代取得了很大发展。

从当时的情况来看,金融衍生产品为基础金融产品的持有者提供了一种有效的对冲风险的手段,从而避免或减少由于汇率、利率的不利变动而给人们带来的预期收益的减少或成本的增加;并且,它在促进金融市场的稳定和发展,优化资源的合理配置,引导资金有效流动,增强国家宏观调控能力等方面都起到了积极的作用。由于这些优点,金融衍生产品在 20 世纪 70 年代产生以后,一致保持着较快的发展速度。

4.1.3　现代金融衍生品的迅猛发展

　　20 世纪 80 年代,金融衍生产品获得了更大的发展。1982 年股票指数期货隆重登场。到 20 世纪 80 年代中期,美国、英国、德国、法国、荷兰、加拿大、澳大利亚、新西兰、日本、新加坡、巴西等 12 个国家和地区的交易所都已开展了金融期货的交易。20 世纪 80 年代后期,美国经济开始衰退,银行坏账率逐步上升,资本充足率随之下降,最终导致商业地产泡沫破灭。这一时期,金融机构希望创造一种成本低,又可以转移资产组合风险的新方法,那就是使用远期、期货、期权和互换四种基本的金融衍生产品,它们都是在这个时期发展起来的。现代金融衍生产品的基础资产标的,可以是利率、货币、股票或商品,甚至可以是得克萨斯州休斯敦市的天气。衍生产品的回报取决于某个预期的未来事件在未来的时间内是否成为现实。例如,一个普通的远期合约是一份买卖双方协议,买方同意在未来的某一天,以一个特定的价格向卖方购买某一样标的物(基础资产),比如石油。买方和卖方约定一个价格,买方在到期日向卖方支付合同上的价格。如果在期满日的石油价格高于远期价格的话,买方即获利,卖方就损失。与此相反,如果价格在到期日低于远期价格,买方则亏损,卖方即获利。

　　这个时期,期权和互换市场得到很大发展,期权交易与互换技术相结合衍生出的互换期权得到广泛运用。1989 年底,包括利率封顶、保底期权以及互换期权等在内的期权场外交易名义本金总额达 4 500 亿美元。1990 年,上述场外交易的期权交易额几乎等于场内交易的利率期权总额,达 5 600 亿美元。

　　20 世纪 90 年代以来,金融衍生产品保持了强劲的发展势头,品种数目愈发繁多,整个金融市场取得了巨大的发展。在监管进一步宽松、金融自由化浪潮的推动下,更多的非金融部门纷纷参与到金融活动中来,外国银行与证券机构进入美国市场,寻求新的金融衍生品成了保有并扩大市场份额、创造利润、提高自身竞争力的手段。芝加哥期货交易所甚至推出灾难期货、思想期货等。全世界共有 50 多个交易所可进行衍生产品交易,衍生品的复杂性也远远高于 20 世纪 70 年代的第一代产品。据国际清算银行的估计,20 世纪 90 年代以来金融衍生产品交易额呈逐年上升之势。1994 年 12 月底,全球金融衍生品交易未清偿合约总额为 45 万亿美元,较之 1985 年平均每年增长约 40% 以上。图 4.1 显示了各种衍生产品的产生时间。

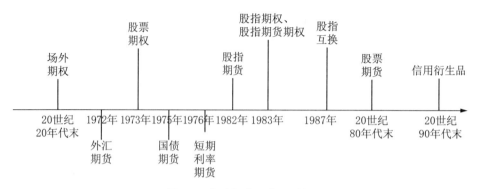

图 4.1　金融衍生品出现时间

4.1.4　21 世纪初金融衍生品的规模

如前所述,金融衍生品的出现是和每一个阶段的经济环境密不可分的。远期、期货、期权和互换是四种基本的现代金融衍生品。在 90 年代中后期,投行等金融机构以这四种基本衍生品为工具,再经过复杂的分解、组合或者证券化,构造出功能特点各不相同的新型金融衍生品,到了 20 世纪末期,国际市场上的衍生产品种类繁多,已超过 2 000 种。

金融衍生品的交易方式主要有两种:场内交易(exchange traded)和场外交易(over the counter,简称 OTC)。场内交易是指所有交易方都要在交易所进行竞价交易的方式,主要特点是交易所向交易参与者收取保证金并承担清算和履约担保的责任。场外交易又称柜台交易,是指交易双方不通过交易所直接进行交易的交易方式。在场外交易中,为了满足客户的个性化要求,金融机构会不断地根据不同的需求设计出不同特点的产品。但是,这种交易方式不可避免地会产生诸如交易对手方信用恶化、缺乏透明度等风险。全球场外衍生品市场是巨大的,2007 年底,全球场外衍生品的未偿付名义值达到了惊人的规模——596 万亿美元。为了给读者一个对照,2008 年世界的 GDP 总量也才约 61 万亿美元(Donnelly and Embrechts, 2010)。

期货和期权合约交易是在场内市场中进行的。由表 4.1 可以看出,2005 年全球场内交易的期货合约交易量大约是 244 万亿美元,期权合约交易量大约是 99 万亿美元;从 2005 年到 2007 年,场内期货合约交易量的年复合增长率是 24.1%,场内期权合约交易量的年复合增长率是 28.3%。在 2008 年,场内交易量都达到了顶峰:期货合约为 1 546 万亿美元,期权合约为 665 万亿美元。

表 4.1　场内金融衍生品交易量(10 亿美元)

	2005 年	2006 年	2007 年	2008 年	2009 年	2010 年	2011 年
期货交易量	243 895	310 354	376 213	1 545 737	1 128 091	1 380 539	1 524 106
期权交易量	99 107	120 598	163 025	664 830	533 741	606 662	635 394

资料来源:国际清算银行数据库。

　　金融危机全面爆发之前,金融衍生品场外市场交易的规模比场内的规模扩张得更快。由表 4.2 可以看出,1998 年全球场外交易的金融衍生品合约的未偿付名义金额总计约为 80 万亿美元,而在 2007 年,该数额增长到了 596 万亿美元,增长了 6.4 倍。为了和场内市场交易总金额进行对比,可以发现全球场外衍生品的未偿付名义总金额从 2005 年的 298 万亿美元增长到了 2007 年的 596 万亿美元,两年间增长了一倍;其中信用违约互换则从 14 万亿美元增长到了 58 万亿美元,增长了 3.1 倍。而全球债券市场总额(未偿付债务总额)为 82 万亿美元。这意味着许多金融中介机构的表外活动已经增长到数倍于其资产,所承担的衍生品的兑付义务在市场对基础资产的不利变动下,将远远超过股权和资产(基础资产可以是利率、房价、汇率、企业债、股票、主权债务等,而这些资产的不利变动是很可能发生的)。在考虑双边净扣协议后,总的场外市场衍生品市场价值的信用风险敞口为 3.5 万亿美元,也就是说,一旦交易对手全部违约的话,损失即是 3.5 万亿美元,为美国 GDP 总额的 1/4(Markose,2012)。银行通过表外投资载体持有这些巨额衍生产品,在全球的交易活动中可以将风险转移给更大范围的资产持有者,金融和经济领域出现了前所未有的信用过度扩张和部分行业过度负债的局面。由于市场的这种结构性改变,当面对重大冲击或持续的经济不景气时,这些复杂的衍生品和借贷双方的应对方式会给我们带来预想不到的风险。事过之后来看,金融衍生产品的过度开发和大规模交易是加剧 2007 年金融危机的重要因素之一。

　　在金融危机爆发之后,从 2007 年底至 2011 年底,场外交易的金融衍生品合约从 596 万亿美元增长到了 648 万亿美元,年复合增长率大约只有 2.1%。另外,还有一个比较明显的变化,信用违约互换类合约在金融危机后的几年中逐渐减少。

表 4.2　1998—2011 年场外金融衍生品规模(未偿付名义额,10 亿美元)

年份	合约总计	外汇总计	利率合约	股权类合约	商品合约	未归类的合约	信用违约互换
1998	80 317	18 011	50 015	1 488	415	10 388	
1999	88 202	14 344	60 091	1 809	548	11 408	
2000	95 199	15 666	64 668	1 891	662	12 313	
2001	111 178	16 748	77 568	1 881	598	14 384	
2002	141 679	18 460	101 658	2 309	923	18 330	
2003	197 167	24 475	141 991	3 787	1 406	25 508	
2004	251 823	29 580	190 502	4 385	1 443	25 913	
2005	297 670	31 364	211 970	5 793	5 434	29 199	13 908
2006	414 290	40 239	291 115	7 488	7 115	39 682	28 650
2007	595 738	56 238	393 138	8 469	8 455	71 194	58 244
2008	547 983	44 200	385 896	6 155	4 364	65 487	41 883
2009	614 674	49 196	449 793	6 591	2 944	73 456	32 693
2010	601 046	57 796	465 260	5 635	2 922	39 536	29 898
2011	647 777	63 349	504 117	5 982	3 091	42 610	28 626

资料来源:国际清算银行数据库。

● 4.2 信用衍生品成了系统性风险的助推器

4.2.1 两类信用衍生品

回顾衍生品的产生和发展,我们可以看到,一系列复杂的信用衍生品(credit derivative)是在90年代初产生的,即在第二代衍生品产生的时期,它们的设计是通过引入资产证券化和风险分割技术、数学量化模型和计算机技术实现的。从2000年到2007年,信用衍生品发展极其迅猛,风靡美国和欧洲的场外交易市场,成为在全球金融体系内传播和放大系统性风险的祸首。因而,我们认为,对于其中那些单纯追求收益,进而过度投机并使用高额杠杆的信用衍生产品,应该严格控制和管理。

信用衍生品是一种合成的金融产品,它的价值是从其他资产,如债券、贷款,或资产证券化产品中衍生出来的。它是一种双边合约,最初产生的目的在于转移、重组和转换信用风险。以信用违约互换(credit default swap,简称CDS)为基础,以债务抵押证券(collateralized debt obligations,简称CDO)为核心的信用衍生品,1997—2007年的10年间,其发展速度相当惊人。在2007年底,信用衍生品CDS的未清偿余额达到58.2万亿美元,超过了当时全球股市36万亿美元的市值总额,接近整个美国家庭财富的2倍,将近美国国家债务的5倍。以CDS为基础、以CDO为核心的两类信用衍生品,由于其独特的复杂性和高杠杆性,给金融系统注入了极大的不确定性(Kiff et al.,2009),下面我们将对它们进行详细的分析。

信用违约互换(CDS)最早是从公司债券中衍生出来的,是交易双方的一种契约。简单地说,CDS更像是一份保险单,是一种信贷违约的保险合同,也可以看作是一种信用期权合约。出具保单的人承担的是信用风险,承保人保证在被担保的参考实体出现违约时,向投保人按名义额购买CDS的参考债务,支付由于参考实体违约而给投保人带来的损失。这里所说的参考实体是指除了CDS买卖双方之外的第三方实体,可以是一个公司、一种债券或一个国家实体,也称基础资产。CDS转移的风险是第三方实体的信用风险,这点和债券交易有根本的区别。一方面,和债券投资人一样,CDS的买方将承担基础实体的信用风险;另一方面,不同于债券投资人的是,他无需向交易对方支付等同于CDS合同名义额(notional amount)的现金,因此CDS属于无现金流的信用衍生品。为了从卖方得到担保的承诺,买方要定期向卖方支付双方预先商定的费用(即保费),保费基于对参考实体信用度的评估。一旦参考实体违约的话,卖方将赔偿买方,CDS合同确保买方受到保护。CDS的买卖双方称对方为交易对手。CDS在发展初期的主要动机是帮助风险资

产持有人分散风险,交易对手可以对冲信用风险并减小与之相关的不确定性,改进风险定
价和帮助市场参与者管理风险以维持市场的有效性。后来,CDS 的发行人变得越来越多
元化,不仅风险资产持有人可以发行,独立第三方也可以发行针对特定债券的 CDS 产品。
由于风险与收益本是一对孪生兄弟,CDS 在分散风险的同时也对风险资产收益进行了市
场化的重新配置,因此,CDS 为不同的参考实体的信用担保的风险管控功能,使得投资者
有一种错觉,不再在乎其投资的产品风险有多大,反正 CDS 在后面埋单。另外,CDS 给市
场提供了交易便利性,能够产生现金流,大多数金融机构过度地强调了 CDS 的这种功能,
使得 CDS 变成了一种赢利工具,促成了其从保险机制到投机工具、从合同到不受监管的
“证券”的异化。

　　债务抵押证券(CDO)是以金融资产组合为依托的一种金融衍生产品,是由债券、贷款
和其他资产组成的资产池为支撑的投资级证券。与 CDS 对照,如果 CDS 的参考实体是
一个经济实体,那么 CDO 的参考实体就是某一资产组合。其核心是,用资产证券化方法
及风险分割技术,将某一资产组合按照一定的规则加以分割、整合成不同的等级,出售给
不同风险偏好的投资者,银行整体的贷款规模由于 CDO 的存在而增加。21 世纪以后才
产生的结构性合成 CDO(synthetic CDO),与简单 CDO 的不同之处在于,其参考实体已不
仅仅是公司债券,而是以资产证券化产品(asset-backed securities,简称 ABS)为参考实
体,包括以次级房贷为抵押物的资产证券化产品(mortgage-backed securities,简称
MBS)、公司信贷以及非抵押贷款等多种类型的资产组合,甚至连对冲基金的投资和其他
结构性金融产品都可以被作为 CDO 的参考实体加以包装,即普遍所说的“CDO 的平方”,
甚至是“CDO 的立方”。图 4.3 清晰地表明了多层 CDO 是如何产生的,这里介绍的结构性
合成 CDO 主要是以 CDO 为参考实体来说明的。这一过程是先要生成一个抵押贷款资产

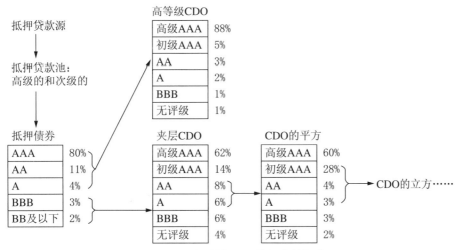

图 4.2　CDO 以及 CDO 的平方的概念

池,这里面可能包含诸如住房抵押贷款、信用卡贷款等资产,然后依托这个资产池来发行抵押债券,其通常来说包含投资级(A、AA 和 AAA 级)、BBB 级和 BB 以下级;把投资级的抵押债券当作参考实体,可以制作出高等级的 CDO,它们通常风险较低、收益也较低;把 BBB 以下级的抵押债券当做参考实体,又可以制作出次级 CDO(也称作夹层 CDO),它们通常风险较高、收益也较高。更进一步,如果再以 AA 和 A 级的夹层 CDO 为参考实体,那么可以制作出 CDO 的平方;依次类推,可以制作出 CDO 的立方一直到 CDO 的 N 次方这种多层的 CDO 产品。这些高阶的衍生品,结构变得过于复杂,已背离了金融风险工具基本的原则和初衷,完全失去了透明度(范希文、孙健,2010)。

金融危机之前,很多大银行通过发行 CDO,主要为了实现两类功能:第一类是出自资产负债管理需要,以筹集资金为主,即银行通过对基础资产风险收益的重组,把处在资产方的单一风险转换成负债方的多等级的风险。这样银行就可以将大部分高风险次级抵押贷款资产,从资产负债表上删除,即将风险从其资产负债表上转移给了资本市场,实现了风险的控制,同时也从资本市场上获得了流动性。这一过程是通过特殊目的载体(SPV)来实现的。第二类是以追逐收益为目的的套利结构性信用产品。套利 CDO 是利用资产风险溢价和负债风险溢价的差异,借助分割技术来重组风险,降低筹资成本,帮助银行实现盈利性目标。这一动机促使银行减小关注贷款实际的风险程度,不断扩张次级贷款的规模,导致风险程度增高和风险涉及面扩大。在 2003 年以后,CDO 的应用越来越多地由第一类功能转向第二类功能(比如结构性合成 CDO),从筹资和风险转移转向套利的功能。

场外信用衍生产品市场的主要参与者五花八门,卖方主要包括做市商、交易商银行、保险公司等,其中许多全球性活跃银行和投行是最早和最熟练的参与者,构建并向市场上潜在的买方出售衍生产品。随后,提供抵押贷款证券化的房地美、房利美,提供信用评级的评级公司,以及提供担保的保险公司等纷纷卷入。买方包括全球性的商业银行、投资银行、对冲基金、理财基金、保险公司、信托公司、固定收益投资者、新兴市场基金以及非金融机构,这就形成了一个复杂的产业链。随着场外衍生产品市场的发展,银行从事的衍生产品交易越来越多,市场的集中度也逐步提高,交易量逐渐向全球一些主要的银行集中。2007 年,场外衍生产品市场上未偿付的交易名义本金总额中,有约 43.5% 的份额被银行占据。在有关衍生品的基础网络方面,惠誉(Fitch)在 2009 年的调查报告中总结得非常清楚:"数量有限的交易对手形成了这个市场的特征,前 12 位的交易对手在报告中占了引用次数的 78%。"名列前五位的金融机构在衍生产品总名义金额的购买和出售中占了 95%。如此高的集中度反映了银行和交易商作为交易对手的主导作用,可以想象这些在市场中扮演重要角色的金融中介机构一旦崩溃会带来怎样的后果(Markose,2012;Duffie,

2012)。关于美国的全能银行和商业银行参与场外市场和交易所市场的分布情况,已超过了本章的关注范围,美国货币监理署(OCC)发布的与银行有关的衍生产品交易季度报告中有详细的数据。

4.2.2　金融杠杆周期

"金融杠杆周期"指的是杠杆率和金融资产价格之间的顺周期性。信用衍生品特殊的产品结构,必然会为金融机构带来巨大的金融杠杆率。"杠杆是 CDO 与生俱来的特点。抵押贷款本身就创造了杠杆,特别是对于那些首付低,贷款与估值比较高的抵押贷款。抵押贷款支持证券和 CDO 则创造了更大的杠杆,因为它们本身就是通过负债融资的。而且,CDO 还经常作为抵押品被购进而用于构建其他 CDO,新构建的 CDO 又附带了另一层债务。"2005 年一些金融机构推出的高杠杆超级优先 CDO(leveraged super senior CDO)就是一个典型的例子,它在产品结构中引入了数倍于普通超级优先 CDO 的金融杠杆。结构性金融 CDO 的另一个缺陷在于高杠杆在盈利和损失方面具有严重的不对称性,即在盈利上的杠杆效果很有限,但一旦损失,放大作用巨大,会给投资人带来毁灭性的打击。

在这方面有丰富实践经验的两位专家给出了两个很有意思的例子(范希文、孙健,2010):第一个例子描述了次级贷、次级债和 CDO 超级优先档次损失率的关系。随着次级贷的损失率从 4.5% 增加到 5.5%,以损失衡量的金融杠杆对次级债的倍数从 0 增加到 50 倍,而 CDO 超级优先档次的杠杆倍数则从 0 增加到 9 倍;如果经济环境继续恶化,次级贷的损失率从 5.5% 增加到 6.5%,次级债和 CDO 超级优先档次就都将面临 100% 的损失,也就是说,次级债的杠杆倍数依然是 50,而 CDO 超级优先档次的杠杆倍数则迅速增加到了 91。这个例子主要说明的是,伴随着次级贷、次级债和 CDO 超级优先档次的结构越来越复杂,杠杆化程度也在快速增加,这样会使复杂结构的 CDO 在原始基础资产发生轻微损失时就会面临 100% 的损失。据统计,截止到 2009 年 7 月底,在 2006 下半年到 2007 年发行的 CDO 中已有 80% 发生了违约事件。

他们给出的另一个例子是,从盈利的角度看,从 BBB 评级的次级债再到 CDO 的 BBB 档次,只有约 1.8 倍的杠杆,但从损失来看,次级债的预期损失平均只需要从 4.5% 增加到 5.5%,CDO 的 BBB 档次就会损失 100%,损失杠杆约 18 倍! 这就有效地说明了 CDO 的杠杆性在盈利和损失两个方面的不对称性。其实,即使不是 CDO 的 BBB 档次,就算是 CDO 的 AAA 档次也同样在次级贷的平均损失超过 15% 时会遭受 100% 的损失,而并非人们普遍认为的,AAA 档次的去杠杆作用可以充分抵消基础资产上的杠杆作用。

事实上,对于高杠杆超级优先 CDO 和结构性 CDO 内在的高杠杆性,在盈利和损失方面严重的不对称性,以及信用衍生品对金融杠杆的过度使用蔓延到了整个经济系统,两位专家都做了详细的讨论。Geanakoplos(2010)也系统地建立了有关杠杆周期与系统性金融风险作用机制的逻辑链。我们看到,金融衍生品产生于规避风险的初衷,但是由于过高的金融杠杆,最后却导致金融体系承担了过度的风险。美国国际集团(AIG)和雷曼兄弟的破产已成为教科书中这方面的经典案例。

4.2.3 模型风险

金融衍生产品的设计使用了复杂的数学模型。如第 1 章所谈到的,在金融领域中,马科维茨(Markowitz)提出的投资组合理论,夏普(Sharpe)等人提出的 CAPM 模型,成为构建现代金融工程理论分析的基础,对现代金融理论和华尔街的实践产生了空前的影响。在金融领域中,数学模型的应用有着举足轻重的地位。

但是,很多人却过分高估了数学的能量,以至于忘却了金融学和经济学的本质。金融和经济系统中的很多规律是无法用数学进行描述的。在使用数学模型的同时,必须认识到,虽然数学模型能够通过严密的推导证明某个理论的逻辑正确性,但是几乎所有的模型都有其相应的假设条件。例如,经典的 CAPM 模型,它的成立需要满足一系列假设,包括投资者是理性的,不存在交易成本,市场是完全有效的,存在无风险资产等等。但是这些假设在现实世界中,并不都能成立,部分假设条件几乎不可能成立。对于数学模型而言,如果不能满足它的假设条件,模型所得出的结论将变得不再可靠。但是人们在使用这些模型时,往往对其成立的前提条件不重视,甚至不了解,导致了数学模型及其结果被滥用、误用。

下面我们就用信用衍生品 CDS 和 CDO 的例子来讨论模型风险或模型失效的问题。

(1) 信用违约互换(CDS)的模型风险。

首先,它对溢价的估计很差。在市场上,CDS 是用风险溢价,也称为 CDS 价差(CDS spread)来报价的。CDS 价差是为了使其合约的现值等于零,买家付给卖家的溢价。粗略地说,一个高的价差表示较高的信贷风险。CDS 定价模型用计算预期现金流的现值来估计 CDS 价差,它主要依赖于参考实体信贷质量的变化,以及由于杠杆和资产波动导致的违约风险。然而,许多投资者只简单地参考某些评级公司(如穆迪或标准普尔等)给予的信贷评级来做出投资决策。但这些评级公司在评级时,只是使用纯数学模型,这样就很可能没有考虑到其他一些重要的因素和可能性。

第二,做信用风险分析无需人工判断,是值得商榷的。我们知道,应用风险在险值(value at risk, VaR)的方法来评估公司的风险,可能导致严重的错误定价,因为在 VaR 模型中,假定资产回报服从正态分布。然而,已有大量的实证研究表明,资产的收益或对数收益并非服从高斯分布(即正态分布),而是表现出严重的非对称性和肥尾特征。由于正态分布稀薄的尾部特征,对重大违约事件发生的概率总是低估的。另外,资产的波动不是恒定的,而是随时间变化的。虽然有一些先进的模型,包括运用GARCH模型或区制转换模型(regime switching methodology)以代替风险在险值,正态假设仍然是有问题的。有一些用非参数方法来评估分布的方法,但这类模型由于缺乏足够的数据来估计尾部分布,从而也可能会导致对风险的低估。

一些研究人员用当前的债券市场价格与CDS保险的相关性来测量系统性风险,具体说是基于历史违约的相关性数据进行测量。但由于缺少直接观察到的历史数据,相关系数往往间接地从债券与其他资产市场价值的相关性来估计,或用一个系统性因子。但这种估计将导致在逆周期时或极端情况下对不良债务风险的低估。

虽然有各种各样的风险分析方法,但是常面对数据样本不足的问题,所使用的近似替代方法,也不能如实反映市场的真实状况,尤其在逆周期或极端情况下,模型可能完全失效。因而,在信用风险分析模型不能得到有效的分析结果时,人的经验判断就起到了至关重要的作用。

第三,定价模型的先天不足。主要的信用违约互换定价模型属于结构性模型(structural model)。这类数学模型的基本假设是,市场是有效的并且始终处于均衡状态。但实际上,市场无法做到有效,完全有效市场的假设远离现实世界。现实世界含有随机噪音的干扰和波动,因此随机模型会更适用。对随机模型的广泛假设是,回报的噪音波动服从布朗运动。曼德尔布罗(Mandelbrot)的研究早已发现,实际资产价格的波动总伴随着较大的冲击,用分数布朗运动会更适合实际的情况。然而,这类模型的参数难以估计。尽管可以采用先进的统计方法,如卡尔曼滤波等方法得到参数估计值,但这个过程相当复杂,并且对均值和波动的估计仍然可能有较大误差。

总的说来,CDS是信用衍生产品的主要形式之一,2007年的金融危机期间,雷曼兄弟的破产、美国国际集团和贝尔斯登的崩溃都与其密切相关。从以上的讨论可以看到,运用CDS模型是存在一定风险的,而且CDS是通过场外市场交易的,许多合同只用电话达成,不存在中央结算系统,难以监管,缺乏透明度。大型交易商银行和其他金融机构是主要的信用违约互换的投保方,一旦它们自身违约,就会出现多米诺骨牌效应导致互换的对手方接连违约。另外由于其交易规模巨大,信用违约互换成为金融危机中系统性风险的推手已可见一斑。

(2) 债务抵押证券(CDO)的模型风险。

债务抵押证券(CDO)的定价涉及违约相关性的问题,是一个复杂的实际问题。2000年,华裔金融工程师李祥林在《固定收益期刊》(*The Journal of Fixed Income*)上发表了

《联结函数的违约相关性分析》(On Default Correlation：A Copula Function Approach)一文，主要针对资产之间的相关性进行研究，试图用数学模型将不同资产或事件(如违约)之间的相关性进行量化。这篇论文以相对简单的数学方法，为信用衍生品CDO的定价提供了可能。论文构建的高斯联结函数(Gaussian copula)，以数学模型的方式使得CDO背后的不确定性(资产池中资产的相关性和组合违约率)能够被衡量。基于这个公式所量化的风险，金融机构能够对这些信用衍生产品进行"有效的"定价。由于这一公式的简单性以及实用性，它一出现就立即在华尔街投入使用，极大地促进了信用衍生品特别是CDO的爆炸性增长，美国整个CDO市场从2000年前后的2 750亿美元扩张至2007年的4.7万亿美元。当时，不论是投资者、银行，还是评级机构以及政府机构，所有人都在使用这个公式计算风险，任何对这个公式局限性的警告都被人们抛之脑后。高斯联结函数模型，同所有其他的数学模型一样，也存在着先天的局限性。在具体应用上，它有三个主要的缺陷(Donnelly，et al.，2010)。

第一，模型没有考虑危机发生时，参考实体(标的资产)的违约事件不是独立发生的，而是可能集中爆发。李祥林的文章指出违约发生率的分布会因为许多因素变化而改变，例如时间、外部经济环境等，但这些不确定性难以被量化，因此没有被纳入模型。同时该模型还假设在危机时标的资产间的违约率是相互独立的。而事实证明，这些假设在现实中难以成立，这就使得模型在预测危机时期的违约率时会变得不可靠。

第二，当期待CDO不同档次(tranches)的违约相关性相同时，模型却给出不同的相关性且变化不均衡。通常来说，一个CDO产品，会根据偿还的优先级从高到低被分成A档(senior tranche)、B档(mezzanine tranche)和次级档(equity tranche)。不同的档次被评级机构给予不同的级别。在制作CDO时，直观上来说，由于假设标的资产之间的相关性相同，那么意味着不同档次之间的相关性也应该相同。但是在单阶因子高斯联结函数的计算下，不同档次之间的相关性不相同。而且其所计算得出的相关性会与实际情况有所出入，导致基于此计算的对冲操作失效，甚至有时单阶因子高斯联结函数不能求出隐含的相关系数。因此，该模型无法反映现实的真实情况。就这一点而言，无论是在业界还是学术界，都已经意识到该模型在处理复杂信用衍生品时的缺陷(Jones，2009；Salmon，2009)。

第三，模型中没有经济因子，导致对违约情况无法进行压力测试，特别是对整个机构而言。由于高斯联结函数本身的统计学结构，只是拟合一个静态的情况，因而无法反映动态的、复杂的市场状况。然而，信用衍生品市场是变化十分迅速且复杂的市场，许多学者都指出，高斯联结函数其实并不适合用于对这个市场的产品进行风险管理和估值。

从以上三个缺陷的讨论中可以发现,高斯联结函数在面对市场波动不大,或者具有上升趋势时,对于分析风险可以发挥一定的作用。但由于它使用范围的限制以及模型的固有缺陷,用它为 CDO 定价和设计对冲策略就是不合适的,一旦出现极端情况,就可能严重低估风险水平,成为导致市场剧烈波动、对冲失效的一个原因。

华尔街的金融机构在设计出 CDO 的基础上,继而开发出了更多更复杂的结构性合成 CDO,例如 CDO 的平方、CDO 的立方等等。从金融创新的角度来说,这样能够有效地对风险进行分割、配置,使得不同偏好的投资者有更多的投资选择。但是,这加大了对资产进行定价的难度,以及风险的不确定性。研究表明,CDO 产品的 B 档,因其处于偿还优先级的中间,其风险水平最难以确定,因此对它的定价本身就十分困难。如果再对它进行资产证券化,做成 CDO 的平方,那么其不确定性被再次放大。随着层数地不断增加,不确定性将以指数级增长,再加上杠杆率的使用,使得对更深层次的 CDO 产品的定价和投资面临十分巨大的风险。在市场繁荣时,风险总是潜藏其中,人们能够看到的只有无尽的收益。但是,风险具有典型的逆周期性质,在市场下行期,相关性和组合违约率变化时,哪怕是微小的变化,都可能导致价值评估的巨大差异。

在 2000 年到 2007 年之间,美国的金融环境并没有出现太大波动,尤其是房地产市场,一直保持上升趋势。再加上美联储的连续降息,所有人都相信房地产市场会一直繁荣下去。而以住房抵押贷款作支撑的 CDO,会持续给投资者带来丰厚的回报。但是,房地产泡沫最终还是破灭了,住房抵押贷款大面积违约,模型测算出的 CDO 产品的价格变成了没有意义的数字。

以上两个金融信用衍生品数学模型背后的故事又一次证明了数学模型不是“万能钥匙”。几乎所有的数学模型都有其局限性,而且越是看似完美的模型其局限性可能越大。这是因为,完美的数学模型,必然伴随着一系列严格的假设条件,这些假设便成了这个模型生效的限制条件。

然而,真正的问题并不在于模型本身,而在于使用模型的人。

首先,使用模型的人并不一定真正理解模型的内涵和原理,而只是简单地加以利用。就像李祥林在 2005 年《华尔街日报》的一篇采访中曾表示,最危险的是当人们相信一切都来自模型,而真正理解这一公式(copula)核心的人却很少,但是仍有无数的人在使用这一模型,因为这一公式能够给他们带来收益。

其次,人们往往注重模型所给出的结论,而忽视那些更为重要的结论背后的假设条件。往往越是经典的模型,使用者越容易忽视其假设是什么。更进一步,模型的假设不仅包括学者们在他们的文章中明确指出的那一部分,还包括各种隐含的假设,而这部分的假设更不会被注意到。比如,与资产价格有关的数学模型的使用都是基于一种假设,即模型中资产价格变动的历史发布能够很好地说明资产价格的未来走势。但这种走势是以连续、平滑的价格变动为假设的。一旦产生大范围的、快速的、难以预料的价格变动,数学模型就不能有效的运用。

第三,人们过分依赖数学模型,夸大了模型的适用性。在危机发生时,对未来趋势预期的瓦解会导致大众恐慌,金融时间序列出现极大波动,这就需要运用非稳态的群体动力学,来探索包括方差在内的高阶矩的发散现象(唐毅南、陈平,2010)。经济学和金融学面对的许多现象都无法完全用数学模型进行表示。例如,永远也不可能找到一个效用函数来完全准确地表示一个人的效用。人不可能永远保持理性,市场也不可能完全有效,金融危机已完全打破了"有效市场假说"的信念,罗伯特·希勒早在20世纪80年代就证明了资产价格很少会维持在均衡态,常常受到非理性冲动行为的影响而大幅波动。这也是为什么"行为经济学"和"行为金融学"越来越受到重视的原因。

总之,真正的问题不是数学模型,它并不是造成金融危机的原因。"模型风险"的问题出在使用模型的人对模型没有真正地理解,或是为了达到赚钱的目的而滥用模型。我们应当反思对模型的使用,从而更理性、更明智地驾驭模型工具。

4.2.4 交易对手风险与系统性风险

交易对手风险(counterparty risk)指交易对手未能履行约定契约中的义务而造成经济损失的风险。它属于信用风险,与一般的贷款风险相比,有三个主要特征:

(1)一般贷款的信用风险是单向的,仅会造成发放贷款银行面临贷款方违约的风险;而交易对手风险可能产生双向信用风险,因为风险暴露取决于交易的市场价值,而市场价值会随交易标的物的价值(基础资产)和市场因素变化而产生波动,涉及当前的风险暴露和未来潜在的风险暴露。损失可以来自两个方面:一个方面是基础资产本身的信用风险,决定哪一方交易对手会遭到损失;另一个方面是交易对手本身违约带来的风险,也即交易对手有可能不履行合同义务,比如卖方宣告破产,买方就可能会失去赔偿的可能。另外,交易对手之间可能相互持有对方的金融产品,交易对手也可能相互交易第三方金融产品,这就使得相关的信用风险变得非常复杂。

(2)只有在衍生产品的场外交易中才存在交易对手风险。在交易所进行的衍生产品交易基本不存在交易对手风险,因为交易所为交易对手的履约提供了保证,承担了所有交易对手的信用风险。

(3)交易对手风险不只是个别公司的风险暴露。由于相互交易各自提供的信用产品,交易对手之间形成相互持有或共同持有金融资产的网络结构,导致风险具有很强的传染性,很容易通过衍生品合约相互关联而构成交易对手链,形成、积累并扩散系统性风险,导致系统性危机。为了估计这种系统性的损失,必须量化两个变量,一是金融体系对于某个特定交易对手或某个可能违约的交易对手的风险敞口;二是当该交易对手违约时,可能造成金融体系中的其他机构违约的概率。有关交易对手风险的研究,Giesecke 和 Weber(2004)认为金融机构在衡量信用风险敞口时,过分关注周期性违约导致的风险,忽略了由于交易对手信用风险引起的风险传染性,这会导致对风险的低估。Jorion 和 Zhang(2009)从直接交易对手的影响的角度分析了风险的传染性,认为交易对手风险是风险传导的一个渠道,并认为在 2008 年 9 月雷曼兄弟倒闭后,正是由于金融机构之间担心交易对手违约,从而形成市场的连锁反应,导致了信用危机的突然加剧。

在 2008 年以前,金融机构和市场对交易对手风险的认识浅薄,只停留在理论层面。2000 年至 2007 年,场外交易发展迅猛,很多金融机构在用信用衍生品进行套期保值时,忽视了对交易对手的评估,甚至不加选择地和缺乏信用的对手进行交易。加之场外交易制度本身缺乏相应的法律约束力,这就对市场的稳定性构成了极大的威胁。

金融机构使用的衍生产品的对冲策略,在没有交易对手风险或其风险小到可以忽略不计时,或是风险溢价的变化是在一定范围的情况下,都是相对有效的。但在交易对手风险突然上升的情况下,原来各种资产的风险溢价关系已不复存在,对冲就会失衡、无效,甚全导致巨大损失。

交易对手之间风险的相关性和依赖性,在金融体系中则体现为风险的系统性。在金融市场的交易中,交易对手的信用风险可表现在很多方面,比如既可能表现为资金来源的紧张而造成资产负债表的恶化,也可能表现为资金运用上的配置不当而造成的亏损,还可能是客户违约的风险冲击,抑或是其他不确定性因素引发的信用风险。在交易对手发生信用风险的情况下,将通过抛售相关衍生产品实现资产套现,买方也被要求追加保证金,市场流动性开始收紧,诱发金融市场的动荡。然后通过逐日盯市制度(MtM),这些冲突事件迅速反映到交易对手的价值评估上,交易对手的资产可能缩水、评级可能受到影响,这就会引起债权人的恐慌,进而引起挤兑或催债,这将会更进一步地紧缩交易对手的流动性,从而引起交易对手的债务重组或破产。金融市场的动荡和交易对手的重组、破产,或者评级公司对参考实体的信用降级,会再次加深市场恐慌,金融产品价格进一步下跌,风险在交易对手之间迅速传递,这种恶性的正反馈循环,会使金融机构恐慌加剧,从而加速系统性风险到系统性危机的演变,这体现了系统性风险的直接传染和间接传染特征。

2008 年,贝尔斯登、雷曼兄弟和 AIG 的相继倒闭,交易对手的问题在整个 58 万亿美元的全球 CDS 市场中暴露出来,信用市场风险溢价一度高升(见图 4.3),市场交易几乎处于停顿状态,流动性一时枯竭使得系统性风险的波及面迅速加大,大量的场外衍生产品交易商纷纷倒闭,一系列的违约事件最终传导到整个金融体系,扩大了金融危机的影响范围。

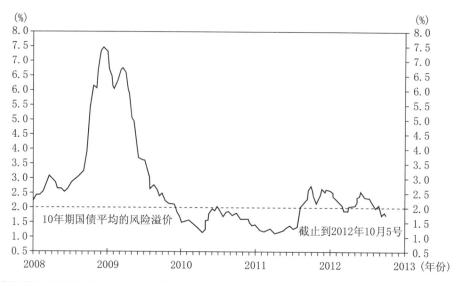

资料来源：美联储系统 Richmond 联邦储备银行，"National Economic Indicators"，2013。

图 4.3 2008—2012 年美银美林发行的 BBB 级公司债与 10 年期国债风险溢价

通过上面的分析，我们看到，对整个金融体系而言，信用衍生品是一把双刃剑。一方面，在"经济常态"时，信用衍生品能够通过风险转移和分散，提高资本在银行内的优化配置，对于市场拓展、深化和增加流动性确有帮助；另一方面，这种仅仅从自身机构风险转移和分散的机制，会增强银行发放更多衍生产品的动机，致使在"风险事件触发的压力情况下"，风险传染由信贷市场传导至资本市场，影响整个金融体系的稳定。

○ 4.3 对金融衍生品的监管

总结以上讨论，前几年的全球金融危机暴露出了场外交易金融衍生品市场结构方面的缺陷，极易导致系统性风险。加之复杂的金融衍生产品不具备金融基本产品的透明度，远离了金融中介为实体经济提供服务的要求。上述讨论的四个方面是金融衍生品影响金融体系的健康和稳定，特别是在经济逆周期时，造成威胁的关键，对金融衍生品的管理应考虑这四个关键方面：

第一，金融衍生品的规模和集中度。如前面所谈到的，全球规模庞大的场外交易市场、银行等金融中介所持有的巨额信用衍生品所带来的信用风险，以及高集中度的交易分布在国际性的金融机构中，对全球金融体系的整体稳定性形成威胁。衍生品场外市场交易发展到后期，对最初金融中介的基本功能已是一种"异化"，它慢慢变成了一个"自生"的机器，越来越集中在一小群大型金融机构间进行交易，在一定程度上形成了一个在金融体制内部的自我循环、自我膨胀的套利工具。新发行的 CDO,几乎还是被其他拥有 CDO 的机构所认购,或是被其他杠杆投资人所认购。尽管信用衍生品最初产生是为了对冲风险,但是之后如果它发展到只是为了自身的存在而存在,成为投机的一种工具,纯粹为了套利,那么它与金融业最基本的功能"服务于实体经济"、"提供经济系统的资源最优配置"就几乎没有关系。进而,由于它的市场遍布全球的重要金融机构,风险不但没有得到对冲或控制,反而成为系统性风险的助推器。使得它成为经济健康发展的异己力量,成为逐利者手中的一头巨狼。

第二,信用衍生品伴随的过度杠杆效应。高杠杆性具有亲周期性,在盈利和损失方面的不对称性是十分严重的。

第三,场外衍生工具交易带来的不可避免的交易对手信用风险。交易活动将机构、市场和基础设施联系在一起,一旦三方(卖方、买方、参考实体)中的任何一方有风险事件发生,都有可能导致某一方以激烈的方式减少承担的风险或做市的资本,迅速使市场的流动性降低,在复杂的交易网络中形成系统性风险。

第四,数学模型的使用范围和对冲策略的有效性。金融衍生产品定价是一个非常复杂的问题,大多数使用者并不能完全了解。如前面的分析,保险业定价常用的高斯联结函数,是有前提假设的,对违约相关性用的是静态处理。当这个模型被普及运用到对一般金融衍生产品的定价时,在"经济的平稳态"下,可能没有问题,简单好用;但在市场变化时,一旦有风险冲击,违约相关性常量的静态假设肯定是不成立的,基于均衡态势的"对冲"策略也会失衡。

目前金融监管改革的一项重要任务就是对金融衍生产品的监管,特别是对场外交易的信用衍生品的治理,改进该市场的透明度和监管有效性。一些国际组织如国际清算银行、巴塞尔委员会等,对金融衍生品场外交易的监管十分重视,发表了一系列重要的文章和报告,提倡将场外交易的衍生产品纳入中央交易对手进行清算,交易双方的违约风险都由中央交易对手承担。由于场外衍生产品交易量巨大,其面临的交易对手信用风险具有与一般银行贷款的信用风险不同的特征,不能简单采用对待银行贷款的常规方式进行管理。因此对商业银行而言,衍生产品的交易对手风险管理是一个艰难的课题。国际清算银行定期发布全球衍生品市场报告,有 52 个国家的央行参与调查。

2009 年二十国集团峰会达成共识,确立场外衍生交易监管框架的基调是"从场外走向场内",提出所有标准化的场外衍生品合约应当通过交易所交易,并最迟在 2012 年底之前通过中央对手方进行集中清算。2010 年 6 月通过的《二十国集团多伦多峰会宣言》重申致力于根据情况在交易所或电子交易平台进行所有标准化场外衍生品合约的交易。支付结算体系委员会和国际证监会组织 2010 年 5 月发布的《关于实施"2004 年场外衍生品中央对手方建议"的指引》,美国 2010 年 7 月通过的《多德—弗兰克华尔街改革与消费者保护法案》(以下简称《多德—弗兰克法案》),以及欧盟委员会2010年9月公布的《场外衍生交易监管规章建议稿》等均体现了上述共识。在《多德—弗兰克法案》中提出,将大部分以前未受监管的场外衍生产品纳入联邦监管,将监管权授予SEC和商品期货交易委员会,大部分衍生产品被要求通过中央清算机构进行清算,减少高相关性的交易对手信用风险的累积。该法案同时要求互换市场交易要实时向公众报告价格和交易量的信息。对互换交易商以及大的互换交易参与者的资本和保证金将有新的监管措施,同时还要求银行剥离部分互换交易。

金融稳定理事会(FSB)执行二十国集团领导人在多伦多峰会上的承诺,加速对场外市场的监管,改进市场的透明度和监管的有效性,于2010年10月正式提出了《场外衍生品市场改革的措施》(Implementing OTC Derivatives Market Reforms),主要包含了以下四个方面的监管改革措施:

(1)标准化。场外市场中需要被标准化的部分应该不断增加,以满足二十国集团的一些监管改革目标,比如增加中央结算系统、在有组织的交易平台上进行交易等,这样就可以降低场外市场引起的系统性风险并且改进市场透明度。为了使监管当局更好地推动市场参与者增加标准化,FSB的改革提案陈述了一些建议,主要包括引入激励机制和适度的监管。

(2)中央结算系统。为了有效地实施二十国集团的承诺,当考虑一种衍生品合约是否需要标准化并适合于中央结算的时候,报告中详细地说明了应该考虑的因素。报告提出,须采取强制性的结算要求,对于依然是非中央结算系统的市场采取更为严格的风险管理要求,对于中央交易对手方自身也要加强监管。

(3)在交易所或者电子交易平台交易。二十国集团承诺所有标准化产品都将在交易所或者合适的电子交易平台交易,相关的工作已经准备就绪。

(4)交易存储报告。为了充分和及时地获取所需要的数据,监管当局必须具备场外衍生品市场的全球视野。FSB的改革提案提及的建议对实现该目标是有帮助的。主要包括,交易存储数据必须是综合的、统一的并且是可信任的,如果数据来源于多个渠道,就需要提供一种可以方便地在全球范围内进行加总的方式。

2013年4月,金融稳定理事会发布了《场外衍生品市场改革——第五次实施进度报告》(OTC Derivatives Market Reforms—Fifth Progress Report on Implementation)。报告中详细地描述了世界主要的19个国家和地区,通过两年多的努力,实施场外衍生品市场改革的进展,表4.3给出了总览。可以看到,对于标准化(资本和保证金)、中央结算系统、在交易所或者电子交易平台交易以及交易存储报告四个方面的改革,大多数国家在立法和实施两个层面上都采取了相应的行动。具体来说,对于四个方面的改革,各国行动的进展可以分为三大类,即磋商和提议类、改革方案已被接受类和改革措施已按计划实施类。如果认为这三类进展分别属于前期、中期和后期的话,那么大多数国家已经处于中期立法和实施阶段,而完全没有采取任何行动的国家占极少数。美国、日本和欧盟是当今世界场外衍生品市场交易量最大的三个国家或经济体,从表 4.3 也可以看到,它们在具体改革措施的实施安排中处于全球较领先的位置。这幅图所体现的改革进展是 2013 年 4 月 15 日的最新情况,进一步的改革实施将随着时间的推移而不断得到更新。

表 4.3　世界 19 个国家和地区场外衍生品市场的改革进展

	适用的立法状态					实施的监督状态				
	中央结算系统	在交易所或者电子交易平台交易	交易存储报告	资本	保证金	中央结算系统	在交易所或者电子交易平台交易	交易存储报告	资本	保证金
阿根廷	A	A	—	—	—	A	A	—	E	—
澳大利亚	A	A	A	—	—	—	—	C	E	—
巴　西	—	—	A	A		—	—	E		
加拿大	A	A	A	N/A	—	—	—	C	E	—
中　国	P	A	A	—	—	P	A	A	—	—
欧　盟	A	P	A	P	A	A	—	A	—	—
中国香港	P	P	P	A	P	—	—	—	A	—
印　度	A	A	A	A	A	A	PA	PE	A	PA
印度尼西亚	—	A	A	—	—	—	PE	PE	—	—
日　本	A	A	A	N/A	—	E	—	E	E	—
墨西哥	N/A	N/A	N/A	N/A	N/A	C	C	C	PA	—
韩　国	A	—	A	—	—	—	—	E	—	—
俄罗斯	A	A	A	N/A	N/A	—	—	A	A	—
沙特阿拉伯	N/A	N/A	N/A	N/A	N/A	—	—	E	E	—
新加坡	A	C	A	A	—	—	—	—	E	—
南　非	A	A	A	—	—	—	—	C	E	—
瑞　士	C	C	PA	A	C	—	—	—	E	—
土耳其	A	—	A	—	—	—	—	—	—	—
美　国	A	A	A	A	A	PE	P	E	P	P

注:—:到目前为止还没有采取任何行动;
N/A:没有适用的立法;
C:官方与公众处于磋商阶段;
P:立法草案已经提出并处于审核立法草案阶段;
PA:最终法案已经被部分实施;
A:最终法案已经被整体实施;
PE:改革措施部分有效;
E:改革措施整体有效。

第5章 系统性风险的识别

风险识别是风险管理的第一步。对单一风险的识别,一般是根据企业自身设定的目标,基于企业特有的风险承受度,对其内部和外部环境进行分析,识别那些偏离目标或妨碍目标实现的、可能产生风险的源头或事件,并对这些风险事件发生的可能性进行评估。接下来是分析这些事件可能对企业造成损害的大小,或称为"风险测量",一般是定量化的。对系统性风险管理而言,目标是保持整个金融体系的稳定与健康,一旦有系统性事件产生,能够及时纠正和控制其传染,防止风险蔓延。我们知道,系统性风险发生的原因中,最重要的两个是"冲击"和"传染"。由于系统性风险可以产生于"宏观冲击"和其对"系统重要性"的机构的负面影响,因此,观察宏观经济变化,监测经济和金融的预警指标,是第一个识别系统性风险的方面。其次,现代金融体系内部的拓扑结构如同网络结构,大大小小的金融机构(包括提供金融基础设施的机构)可看作网络中的"节点"(nodes);多层次不同种类的金融市场,以及各类业务联系和信息传播通道,则构成了网络的"边"(links)。在2007—2009年的金融危机中,与系统性风险高度相关的国际大银行出问题,给我们带来了"大而不倒"的教训,因此识别出那些具有"系统性的重要机构"自然而然就成了关键(伯南克曾经说过:"如果此次危机只有一个教训,那就是必须解决'大而不倒'的问题");进而,由于现代金融体系业务关系网络的复杂性、关联性、互动性,导致"复杂而不能倒"、"过度关联而不能倒"的现象告诉我们,识别机构、市场之间的关系和风险传导的途径是另一关键,是识别系统性风险本身特有的,区别于其他类型的风险。因此,我们将在本章集中讨论如何从以上三个方面,在操作层面来识别系统脆弱性和系统性风险,即(1)识别宏观冲击及其有关的预警系统;(2)识别系统性重要机构;(3)识别系统性风险的传导途径,并讨论与风险传导有关的现存的金融体系中运营制度安排。

● 5.1 宏观预警指标——识别宏观冲击

由于宏观经济原因造成的危机往往是由金融体系外部的因素引发的,比如,宏观经济政策的恶化可能会造成银行危机。对于宏观冲击造成的系统性风险，识别的方法主要集中在对可能引发系统性危机的宏观事件的预警。我们需要一套早识别、早预警、早处理的机制安排。虽然迄今为止，任何工具都还不具有足够的可信度以预测导致金融危机的冲击，并评估冲击的影响，但一些研究经济周期和危机理论的经济学家，提出过不少宏观的预警性指标，新的分析方法也在蓬勃发展。下面我们简要地探讨以下几个有代表性的方法。

（1）国际货币基金组织（IMF）的金融脆弱性预警指标体系。其基本假设是选择一组经济变量，它们在冲击之前的表现与正常态下有系统性的差异，可以作为冲击的"脆弱性指标"来观察。这些指标主要包括实际汇率、信贷增长、广义货币和国际储备之比等变量。通过对 53 个国家在 1975—1997 年间发生的引发货币危机的冲击事件进行考察，发现这些指标有一定的应用价值。2010 年，针对预防潜在的系统性风险，IMF 出版了 The IMF-FSB Early Warning Exercises，并在《全球金融稳定报告》中为决策者提炼了四大预警指标：信贷总量占 GDP 的比例、贸易余额与 GDP 的比例、资本充足率和资产价格。在其使用的宏观金融模型下，IMF 考虑了三种经济冲击，包括连续 12 个季度的资产价格膨胀、银行连续 8 个季度维持低放贷标准以及对经济基本面增长的预期。三种冲击均可能导致延长信贷规模高速增长、资产价格持续增长及外部失衡，但其中，仅前两种冲击会导致系统性风险。一般而言，如果信贷总量与 GDP 的比例增加、资产价格上涨、贸易余额与 GDP 的比重下降、资本充足率下降，就预示着经济危机即将到来。决策者还需依赖机构间风险暴露情况的实际信息，来评估危机爆发后的连锁反应。

（2）卡明斯基的预警方法——"信号法"（Kaminsky et al.，1997）。该方法从 100 个指标中寻找出预警效果最好的，涉及国际储备、实际汇率、国内信贷、通货膨胀、公共部门的信用、贸易余额、出口、M2 乘数、实际 GDP 以及财政赤字。某个变量一旦超过临界值，就视为危机预警。

（3）刘遵义的预警指标体系（刘遵义，1995）。其中包括 10 个变量，分别是：实际汇率、实际 GDP 增长率、相对通胀率、国际国内利率差、国际国内利率变化、实际利率、国内储蓄率、国际贸易平衡、国际经常项目平衡以及外国证券投资与外商投资比率。他对包括中国在内的 9 个东南亚国家和地区在 1985—1995 年间的经济和金融状况进行了分析，识别出菲律宾、泰国等几个国家有可能发生危机。

（4）Goodhart 和 Danielson（2008）的预警指标。两位学者建议将信贷规模和资产价格的增长作为宏观审慎监管的指标（其中将资产的价值按市场价格或账面价格的较低值进行估算）。这种方法最大的优点是容易操作，监管机构只需按照既定的标准去判断即可。很多学者致力于发展完善这一方法，使其能够作为衡量金融危机或者是宏观审慎监管的指标,虽然目前的成果还不能立即应用于实践,但是也取得了一些进步。

(5)离散预警模型。该模型的运行机制是在宏观经济中找出所有可能的潜在预警指标,然后对它们进行测试,继而找出先行指标,再通过这些指标编制出危机发生概率指数,来预测特定年份中经济危机发生的可能性。该模型显示,最有用的一些先行预警指标,包括房屋价格、国内利率、提供给公司部门的贷款、长期政府债券的收益率以及政府的债务比率等。

(6)连续预警模型。该模型的运行原理是先将宏观经济中所有可能的潜在预警指标找出,然后对它们进行测试,再使用一定的计量方法(BMA)挑选出最重要的一些指标,最后使用这些最重要的预警指标来估计经济危机给实体经济造成的冲击影响。该模型显示,全球性的预警指标和国内的预警指标同样重要,需要对二者进行联合监控。在国内指标中,房屋价格是影响宏观经济稳定性的最重要的风险源,另外还有一些诸如原油价格、国内外债务等重要的预警指标。

● 5.2 识别“系统性重要机构”的必要性

上世纪 90 年代末到 21 世纪的头几年,伴随着银行业的兼并潮,诞生了一些国际性的大型全能银行,美国的五大投资银行的业务也遍布全球。这些银行一旦出问题,极易对全球金融市场和其他跨国金融机构构成破坏性的威胁。在系统性风险生成、传导以及治理过程中,“系统性重要大型金融机构”占据了关键地位。在正常情况下,如何定义和识别它们,成为各界关注和研究的重点,自然也成为了识别和治理系统性风险的一个开端。

2009 年 4 月 2 日,二十国集团领导人峰会曾提出,将预防和治理系统性风险的焦点首先对准对金融系统有重要影响力的大型金融机构。一个直接有效并易于操作的方法是,在正常时期就对那些有潜在系统性风险的“全球系统性重要机构”进行识别,对它们实行特殊的管理,防患于未然。

两年半之后,在 2011 年 11 月 4 日结束的二十国集团领导人峰会上,诞生了一个在系统性风险管理领域具有里程碑意义的事件:金融稳定理事会(FSB)在法国戛纳发布了全球 29 家具有系统性影响力的银行名单。其中 17 家银行来自欧洲,8 家来自美国,4 家来自亚洲,中国银行是中国唯一一家入选银行。在之前的一个月,二十国集团财长和央行行长在巴黎会议上通过了一项旨在全面减少系统性金融机构风险的框架,包括加强监管、建立跨境合作机制、明确破产救助规程,明确指出大银行需额外增加资本金——具有系统性影响的银行的资本金额外增加 1—2.5 个百分点。

这一重大框架和决策,是建立在国际货币基金组织(International Monetary Fund,简称 IMF)、国际清算银行(Bank of International Settlements,简称 BIS)、国际清算银行下的巴塞尔银行监管委员会和金融稳定理事会(Financial Stability Board,简称 FSB)自 2009 年之后两年多的联合努力之上的。具体来说,是基于在 2011 年 7—9 月金融稳定理事会和巴塞尔银行监管委员会向全球征求评估和测定系统性重要金融机构的两份意见稿之上的。

第一份意见性文件是《全球系统性重要银行:评估方法和额外的损失承受能力要求》(Global Systemically Important Banks：Assessment Methodology and the Additional Loss Absorbency Requirement),这份文件包括三方面的内容:(1)阐述了一个评估全球系统性重要银行的方法;(2)指出了全球系统性重要银行应当拥有额外的损失承受能力的级别;(3)列出了分阶段推进这些要求的建议。

第二份文件是《系统性重要金融机构的有效决议规程》(Effective Resolution of Systemically Important Financial Institutions),提出了全面的建议性政策方案,目的是在不引起系统性崩溃和不将纳税人置于承受损失的风险的前提下,提高当局处理失败的系统性重要金融机构的能力。

这两份意见稿构成了金融稳定理事会对系统性重要金融机构的政策框架的部分,其他更广泛的部分包括更强化的、更有效的监管及为降低风险传染进行的对金融市场基础设施的完善。通过与国际标准设定机构的合作,金融稳定理事会将展开更进一步的工作,分别针对全球系统性重要的保险机构、国内系统性重要的银行、其他系统性金融机构和金融市场基础设施进行识别处理。

◎ 5.3　衡量"全球系统性重要机构"的指标法

"全球系统重要性"是衡量一家银行或金融机构的破产对全球金融系统以及更大经济层面的影响,因此,通过评估识别系统性重要金融机构成为了系统性风险管理的首要问题。但如何衡量系统重要性却是一个十分困难的问题。基于大量学者和业界人员的研究、咨询和收集意见,国际清算银行最终在 2011 年 11 月发布了基于指标的评估方法。

指标法的优点在于考虑了系统重要性的多个维度,相对简单,比现有的基于模型的方法更稳健,方法所依赖的指标集也较小。然而,各家全球性银行在结构和经营活动上存在差异,在国际金融系统中的风险暴露程度也不尽相同,没有哪一个方法能够全面衡量所有全球性银行的系统重要性,监管者的意见因此也可以作为指标法的补充。但这些监管意见只能在极端例外的案例中才能优先于指标法测量的结果,并且需要国际同业审查,确保应用时的一致性。

指标法选择的指标应反映产生负面的外部性的不同方面。国际货币基金组织(IMF)、国际清算银行(BIS)和金融稳定理事会(FSB)于2009年10月28日联合发布的《评估系统重要性金融机构、市场与工具的指引》(Guidance to Assess the Systemic Importance of Financial Institutions, Markets, and Instruments: Initial Considerations)将规模、关联性和可替代性作为衡量系统重要性的三个重要指标。该指引中指出金融机构的系统重要性与其对金融系统和实体经济的可能发生的巨大负面影响相关,并要考虑直接和间接的影响。其中,直接影响的大小与规模和可替代程度有关,而间接影响的大小依赖于关联性的强度。2011年11月国际清算银行发布了《全球系统重要性银行:评估方法及附加资本吸收要求》,将指标的分类扩展到了5类,新增了全球活动和复杂性。指标法的目标是识别全球系统性重要银行,让其服从为保证国际金融环境稳定而设置的附加资本要求,巴塞尔委员会认为应当考虑全球活动的程度。增加复杂性的测量是考虑到系统性重要金融机构更大的复杂性,遇到危机时可能会更加难以解决,对全球金融系统和经济活动造成更严重的破坏。

指标法对全球活动、规模、关联性、可替代性和复杂性这5个类别分配了相等的权重,都是20%。除了规模类,巴塞尔委员会给每个类别定义了多个指标,每个指标在各自分类中也是等权重的。各项权重如表5.1所示。

表5.1　指标法各项指标及其权重

类别(及其权重)	指标	指标权重
全球活动(20%)	跨境资产 跨境负债	10% 10%
规模(20%)	巴塞尔协议Ⅲ中杠杆率定义的总风险暴露	20%
关联性(20%)	金融系统内资产 金融系统内负债 批发融资比率	6.67% 6.67% 6.67%
可替换性(20%)	托管资产 通过支付系统结算的支付额 债券和股票市场的承销交易额	6.67% 6.67% 6.67%
复杂性(20%)	场外衍生品名义价值 三级资产 账面交易价值和可供出售资产的价值	6.67% 6.67% 6.67%

对于每家银行来说,具体指标的计算是将单个银行的量除以样本内所有银行的总量。然后加权汇总各类指标得到总分。例如,规模项占总样本规模 10%的银行对该银行总分的贡献为 0.1(每个类别标准化分数为 1);类似的,跨境资产占 10%的银行对该银行总分的贡献为 0.05(全球活动作为一类,所占的标准分 1 被"跨境资产"和"跨境负债"平分,0.5 的 10%等于 0.05)。因而,单个银行可得的最大分数为 5(当世界上只有一个银行的时候)。以下将介绍各项指标的内容。

5.3.1 全球活动

当一家银行陷入危机或破产时,其国际影响应该与其跨境管辖资产负债的份额有关,银行的全球影响力越大,越难以协调解决危机,受其破产波及的范围越广。该指标目的在于捕捉银行的全球活动,类别下的两个指标用来衡量该银行相比样本内其他银行在全球活动方面的重要性。

(1)跨境资产。该指标使用了国际活跃银行按国际清算银行的综合国际银行统计编制的,报告给其所属司法管辖区央行的数据。银行按季度报告这些数据,以反映其下属机构的综合状况。国际清算银行统计术语中境外总资产由两部分组成:①国际资产,即跨境资产或者外币存储的当地资产;②用银行所在当地货币存储的当地资产。资产包括在其他银行的存款与结余、银行和非银行机构的贷款和预付款、持有的证券和股份参与。

(2)跨境负债。该指标综合了部分当地银行(按国家)统计报告和综合银行统计报告的内容,为了匹配所覆盖的跨境资产,跨境负债包含主要市场外的同一银行组织实体(在不同司法管辖区的总部、分行和附属公司)的负债。总和包括所有非母国居民负债和除公司内部以外的净负债。

因为国际清算银行综合银行统计数据集没有包括类似于境外资产的负债,银行控股集团被要求独立收集提供给不同当地央行的报告,并将其和总部负债的信息相结合。具体而言,银行被要求收集汇总其在不同司法管辖区的办事处提供给有关央行的以下数据:①当地银行统计数据集定义的总境外负债;②相关办事处的负债。此外,银行还被要求报告用当地货币处理的当地负债。

各个银行的分数计算如下:(总境外负债-相关办事处的负债+用当地货币处理的当地负债)/样本中所有银行报告的数据总和。

5.3.2 规模

如果一个银行的经营活动占全球经营活动的很大份额,它的危机或破产则更可能破坏全球经济或金融市场。银行的规模越大,越难快速替换其经营活动,一旦发生危机或破产,更可能引起其经营所在地的金融市场的崩溃。大型银行的危机或破产对整个金融系统信心的破坏也更大,因此规模是衡量系统重要性的关键。

规模的衡量使用了巴塞尔协议Ⅲ协议定义的总风险暴露(用于杠杆率衡量的总风险暴露,包括表内资产和表外资产)。单个银行的评分由该机构的总风险暴露对所有银行的总风险暴露的总和的百分比来表示。

需要说明的是,杠杆没有作为一个专门的类别列入指标中,但它是对脆弱性的重要衡量,可以作为机构在系统中危机传播能力的代替。因为对于不利的价格变动,在同样的风险容忍度下,由于受到更高保证金要求的影响,有杠杆的投资者将比没有杠杆的更快地被迫进行平仓。杠杆越大,触发头寸解除的价格变动越小。对杠杆的充分测量应当包括表内和表外头寸,以及长、短期资产等价衍生品头寸的绝对数量,这将能更好地反映机构在受到初始冲击时的放大效应,以及在资本市场引起动荡的能力。

5.3.3　关联性

机构经营形成了债务合同网络,其中的一个机构产生金融危机能极大地提高网络内其他机构发生危机的可能性。该类别下的指标有:金融系统内资产、金融系统内负债和批发性融资比率。

(1) 金融系统内资产。该指标可由以下加总获得:金融机构贷款、持有的其他金融机构发行的证券、反向回购协议市场标记净额、向金融机构借出证券市场标记净额、金融机构场外衍生品市场标记净额。

(2) 金融系统内负债。该指标可由以下加总获得:金融机构存款、被其他金融机构持有的该银行发行的证券、回购协议市场标记净额、向金融机构借入证券市场标记净额、金融机构场外衍生品市场标记净额。

(3) 批发性融资比率。该指标考虑了银行在批发性融资市场从其他金融机构融资的程度,可作为与其他金融机构关联性的更进一步的指标,其在帮助识别金融机构系统重要性上扮演了重要角色。批发性融资比率的计算为:(总负债－零售融资)/总负债。零售融资为零售存款以及向零售客户发行的债券的总和。

5.3.4　可替代性

一个银行危机或破产的系统性影响,应当与它作为市场参与者和客户服务提供者的可替代性程度负相关,即可替代性越低,系统性影响越大。例如,一个银行在特定业务领域扮演的角色很重要,或者作为市场基础设施的服务提供者(如支付系统)时,那么它一旦破产就将造成市场流动性减少,甚至服务空缺,这将对整个金融体系造成巨大的破坏。可替代性可以从托管资产、支付系统的清算和结算额以及债券和股票市场的承销交易额三个方面来衡量。

(1) 托管资产。一个持有大量客户(包括大量其他金融公司)托管资产的银行如果破产,将可能对金融市场的运行和全球经济带来巨大的负面影响。其他金融机构对托管银行还存在着大量交易对手风险。该指标的计算是:银行作为托管人持有的资产价值除以样本内银行报告的总值。

(2) 支付系统的清算和结算额。一个为大量机构和客户(包括零售客户)提供支付业务的银行,如果破产,将使机构和顾客不能进行支付,直接影响机构和顾客的流动性。同时,这样的银行也可能是市场流动性的重要提供者,其成员依赖该银行提供日间循环流动性(recycle liquidity intraday)。当该银行破产时,市场流动性将迅速枯竭,致使其他系统成员将无法获得流动性。因而这些受影响的机构就必须提供比平常更多的流动性来处理它们的支付业务,即增加开销和延迟支付。该指标的计算是银行提交给其所在主要支付系统的支付结算额除以样本内银行报告的总和。

(3) 债券和股票市场的承销交易额。在全球市场含有大量债券和股票承销份额的银行一旦破产,将显著阻碍新股发行,并对经济产生负面影响。该指标的计算是银行债券和股票市场承销额的年度值除以样本内银行报告的总和。

5.3.5　复杂性

复杂机构是指一个具有以下三个特征的机构或者金融集团:(1)通过大量法人实体经营不同类型的业务(例如同时经营银行、保险和证券子公司);(2)跨境经营并集中管理资本和流动性(而不是简单的国家子公司网络),以及(3)已经暴露在新的复杂产品和未经充分测试的市场中。复杂性的定量测量很难做到,而将一个机构或集团定性为复杂,也往往带有一种评判式的表述。在很多情况下,很难认为复杂性是一个判断系统重要性的独立标准,除非这也适用于大型或高度相关联的机构。复杂性本身不足以保证很大的系统性影响,然而,复杂性可以是脆弱性的来源,特别是复杂性还伴随着透明度缺乏、风险暴露难以了解以及系统性事件发生时信息不对称的潜在放大效应。一个银行的危机或破产应当与其总体复杂性(业务、结构和经营复杂性)正相关。一家银行的业务类型或者组织结构越复杂,破产时处理的时间和花费也越多。最终定义复杂性类别包含的指标项有:场外衍生品名义价值、三级资产和账面交易价值和可供出售资产的价值。

(1) 场外衍生品名义价值。场外衍生品名义价值关注的重点是不通过中央交易对手清算的场外衍生品数量。非集中清算的场外衍生品越多,该银行的活动越复杂,雷曼兄弟破产就是一个例子。这里的场外衍生品名义价值是银行被要求报告的所有风险类别衍生品的名义价值。

（2）三级资产。三级资产是指按照公允会计法则不能通过观察或测量（例如市场价格或模型）确定的资产。三级资产通常不具流动性，而且其公允价值只能被估计或通过风险调整价值范围。资产负债表上具有较高三级资产比例的银行，在面对压力的情况下的市场估值将面临严重的问题，进而影响市场信心。

（3）交易性资产和可供出售资产。持有大量交易性证券和可供出售证券的金融机构，将可能存在风险外溢效应。当机构遇到严重压力时，按照逐日盯市制度，伴随着抛售现象的发生其市值将出现明显的损失。机构持有的这些证券价格将进一步压低，迫使其他金融机构减记它们持有的相同证券。

以上讨论了五个类别的指标法，是对全球系统性重要银行的识别方法。各国或地区可以根据自己的情况进行调整。中国银监会于2011年末向商业银行下发了关于国内系统性重要银行划分标准的征求意见稿，监管当局拟通过"规模、关联度、不可替代性（金融基础设施）、复杂性"四个指标衡量国内系统性重要银行，其中每个指标占25%的权重。监管层将根据银行的得分进行分组，而工、农、中、建、交五大国有银行可能被分在第一组，适用1%的附加资本要求，这些银行的资本充足率不得低于11.5%。根据《商业银行资本管理办法》要求，系统性重要银行原则上应于2013年底前达标，非系统性重要银行应于2016年底前达到规定要求。

○ 5.4　金融体系中系统性风险的传导途径

金融系统性风险最具特点的是风险在金融体系中的传导，这是任何其他一种传统的、单个的风险所不具备的，如何识别引起金融不稳定的风险和风险传播渠道的多样性，也是系统性风险定义和研究中很重要的一环。用本书第2章中定义的金融体系中的三个重要的部分——金融机构（实体部分）、金融市场（信息途径）以及支付、结算、清算系统（基础设施）之间相互作用的渠道，来分析系统性风险在其中的传导机制，具有很好的可操作性，也为识别和防范系统性风险提供了一个新的视角和实用的方法。世界银行金融部的提出的一个三维风险传导矩阵（Dijkman，2010），将金融体系中的三个主要部分相互连接并把系统性风险的传导机制清晰地表达出来，见表5.2。设想在危机爆发之前，如果金融监管当局能够认真思考一下风险最可能的传导途径是怎样的，那么会对危机的防范大有帮助，可以极大地减少危机带来的冲击和危害。下面我们将逐一说明。

表 5.2　系统性风险在金融体系中的传导矩阵

		传　　递　　到		
		机　　构	市　　场	基 础 设 施
传 递 源	机 构	**从机构到机构的传导** 1. **信贷风险暴露**：由于债务人拒付到期的贷款或其他信用额度而产生损失的风险 2. **股东链接**：分支机构或者子公司遇到的问题可能会通过股东链接传播到整个集团层面(反之亦然) 3. **流动性管理**； 4. **担保人的应急信用额度**：它是一种有效应对流动性困境的保险工具。然而，由于担保人参与了金融机构解决流动性困境的过程，这种工具也可能成为一种风险传导渠道 5. **存款保险**：在那些没有预先提供资金构建存款保险基金的国家，幸存的银行将支付使用存款保险的成本 6. **基础设施通道商**：较大型的银行通常允许较小型银行进入关键金融基础设施,但是如果这些通道提供商出现了困境,将会破坏其他终端用户	**从机构到市场的传导** 1. **衍生产品做市商**：金融机构(包括如对冲基金等非银行金融机构)扮演了一个重要的角色——金融衍生产品做市商；做市商受到冲击会导致相应金融市场不能正常运转 2. **信用违约互换承销商**：一家大型的 CDS 承销商(比如雷曼或者 AIG)的破产不仅可能会引起 CDS 市场的混乱,实际上还能使得 CDS 合约变得无效 3. **金融资产降价销售**：困境中的金融机构可能会通过低价变卖资产的方式来获得流动性；这种甩卖行为会引起金融市场的混乱,加之使用逐日盯市制度对交易组合进行估值时,产生的破坏效果会更大,这就可能使其他金融机构遭受损失	**从机构到基础设施的传导** **业务运作干扰**：如果没有实时总额结算(RTGS)、货银对付(DVP)以及同步支付(PVP)等保护措施,那么一家重要金融机构的破产就能够在金融基础设施中引起严重的业务干扰,并可能带来更广泛的系统性影响
	市 场	**从市场到机构的传导** 1. **资产组合的投资损失**：在金融市场中不利的价格变化会使金融机构产生投资损失,这些损失主要存在于交易资产组合与可供出售的资产组合中 2. **收入渠道**：逐渐恶化的金融市场状况可能会通过收入渠道(例如：通过减少自营业务利润率或者降低手续费收入)使金融机构遭受损失 3. **融资与流动性管理**：由于很多银行增加了对大规模融资的依赖性,因而银行间市场的扰动就可能严重影响这些银行的融资和流动性管理	**市场之间的传导** **信息渠道**：在一个市场中,信心的突然降低可能会通过信息渠道影响金融中介机构交易的意愿,因而将减少总体的市场流动性并且影响价格形成机制；这就有可能对风险回报评估进行总体上的重新评价	**从市场到基础设施的传导** **交易对手风险抵押品的覆盖(保证金催缴)**：不利的金融市场变化能导致抵押品价值的下降,并可能引起保证金催缴。在这种情况下,交易者要么抵押额外的抵押品,要么通过卖掉多头证券或者买回空头证券来对所持有的头寸进行平仓。经纪人也有可能卖掉抵押的证券或其他资产。如果这种变卖资产的行为是大规模进行的,那么这些金融资产的价格将面临下跌的巨大压力
	基 础 设 施	**从基础设施到机构的传导** **逾期的入款和出款**：金融基础设施的扰动可能会引起金融机构入款和出款的延迟,并使其流动性管理变得困难	**从基础设施到市场的传导** **交易平台和清算结算系统**：基础设施(比如交易平台和清算结算系统)的功能混乱可能会影响市场的流动性并扭曲价格形成机制	**基础设施之间的传导** **配套服务、技术环节以及通信系统**：对重要系统的破坏能够通过配套服务、技术环节以及通信系统进行传播

5.4.1　机构之间的传导

（1）信贷风险暴露。主要指一家金融机构因其无法履行还款义务而给债权方金融机构带来风险。金融机构之间能够以很多种方式相互联系。当一个金融机构产生问题时，就会传播到与之直接有业务关系的另一个金融机构。信贷风险暴露显然在借贷双方之间形成了一种风险传导的渠道，当需要履行还款义务的一家金融机构违约时，就会把这种违约风险强加给另一家金融机构。

（2）股东链接。很多金融机构之间具有复杂的跨国参股的特征。例如，为了能够提供数量丰富的金融产品，银行可能拥有大量保险公司、投资公司和其他各种金融机构的股份。类似地，伴随着很多金融机构拥有大量海外子公司的股份，金融机构的跨国整合在过去的15年间取得了稳步的发展。虽然跨国参股可以产生多样化收益，但是也创造了一种新的风险传导渠道。子公司或者分支机构遇到的问题和风险会传播到整个集团，反之亦然。

（3）流动性管理。银行对流动性需求的管理，在很大程度上依赖于关键的融资市场。出现困境（比如信用评级等级下降）时的传闻可能会使受影响的银行难以继续在银行间市场跟其他机构进行交易，以获得融资。在极端情况下，银行间市场可能不再允许受影响的银行进入，这些急需流动性支持的银行只能选择另外两种融资方式：一种是出售资产（很可能被迫降价出售）；另一种是使用中央银行的紧急流动性支持。

（4）担保人的应急信用额度。应急信用额度在银行贷款时被广泛使用，并且它在短期资本市场的运作中也扮演了一个重要的角色。应急信用额度通过提供流动性支持额度，在防止出现流动性困境方面，是一种很有帮助的保险工具。尽管如此，这种解决流动性困境的方式也有可能成为一种风险传导渠道，因为担保人参与了金融机构解决流动性困境的过程；此外，万一作为担保人的这家机构出问题，这个应急信贷也就不存在了。

（5）存款保险。存款保险能够减轻银行破产带来的负面效应，还可以阻止具有传染性的银行逃逸。因而，只要存款保险提供的范围足够，并且资金可靠，那么就可以降低银行危机发生的可能性；即使银行发生危机，也有助于控制危机的危害程度。然而，存款保险有时候也会带来风险传导效应，尤其是在那些没有预先提供资金存款保险制度的国家。在这种情况下，危机过后幸存的银行通常需要为激活存款保险基金而支付大量的成本（这些成本依赖于存款保险制度的覆盖金额、存款基础和受影响银行已保险的存款的份额）。即使在那些已经实施了预先提供资金存款保险制度的国家，为了补充存款保险基金的不足，幸存的银行也将面临保险溢价的急剧增加。

（6）基础设施通道商。较大型的银行通常允许较小型银行和其他金融机构使用关键支付服务系统。它们可以充当金融系统运营商（作为受益人和支付服务的提供者），可以提供代理银行服务（可以通过所谓的银行间往来账户代表国外金融机构处理支付业务的国内银行机构），还可以提供银行信托保管服务（可以为客户保管证券的银行，这种银行通常还提供其他多种业务服务，比如清算与结算业务、现金管理业务、外汇业务和证券借贷业务等）。支付系统提供者出现扰动、异常，尤其是缺乏备用系统提供者的时候，将会使终端用户无法进行有效的支付服务。作为支付结算系统运营商的大型金融机构，一旦出现问题就会造成支付系统的混乱从而给其他终端用户带来风险。

5.4.2　从机构到市场的传导

（1）金融衍生产品做市商。金融机构（包括如对冲基金等非银行金融机构）扮演了一个重要的角色，就是金融衍生产品做市商。金融衍生产品可以起到对冲风险的作用，尤其是可以用来管理利率和汇率风险。某些可以同时影响很多做市商的冲击（比如众多对冲基金同时破产）能够阻碍这些金融市场的健康运转；而反过来，市场的运行不畅又可对金融和非金融机构有效管理风险的能力产生影响。对做市商的冲击或这些机构的破产会导致相应金融市场不能正常运转。

（2）CDS（信用违约互换）承销商。第 4 章已经详细讨论了 CDS。一家大型的 CDS 承销商（比如雷曼或者 AIG）破产，会导致大量的 CDS 合约无效，引起 CDS 市场的混乱。同样地，大量 CDS 共同担保的机构如果破产也将使承销商遭受重大的不利影响。

（3）金融资产降价销售。金融机构也可能通过金融资产降价销售影响到整个金融市场。弱小或陷入流动性困境的金融机构可能会通过低价变卖资产的方式来获得流动性，这将会扰乱市场中资产的价格。具体而言，当银行作为借款方违约时，贷款方就可以将银行的抵押资产变卖掉，很可能会以低价大量出售这些资产而获得流动性。当国际财务报告准则（IFRS）要求使用逐日盯市制度（MtM）对机构的交易组合进行估值时，这种甩卖行为引起资产价格的剧烈波动，会对相应的金融市场产生冲击，引发市场混乱。而且，破坏的效果还会因为逐日盯市制度而被放大，甚至使其他金融机构遭受损失。

5.4.3　从机构到基础设施的传导

业务运作干扰。多数现代的支付系统都包含一些保护措施。比如，对于证券结算来说，有实时总额结算（RTGS）、货银对付（DVP）；对于外汇结算来说，有同步支付（PVP）。另外，一些金融衍生品和证券的结算系统通过使用中央交易对手方，而减少了直接交易对手方的信用风险。这些保护措施减少了主要参与者（比如一家金融机构）的破产对于关键支付、清算及结算基础设施运行可能带来的危害。如果没有这些保护措施，一家重要金融机构的破产就可能给金融基础设施带来严重的业务干扰，并引发更广泛的系统性影响。例如，在 2008 年之前，在场外金融衍生品市场中没有中央交易对手方或中央结算机制，我们已经看到，大量的交易发生在大型银行之间，一些重要的金融机构一旦出现危机就会对交易系统、结算系统等金融基础设施带来干扰甚至破坏性的影响。目前这一方面已列入监管改革条款。

5.4.4 从市场到机构的传导

（1）资产组合的投资损失。在金融市场中不利的价格变化会导致金融机构产生投资损失。一般来说，一家金融机构面对不利市场价格变化的脆弱性很大程度上依赖于其投资活动的规模、杠杆和风险程度。投资组合损失是一个重要的传导渠道，金融市场的价格修正可以通过这个渠道影响金融机构。根据国际财务报告准则（IFRS）的规定，交易性投资组合需要在逐日盯市制度下通过损益账户来估值，这样，交易组合就成为了最大的风险来源。一般而言，可以通过对冲或其他保护措施减弱这种风险，但这些措施在严峻的金融危机发生之时有可能失效。

（2）收入渠道。金融机构也可能通过收入渠道遭受损失。银行尤其是投资银行，在金融危机前，经常性地通过自营账户交易大量股票、债券、期权、商品期货、衍生品或其他金融产品（自营业务，即不是使用客户账户进行的交易，而是利用自有资金和融入资金直接参与证券市场交易的一项业务）。伴随着逐渐恶化的金融市场状况，金融机构自营业务的利润率也逐步下降；而且由于客户不愿意在熊市中投资，它们为客户从事交易所收取的手续费收入也可能减少。股票、债券的发行和主要的并购业务也可能被推迟。

（3）融资与流动性管理。当市场上很多银行都依赖于批发性融资（wholesale funding）的时候（与依靠存款刚好相反），这些银行对于银行间融资市场健康运转的依赖性就增加了。因此，关键融资市场受到冲击就会导致银行系统内严峻的流动性压力。例如，2007年夏天，对次贷损失的不确定性以及主要融资市场过高的利差，使得融资业务几近停滞，银行流动性近于枯竭。

5.4.5 市场之间的传导

信息渠道。市场信心的突然降低可能会限制交易中介在其他金融市场交易的愿望，因而将减少总体的市场流动性并且影响正常的价格形成机制。在一个市场中，预期之外的扰动也可能会通过信息渠道对风险回报资产进行总体上的重新评估。当投资者们更倾向于寻找低收益同时也是低风险的资产时，可能会引起市场产生突然的价格修正。这就有可能引导投资者卖出高风险的投资产品，购入并持有更安全的资产（比如政府债券、黄金等）。

5.4.6 从市场到基础设施的传导

交易对手风险抵押品的覆盖（保证金催缴）。金融市场价格的修正可能引起抵押品价值的降低，结果是，在一个抵押支付结算系统中，参与者可能会发现很难获得必要的抵押品。例如，保证金交易（使用其他的证券作为抵押品，向经纪人借入现金购买证券）严重依赖于抵押品。金融市场的修正能引起抵押品的价值下降,直到维持较低水平的头寸。在这种情况下,交易者要么交付额外的抵押品,要么对所持有的头寸进行平仓。平仓就要卖掉多头的证券、期权或者期货,或买入空头的相应资产,以弥补可能的差额。如果交易者没有采取以上任何步骤,那么经纪人就可以卖掉抵押的证券或者其他资产以满足清算所需的保证金追缴要求。如果这种变卖资产的行为是以非常大的规模进行的,那么这些金融资产的价格将面临巨大的下行压力。

5.4.7　从基础设施到机构的传导

逾期的入款和出款。金融基础设施的运转出现异常,可能引起入款和出款的延迟,或证券购买和交割的延迟,从而影响金融机构。收入支付的延迟可能引起流动性困难;而不能确保及时地向外支付时,金融机构就有可能遭致声誉损毁和法律风险。一些风险缓和措施,比如实时总额清算、货银对付、抵押和保证金等,将有助于限制交易对手风险。

5.4.8　从基础设施到市场的传导

交易平台和清算结算系统。金融市场依赖于配套金融基础设施的健康运转,包括交易平台和清算结算系统。基础设施的功能紊乱可能会阻碍对金融市场交易的及时处理,这会导致市场流动性的降低并扭曲正常价格形成机制。

5.4.9　基础设施之间的传导

配套服务、技术环节以及通信系统。不同基础系统之间的问题可以通过一些技术连接相互传递。一个关键系统的干扰破坏,会通过连接几个存在于不同系统之间的技术环节传播。"大额批发支付系统"通常作为包括零售结算和股票交易结算系统等其他系统构建的基础,它基于实时总额结算,但是建立在其之上的系统(包括零售和股市结算系统),通常是通过调整在批发系统中每个参与者的头寸,每天结算一次。支付系统是依赖于通信技术系统(例如环球银行金融电信协会)的健康运行才能够正常运转的。这些基础设施之间是互相连接的。

⬤ 5.5　系统性风险传导的放大效应

前面我们讨论了三个识别系统性风险的方面:(1)介绍了几种宏观的模型,试图对"宏观冲击"进行预警;(2)如何在实际的金融环境中识别"系统性重要机构",因为它们在受到特定冲击后有可能对体系造成负面影响；(3)详细论述了在金融体系内部，即机构、市场和基础设施三个部分之间，风险相互传染的多种渠道和可能性。目的是在常态下将它们识别出来，采取相应的措施防患于未然。

这些对系统性风险的识别的方法，在实际的应用中可能会根据具体情况有所调整，但它们代表了行业、学界、咨询业和监管部门至今为止的最新尝试。在欧美成熟的金融运作体系中，一般情况下，随着风险在金融系统内的不断传播，风险的大小和影响应当呈现衰减的趋势，也即系统具有自修复能力。比如A银行的破产会给其债权银行B传递风险，B银行暴露于A银行的信用额度将进行折价甚至完全损失，但是只要这种损失还不足以让B银行倒闭，那么作为B银行债权银行的C银行面临的损失就会相对B银行小一些。但是实际中我们看到系统性风险在金融系统传播过程中，整体是被放大的，比如这次次贷危机引发的全球危机，如果不是美联储和美国政府的干预，以及6国央行及时的联合救市行动，系统性风险恐怕很快就会将金融体系推向崩溃的深渊。

除了识别以上三个重要的系统性风险的来源，我们还必须认识到，之所系统性风险在金融系统中能够迅速传递并放大，还因为金融体系内部的运作存在着风险传播的放大效应，有着一些内在的或是体制上的推动机制或至少是起了促进的作用。它们有的是人为制定的法则或规定，有的是金融业的活动自身所具有的，主要包括以下四个方面：(1)由委托代理问题产生的道德风险；(2)逐日盯市会计制度和抵押担保制度；(3)杠杆效应；(4)不可回避的信息不对称问题。

5.5.1 错导器——委托代理产生的道德风险

当公司的所有者和经营者不是同一人时，委托代理的问题就产生了。从契约的角度来看，经营者作为代理者是应当以最大化公司的所有者(委托者)利益为自己行为的目的，或者如果公司所有者可以准确评价经营者的行为，也可以保证经营者以所有者利益最大化为经营目的。信息的不对称以及公司所有者和经营者自身的利益不同，可能使经营者按自己的利益行动，摆在所有者面前的困难是如何制定相应的激励措施并对经营者实施监管和评估，以实现自我利益的最大化。

以华尔街为代表的金融业的激励措施在这次次贷危机中备受质疑。Okamoto(2008)把委托代理问题产生的道德风险看成是形成次贷危机的根本原因。Okamoto把金融系统的委托代理问题归结为一个根本点：风险经营者从风险行为的成功中获益，而只承担失败带来的部分损失，导致经营者必然会主动承担过多的风险。这种激励机制在根本上是错误导向的。举个简化的例子来说明这个问题。假设对经营者的奖励是获利的20%，一旦失败只承担相应的5%。现在经营者有两个投资机会，一个是各以50%的机会带来100

万美元的收益或者损失,另一个是各以50%的机会带来1 000万美元的获利或者损失。从公司所有者的角度,两个选择的期望收益是一样的,都是零,但是后者带来的风险明显大于第一个,因而应当选择第一个投资机会。但是从经营者的角度考虑,选择第一个给经营者带来的期望收益是15万美元,选择第二个带来的是150万美元,虽然后者的风险会比前者大,但是经营者比所有者更有冲动选择后一种投资机会。

现实和这个简化的例子有一些区别,现实中经营者往往完全不用承担任何失败带来的直接损失,经营者的失败成本更多是以名誉的损失以及丧失未来的收益(甚至失去自己的工作岗位)体现的。但是这些成本都不能从根本上改变经营者只部分承担经营失败后果的这一事实。事实上,现实中很多投资机会只有经营者才能准确地估计其价值和风险;除了知道最终的盈利或者失败的后果,公司所有者没有更多的评估信息和手段。美国金融改革法案中相关的改革和一些学者的建议都是使经营者承担更多的经营失败的后果,比如增加损失比例、以公司股票的形式奖励经营者、要求经营者在离职后的一段时间内不能抛售公司股票等等。所有的这些措施都只能缓解而不能根除经营者的行为在风险和收益上的不对称性,因而也不能完全解决委托代理问题。经营者进行过多的风险行为以及追求短期利益的内在动力并没有消失。

5.5.2　加速器——逐日盯市制度和抵押担保制度

逐日盯市制度(MtM)和抵押担保制度具有亲周期性,对事件具有正反馈的作用。在逆周期下,可能会使风险在金融体系中形成恶性正反馈,并加速危机的传播。金融和市场状况一旦恶化,金融机构用来担保或者抵押的资产价格将面临更大的下跌压力。在逐日盯市制度下一旦这些资产的价格下跌,金融机构要增加更多的担保和抵押资产以满足抵押担保制度的要求,这无疑会给金融机构带来更大的负担。更严重的是,在金融环境进一步恶化的时候,交易对手通常要求提高担保抵押品的质量或者使用更加苛刻的折价方式,这些都会转变成为金融机构的负担,加速资产负债表和流动性的恶化。从而会导致更多的资产抛售,进一步压低资产价格,金融机构进入一个恶性循环。金融业整体上的信贷会加速萎缩,给金融业乃至实体经济都带来负面的冲击。

5.5.3　放大器——杠杆效应

杠杆效应形成了系统性风险的放大器。经典的MM定理告诉我们,公司杠杆在提高股东收益的同时也放大了股东的风险(Modigliani and Miller,1958)。高杠杆的经营就像是踩高跷,高跷越高,每一步跨的越远,其稳定性就越差。高杠杆无疑在增加个体风险的同时,降低了其承受冲击的能力,使得各个层次的金融体系更加脆弱,造成资产价格剧烈波动。当和其他一些市场规定一起作用时,杠杆的放大作用还会被大大加强。当高杠杆发挥正向作用时,会导致金融资产的高估和资源的错误配置;当发挥负向作用时,会造成金融资产价格发生逆转并大幅下降。例如一个公司股本 100 万美元,公司价值 1 000 万美元,公司的杠杆率为 10。假设监管当局要求公司的最大杠杆率就是 10。如果公司损失 50万,那么公司实际承受损失的是股本,股本变为 50 万,最大杠杆率的限制意味着公司的价值最多是 500 万,此时公司不得不出售 450 万的资产以满足监管的要求,这就会导致公司减持金融资产。如果很多公司同时一起抛售大量的资产,而形成集体抛售,这时资产的价格就会严重偏离资产的基础价值,特别是当减持那些基于高杠杆率建立的头寸时,资产价格的下降幅度将是雪崩型的,严重破坏整个市场。

5.5.4 扩张器——信息不对称

信息不对称会成为风险传播的扩张器。因为信息不对称,债权人和投资者获得信息的成本相对较高、获得信息较为滞后甚至不可能获得某些信息,债权人和投资者在经济危机时通常的做法是收紧手中的资金,更加谨慎地投资甚至不放债、不投资,比起可能获得的一些利润,安全是他们此时最关心的问题。信息的不对称会使得债权人和投资者很难区分市场中哪些金融机构是好的,哪些是坏的,并由此产生恐慌,迫不及待地想收回自己的资金从而造成挤兑。这不单单只是债权人和投资者的问题,几乎所有市场参与者都存在着信息不对称的问题,因而恐慌和挤兑会特别快地在市场中蔓延。

综上所述,这些客观的原因和它们相互作用的结果使得系统性风险在金融体系内像滚雪球一样地迅速传播和累积。Brunnermeier 和 Pederson(2009)给出了一个金融机构流动性迅速流失的例子(见图 5.1):金融机构最初的某个风险事件有可能为其带来资金上

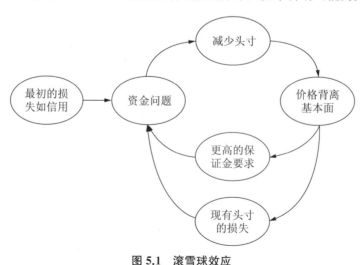

图 5.1 滚雪球效应

的困难,逐日盯市制度和抵押担保制度使得这个机构不得不在当天追加保证金或减少交易敞口。如果多家机构同时进行相同的操作,那么资产在市场上就会面临压力,资产价格将会大幅下降,更多地偏离资产基础价值,这又会使得金融机构持有的资产价值下降,机构承受进一步的损失。信息的不对称可能会加大市场的恐慌或者悲观预期,这会使得金融机构的流动性下降,从而状况再一步恶化。如果我们把逐日盯市制度和抵押担保制度考虑在内,可以想象情况会加速恶化。如果金融公司同时还存在着较高的经营杠杆,那么危机带来的破坏将更大。

以上金融机构的资产状况迅速恶化只是滚雪球效应的一个例子。滚雪球效应广泛地存在于金融危机发生时的多个方面,是系统性风险传播和金融危机迅速恶化的推动力量。如何打破这种恶性循环就是管理系统性风险的意义之所在。本章主要讨论了系统性风险的识别,下一章将讨论系统性风险的测量,而这些都是对系统性风险进行有效管理的基础。

第 6 章 系统性风险的测量

预测和测量系统性风险的重要性不言而喻,运用数学模型精确地对其进行测量,可以更加深入地理解它,这是管理和监控它的起点。如果不能测量系统性风险的大小,监管者就很难在风险累积阶段采取有效的预防措施,也很难在系统性风险爆发和传递时有效地对其进行控制,金融机构对系统性风险的管理也会缺少重要依据。

然而对系统性风险的测量却是非常困难的。这些困难主要来自四个方面:一是系统性风险与金融系统的稳定性有关。对系统的稳定性至今没有一个公认定量的定义,一般性的测量所需的数据信息也是匮乏的。次贷危机之前,系统性风险并没有得到金融机构内部风险管理者和监管者的足够重视,已有的数据都是以机构的个体风险管理和监管者对单个机构风险监管为目的来设计和收集的,这些数据显然不能很好地反映金融机构之间或与市场之间的关系,测量系统性风险必要的信息和数据是缺失的(孙晓云,2012),这成为现阶段的一个根本性的限制。二是 2007 年次贷危机之前,机构风险管理和监管者对于风险监控主要集中于单个金融机构的孤立风险,风险测量的模型几乎全是针对单种风险设计的。三是次贷危机之后对系统性风险的研究还处在不断深化的过程中,比如什么是系统性风险以及系统性风险传播的途径等基本问题还在研究和讨论之中,而这些都是测量系统性风险的前提。四是系统性风险本身高度复杂。根据本书第 2 章进行的分类,系统性风险至少可以分为五种基本类型,就目前的研究来看,系统性风险的测量不可能仅凭一种方法或者从单一角度就可以完成,而是需要多种方法相互补充相互印证,并从宏观和微观的方面去研究,这就大大地增加了对其测量的难度。

2012 年 1 月,金融研究办公室(Office of Financial Research)发布的第一篇工作报告从监管、学术研究和数据三个角度对 31 种测量系统性风险的方法进行了梳理(Lo,2012)。我们查阅了最近几年大量的文献,从有关系统性风险的测量模型中选取了 21 个具有代表性的模型。这些模型有的来自监管当局或国际组织,如美联储、金融稳定理事会、世界银行等,有的来自金融业界,有的来自学术界和智库。研究方法涉及多个方面和多种角度。考虑到测量模型的历史继承性和连续性，我们选择的模型绝大多数都是这些专家在多年的研究基础上，在这次金融危机之后新发展起来的。

系统性风险的测量模型可以有多种分类和理解的方法，总结起来，从研究方法的层面，可以把它们分为四种（范小云，2006；杜春雷、刘志洋，2012）。(1)综合法：不考虑银行间的实际业务，只对银行间数据做时间序列分析来度量风险的传递性；或选用能够揭示金融机构信息的股票价格和股指等数据，得出较有效的系统风险状况分析，其有效性一般依赖于金融市场的有效性。(2)基于实际业务的传染法：从风险传染的角度，以局部分析为主，对金融体系的各个子系统进行分析，比如利用银行之间的业务和市场数据，或以支付系统为传播渠道，或由信息导致传染等几种形式测量系统性风险。(3)经验分析法：找出影响银行危机产生的变量并进行回归，以此来看哪些变量对危机发生、传染有显著影响，然后用回归结果对危机进行预测；或基于宏观经济模型找到一些能够预警危机发生的指标信号，来预警系统性危机。(4)压力测试法：研究宏观经济冲击对金融机构的影响，以及造成违约率增高而由此带来的资金缺口。

我们根据本书一贯的思路，按照金融体系的基本组成，将系统性风险测量的模型从研究的对象上分为三类：以机构为核心的系统性风险测量、以市场为核心的系统性风险测量和以系统为核心的系统性风险测量。系统性风险测量中的基本单位是我们在考虑分类时的立足点。在以机构为核心的系统性风险测量中，金融机构是产生和传递风险的基本单位(并不是说这些风险都局限在金融机构中)；以市场为核心是指模型中系统性风险的产生和传递以金融市场为单位；而第三类所说的"系统"是一个相对较为宽泛的概念，所有的银行可以组成一个银行系统，某个国家或者地区的金融机构和市场可以构成一个金融系统，不同的经济区域甚至全球的金融、经济也可以看作是一个系统。在这里我们强调的是：系统性风险应从整体的角度上进行测量。我们将选取的 21 种模型归纳为六个类别，见表 6.1。

表 6.1　系统性风险模型类别

机　构	市　场	系　统
实际业务模型	单市场模型	危机显著因素模型
机构市场数据模型	多市场模型	危机历史演化模型

由于篇幅所限，每种测量类别只选取少数模型详细介绍。表 6.2 是我们选取的 21 种代表性的测量模型。

表6.2　系统性风险经典测量方法

模 型 类 别		测 量 方 法
以机构为核心	实际业务模型	● 网络模型(network model, Chan-Lau, Espinosa, Giesecke and Solé, 2009) ● 网络压力测试(stress tests, Duffie, 2011)
	机构市场数据模型	● 条件在险值(CoVaR, Adrian and Brunnermeier, 2010) ● 联合风险模型(Co-Risk, Chan-Lau, et al., 2009) ● 条件破产概率分布矩阵(distress dependence matrix, IMF, 2009) ● 系统期望损失(systemic expected shortfall, Acharya et al., 2010) ● 系统多元密度函数(multivariate density estimator, Segoviano and Goodhart, 2009)
以市场为核心	单市场模型	● 马氏距离(Mahalanobis distance, Kritzman and Li, 2010) ● 反映流动性紧缩的噪音信息(noise as information for illiquidity, Hu, Pan and Wang, 2010) ● 居民房地产再融资模拟(simulating the housing sector, Khandani, Lo and Merton, 2009) ● 消费者信贷模型(consumer credit, Khandani, Kim and Lo, 2010) ● SWARCH(Hermosillo and Hesse, 2009)
	多市场模型	● 格兰杰因果关系 Granger-causality(Khandani, Kim and Lo, 2010) ● 主成分分析 PCA(Lo etc. 2010)
以系统为核心	危机显著因素模型	● 泡沫周期信号模型(boom/bust cycles, Alessi and Detken, 2010) ● 杠杆周期(leverage cycle, Geanakoplos, 2010) ● 资产—权益—信贷指标模型(PEC indicators, Borio, 2009) ● GDP压力测试(GDP stress tests, Alfaro and Drehmann, 2009) ● 待定额度分析法(contingent claims analysis, Gray and Jobst, 2011)
	危机历史演化模型	● 违约强度(default intensity, Giesecke and Kim, 2011) ● CATFIN(Allen, Bali and Tang, 2011)

○ 6.1　以机构为核心

围绕金融机构来测量系统性风险是目前使用最多的一类方法,这种方法多是在传统单个金融机构风险测量基础上发展演变而来,因而比较容易被大家接受。以个体金融机构为核心的系统性风险测量方法又大体可以分为两种:一是基于金融机构间的实际业务;二是基于金融机构的资本市场数据。

系统性风险可以通过金融机构间的实际业务进行传递,例如前一章在风险传导矩阵中"机构之间的传递"部分的讨论。比如一家金融机构因其无法履行还款义务而给债权方金融机构带来风险,这样风险就通过机构间的信贷关系进行传递;再比如很多金融机构之间可能存在着复杂的跨国股东关系,金融机构为了扩大业务范围可能拥有多个领域机构的股份,分支机构的危机可能扩散到整个集团层面,这样风险就通过金融机构间的股权关系传递;或者一家金融机构可能承诺在紧急情况下向另一家机构提供一定额度的应急信贷,但是当这家金融机构破产后,这个应急信贷就不存在了,这时风险就通过机构间担保人的应急信贷额度进行传播。数学模型可以利用这些具体的实际业务来测量系统性风险的大小。

　　2007 年次贷危机的爆发,金融衍生产品起了推波助澜的作用,比如银行或金融机构之间相互持有金融债券,使得它们的独立风险产生关联,形成了独立金融机构间的相关性风险;即一家金融机构风险的发生,将会通过相互间的债权债务关系引发其他金融机构发生风险。这种相关性风险在风险发生的时间序列上,体现为风险的相继性。因此,在金融机构之间,由于相互持有对方的金融产品,就会形成金融机构之间的相关性交易对手风险。这种相关性风险表现为金融机构之间的安全依赖性和风险发生的相继性。

6.1.1　基于机构的实际业务

1. 网络模型

　　Chan-Lau、Espinosa、Giesecke 和 Solé(2009)用网络模型(network model)的方法研究金融系统的系统性风险。如果一家银行违约或破产,那么就会通过信贷、担保等途径影响其他的银行,这种银行间的外部性传染在整个银行系统内就会产生多轮的多米诺效应,形成和放大系统性风险。其主要思想是银行间的信贷关联使得一家银行的破产会给其他银行带来损失,损失超过一定的程度,会导致其他银行的破产。Chan-Lau 等对此给出一个形象的描述,在第一轮的冲击中银行 2 的破产导致银行 1 和银行 N 陷入破产危机,在第二轮的冲击中银行 1、银行 2 和银行 N 的破产导致银行 3 的破产,以此类推,直到银行系统中所有的冲击结果都显现出来以后,就可以得到银行系统的破产序列。网络模型首先要设置相关变量,然后再用蒙特卡罗模拟方法模拟出金融系统中会倒闭的金融机构,如图 6.1 所示。

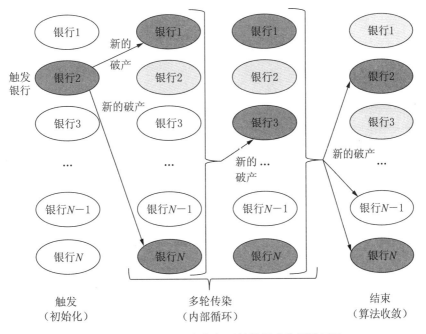

图 6.1　网络分析法:银行间系统性风险传播的图示

诱发系统性风险的事件分为两种:信贷冲击和流动性冲击。

当引发系统不稳定的事件是信贷冲击时,Chan-Lau 等基于资产负债表的概念,给出了不同银行间风险传导的方程,如图 6.2 所示,受冲击前的资产负债表方程是:

$$\sum_j x_{ij} + a_i = k_i + b_i + d_i + \sum_k x_{ki}$$

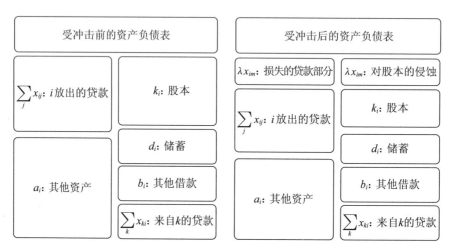

图 6.2　信贷冲击

资产包括机构放出的贷款和其他资产;负债包括股本、储蓄、其他借款和来自其他金融机构的贷款。资产和负债应保持平衡。当出现信贷冲击,比如银行 m 违约,银行 i 因此损失 λk_{mi},这部分损失要由银行的股本吸收。信贷冲击后银行的资产负债表变为:

$$\sum_j x_{ij} - \lambda x_{mi} + a_i = k_i - \lambda x_{mi} + b_i + d_i + \sum_k x_{ki}$$

当 $k_i \leqslant \lambda x_{mi}$ 时,由于资不抵债便可认定银行 i 破产。

类似的,如果引发系统性不稳定的事件是流动性冲击,如图 6.3 所示,冲击后的资产负债表方程相应变为:

$$\sum_j x_{ij} + a_i - (1+\delta)\rho x_{ni} = k_i - \delta\rho x_{mi} + b_i + d_i + \sum_k x_{ki} - \rho x_{ni}$$

此时银行 n 的违约使得原来银行 i 可以得到的流动性减少了 ρx_{mi},银行 i 为了获得相应数量的流动性就要出售其他资产,这些资产出售时要进行打折处理,实际银行 i 出售的资产价值为 $(1+\delta)\rho x_{ni}$,δ 表示折扣率,资产要打折出售的原因是紧急出售资产时不见得一定可以找到合适的买家,只好打折出售。或者是在金融危机时,可能很多银行都面临着流动性压力而同时出售资产,这样资产市场供远大于求,资产价格就会大幅度地下降,也就是产生所谓的抛售现象,资产出售方也会面临比例为 δ 的价值损失。银行的股本因此

遭受到的损失为 $\delta\rho x_{ni}$，当损失超过股本时，资不抵债便会造成破产。

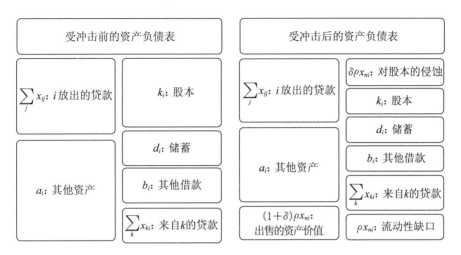

图 6.3　流动性冲击

当收集到系统内金融机构之间的信贷数据（包括各机构的资产负债表状况和机构间交易数据）时，就可以用上述的方法建立模型，并使用蒙特卡洛模拟方法，产生随机数模拟不稳定的流动性冲击，并计算由此产生的在银行系统中的联动作用。当系统的状态趋于稳定时，关于这次冲击的影响的模拟结束。经过一段时间的多次冲击模拟，可以得到整个金融系统内倒闭的金融机构和存活的金融机构，还可以得到倒闭金融机构的倒闭事件顺序以及存活银行的损失状况。考虑到流动性冲击的随机性，这样的模拟要通过改变流动性冲击的随机数序列运行多次，最后可以用统计方法归纳多次运行的结果，得到系统性风险状况概率意义上的科学评估。

网络分析法非常适合于发展中国家的央行测评自身金融系统的状况，比如中国人民银行就可以收集中国的主要商业银行交易数据用类似的模型来测算其金融系统或者银行系统的系统性风险大小。不过网络分析法的一个明显的不足是：模型虽然考虑到了流动性带来的风险，但是没有把流动性危机导致的破产纳入模型中。2007 年的次贷危机中，流动性危机导致的破产和清偿性破产同样重要，危机中金融机构都收紧各自手中的流动性，资产和负债的错期匹配使得某家银行可能在资产大于负债的情况下，因无法筹集到足够的流动性来支付到期的债务而破产。模型进一步的发展可以把流动性不足导致的破产纳入模型中。以上的网络分析方法只是使用资产负债表的来模拟传染的一个例子。一般说来，网络分析方法可以帮助监管机构更好地监控金融机构与市场的相互关联性，这种关联性可以来自对资产的共同持有，或是金融机构对交易对手的风险敞口。网络分析指标可以映射出金融机构和市场交易间的联系紧密程度。其目标是识别撼动金融体系的关键节点或集群,以及模拟某一冲击(如上例,一银行突然陷入困境),如何通过网络传播和放大。

2. 网络压力测试模型

基于和网络分析法类似的思想,Duffie(2012)提出了一个 $N \times M \times K$ 的压力测试模型。N 家由金融稳定理事会认定的系统重要性金融机构在 M 种设定的情景下进行压力测试,每家金融机构分别识别出自己前 K 家最多风险暴露的交易对手。利用这个压力测试可以识别出系统中最具有风险的机构和最脆弱的机构,也可以做出宏观的系统性风险地图。Duffie 建议 N、M、K 都取 10。

以上基于实际业务的系统性风险测量方法的优点是直观明了,可以得到多个层次的风险状况评估,微观上可以算出每一家金融机构的损失,识别出最脆弱的金融机构和"具有系统重要性"的金融机构;宏观上可以得到金融系统内处于违约破产边缘的金融机构数量,做出系统性风险地图。但是这种模型有两个不足:一是模型的建立需要大量和非常细致的数据,而这些数据可能只存在于金融机构个体手中,监管者很难拿到这类数据,即使从现在开始有计划地收集这些数据也需要一定时间的积累,同时可能会有比较大的收集成本,还可能涉及竞争优势和商业机密问题。二是这种模型更多考虑的是直接传播的系统性风险,很难把危机中由于信息不对称因素引起的恐慌、挤兑等间接传播的系统性风险考虑进来,某些情况下后者往往是波动更剧烈、带来冲击更猛烈的因素。

6.1.2 基于机构的市场数据

考虑到上述基于实际业务测量模型的不足,很多学者提出了另一种基于市场数据的测量模型。其基本思想是:不用考虑系统性风险是基于怎样的实际业务产生和传递的,直接用机构的市场数据作为测量的基础,金融机构的市场数据在一定程度上可以综合反映出单个机构的风险状况对整个系统的边际风险贡献,以及金融系统的系统性风险大小。

1. 条件在险值——CoVaR 模型

Adrian 和 Brunnermeier 于 2008 年首次提出(后于 2010 年进行修改)用 CoVaR 来测量系统性风险的大小(Adrian and Brunnermeier,2008,2010)。当系统内某家金融机构陷入困境时,将会不可避免地对系统内的其他金融机构产生负面影响。大型的金融机构可以通过广泛的业务联系将风险溢散出去,小型的金融机构面对危机会改变自己的行为模式,可能出现羊群效应(herd behavior)。CoVaR 就是用来刻画因机构间的这些联系而产生的系统性风险。这些联系主要包括:大而不倒、复杂而不倒、过度关联而不能倒、同向交易(crowded trade)等等。

CoVaR 的主要思想来自金融界测量市场风险的主流方法——在险价值 VaR,其含义指:在市场正常波动下,某一金融资产在一定概率水平(置信度)下,在未来特定的一段时间内的最大可能损失。或更为确切地说,它是指在一定概率水平(置信度)下,某一金融资产(或证券组合、金融机构价值)在未来特定的一段时间内的最大可能损失。例如,金融机构 i 的损失值 X^i 的 q 分位数 VaR 值定义为 $Pr(x^i \leqslant VaR_q^i) = q$,意味着在 q 的置信度下,金融机构 i 在未来特定时期内的最大可能损失为 VaR_q^i。举个具体的例子,如果某家银行的单日 95% 置信水平的 VaR 为 3 000 万元,那就意味着该银行单日由于市场正常波动所造成的最大损失超过 3 000 万元的概率为 5%。CoVaR 实际上是指当整个金融系统中的一家(或多家)金融机构面临困境(损失超过其自身相对应的 VaR 值)时整个系统的VaR 值。它可以直观地反映出,单个金融机构如果倒闭,其可能将对整个系统造成的冲击的大小。

进一步推广到两个机构时,当机构 i 陷入危机时,机构 j 的条件 VaR(即定义为,

$$Pr(x^j \leqslant CoVaR_q^{j/i} \mid x^i \leqslant VaR_q^i) = q$$

机构 i 对机构 j 的影响定义为:$\Delta CoVaR_q^{j/i} = CoVaR_q^{j/i} - VaR^j$

如果考虑机构 i 对系统的影响,令 $j = system$,CoVaR 实际上是指当一家(或多家)金融机构面临困境的时候整个系统的 VaR 值,更精确地说,$\Delta CoVaR_q^{system/i}$ 即是机构 i 对系统性风险的贡献值。

$$Pr(X^{system} \leqslant CoVaR_q^{system/i} \mid X^i \leqslant VaR_q^i) = q$$

其中,若 X^i 表示机构 i 的资产变化率,q 代表置信区间,X^{system} 代表整个金融系统的资产变化率。更进一步可定义 $\Delta CoVaR$,

$$\Delta CoVaR^{system \mid i} = CoVaR^{system \mid X^i \leqslant VaR} - CoVaR^{system \mid X^i = Median^i} \tag{1}$$

以此来表示当金融机构 i 处于困境时(损失达到或超过当前 VaR 值),系统的 CoVaR 值与当金融机构 i 处于正常状态时(损益为中位数)系统的 CoVaR 值之差。假设当机构 A 和机构 B 的 VaR 值相同,但是 A 的 CoVaR 值相比 B 的 CoVaR 值更大时,那么虽然 A 和 B 自身的风险水平相当,但是 A 相较 B 有更多的风险外溢,因此需要对机构 A 施加更加严格的监管举措。

具体计算机构 i 的 $\Delta CoVaR_q^{system/i}$ 时,用 x_t^i 表示机构 i 的资产变化率,用 A_t^i 表示机构 i 的资产,$x_t^i = \dfrac{A_t^i - A_{t-1}^i}{A_{t-1}^i}$,作者首先建立如下回归方程:

$$x_t^i = \alpha^i + \gamma^i M_{t-1} + \varepsilon_t^i$$

$$x_t^{system} = \alpha^{system} + \beta^{system} M_{t-1} + \varepsilon_t^{system}$$

$$x_t^{system/i} = \alpha^{system/i} + \beta^{system/i} x_t^i + \gamma^{system/i} M_{t-1} + \varepsilon_t^{system/i}$$

其中 ε_t^i 是误差项，M_{t-1} 是解释变量，其中包括下列 7 个变量：

（1）VIX：芝加哥期权交易所波动性指数（Volatility Index at Chicago Board Options Exchange），用来衡量市场的波动性大小。数据来源：CBOE 网站。

（2）3 月期的回购利率和 3 月期的票据贴现率之差：用来衡量短期交易对手的流动性风险。数据来源：彭博（回购利率）、FRBNY 网站（国库券）。

（3）3 月期国库券收益率的周变化。数据来源：FRB H15 发布。

（4）10 年期国债收益率和 3 月期国债收益率之差：用来衡量收益曲线的变化。数据来源：FRB H15 发布。

（5）BAA 级债券收益率和 10 年期国债收益率之差：用来衡量信贷的可得性。数据来源：FRB H15 发布。

（6）资本的周回报率。数据来源：CRSP。

（7）房地产市场年累计回报率。数据来源：SIC 编号 65-66。

其中前三个变量用来衡量市场的波动性和流动性，第四、第五两个指标通常被认为是衡量经济周期和超越股票收益率的指标，最后两个变量用来衡量资产的收益状况。

用分位数回归（quantile regression）方法估计出上述回归方程中的所有参量（α^i、α^{system}、$\alpha^{system/i}$、β^i、β^{system}、$\beta^{system/i}$、$\gamma^{system/i}$）。并用这些参量计算

$$VaR_t^i = \alpha^i + \gamma^i M_{t-1}$$

$$VaR_t^{system} = \alpha^{system} + \gamma^{system} M_{t-1}$$

$$CoVaR_t^{system/i} = \alpha^{system/i} + \beta^{system/i} VaR_t^i + \gamma^{system/i} M_{t-1}$$

在不同的分位数上计算，就可以得到相应的

$$\Delta CoVaR_q^{system/i} = CoVaR_q^{system/i} - VaR_q^{system}$$

图 6.4 是作者绘制的系统性重要金融机构之间的 CoVaR 图，方框内表示金融机构，箭头上每一对数字中上面的一个表示当箭头起点的金融机构处于危机时箭头末端金融机构的 CoVaR，而下面的数字刚好相反，表示当箭头末端的机构处于危机时箭头起点机构的 CoVaR。比如当花旗在雷曼兄弟处于危机情况下的 CoVaR 是 623，反过来雷曼兄弟在花旗处于危机情况下的 CoVaR 就是 190。

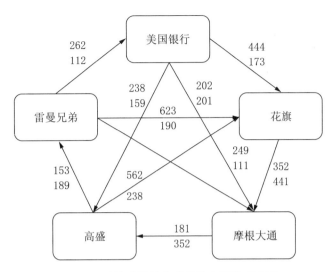

图 6.4　系统重要性金融机构之间的 CoVaR

　　值得特别注意的是,两家机构之间相互的影响是不同的,这种不对称性在现实中对应业务的不对称性。比如花旗向雷曼兄弟提供一笔贷款,如果单单看这一笔信贷产生的传递风险,显然雷曼兄弟出现危机对花旗的影响比反过来花旗出现危机对雷曼兄弟的影响要大得多;因为如果雷曼兄弟出现危机了,花旗将面临巨大的信贷违约损失,而花旗出现了危机对雷曼兄弟则不会有太大的负面影响。除了具体业务带来的不对称外,不同的金融机构处于不同的金融链条中相互的影响也是不对称的。比如在面对流动性危机时,一般情况下投资银行要比商业银行更脆弱。不对称性还可能来自诸如市场评级的差别、政府担保、市场声誉等多种因素。这种不对称性在整个系统中的一个重要体现就是:当整个系统处于危机时,某些金融机构会成为集中的风险传播源头,而某些金融机构则会成为最为脆弱的倒霉蛋。识别出不同的金融机构的风险特征是政府和监管当局制定针对性的救助措施的基本前提。作者进一步建议监管者用金融机构的 CoVaR 值代替 VaR 值作为监管的核心,CoVaR 考虑到了金融机构的外部性,对系统性风险的反映更加真实。

　　毛菁和罗猛基于 CoVaR 模型,对我国银行业和证券业之间的风险外溢效应进行了研究,他们将 CoVaR 模型应用于测量单个金融市场所发生的风险对其他市场风险外溢效应的大小,以及传导方向,并计量了我国银行业和证券业之间的 CoVaR。

　　我们在第 7 章有对中国银行业应用 CoVaR 进行详细分析的例子。

2. 联合风险模型

　　2009 年时 Chan-Lau、Espinosa、Giesecke 和 Solé 提出用 Co-Risk 测量系统性风险大小。Co-Risk 的思想类似于 CoVaR,具体是,不同的金融机构之间因不同的业务,存在着直接或者间接的联系,联系的强弱随时间不断变化。Co-Risk 衡量的是一个机构产生危机时,对另一家机构产生的影响。Co-Risk 使用公开的市场数据(如信用违约互换——CDS 报价等)进行风险定量分析,因此不仅包含了金融机构之间的直接风险溢出,还包括间接风险溢出。直接风险溢出,可以理解为两家金融机构之间存在着交易关系(例如债务关系、担保关系等),一旦其中一家机构倒闭,将直接牵连另外一家机构;间接风险溢出,指的是两家金融机构同时由某一外部原因影响而存在的共同风险。直观上,可能会认为直接风险溢出更具有现实意义,但其实从系统层面来看,间接风险溢出同样重要。例如,银行 A 和银行 B 之间存在着同业拆借,银行 A 倒闭之后,那么银行 B 会因两家银行之间的拆借业务而受到牵连,这属于直接风险溢出;在另一种情况下,银行 A 和 B 之间并没有直接的业务往来,但是提供类似的业务,银行 A 出现危机,人们对这类业务产生怀疑,银行 B 因相似的业务被低估而受到波及,这属于间接风险溢出。从系统性风险控制的角度来说,需要同时关注直接风险溢出和间接风险溢出。

可以用来表示风险的指标有:机构信用违约互换价差(credit default swaps spread)、穆迪 KMV 预期违约频率(Moody's KMV expected default frequencies)、公司债券利差、违约距离(distance-to-default)以及资产交易组合的 VaR,其中以信用违约互换价差(CDS spread)的使用最为广泛。具体说来,Co-Risk 表示的是当一家金融机构的 CDS 差价处于分布的尾部时,对另一家机构的 CDS 差价产生的影响。考虑到机构 j 对机构 i 的影响,作者建立了两个机构 CDS 的回归方程:$CDS_q^{i/j} = \alpha_q^{i/j} + \sum_k \beta_{q,k}^{i/j} R_k + \gamma_q^{i/j} CDS_q^j + \varepsilon^{i/j}$,其中 R_k 是解释变量,用来刻画影响机构 i,j 的共同因素,$\varepsilon^{i/j}$ 是随机误差项,系数 $\gamma_q^{i/j}$ 用来刻画机构 j 对机构 i 影响的大小。R_k 代表的解释变量如表 6.3 所示。

表 6.3　风险因子变量

风　险　因　素	来　　源
芝加哥期权交易所波动性指数	CBOE 网站
3 月期的回购利率和 3 月期的票据贴现率之差	彭博(回购利率) 银行网站(国库券利率)
标普 500 指数回报率和 3 月期的票据贴现率之差	CRSP(S&P),美联储 H15(3 月期的票据贴现率)
10 年期国债收益率和 3 月国债收益率之差	美联储 H15 发布
LIBOR 期限利差(1 年期 LIBOR 和 1 年期固定期限票据贴现收益率)	彭博(LIBOR) 美联储 H15 发布(票据贴现收益率)

用分位数回归可以得到上述方程的系数估计值($\alpha_q^{i/j}$、$\beta_{q,k}^{i/j}$、$\gamma_q^{i/j}$),将机构 j 对 i 的影响定义为:$CoRisk_q^{i/j} = 100 \times \dfrac{CDS_q^{i/j} - CDS_q^i}{CDS_q^i} = 100 \times \left(\dfrac{\alpha_q^{i/j} + \sum_k \beta_{q,k}^{i/j} R_k + \gamma_q^{i/j} CDS_q^j}{CDS_q^i} - 1 \right)$,代入上述分位数回归得到的系数估计值,就可以算出 $CoRisk_q^{i/j}$。图 6.5 是作者利用 2003——

2008 年间 5 年期信用违约互换价差的日数据计算出的美国主要金融机构之间的 Co-Risk
值:其中箭头上的数值表示箭头起点的金融机构处于其 95％信用违约互换价差时箭头末
端的金融机构信用违约互换价差增加的百分数。比如 Bear Sterns 的信用违约互换价差
处于其 95％时,AIG 的信用违约互换价差会因此而增加 97 个百分点,反过来 AIG 处于其
95％信用违约互换价差时,Bear Sterns 的信用违约互换价差却因此而增加 248 个百分点。
这表明 AIG 对 Bear Sterns 的影响比 Bear Sterns 对 AIG 的影响要大得多。市场数据统
计结果体现的这种不对称性,源于不同机构间相互影响的不对称性。

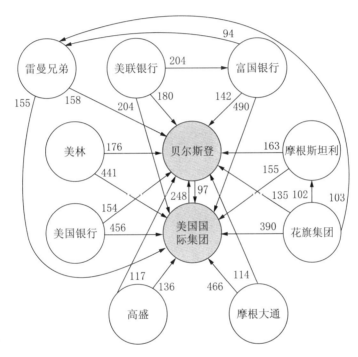

图 6.5 2003—2008 年美国主要金融机构之间的 Co-Risk 值

3. 条件破产概率分布矩阵

条件破产概率分布矩阵(Distress Dependence Matrix)是另一种测量系统性风险的方
法。该模型是由 Chan-Lau、Espinosa、Giesecke 和 Sole(2009)提出的。这种方法可以看
作是 Co-Risk 方法的延伸。与其类似,条件破产概率分布矩阵模型也旨在研究两个金融
机构之间的相互影响。不同的是,该模型试图计算出不同机构的资产收益多元分布密度
函数,来反映金融机构之间的风险溢出。通过这种方法计算出的风险溢出同样将既包括
直接风险溢出又包括间接风险溢出,而且还能够涵盖机构间线性和非线性的依赖关系。

在 Co-Risk 模型的基础上,可以进一步计算出任何两家金融机构之间的破产关系。
首先得到金融机构两两之间的资产收益多元分布密度函数,可以计算出当机构 A 处于危

机条件下(假设其他机构正常)机构 B 陷入危机的概率,进而可以计算出金融系统内所有(或者指定的重要的)金融机构间的破产关系,依此组成机构间的联合破产概率分布矩阵,用以预测任何两个金融机构在相互影响情况下破产的可能性。具体而言,就是根据这个矩阵可以直观地发现,一旦系统中的某家金融机构倒闭,那么就可以得到其他相关联的金融机构的倒闭概率。

如表 6.4 所示:其中每一个数据都表示对应于左侧金融机构处于危机时各列金融机构处于危机的概率。比如 2007 年 7 月时,如果高盛破产那么连带着雷曼兄弟破产的概率是 0.27,反过来如果雷曼兄弟破产连带着高盛破产的概率是 0.35。这种两个金融机构之间相互影响的不对称性在 CoVaR 和 Co-Risk 中也同样出现过。值得注意的是,2008 年 8月时,危机依赖矩阵发生了很大的改变,还拿高盛和雷曼兄弟为例,高盛破产连带着雷曼

表 6.4　美国大银行联合破产概率分布矩阵

2007-7-1	花旗银行	美国银行	摩根大通	美联银行	华盛顿互惠银行	高盛	雷曼兄弟	美林	摩根斯坦利	AIG	平均
花旗银行	1.00	0.09	0.08	0.08	0.05	0.06	0.06	0.06	0.06	0.05	0.16
美国银行	0.08	1.00	0.22	0.21	0.08	0.08	0.07	0.09	0.09	0.11	0.20
摩根大通	0.10	0.33	1.00	0.23	0.09	0.14	0.12	0.14	0.12	0.11	0.24
美联银行	0.08	0.27	0.20	1.00	0.08	0.08	0.07	0.08	0.08	0.10	0.20
华盛顿互惠银行	0.14	0.25	0.18	0.20	1.00	0.10	0.10	0.13	0.11	0.12	0.23
高盛	0.13	0.20	0.23	0.16	0.08	1.00	0.27	0.23	0.26	0.13	0.27
雷曼兄弟	0.16	0.24	0.25	0.19	0.11	0.35	1.00	0.29	0.26	0.14	0.30
美林	0.15	0.26	0.27	0.19	0.13	0.28	0.26	1.00	0.26	0.15	0.30
摩根斯坦利	0.15	0.25	0.25	0.19	0.10	0.30	0.23	0.25	1.00	0.12	0.28
AIG	0.05	0.11	0.07	0.08	0.04	0.05	0.04	0.05	0.04	1.00	0.15
平均	0.20	0.30	0.27	0.25	0.17	0.24	0.22	0.23	0.23	0.20	0.23
2008-8-15	花旗银行	美国银行	摩根大通	美联银行	华盛顿互惠银行	高盛	雷曼兄弟	美林	摩根斯坦利	AIG	平均
花旗银行	1.00	0.32	0.32	0.23	0.13	0.28	0.23	0.23	0.25	0.21	0.32
美国银行	0.20	1.00	0.42	0.24	0.09	0.24	0.17	0.19	0.21	0.19	0.30
摩根大通	0.18	0.37	1.00	0.20	0.07	0.25	0.17	0.18	0.20	0.15	0.28
美联银行	0.41	0.69	0.65	1.00	0.23	0.45	0.37	0.39	0.41	0.39	0.50
华盛顿互惠银行	0.83	0.92	0.89	0.85	1.00	0.80	0.77	0.82	0.80	0.78	0.85
高盛	0.21	0.28	0.34	0.19	0.09	1.00	0.28	0.26	0.32	0.18	0.31
雷曼兄弟	0.42	0.51	0.56	0.38	0.22	0.69	1.00	0.52	0.54	0.35	0.52
美林	0.39	0.52	0.58	0.37	0.21	0.61	0.48	1.00	0.53	0.35	0.50
摩根斯坦利	0.31	0.41	0.44	0.28	0.15	0.52	0.35	0.37	1.00	0.24	0.41
AIG	0.36	0.52	0.48	0.38	0.20	0.41	0.32	0.35	0.34	1.00	0.44
平均	0.43	0.55	0.57	0.41	0.24	0.53	0.41	0.43	0.46	0.39	0.44

兄弟破产的概率变为 0.28，反过来雷曼兄弟破产连带着高盛破产的概率变成 0.69。通过观察不同时间点上的危机依赖矩阵，一方面可以深入理解不同机构间相互影响的时间演化轨迹，另一方面可以帮助金融机构进行更好的风险控制，还可以帮助监管当局采取适时的应对措施。

4. 系统多元密度函数法

Segoviano 和 Goodhart 在 2009 年提出该方法。他们用银行系统多元密度函数(banking system's multivariate density function)来测量银行系统的系统性风险大小。作者将银行危机分为三类：银行系统共同的危机、部分银行危机和单个银行引起的危机。作者计算出银行联合违约概率、银行系统稳定指数、银行危机关联矩阵和银行间瀑布级联效应(cascade effects)四个指标，全面深入地阐释了银行业的系统性风险。

5. 系统性期望损失法和边际期望损失法

系统性期望损失(systemic expected shortfall，SES)和边际期望损失(marginal expected shortfall，MES)模型由 Acharya、Pedersen、Philippon 和 Richardson 于 2010 年提出。该模型是基于传统 ES(expected shortfall)模型内涵的一种衍生模型。传统的 ES 模型只能衡量单个金融机构或整个金融系统自身存在的风险，而不能衡量单个金融机构对整个金融系统的风险贡献程度。在全球经济快速发展的今天，尤其是在 2008 年金融危机爆发以后，宏观的系统性风险受到了学术界、实务界和政界的高度重视。因此，Acharya 等人提出了 SES、MES 模型，以弥补单纯依靠 ES 模型测量风险的不足。

下面先来介绍一下 ES 模型。某一金融资产、金融机构或者整个金融系统的 ES 可以定义为当系统收益率低于某个分位数时，其所获得的期望损失。它衡量的是在市场异常波动的情况下(市场处于低于分位数的尾部时)，某一金融资产、金融机构或者整个金融系统所获得的期望损失(或者说是平均损失)。如果以整个金融系统的 ES 为例进行阐述，那么我们可以先假设整个金融系统中总共包含 N 家金融机构，从而整个金融系统的收益率 R 就应当等于各家金融机构的收益率 r_i 的加权和(可以使用市值加权法)，如果令 y_i 为权重，则 $R = \sum_i y_i r_i$，据此我们可以使用下面这个公式表示 α 分位数下整个金融系统的 ES：

$$ES_\alpha = -\sum_i y_i E\left[r_i \mid R \leqslant -VaR_\alpha\right]$$

例如，如果一国金融系统在一年中 95% 置信水平下的 ES 为 1 000 亿元人民币，那就意味着该国金融系统在一年中由于市场异常波动(5% 的尾部)所造成的日平均损失为 1 000 亿元人民币。

然后，根据上式我们就可以引入 MES 的计算公式。MES 这一指标实际上可以用来衡量在整个金融系统处于一定分位数下的尾部时(通常可认为此时发生了系统性风险)，单个金融机构对整个金融系统的边际风险贡献。其具体定义可以用下式表示：

$$MES_a^i \equiv \frac{\partial ES_a}{\partial y_i} = -E[r_i \mid R \leqslant -VaR_a]$$

接下来，我们再来定义 SES。我们可以先假设 a^i 和 w_1^i 分别是单个金融机构 i 的资产和第 1 期资本，这样的话 $A = \sum_{i=1}^{N} a^i$ 和 $W_1 = \sum_{i=1}^{N} w_1^i$ 就可以代表整个金融系统的总资产和第 1 期总资本。一般来说，系统性金融危机爆发的条件应该是整个金融系统的总资本 W_1 降低到其总资产 A 的一定比例（比如设这个比例系数为 z，这一比例一般可以认为是金融监管部门设定的资本充足率）以下。因此，我们就可以自然地定义下式来表示单个金融机构 i 的 SES：

$$SES^i \equiv E[za^i - w_1^i \mid W_1 < zA]$$

由上式我们可以看出，单个金融机构的 SES 衡量了在系统性金融危机大爆发的前提条件下，单个金融机构对整个金融系统的风险贡献量，也可以理解为单个金融机构需要承担的整个金融系统总风险的数量。而上文定义的单个金融机构的 MES 则条件更为宽松，在任何历史时期都是适用的，不一定要以系统性金融危机的发生为条件，同时它衡量的是单个金融机构对整个金融系统的边际风险贡献，也就是说，单个金融机构占整个金融系统的比重每增加 1 个单位，其对整个金融系统的风险贡献程度就会增加 MES 个单位。

最后，更加有趣的是，基于传统经济理论和数学知识可以证明，单个金融机构的 SES、MES 和其杠杆率（LVG）之间存在着如下式所示的数理关系：

$$\frac{SES^i}{w_0^i} = \frac{za^i - w_0^i}{w_0^i} + kMES_{5\%}^i + \Delta^i$$

由上式可知，单个金融机构的 SES^i 可以拆分为金融机构的超额杠杆项 $\frac{za^i - w_0^i}{w_0^i}$（相当于是 LVG）、在整个金融系统处于 5% 尾部时金融机构的 $MES_{5\%}^i$ 的 k 倍（k 为正系数）和调整项 Δ^i。如果将 MES 和 LVG 计算窗口选择在系统性金融危机爆发之前，就可以通过对这两个指标的相对大小做出比较分析，进而判断在系统性金融危机爆发时究竟哪些金融机构会对整个金融系统的风险贡献更大（SES 更大），这样做的直接好处在于可以提高金融监管部门监控系统性风险的针对性和有效性。

我们在第 7 章有对中国金融业应用 SES 和 MES 建模的实证分析。总而言之，可以看到以上基于市场数据的测量方法基本都是利用交叉数据，即利用不同机构之间的数据来研究系统性风险的大小。其优点是数据易得，能够综合地衡量系统性风险的大小，既包括直接途径传递的，也包括间接途径传递的，不用考虑系统性风险到底是通过什么样的业务传递,可以在一定程度上简化问题。这类方法的缺点是:市场的数据呈现统计的相关性关系,很难找到现实的对应业务,因而对模型结果要保持足够的警惕,可能这些相关性仅仅是统计上的,并没有现实的意义。

如果说基于实际业务的方法是从产生系统性风险原因的角度进行测量的,那么基于市场数据的方法就是从系统性风险表现结果的角度进行测量的。

金融机构作为金融系统的基本参与者,在系统性风险的产生、积累和传递过程中都起着不可或缺的作用,同时这些金融机构也是系统性风险爆发时首当其冲的承担者。无论是基于金融机构的实际业务还是基于公开的市场数据或是其他什么方法,从金融机构入手研究系统性风险都是系统性风险研究的重要部分和基石。

6.2　以市场为核心

经济生活中任何风险的产生都离不开产生风险的主体和它们从事的风险业务。在现今的金融业中,这些风险业务集中体现在金融机构所使用的各种金融产品,这些金融产品进而形成一个又一个金融市场,比如货币市场、资本市场、外汇市场、保险市场、黄金市场等等,正如我们在图 6.6 中所展示的那样。系统性风险的产生、积累和爆发都会改变这些金融市场的行为方式,因而可以反过来用这些金融市场的行为来研究和测量系统性风险。以市场和以机构为核心的系统性风险是有区别的,金融市场通常对信息非常敏感,价格波

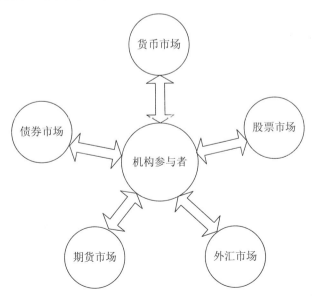

图 6.6　金融市场之间的风险传导

动可以非常大(其中证券市场和衍生产品市场波动最为剧烈),但是市场并不会像机构一样倒闭,真正最终承受风险和损失的是市场参与者。以市场为核心的系统性风险研究相对较少,研究方法和模型也与以机构为核心的不同。目前为止用来测量系统性风险而进行的金融市场行为的研究主要包括两类:一是单个金融市场自身的行为演变过程;二是不同的金融市场之间的共同行为演变过程。

6.2.1　单市场

单个金融市场的行为会因为系统性风险处于不同的阶段而有所变化,经济和金融状况正常时,系统性风险较小,通常金融市场的波动较小,当系统性风险积累到一定程度爆发形成危机时,金融市场的波动性会陡然增加,因而可以用金融市场波动性的变化来测量系统性风险。

系统性风险异常情况和正常情况下市场本身的行为会有差异,因此就可以利用这个差异来测量系统性风险的大小。另一种考虑问题的角度是:在经济和金融状况正常时,往往又是系统性风险形成和积累的阶段,系统性风险的积累通常伴随着杠杆增加、信贷扩张等现象,因而可以通过这些现象来测量系统性风险的大小。

1. 马氏距离法

Kritzman 和 Li(2010)用马氏距离(Mahalanobis distance)来测量金融系统的振荡程度。正常的情况下,资产价格有自身的行为模式,但是当金融系统剧烈振荡时,资产价格会严重偏离这些模式,进而呈现出新的特征。这些特征包括过度的价格波动、相关资产价格的背离和不相关资产价格的一致化,因而可以用马氏距离来测量系统性风险的大小。

2. 反映流动性紧缩的噪音信息

Hu、Pan 和 Wang(2010)通过美国国债价格的波动来研究市场的流动性。当市场正常时,大量的投机资本使得国债的价格仅围绕收益曲线小幅波动,但是当危机爆发时,市场流动性紧缩,国债的波动会明显增加。因而可以用国债市场波动的剧烈程度来衡量市场流动性的状况。

3. 居民房地产再融资模拟

Khandani、Lo 和 Merton(2009)发现,不断上涨的房价、低利率和近乎无摩擦的重新融资(near-frictionless refinancing)产生一种棘轮效应(ratchet effect):房地产泡沫形成时购房者可以轻易地增加自己的杠杆,但是当房地产市场收紧时购房者却很难降低自己的杠杆。Khandani 等建立了模型来模拟房地产市场中由棘轮效应带来的系统性风险。

4. 消费者信贷模型

Khandani、Kim 和 Lo(2010)用消费者违约率来研究消费信贷市场的系统性风险。

当金融危机发生时,消费信贷的违约率将会明显的上升,Khandani 等用机器学习的方法 (machine-learning technique)来估计未来 6 个月和 12 个月信用卡持有者的违约率。

5. SWARCH 模型

单个金融市场分析往往用到 ARCH、GARCH 和 SWARCH 模型。按照通常的想法,自相关的问题是时间序列数据所特有的,而异方差性是横截面数据的特点,但是宏观经济和金融数据分析中也常常会出现异方差问题。金融市场的特性使得它非常容易受到诸如投资者心理、企业生产状况、政府政策(货币政策、财政政策、行业政策等)、央行监管和来自其他经济体各种冲击的影响。这些影响往往会持续一段时间,就会使得金融时间序列数据某些时段波动较大,某些时段波动较小,进而会出现时间序列数据的异方差问题。为了解决这个问题,恩格尔提出自回归条件异方差(ARCH)模型。

在金融领域,某种资产的价格在一段时间内会随着市场供求等多方面因素的影响而变化,因此产生的方差是一种测度该资产风险的指标。GARCH 模型可以很好地对资产价格的波动性(也就是风险)进行有效的预测。1986 年 GARCH 模型被建立以来,众多的学者都试图用这模型来预测未来市场的风险。Akgiray(1989)使用 GARCH 模型预测了美国月度股指波动,其结果优于使用 ARCH 模型、指数加权移动平均模型和历史均值模型。West 和 Cho(1995)利用超前一期美元汇率波动,得出了 GARCH 模型优于其他模型的结果,但是他们发现,这一模型对更长时期的预测效果并不比其他模型更有优势。不过 ARCH 和 GARCH 模型有两个缺陷,一是 GARCH 和 ARCH 处理连续且相对较小的波动比较适合,但是不能很好地处理不连续的较大波动;二是 Black 和 Nelson 注意到,股票的价格下降时往往比上升时更加剧烈,波动性更大。GARCH 没有把这种波动的不对称性纳入模型。考虑到上面的两个不足,Hamilton 和 Susmel(1994)提出了 SWARCH 模型:

$$u_t = \sqrt{g_{s_t}}\, \tilde{u}_t, \quad \tilde{u}_t = \sigma_t^2 v_t, \quad \sigma_t^2 = \alpha_0 + \sum_i^q \alpha_i \sigma_{t-q}^2 + \delta d_{t-1}\, \tilde{u}_{t-1}^2$$

其中,$s_t \in \{1, 2, 3\}$ 表示变量时间序列数据所处的状态,比如经济通常可以有衰退、正常、扩张三种状态,g_{s_t} 是对应的状态系数;$v_t \in N(0, 1)$ 即服从标准正态分布;d_{t-1} 是虚拟变量,当 $\tilde{u}_{t-1} \leqslant 0$ 时 $d_{t-1} = 1$,当 $\tilde{u}_{t-1} > 0$ 时,$d_{t-1} = 0$,这个虚拟变量的引入是为了处理正负方向波动的不对称性;δ 表示不对称程度的大小。通过 g_{s_t}、d_{t-1} 两个状态变量的设定,SWARCH 就可以把波动不对称性和数据时间序列的阶段性纳入模型中,从而使其在金融和经济的时间序列数据研究领域被广泛应用。Hesse 和 González-Hermosillo(2009)应用 SWARCH 模型分别对欧洲美元外汇互换(Euro-U.S. Dollar forex swap)、芝加哥期权交易所波动率指数(Chicago Board Options Exchange volatility index(VIX))和 3 个月期泰德价差(three-month TED spread)进行分析,发现三个指标在 2007 年开始的次贷危机中都有非常大的波动,比如三个指标在 2008 年 9 月雷曼兄弟倒闭时波动状态都至少提高了一个档次,这和普遍认为雷曼兄弟倒闭是次贷危机分水岭的观点是一致的。文章还分析了美联储和各国央行普遍介入危机,参与市场救助后的数据,三个指标的波动状态都下降了至少一个档次,表明救市的行动确实起到了缓解市场风险的作用。SWARCH 可以作为央行和政府改善市场行为效果判断的一个有效工具。

6.2.2 多市场

以上单个市场模型考虑的只是一个金融市场的演化情况,多个金融市场之间也可以产生并传递系统性风险。经济正常时,不同的市场和部门之间行为有很大的差异,并且都有其独特的行为模式,这种差异也是分散化投资能降低风险的基本逻辑所在。但是当出现危机时,不同的市场和部门应对危机就会出现很多一致的行为,行为的一致性又会导致收益状况、风险状况、资产负债表等方面的一致性。因而可以用这种一致性的大小来测量系统性风险的大小。

Billio、Getmansky、Lo 和 Pelizzon(2010)利用相关模型测量不同金融市场之间的相关性,并把这些相关性具体分为两类:影响不同部门的共同因素和不同部门之间的联系。前者可以用主成分分析法(principal components analysis, PCA)进行测量,而后者可以用格兰杰因果关系(granger causality)进行测量。

1. 主成分分析

主成分分析的基本思路是:先建立回归模型找到对四个部门构成影响若干因素,进一步分析影响最大的 n 个因素影响力占总影响力的比重,如果比重明显增大,说明不同的部门对相同的风险源头暴露的程度有所加重。模型算出银行、经纪商、保险公司和对冲基金四部门的收益波动,分析并找出那些最能解释收益波动的几个主要因素,当被选中的主要因素解释收益波动的比例变大时,表明四个部门受这些主要因素的影响变得更加显著。

Billio 等(2010)利用 1994—2008 年间美国上市公司的月收益率做 PCA 分析,发现第一个主成分可以解释收益波动的 27%—43%,且第一个主成分的解释能力在 1998 年、2008 年前后明显增大,而前十个主要因素可以解释绝大部分的收益波动,说明存在共同的主要因素影响着不同部门的金融机构,而且在危机时影响程度明显增大。作者还发现对冲基金和其他三个金融部门的金融机构在行为上有明显的不同,模型表现为,对冲基金更多地依赖第三和第四个主因素,而其他三个部门更多地依赖第一和第二个主因素。

2. 格兰杰因果关系

Billio 等(2010)用格兰杰因果关系来衡量机构间的联系,如果两个时间序列变量有以下关系:

$$R_t^i = \alpha^i R_{t-1}^i + \beta^{ij} R_{t-1}^j + \varepsilon_t^i, \quad R_t^j = \alpha^j R_{t-1}^j + \beta^{ji} R_{t-1}^i + \varepsilon_t^j$$

其中 ε_t^i，ε_t^j 是随机误差项，若 $\beta^{ij} \neq 0$，作者就认定变量 j 构成变量 i 的格兰杰原因；同样，若 $\beta^{ji} \neq 0$，作者就认为变量 i 构成变量 j 的格兰杰原因，当二者都不为零时，两个时间序列变量就构成了一个自反馈的循环关系。

作者首先假定收益服从 $GARCH$（1，1）模型：$R_t^i = \mu_i + \sigma_{it}\eta_t^i$，$\sigma_{it}^2 = \gamma_i + \alpha_i(R_{t-1}^i - \mu_i)^2 + \beta_i\sigma_{it-1}^2$，其中 $\eta_t^i \in WN(0, 1)$，是白色噪音，可以利用回归方程将其估计出。考虑到时间序列的异方差问题，作者标准化变量，令 $\tilde{R}_t^i = \dfrac{R_t^i}{\tilde{\sigma}_{it}}$，并用 $\tilde{R}_t^i$ 作为核心变量进行格兰杰因果关系判断。

定义 $\Gamma_{ij} = \begin{cases} 1, \text{若 } j \text{ 构成 } i \text{ 的格兰杰原因} \\ 0, \text{若 } j \text{ 不构成 } i \text{ 的格兰杰原因} \end{cases}$，令 $\Gamma_{ii} = 0$，作者把这个模型应用到市场数据中，就可以得到如下几个系统相关性衡量的指标：

系统的相关程度 DGC：用格兰杰因果关系的个数除以所有可能的格兰杰因果关系个数，$DGC = \dfrac{1}{N(N-1)} \sum\limits_{i=1}^{N} \sum\limits_{j \neq i} \Gamma_{ij}$。并且当 $DGC > K$ 时，作者认定系统相关性明显增大，K 是作者事先设定的基准值。

单个机构的格兰杰关系数：机构 i 构成其他机构的格兰杰原因数，$N_{out} = \dfrac{1}{N-1} \cdot \sum\limits_{j \neq i} \Gamma_{ji} \mid_{DGC>K}$；其他机构构成机构 i 的格兰杰原因数，$N_{in} = \dfrac{1}{N-1} \sum\limits_{j \neq i} \Gamma_{ij} \mid_{DGC>K}$；以及和机构 i 构成格兰杰关系的数目，$N_g = N_{out} + N_{in} = \dfrac{1}{2(N-1)} \sum\limits_{j \neq i} \Gamma_{ji} + \Gamma_{ij} \mid_{DGC>K}$。

不同金融部门间的格兰杰关系数：在单个机构的格兰杰关系数的基础上，作者引入参数 ϕ，$\varphi = 1$，2，$\cdots$，M 表示机构所属于的金融部门（作者考虑四个金融部门：银行、经纪商、保险公司和对冲基金），$\Gamma_{ij}^{\phi\varphi}$ 表示 φ 部门的机构 j 和 ϕ 部门的机构 i 之间的格兰杰关系，类似的，作者可以得到构成机构 i 的格兰杰原因，且来自其他部门的机构数，$N_{out\text{-}other} = \dfrac{1}{(M-1)N/M} \sum\limits_{\phi \neq \varphi} \sum\limits_{j \neq i} \Gamma_{ji}^{\phi\varphi} \mid_{DGC>K}$；机构 i 构成来自其他部门的机构格兰杰原因数，$N_{in\text{-}other} = \dfrac{1}{(M-1)N/M} \sum\limits_{\phi \neq \varphi} \sum\limits_{j \neq i} \Gamma_{ij}^{\phi\varphi} \mid_{DGC>K}$；以及不同部门机构间格兰杰关系数，

$$N_{g\text{-}other} = \dfrac{\sum\limits_{\phi \neq \varphi} \sum\limits_{j \neq i} \Gamma_{ji}^{\phi\varphi} + \Gamma_{ij}^{\phi\varphi} \mid_{DGC>K}}{2(M-1)N/M}。$$

作者分析了 1994—2008 年间美国上市公司的月收益率数据，发现 DGC 值在 1998 年达到一个峰值，接下来在 2007—2008 年达到另一个峰值，这说明在经济周期中机构间的相关性在不断地变化，且在危机时会显著地增加，表 6.5 是作者使用该模型算出的详细格

兰杰因果关系统计。

表 6.5　格兰杰因果关系统计

部　门	资产加权自相关	占所有可能的连接百分比				连　接　数			
		至				至			
		对冲基金	经纪商	银行	保险	对冲基金	经纪商	银行	保险
1994 年 1 月至 1996 年 12 月									
全　部	−0.07	6%				583			
源　对冲基金	0.03	7%	3%	6%	6%	41	21	36	37
源　经纪商	−0.15	3%	5%	6%	4%	18	29	36	24
源　银　行	−0.03	6%	7%	9%	7%	40	46	54	44
源　保　险	−0.10	5%	6%	6%	9%	33	38	35	51
1996 年 1 月至 1998 年 12 月									
全　部	−0.03	9%				856			
源　对冲基金	0.08	14%	6%	5%	3%	82	38	30	20
源　经纪商	−0.04	13%	9%	9%	9%	81	53	54	57
源　银　行	−0.09	11%	8%	11%	10%	71	52	65	64
源　保　险	0.02	9%	9%	7%	6%	57	54	44	34
1999 年 1 月至 2001 年 12 月									
全　部	−0.09	5%				520			
源　对冲基金	0.17	5%	5%	5%	9%	32	32	33	58
源　经纪商	0.03	8%	9%	3%	5%	53	52	19	29
源　银　行	−0.09	5%	3%	4%	7%	30	17	25	42
源　保　险	−0.20	5%	3%	2%	6%	32	16	14	36
2002 年 1 月至 2004 年 12 月									
全　部	−0.08	6%				611			
源　对冲基金	0.20	10%	3%	9%	5%	61	20	56	29
源　经纪商	−0.09	8%	4%	4%	6%	53	23	26	39
源　银　行	−0.14	9%	3%	4%	5%	55	16	24	30
源　保　险	0.00	8%	6%	9%	6%	48	40	55	36
2006 年 1 月至 2008 年 12 月									
全　部	0.08	13%				1 244			
源　对冲基金	0.23	10%	13%	5%	13%	57	82	31	83
源　经纪商	0.23	12%	17%	9%	12%	78	102	55	73
源　银　行	0.02	23%	12%	10%	9%	142	74	58	54
源　保　险	0.12	13%	16%	12%	16%	84	102	73	96

　　表 6.5 中列出了 1994—2008 年间银行、经纪商、保险公司和对冲基金四个金融部门中

的机构之间的具体格兰杰因果关系数和所占比重,从表中还可以看出不同机构间相关性随时间的演化轨迹。例如 2002 年至 2004 年之间,保险行业对对冲基金的指数值为 8%,这表明,在所有可能构成成对关系的保险业公司和对冲基金中,有 8% 做格兰杰因果检验时显著,该指数值在 2006 年至 2008 年之间升高至 13%,显示出在次贷危机前后指数大幅增加。

以市场为核心测量系统性风险,实质上是围绕各种金融产品来测量的,2007 年次贷危机是系统性风险集中爆发的体现。危机形成的一个重要原因是近年来金融衍生产品(如 MBS、ABS、CDO、CDS 等)的广泛应用,因而研究这些衍生产品带来的系统性风险至关重要。不过因为这些衍生产品异常复杂,目前还没有比较成熟的模型从这一角度测量系统性风险。

6.3　以系统为核心

系统性风险不同于个体风险的一个重要方面就是系统性风险是综合的、相互联系的、多样的,因而是复杂的。系统性风险可以来自金融机构资产负债表,也可以来自金融产品和金融市场。有一点是可以肯定的:系统性风险一定不会单单只涉及一个金融机构或者一个金融合约,也不是所有个体风险简单的加总,因而无论是围绕金融机构还是围绕金融市场建立模型测量系统性风险,都不足以充分体现系统性风险的这种整体性。根据 Rogoff 对历史上的金融危机进行的研究,危机总是伴随着资产的泡沫和泡沫的破灭,而资产泡沫是有迹可循的,有其一贯的特征和表现,这些表现包括:信贷扩张、监管放松、资产价格泡沫、挤兑、流动性危机、政府巨额举债、GDP 降低等等,因而可以通过这些现象测量系统性风险的大小。很多学者基于系统性风险的这些特征,从整个系统的角度测量系统性风险的大小。这些测量思路又可以分为两种:横向的显著因素分析和纵向的历史数据分析(Reinhart and Rogoff,2008)。

1. 信号模型

Alessi 和 Detken(2010)用信号模型研究和预测资产的泡沫周期。他们使用 1970—2007 年间的 18 个经济合作与发展组织国家(Organization for Economic Co-operation and Development,OECD)的数据建模,希望找到资产泡沫积累和破灭循环的规律。作者首先定义了什么是资产泡沫周期,即如果在至少连续的三个季度,指标的真实数据大于时间序列回归的趋势值加上 1.75 倍的标准差,就被认定为处在资产泡沫状态。

$$资产价格指数 > 回归趋势 + 1.75 \times 回归方程标准差$$

作者在样本中共识别出 45 个这样的资产泡沫。更进一步,如果在泡沫之后至少在三年中,GDP 比趋势估计值低 3%,那么这个资产泡沫就被认定为高代价的泡沫。这样作者又把资产泡沫细分为 29 个高代价的和 16 个低代价的。另外作者还选择了 5 个经济变量、9 个金融变量和 7 个其他比值类变量作为可能导致资产泡沫的潜在因素,指标如表 6.6 所列。

表 6.6　重要的三类变量

变 量 种 类	变 量
经济变量	GDP,消费,投资,房地产投资,CPI
金融变量	CPI 平减指数股权,房产价格,实际汇率的期限利差,3 个月的实际和名义利率,10 年期债券的实际和名义收益率,真实 M1,真实 M3,实际的私人信贷和国内信贷
GDP(PPP)加权的全球变量	相对于 GDP 的私人信贷,M1/GDP,M3/GDP,名义短期利率,M1、M3 和私有部门信贷增长对 VAR 的影响

当指标超过某个特殊值时就会出现预警信号,这个特殊值是由信号分布的分位数决定(比如选取 95% 或 90% 等)的。把指标的预警信号和实际观察到的资产泡沫结合起来,就可以得到统计列表,其中会出现两类错判情况,如表 6.7 所示。

表 6.7　两类错误

	6 个季度内出现资产泡沫	6 个季度内没出现资产泡沫
判定为泡沫	A	B
判定为无泡沫	C	D

A 是出现预警信号且实际观测到高代价资产泡沫的次数;B 是出现预警信号但是没有观察到高代价资产泡沫的次数;C 是观测到高代价资产泡沫但是没有出现预警信号的次数;D 是没有观察到高代价资产泡沫同时也没有出现预警信号。因而 $\frac{C}{A+C}$ 是统计意义上的第一类错误比率,$\frac{B}{B+D}$ 是第二类错误比率。进一步根据监管者对两类错误不同的容忍程度可以构造一个指标的错误衡量函数:

$$L=\theta\frac{C}{A+C}+(1-\theta)\frac{B}{B+D}$$

θ 表示监管者在第一类错误和第二类错误之间的相对厌恶程度。如果 $\theta<0.5$,表明监管更加厌恶没有高代价资产泡沫时出现错误的预警信号;$\theta>0.5$,表明监管者更加厌恶有高代价的资产泡沫但是没有出现相应的预警信号。

作者发现,全球 M1 缺口(global M1 gap)和全球私人信贷缺口(global private credit

gap)是预测高代价资产泡沫最好的指标,这就表明资产泡沫是个全球性的问题。模型中指标的有用性受到监管者对两种统计错误偏好的影响,当监管者对错误的预警信号的厌恶略微大于错判高代价资产泡沫时,全球私人信贷缺口是最好的预测信号。整体而言,金融类信号预测的准确度最高。

Borio(2009)用 1970—2007 年间 18 个工业国家的数据研究了银行系统的危机,其数学模型和信号模型类似。作者认为,如果银行系统中至少一个大银行出现危机,不得不由政府紧急援助,并且政府采取了扩大保险范围、购买银行资产或者向银行系统注资等行为,那么该国就出现了银行系统危机。Borio 采用的分析指标有三个:财产价格缺口(property price gap),实际股本价格缺口(actual equity price gap)和信贷缺口(credit gap)。模型的核心思想是信贷扩张和资产价格的持续上涨会使得金融系统失衡,从而增加金融系统出现危机的可能性。因而,信贷和资产价格可以成为银行体系危机的预测指标。

2. 杠杆周期模型

Geanakoplos(2010)提出杠杆周期(leverage cycle)的概念,作者注意到,当资产价格上升时,消费者很容易获得信贷,进而可以花小部分的钱购买大量的物品,杠杆迅速增加;但是当资产价格下降时,杠杆收紧,信贷紧缩,消费者要支付几乎全款购买同样的商品,这就构成了杠杆周期。杠杆作为系统性风险产生和传递的放大器,研究杠杆的周期运动可以深入理解和测量系统性风险的大小。

以上几个模型的基本特点是,寻找系统性危机的基本特征,并探寻这些特征显著的解释变量,以此建立模型测量和预测系统性风险或者金融危机,用到的是横向的截面数据。与之相对应的另一种模型是利用纵向的时间序列数据建模。

3. 待定额度分析法

Gray 和 Jobst(2011)用待定额度分析法(contingent claims analysis,CCA)研究了正常和危机情况下政府对金融系统担保额度的变化。正常情况下,政府对金融系统的总担保额度相对较小,在金融危机时,担保额度会大幅的增加。因而可以用待定担保额度测量系统性风险的大小。

4. 压力测试

2007 年次贷危机之后,宏观层面系统性风险的压力测试被美联储、欧洲央行、世界银行以及中国人民银行等监管机构广泛应用。压力测试是在一些设定的情景之下测试整个经济、金融系统或者系统内金融机构在压力下的风险状况。其主要的优点是:(1)综合。压力测试通常可以把微观层面的数据和宏观监管层面的视角相结合,既可以识别出系统中最具有风险的机构和最脆弱的机构,也可以整体上识别出新的风险源,以帮助监管机构采取全面立体的应对措施。(2)灵活。压力测试中情景的设置比较灵活,既可以根据测试的部门改变,也可以根据不同国家和地区的具体情况改变;而且压力测试不像一般系统性风险测量模型那样对变量有诸多的假设和要求,所以其适用范围更广。Alfaro 和 Drehmann(2009)在 GDP 自回归模型的基础上建立了一种简单的宏观层面的压力测试模型。其基本逻辑是,在每一次的银行危机之前,GDP 总是会有明显的下降。用历史数据建立回归模型,作者建议用模型估计出的最差情况作为压力测试的设定情景。美联储 2009—2010 年用 SCAP(supervisory capital assessment program)对 19 家美国大型银行进行了压力测试。监管者首先收集了银行的大量数据,这些数据包括:贷款和证券组合、交易账户、衍生品头寸、收入和支出等,然后利用这些数据,监管者在不同的设定情景下测试单个机构风险和宏观层面的系统性风险,结果显示多家银行存在资本金缺口,其中的 10 家机构需要补充共计约 750 亿美元的资本金。

压力测试也有明显的不足:第一,压力测试情景的设定比较有限,尤其是这些情景都是从历史研究中得出的,从而很难覆盖从未出现过的系统性风险;人们基本不考虑压力情景发生的概率问题。Kupiec(1998)提出,尽管压力测试有效地补充了 VaR 方法难以测量金融机构在极端情景下面临的潜在损失的不足,但是压力测试自身也并不完美。突出问题之一是压力测试并不能测量极端情景本身发生的概率,而这一点也正是传统的压力测试方法备受争议的一个方面。而相比之下,VaR 不但评估了潜在的损失,而且给出了这一估计结果的置信度。所以,如果能够将压力测试像 VaR 一样,将压力情景及其发生的概率联系起来,则可以有效地弥补传统压力测试方法的不足,从而使得压力测试在银行风险管理中的应用更加有效。为了解决这一问题,Kupiec 尝试一个类似 VaR 的压力测试方法,即 Stress VaR,并试图用该方法将压力测试和 VaR 统一到一个分析框架内。但他的方法仍以正态分布为基础,而没有考虑极端情景下损失分布的"厚尾"特性。在这方面具有代表性的是 Berkowitz(1999)提出的分析框架。Berkowitz 认为 VaR 与压力测试只是两种市场状态下的风险评价模式,两者的区别仅在于其发生的概率不同,而人为地将两种情景分开来考虑,则会造成风险管理的无效率。因此,Berkowitz 提出了一个综合的分析框架,能够通过赋予正常情景和压力情景以不同的概率,来建立二者统一的分析框架。而在解决极端事件的概率方面,主要是极值理论,如 Login(2000)就将极值理论(extreme value theory,EVT)应用于极端情景下的 VaR 计算,这与 Berkowitz 的思路有一定的相似性。

第二是针对压力测试的模型问题,即如何构建更加有效的模型来反映经济运行的规律和现实,从而使得压力测试的结果更具参考价值。这方面比较有代表性的是 Wilson(1997)的研究。Wilson 在研究信用风险时第一次将违约率和宏观风险因子联系起来,建立了针对信用风险的压力测试模型。这一模型为以后压力测试模型尤其是信用风险压力测试模型的研究提供了基础。Wilson 模型的基本思想在于建立风险因子和违约率之间的回归模型，然后通过历史数据估计参数，进而通过蒙特卡罗模拟方法来构建违约率在不同情景下的预测分布，从而评估风险因子受到不利冲击时对信贷违约率造成的影响。Wilson 模型的开创性在于不是简单地（正如传统的压力测试所做的那样）将风险因子的值代入模型从而得到一个精确的预测值（即违约率均值的点估计），而是得到了一个特定情景下违约率的分布，这样不仅能得到均值，还能知道实际的违约率围绕均值的可能的分布情况，即对均值的偏离。在 Wilson 模型的基础上，Boss(2002)对模型作了一些修改，考虑到时间序列的稳定性问题，将违约率的 logistic 变换值进行了一次差分，然后再作为被解释变量进行建立和估计模型，并应用该模型对奥地利银行业进行了压力测试，得出了影响商业银行信贷违约率的主要风险因子，包括工业产值、通货膨胀率、股票指数、名义短期利率和油价等。Virolainen(2004)则应用相似的模型对芬兰银行的贷款违约率进行了压力测试分析。中国香港金管局的三位研究员 Wong 等(2006)则在 Wilson 和 Boss 模型的基础上加入了滞后变量，以反映经济系统的动态演变过程以及被解释变量对解释变量的反馈效应，并以此为基础建立了香港地区零售银行业的信贷风险模型，然后运用该模型分析了香港真实 GDP 增长率、利率(HIBOR)、香港房地产价格和内地 GDP 增长率的不利变化对香港零售银行业贷款违约率的影响。Vazquez(2011)则建立了一个类似模型对巴西银行系统的不良贷款率进行了压力测试，不过在对模型进行估计是使用了不同的方法。

我们在第 7 章中有对香港银行业使用压力测试的动态模型的实证分析研究。

5. 违约强度模型

Giesecke 和 Kim(2011)建立了一个违约强度模型(default intensity model)来研究金融系统性危机。系统中一旦有金融机构出现违约就会对其他的金融机构产生直接或者间接的负面影响。具体而言，这种影响应当有两个基本的特点：一是当违约事件出现时其他机构的违约强度会突然增加，二是两个违约事件之间其他机构的违约强度会随时间的推移而减少。作者将这两种效应纳入一个违约强度函数中：

$$d\lambda_t = K_t(c_t - \lambda_t)dt + dJ_t$$

$$J_t = \sum \max(\gamma, \delta\lambda_{T_n^-})I(T_n \leq t)$$

其中 $K_t(c_t - \lambda_t)dt$ 项体现了影响随时间的退化效应，$J_t = \sum \max(\gamma, \delta\lambda_{T_n^-})I(T_n \leq t)$ 体现了突然出现的违约事件使得其他机构违约强度突然增加。如果 $T_n \leq t$，$I = 1$，否则 $I = 0$，表示违约强度的增加只在发生违约事件时才会出现。$\max(\gamma, \delta\lambda_{T_n})$ 表示单个违约

事件存在一个最小影响值。Giesecke和Kim(2011)统计了穆迪(Moody's Defaults Risk Services)提供的 1970—2008 年间所有公司的违约事件。通过模型可以算出整个系统内金融机构违约的概率分布。作者用此模型验证了 2008 年金融机构的违约状况,和现实拟合得非常好。作者还用模型分别计算了整个经济系统和银行系统的 VaR 值,发现在 1998 年至 2007 年间,银行系统比整个经济系统更加稳定。但是在 2007 年和 2008 年的时候,两个 VaR 值同时增加,表明经济和金融系统的相互作用模式发生了改变。

● 6.4   系统性风险测量小结

我们选取的三类六种系统性风险的测量方法是目前比较具有代表性的模型,它们选取的测量角度各有不同,因而有各自的优势和不足,我们从输入数据、输出结果、特征优势、局限性和模型在测量中国系统性风险的适用性等五个方面进行了分析比较,归纳得到表 6.8。

表 6.8   不同测量方法比较

类型		输入	输出	特征优势	局限性
以机构为核心	基于实际业务模型	资产负债表数据和交易对手数据	机构的损失和破产状态	直观,和传统风险有较强连贯性	忽略了间接传递的风险,交易对手数据只有监管者可能收集
	基于机构市场数据模型	财务数据和市场交易数据	机构间的两两相互影响,或个体机构的边际贡献	包括直接和间接传递的风险,不需要解释风险的来源,数据公开易得	依赖分布假设,依赖历史一致性假设
以市场为核心	单个市场模型	金融市场历史数据	市场的波动性、周期性等行为	可以产生各种指标	依赖分布假设,依赖历史一致性假设
	多市场相互关系模型	多个金融市场历史数据	多个市场之间的共性、相关性	可以对风险进行较为全面的解析	依赖分布假设,依赖历史一致性假设
以系统为核心	横向显著因素分析模型	危机事件统计,宏观经济数据,指标数据	危机的显著因素	简洁易懂,具有一定的预测性	样本空间较小
	纵向历史规律模型	危机事件统计	危机的历史演化轨迹	展示危机演化过程	样本空间较小

基于业务和基于机构市场数据的模型,都是以机构为系统性风险产生和传递的基本单位,不同之处在于前者是基于真实存在业务的风险模拟,因而需要真实机构的资产负债表的数据和机构间的交易数据(如合约大小、期限、抵押等),在这些数据基础上设定一些参数进行计算机模拟,可以得到模拟后的机构的损失和破产状况:哪些机构破产,在哪个

序列上破产,哪些机构存活,存活机构的损失是多少等等。这种模型的根本局限性在于,它只能模拟通过直接途径(如通过业务)传递的系统性风险,很难把通过间接途径(如通过信息、恐慌等)传递的系统性风险纳入模型中。另一方面,这种模型需要大量、详细、真实的机构间的交易数据,这些数据收集起来工作量大,比较困难,往往只有监管当局才可能获得这些数据,而单个机构或者学者则很难拿到。这种基于机构间实际业务的模型比较适合我国监管机构(如中国人民银行)进行系统性风险的测量。基于机构市场数据的测量模型是从系统性风险产生的结果或者现象方面反过来测量系统性风险的大小,突出的优点是利用的都是机构的财务报表或者市场交易数据,这些数据都是公开易得的,而且不用过多考虑模型测算出的系统性风险到底来自什么样的业务或者传播途径,其局限性在于这种测量过多依赖统计模型,因而都不可避免地需要对变量进行分布假设,同时还要假设模型呈现的变量之间的关系具有历史的一致性,而这两个假设往往在经济从正常转向危机动荡的情况下很难成立。这种基于机构市场数据的模型,其中使用的很多数据都与金融产品或衍生品相关,我国的金融产品市场还不够发达,衍生品市场刚刚起步,因而使用这种模型对我国的系统性风险进行测量是不太合适的,毕竟我国金融的市场化程度和欧美还有很大的差距。事实上,这种金融产品市场数据的不足,是测量我国系统性风险两个基本困难中的第一个。

单个市场模型和多个市场模型都是通过研究市场的行为模式来测量系统性风险的大小,其基本逻辑在于系统性风险改变了金融市场的行为模式,因而可以用市场偏离正常行为模式的程度来衡量系统性风险的大小。不同的是单个市场模型是从单个市场的历史数据来进行研究的,而多市场模型则是从多个市场之间的关联程度来进行研究的。两种模型都需要使用金融市场的历史数据。单个市场模型可以得到一些系统性风险的市场测量指标,多个市场模型则可以对系统性风险在不同的市场或者部门间的传播,给出全面细致的描述。两种模型的缺点类似于基于机构市场数据模型,事实上所有的基于市场数据的统计类模型都存在假设是否能够成立的局限性。考虑到我国金融和经济所处的发展阶段,这类模型比较适合用来测量我国系统性风险的大小。这里所说的市场并不必局限于金融业,可以扩展到其他实体产业,也可以扩展到其他的经济部门。我们在第 7 章中会介绍这方面在中国的具体应用实例(格兰杰因果关系模型)。

危机显著因素分析模型和危机历史演化模型可以从更加宏观的角度测量系统性风险的大小,用到的数据多是危机的历史统计数据、宏观机构数据和金融市场数据。不同的是,危机显著因素分析模型是寻找导致或者可以预测危机的显著变量;危机历史演化模型则是在识别出危机的替代变量后,研究这些替代变量的历史演化轨迹,找到这些替代变量在正常情况下和危机情况下行为的差异,从而建立危机的判断、描述甚至预警机制。这两种模型都可以从一个更宏观的角度给出系统性风险或者危机的定量分析,对研究经济的周期以及系统性危机有重要作用。但是这两种模型都有一个共同的缺点:危机的样本量较小。在全球范围内有记载的危机次数相对于建立统计模型所需的样本量而言都显得不足,当进行特定种类的危机(如主权债务危机)或者特定国家的危机分析时,样本量不足的问题就更加突出。所以这两种模型除了用统计的回归模型,还使用其他很多的非统计类的模型,比如前文中提到的信号模型。这两个模型因其灵活性,也比较适用于测量我国的系统性风险的大小,但是考虑到在中国经济中,很多危机都是隐性的,危机的破坏性并没有集中地呈现在危机爆发的部门,而是最终都由全社会共同承担。因而在使用危机历史统计数据时,要注意适用性。

● 6.5 对数据信息的思考

本章讨论的对系统性风险测量的三大类模型,是学术界、业界和监管机构研究人员基于现有的数据得到的相当好的测量模型。这些模型对测量和定量地认识系统性风险有很大的帮助,都具有较好的解释能力,有一些也可能成为未来新的风险管理的监测指标。但总体而言,它们大多仍然缺乏前瞻性和预测性,这是由于整个国际金融业普遍缺少认识和测量系统性风险所需要的数据信息。

2007 年金融危机之前,金融业数据信息的采集主要基于我们对已有风险的认识在当时的监管以及管理模式下进行的,即无论是监管方还是机构自身的风险管理主要都是围绕着单个机构独立的风险来进行的,系统性风险在风险管理和整个金融系统稳定中的关键作用,并没有得到充分认识。另一方面,大量的新型金融衍生产品处于监管宽松状态或者完全游离在监管之外。这次金融危机的一个重要教训就是:数据信息不足所付出的代价是巨大的。关键数据的缺失、不连续或不完整,导致权威机构无法在系统性风险的形成阶段及时地发现问题,在系统性危机爆发后,又不能采取正确的行动。具体说来,我们严重缺少以下五种与系统性风险有关的风险的数据信息:

(1)集中风险。2007 年金融危机爆发前,复杂的大型金融机构通过使用结构性金融衍生产品组合、创造、转移和承担的系统性风险没有被充分地记录下来。由于数据不足,监管机构无法识别和判断这些风险累积的程度。当政府认识到整个金融系统的脆弱性时,危机已不可避免。这种脆弱性一方面主要源于金融机构投资于期限长、结构复杂且难以估值的金融衍生品,另一方面在于金融机构越来越依赖于短期批发融资。面对冲击时,大量金融机构因为期限错配和高杠杆的经营策略,在逆周期时的反应趋于一致,而粗糙并严重滞后的数据信息导致系统性风险的变化趋势得不到事前的及时认知。

（2）市场风险。当大量的金融机构和投资者同时试图抛售结构性金融衍生产品时，市场上的流动性会迅速蒸发。而一旦流动性冻结，银行和市场基金等类型的金融机构就无法为其持有的结构性产品准确和快速地估值。更为糟糕的是，全球范围内政府或者监管当局都没有足够的数据信息来评估金融机构（尤其是大银行）的风险暴露规模和这些机构的资产变化对结构性金融产品价格的敏感程度。

（3）融资风险。如果银行同业市场、回购市场和长期融资市场这些影子银行的重要融资渠道同时出现动荡，银行将面临巨大的流动性压力，很多金融机构同时还面临来自外汇市场的压力。监管方缺乏主要银行的融资结构和依赖关系的数据信息，这将导致监管方不能准确评估这些金融机构的稳定性状况，也不能准确评估这些金融机构可能会对其他金融机构和整个金融系统带来的冲击。

（4）外溢风险。当市场恶化时，金融机构很难评估其交易对手的经营状况，因而也很难估计自己相关的风险暴露情况，初始的流动性危机往往很快演变成破产危机。金融机构间相互联系的数据信息的缺失成为治理金融危机的主要障碍。政府很难识别出金融机构间、金融市场间的风险传染途径。当传染发生在不同的国家和地区时，情况会变得更加复杂。

（5）主权债务风险。金融危机的治理通常伴随着政府向面临困境的金融机构注入巨额流动性或者施行其他的救助，这些在未来都将会成为政府的财政负担。另一方面，危机中经济活动的减少使得政府的收入减少，二者结合使得政府在主权债券市场上面临巨大的压力。受影响的主权债务方面的数据信息的缺失使得整个金融市场存在严重的不确定性。

系统性风险的测量基础需要大量数据，要求数据信息的采集在广度、深度和精确度上更完善、更准确。从广度上来说，数据信息的采集需要涉及整个金融体系——包括金融机构、金融市场、金融产品和金融基础设施的全面数据，还需要不同国家和地区协作来提供这些数据。从深度上来说，数据信息的收集需要反映整个金融体系深层次的风险状况，尤其是和系统性风险相关的数据信息，如交易对手信用风险数据等，这些在过去并没有得到重视。从精度上来说，一方面要能及时地反映金融体系的风险状况，另一方面也要求对不同国家、地区的不同金融体系的数据信息进行规范化和统一化。数据采集的最终目标是在不损害任何一个国家或地区数据安全的基础上，开发一个包括全球主要银行和其业务之间联系的数据信息框架，以实现对重要银行及其之间关键链接的统一监测；同时确保最大限度地协同来自不同方面的努力（诸如统计部门、监督机构和宏观审慎分析等方面），以减少任何系统维护的重复工作。

我们知道,数据采集是一个非常基础性的工作,但却涉及风险管理规范改革的问题。金融稳定理事会在 2011 年 10 月发布了一份数据采集模板的征求意见稿,向全球广泛收集银行、监管和研究机构等各方人士的反馈意见,以便形成一个完善的数据采集模板,进而奠定对系统性风险准确评估的基础。2013 年 4 月 18 日金融稳定理事会发布了关于建立系统性重要机构以及大银行的公共数据信息的决定,并宣布二十国集团数据缺口动态会议实现了第一阶段的成功——已于 2013 年 3 月开始对改进后的系统性银行交易对手信用暴露数据和总风险暴露数据进行收集并建立数据池,对于系统性银行的总风险暴露数据,须按照已实施的 BIS 国际银行业统计指引进行报告。相信在新的数据收集规范下,未来一定会有更好的风险测量和预测模型出现。

● 6.6　与系统性风险测量相关的四类数据

目前存在的数据信息主要是关于金融系统内部不同部分的联系、金融和非金融系统的联系以及地区经济和外部经济的联系,这些远远不够。金融稳定理事会发布了关于建立大银行的公共数据信息的决定,重点强调具有全球重要性银行的风险暴露和融资依赖以实现全球范围内规范的数据信息统计和发布。包括以下四个方面的数据:金融机构之间的数据、金融机构和金融系统之间的数据、结构性和系统重要性的数据以及临时性特定数据。

金融机构之间的数据包括重要金融机构之间的风险暴露状况。银行资产和负债两方面的交易对手数据和银行流动性提供者的数据,有助于理解机构之间直接的业务联系和融资依赖关系,以及识别市场上的集中风险和流动性风险的扩散情况,进而理解和掌握全球金融系统内的风险传染和外溢途径。

金融机构和金融系统之间的数据主要包括金融机构和金融市场、金融系统和不同的经济部门间的风险暴露以及融资依赖方面的数据信息。这些信息除了可以帮助理解和控制金融机构自身的风险外,更重要的是在更大的范围内帮助评估金融体系的风险状况。针对具有全球重要性的银行,主要涉及以下方面:(1)在不同的国家的行政司法体系下的风险暴露;(2)对不同经济板块的风险暴露;(3)使用不同的金融工具的情况;(4)在不同的外汇产品上的风险暴露;(5)期限错配的情况。

结构性和系统重要性的数据主要包括具有事先定义好的系统重要性银行的结构性数据信息,目的在于帮助金融稳定理事会和其他国际机构(如巴塞尔委员会)以及各国的权威机构评估金融机构的系统重要性程度。涉及以下三个方面:(1)系统重要性程度指标和金融机构提供的主要金融产品和金融服务(如支付和结算,代理银行和托管服务等);(2)描述销售、收入、不良贷款、准备金、风险权重资产以及资本金等的弹性指标;(3)大型国际性银行群结构数据(group structures),以确保准确地估计它们与交易对手之间的风险和融资依赖关系。

临时性特定数据(ad-hoc data)主要是金融和监管机构在某些特定的情况下收集的数据信息。2007 年金融危机的教训之一是,数据的收集必须有一定的弹性,以适应金融创新和新的风险。大型的金融机构需要提交这些信息,触发条件可以是事先确定好的情景,也可以是临时特定的要求。

第 7 章　中国系统性风险的研究

● 7.1　中国系统性风险环境分析

自 1978 年中国启动改革开放至今已有 36 年的历史,这一政策的成功推行造就了一个举世瞩目的"中国奇迹"——中国经济保持了长期的高速增长。在获得经济发展巨大成功的同时,中国经济未来 5—10 年将面临重要的增长模式转型;要调整经济结构,实现经济增长的再平衡,金融改革是关键之一。在这个过程中,中国经济金融领域中的各种不确定性必然会增加,金融体系安全性和稳定性的问题不容忽视。到目前为止,国内对系统性风险的研究还处在比较初期的阶段。关注中国系统性风险的现状和其所处的环境,分析系统性风险的潜在传染性特征,并运用定量分析方法尝试测度中国金融系统性风险的变动轨迹,是非常重要的研究方向。

尽管自 2008 年全球金融危机以来中国维持了强劲增长,但高度依赖信贷和投资维持经济活动导致风险上升,不断累积的杠杆正侵蚀着金融部门、地方政府和企业的资产负债表。中国政府已经意识到多年来的高速发展对资源消耗和环境破坏引发的经济之隐忧,央行也已意识到由于中国金融业结构扭曲和失衡,经济增长对银行信贷过度依赖而造成的风险,从 2012 年开始行动控制债务增长。自 2013 年以来,中国政府越来越重视提高透明度,国务院常务会议强调"有效防范地方政府性债务、信贷等方面存在的风险"和"完善地方政府债务风险控制措施",央行 2014 年八大工作重点,也将守住不发生系统性金融风险的底线列为其中之一。加强治理宏观经济风险的努力,使得经济总体平稳发展是重中之重。

2013 年,国际组织或智囊机构对中国宏观经济的分析以强调潜在问题和担忧风险为多。鉴于国际三大信用评级机构对国家的信用评级有一致性的分析方法,我们下面来回顾一下它们对中国的信用评级,其观点可略见一斑国外对中国的宏观经济和金融环境的基本看法。

2013 年 4 月 9 日,国际三大信用评级机构之一的惠誉将中国长期本币信用评级由

AA－下调至 A＋。惠誉称调降中国长期本币信用评级的原因主要包括以下四点(Fitch Ratings，2013)：

(1) 中国金融体系的风险逐步增长。自 2009 年起中国信贷增长显著快于 GDP 的增长。惠誉估计社会融资规模(包括各种形式的影子银行的信贷)占 GDP 的比率由 2008 年底的 125％上升至 2012 年底的 198％。从商业银行贷出的资金占社会融资规模的比率则由 2009 年的 76％下降至 2013 年 2 月的 55％。从金融体系稳定性的视角来看，从商业银行之外贷出的资金量的上升使金融体系风险增大。

(2) 地方政府性债务不断增大且缺乏透明度。惠誉估计中国地方政府性债务占 GDP 的比例由 2011 年底的 23.4％上升至 2012 年底的 25.1％，达到 12.85 万亿元。此外惠誉认为，由于地方政府融资平台的存在，中国地方政府还担负着大量其他的或有债务(contigent liability)，并且政府性债务与一般企业债务混淆不清。

(3) 中国财政收入占 GDP 的比重低于 A 类评级国家的平均水平，且波动性较大。

(4) 中国政府的通货膨胀管理水平低于 A 级评级国家的平均水平。

另一国际评级机构穆迪亦在 2013 年 4 月 16 日确认对中国政府债券的评级为 Aa3，同时将评级展望从正面调整为稳定。主要原因是以下两方面的进展没达到预期，一个是通过提高地方政府或有债务的透明度来减轻潜在风险，另一个是控制信贷的快速增长。或有负债可能拖累中央政府的资产负债表，影响国内经济更均衡、更适度地增长。虽然目前无法得知影子银行贷款的总规模，而且这类贷款也没有产生系统性风险，可穆迪认为，中国央行的政策工具无法控制这类贷款。确认 Aa3 评级是因持续强劲的经济增长支撑了中国信贷基本面、中央政府财政状况强劲，以及对外支付状况很好。

两家国际评级机构先后下调中国信用评级最主要理由是，中国的地方融资平台债务风险和影子银行风险。惠誉和穆迪下调中国信用评级是依据中国公开的金融数据而得出的结论。惠誉称据其估算显示，2012 年结束时中国一般政府债务整体水平相当于 GDP 的 49.2％，大致与评级 A 的中值 51.2％相符。因此，将中国长期本币信用评级从 AA－调降至 A＋，展望前景稳定。在地方债务方面，惠誉的评估结果是，截至 2012 年底，地方债务规模为 12.85 万亿元，占 GDP25.1％，在 2011 年底 23.4％的基础上增长 1.7 个百分点。惠誉估算的地方债数据比国内机构和业内人士估算要小得多。

2013 年 11 月 29 日，标准普尔宣布确认对中国"AA－/A－1＋"的信用评级，展望为稳定。标普表示预计中国的人均实际 GDP 增长在 2013—2016 年将达到 6.7％。同时，标普表示中国未来 2—3 年经济和政治发展可以支持该评级。

标准普尔称，对中国的评级基于这个国家强劲的经济增长潜力、强有力的外部头寸以及相对健康的政府财政状况。同时，考虑到中国某些信用因素弱于类似评级国家的通常水平,比如中国人均收入较低、透明度较差、信息流动所受限制更严,中国的经济政策框架仍在调整中以适应其大体以市场为基础的经济体系,这是中国主权信用的负面因素。

中国政府近期发布的改革政策引人注目。标准普尔称,中国可能继续深化结构性改革与财政改革,尽管经济增长可能从历史趋势水平回落,但预计中国经济将延续相对强劲的表现,并维持其较大规模的外部债权人头寸。

对于中国的债务问题,标准普尔认为,在其基准预测情景中,2013—2016 年广义政府债务的平均年增长规模相当于 GDP 的 1.3%。广义政府债务相当于 GDP 的比例将基本保持不变,在此期间广义政府债务净值相对于 GDP 比率约为 13%—14%。但这似乎也不足以让人乐观,因为中国的实际财政状况比这些指标显示的情况会弱。地方政府存在大量预算外债务,这类债务大部分是由地方政府实体承担。由于缺乏关于这些债务及时的定期数据,而且地方政府对这些债务所应承担的法律责任也存在疑问,对这些债务的外部监控就变得极其困难。

在中国信息流动受到限制,并且缺乏透明度,这减弱了对政府信用状况的支持力度。外部分析师较难提前发现影响主权债务偿付能力的新情况,这增加了预测主权信用度主要影响因素的未来趋势的难度。此外,中国的政策制定者仍依赖直接干预措施调控经济,而信息流动受限和透明度问题也令外界很难判断政府直接干预措施的适当性。随着中国经济复杂度的提升,缺乏透明度也可能导致出现政策失误的风险。

中国的人均收入依旧低于评级相似的其他主权国家。标普预计 2013 年中国人均 GDP 接近 7 000 美元,这一指标显示中国经济的效率明显较低,在遭遇重大冲击时其经济韧性会低于较高人均收入的经济体。相比更加高效的经济体,若发生大的不利的经济或金融环境变化(包括与政策失误相关的),可能对经济增长前景造成更为严重和持久的破坏。

之所以展望为稳定,是基于以下认识,即中国未来两至三年内经济和政治发展可能支持现有评级水平,结构性经济改革可能减轻金融业的风险。在这种情况下,中国的人均实际 GDP 增长率能够维持在远高于类似收入水平经济体的平均水平之上。与此同时,预计中国在政策上会限制信贷投向商业上不具可行性的项目,从而继续控制金融体系内的信用风险。若结构性改革会使国内债券资本市场更加活跃,宏观经济调控更加依赖市场工具,汇率也更具弹性,中国主权评级可能上调。相反,若改革停步不前,导致人均实际 GDP 年增长率低于 4%,或政策制定者出台支持增长的应对政策加剧了金融业不稳定的风险,中国主权评级则可能下调。

在中国当下的经济大环境中,我们试图来对中国目前正在面临的系统性风险做一些基本的分析和讨论。笔者认为,系统性风险在中国与几个行业密切相关,金融体系中的银行业、证券业、非传统金融媒介,经济领域中的两个高风险的部分——房地产行业和地方政府融资平台,以及它们之间的相互关系和作用,都是研究中国系统性风险需要特别注意的领域。这几个部门之间风险可能发生的传导与联动而造成整体系统性风险的可能性是存在的。

7.1.1　商业银行隐匿的不良资产

截至 2013 年底,我国大型商业银行资产占银行总资产的 43.3%(中国银监会,2014)。并且,中国金融业仍是以银行为主导,银行积聚着来自政策、行业和企业的巨大风险。1994 年至 2000 年间,中国银行业亏损严重。最近十多年来,中国银行业开始盈利,但总体看来,除去不良贷款因素之后,利润并不大。图 7.1 来自中国银监会的数据,表明了中国银行业自 2004 年第四季度到 2013 年第一季度的不良贷款余额和不良贷款率。2013 年第一季度的不良贷款余额为 5 265 亿元人民币,不良贷款率为 0.96%。虽然不良贷款率看似很低,但是因为对不良贷款进行账面处理、通过各种方式压低不良贷款率的做法较为常见,所以该数据可能低估了中国银行业的真实风险。银行贷款通过不同渠道获得展期,即银行将到期还不了的贷款的期限再次延展,使得部分风险递延,即使违约,坏账也不在即期显现。例如预期某个客户还款有困难,可以将相关贷款卖给另一个银行,日后再买回来变身为新贷款。其他的处理方式还包括加大不良核销力度、进行"贷款平移"等。比如,对政府平台贷款"可在原有贷款额度内进行再融资",2012 年大部分到期债务被展期。目前中国不管是企业发债还是信托计划、理财产品的兑付,都是"零违约"。在资产状况和信用状况异常好的数据掩盖下,风险正在积聚。

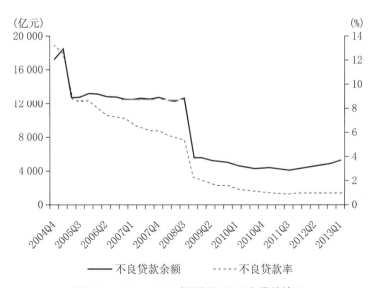

图 7.1　2004—2013 中国银行业不良贷款情况

2012 年底,中国银行业贷款余额约为 67 万亿元,地方融资平台、房地产、企业集群和产能过剩行业的贷款约占半数以上,伴有较大的信用风险暴露。其中地方融资平台贷款余额达到 9.2 万亿元,占到银行业贷款余额的 13.8%。英国《金融时报》根据官方数据进行的计算显示,地方政府本应在 2012 年底前连本带息偿还的大约 4 万亿元人民币贷款中,各银行延展了至少 3 万亿元人民币。如此大量的贷款展期,让人担忧这是否就是一种变相的违约行为,因此人们对地方政府平台贷款质量的忧虑有所加深。

2012 年底,中国银行业协会和普华永道联合发布的《中国银行家调查报告 2012》显示,房地产和地方政府融资平台是银行家们 2012 年最为关注的风险领域。其中,超过六成的银行家表示应收缩地方政府融资平台贷款规模,46% 的银行家认为部分地区会出现债务违约。并且,最大的"中国特色"依然没有根本性改变——中国金融业仍是以银行为主导,银行仍然积聚着来自政策、行业和企业的巨大风险。

据估计,中国商业银行的总贷款中,大约有 50%—60% 直接与房价、地价密切相关。如果一个宏观冲击导致全国平均地价与房价下跌 15%,那么中国商业银行将会出现相当于总资产 9% 的损失,这意味着商业银行的自有资本金将消耗殆尽。

除了贷款以外,银行也是银行间市场债券的主要购买者之一,地方政府平台债券的信用违约会对商业银行造成损失。自 2008 年以来,地方融资平台债券中 AAA 级发行人发行的债券规模呈明显下滑态势,已由 2008 年的 40.11% 下降到 2012 年的 15.86%。

再有,最近中国信托业笼罩在刚性兑付打破和违约的担忧中。虽然中诚信托旗下的"诚至金开 1 号"信托计划最终以和解告终,但信托公司管理的高额资产(2013 年超出 10 万亿元)和高杠杆率,成为金融体系的薄弱环节。因为信托业的风险更多源于银行业务,一旦信托违约,银行的不良贷款将面临巨大压力。

从金融结构上来看,中国的银行资产占 GDP 的比重大约是 250%,与其他国家相比,可能是最高的。中国直接融资与间接融资之比大约是 1:3(即 25% 左右),而美国的直接融资占比在 70% 以上(吴晓求,2012)。提高直接融资比重,发展债市一直是中国金融改革的目标。最近,标准普尔在发布的《信用前景:中国和亚太区的债务长城将超越北美和欧洲》中表示,2013—2017 年,在全球 53 万亿美元的公司债务融资需求中,亚太区将占去约一半,超过北美和欧洲的总和,仅中国就将占到全球需求的约三分之一。认为中国公司的债务需求到 2017 年底可能达到 18 万亿美元以上,最晚于 2015 年取代美国,届时中国将成为全球非金融企业中规模最大的公司债务市场。中国信贷规模的快速增长将促使信用质量出现不断下降的风险,不过不良贷款水平仍在可控范围内。

我们在第 2 章谈到的五种金融系统性风险的基本类型,主要是在欧美金融体系研究的基础上总结出来的,基本上也适用于中国的金融体系。有些学者指出,在中国,由于金融体系中的核心部分是由大型国有商业银行构成的,国家对这些银行实际上有很强的担保,进而认为中国的金融体系不存在西方国家那样的金融危机。固然,中国金融体系的这种特殊性会在很大程度上改变系统性风险累积和爆发的过程,风险也可能通过隐形的方式得以释放,比如不良贷款冲销。但是代价是必不可少的,冲销不良贷款实质上是政府强制性地把国有银行的系统性风险转嫁给整个国家,由整个经济体共同承担。因此,我们不能不重视这些隐匿的风险。

7.1.2　谁是影子银行风险的承担者

影子银行作为游离于传统银行体系之外的,包括实体和业务活动在内的信用中介体系,可被利用于进行期限或者流动性的转换,还可以进行信用创造。第 1 章我们曾介绍过全球影子银行在 2011 年的规模大约为 70 万亿美元。

在中国,影子银行自 2010 年开始扩张至今也有一定的规模了,其功能是在银行体系之外通过资本市场提供资金融资渠道。国内的影子银行的内涵概念与国外有一定的区别,它主要涉及"社会融资的多元化"或称"非传统金融媒介"。包括(1)以银行理财产品为代表的银行表外业务系统;(2)非银行金融机构,但具有信用创造能力的系统;(3)广泛的民间金融系统,比如民营企业通过不同的委托基金运作的资产。

2014 年 1 月 14 日,中国人民银行调查统计司司长盛松成在国新办新闻发布会上表示,影子银行是市场的产物,是金融创新产物,当前要积极引导其向好的方向发展,监控其风险。盛松成称,影子银行是在传统的金融体系以外从事信贷、资金融通等机构和业务。不单单是机构,银行里面也有影子银行。影子银行是行银行类金融机构之实、无传统银行之名的机构和业务。例如小贷公司,基本认同它是影子银行。目前小贷公司 8 000 家左右,8 000 亿元左右的贷款;再比如一部分理财产品可能也在影子银行范围内。

另外,2014 年初,一份规范影子银行的国办 107 号文——《国务院办公厅关于加强影子银行监管有关问题的通知》(下面简称"107 号文")在业内广为流传,该文件于 2013 年 12 月中旬向"一行三会"(央行、银监会、证监会、保监会)、各部委以及省级地方政府下发。文件理清了之前各部委对影子银行范围的争议,指明影子银行的产生是金融发展、金融创新的必然结果,作为传统银行体系的有益补充,在服务实体经济、丰富居民投资渠道等方面起到了积极作用。文件指出,中国的影子银行主要包括三类:(1)不持有金融牌照、完全无监管的信用中介机构,包括新型网络金融公司、第三方理财机构等;(2)不持有金融牌照,存在监管不足的信用中介机构,包括融资性担保公司、小额贷款公司等;(3)机构持有金融牌照,但存在监管不足或规避监管的业务,包括货币市场基金、资产证券化、部分理财业务等。107 号文界定的影子银行范围比前述央行盛松成界定的影子银行的范围略窄。

此文件没有将私募股权基金纳入影子银行,但首次把银行理财和信托理财中没有做到一一对应的资金池业务纳入影子银行的范畴,以及把存在监管不足的非金融机构包括担保公司、典当行、融资租赁公司等信用中介机构也纳入影子银行的范围。

中国社科院于 2013 年 10 月 8 日发布的《中国金融监管报告 2013》表示,即使采用最窄口径(即银行理财业务和信托业务),到 2012 年底,影子银行体系规模达到 14.6 万亿元(基于官方数据)或 20.5 万亿元(基于市场数据)。前者占 GDP 的 29%、占银行业总资产的 11%,后者占 GDP 的 40%、占银行业总资产的 16%。还有的专家估计,总规模大概是 23—25 万亿元,占国家金融总资产的四分之一左右。瑞士银行(UBS)于 2014 年 1 月 28 日发布报告,估算中国影子银行体系的总规模大约为 30—40 万亿元。

风险上升还体现在社会融资总量的持续快速扩张。自 2009 年以来,社会融资总量占 GDP 比例急剧攀升,从 2009 年的 129% 升至 2013 年底的 180%,短短 4 年内上升了约 50 个百分点。中国人民银行 2014 年 1 月 15 日发布数据显示,2013 年全年社会融资规模同比增长 9.7%,达到 17.29 万亿元的年度历史最高水平,全年新增人民币贷款同比增长 8.4%。信托公司和其他影子银行实体提供贷款增至创纪录的 5.2 万亿元左右,占社会融资总额的 30%,这一比例高于 2012 年的 23%。

在中国,影子银行的作用可以分成两部分,一部分是市场的有益补充,有前景的中小企业无法得到贷款,企业在年关需要调头寸,大型基建项目做到一半政策收紧,都需要影子银行及时提供"弹药"。国内银行深知农业和中小企业的重要性,但给予两者的贷款却很少。自有市场的贷款利率比银行基准利率要高 5—7 倍,这是所有权、公司治理和管理等造成的问题。农民和中小企业抱怨银行体制僵化(贷款评估费时)、要求苛刻(对抵押物、贷款额度都有严格规定)、周转于政府各级关系中不得抽身。只要信贷紧缩,银行首先就减少对农业和中小企业的贷款,使得这些弱势客户深受其害(张化桥,2013)。正因为这些原因,影子银行的出现在一定程度上解救了中小企业和农业的发展。没有影子银行,就没有中国的草根经济,其根源就在于市场需要。正因为如此,107 号文没有一棍子打死影子银行,而是肯定影子银行的产生是经济发展、金融创新的必然结果,作为对传统银行体系的有益补充,在服务实体经济、丰富居民投资渠道等方面起到了积极作用。

同时,另一部分,影子银行有追逐暴利的倾向,互联网金融、典当行、小额信贷公司、融资租赁公司,其中很大一部分打着为实体企业解困的旗号,吸储发放高利贷。这将破坏实体与金融领域的生态。在监管层面,影子银行存在的问题包括三个方面:(1)监管套利;(2)没有一个恰当的监测工具监测这些金融创新产品;(3)影子银行的潜在风险是否会引发系统性风险。

107 号文明确了影子银行分类、监管部门以及监管办法。其主旨在于,允许符合规定的影子银行将影子资金透明化,同时坚决制止小贷公司、融资租赁、担保机构进行事实吸储发放高利贷。债务杠杆不能在表外加长。107 号文件虽然给出了"顶层设计",但具体的监管分工仍未细提,但监管层已经认识到,银行业表内外非标准化债权资产的快速增长,存在系统性风险隐患。银监会、发改委、工信部等八部门已于 2013 年 12 月 21 日联合发文,清理规范非融资性担保公司。据业内人士透露,央行也正牵头出台规范 P2P 的文件;银监会也将相应推出进一步规范银行理财和同业业务的相关文件。

总之,在中国资本市场逐步放开的过程中,发展影子银行体系是市场的需要,但它也确实蕴含了较高的风险。影子银行风险最关键的一点是,产权不清晰导致风险的承受者究竟是谁不明确。另一个令人担忧的问题是,影子银行具有亲周期性的特点。即在正常时期影子银行作用不那么明显;如果市场乐观,它会放大这种乐观的情绪,增加杠杆率,使得信贷投放量迅速膨胀;但在受到冲击的非常时期,市场信心缺失,它也会放大这种悲观情绪并引起市场恐慌,严重时将导致经济危机,使得经济系统面临崩溃的风险,它深藏系统性风险的种子。

而在中国,最大的两个债务方——地方政府性债务和与之关系紧密的房地产行业,正是影子银行重要的资金去向。理财产品将大部分债券类产品资金投放到中低评级的地方融资平台的债券中,而信托资金主要投向政府主导的基础产业、房地产与工商企业。如果地方政府性债务爆发信用危机或者房地产泡沫破裂,最终损失仍将通过影子银行体系传导到商业银行。再有,中国金融业最大的问题是迄今未能建立起市场化的信用体系和风险控制体系,而是在政府的引导下不加甄别地进入基建、光伏、物联网等行业。目前,如果不加控制将盲目地进入城镇化、新农村、环保等概念行业中。而一旦产能过剩等问题出现,会出现问题一片的状况。

在 2014 年 2 月 22—23 日在悉尼举行的 G20 财长及央行行长会议上,央行行长周小川表示,中国政府高度重视经济运行中存在的风险,参照和学习国际经验教训,对影子银行实行有效监管。中国影子银行总体规模不大,但近期增长较快,我们正谨慎应对。当前债务占 GDP 比例上升,已引起政府重视。家庭负债不高,公司债务偏高,高储蓄可能通过商业银行渠道拉动信贷增长和债务上升。中国政府将大力推动资本市场建设和完善,提高直接融资比例,但这将是长期工作。

7.1.3 不透明的地方政府性债务

与地方政府性债务或地方政府融资平台相关的系统性风险是我国独有的一个特殊现象。2010 年银监会发布数据称地方政府融资平台的贷款余额为 7.66 万亿元。央行公布截至 2010 年末,保守估算地方融资平台贷款规模已逾 10 万亿元。截至 2012 年底,对地方政府性债务的估计,不同的统计口径虽然存在一定的差异,但大约在 12.9—19.94 万亿元的范围内(中国社科院 2013 年底的最新研究成果显示 19.94 万亿)。2013 年 12 月 30 日,来自国家审计署公布的数据,截至 2013 年 6 月底,四级地方政府(省、市、县、乡)负有偿还责任的债务为 10.89 万亿元,加上或有债务共 17.89 万亿元,负有担保责任的债务 2.67 万亿元,可能承担一定救助责任的债务 4.34 万亿元(财新网,2013)。从举债主体看,融资平台公司、地方政府部门和机构仍是主要的举借主体。从债务资金来源看,银行贷款和发行债券仍是债务资金的主要来源。从债务资金投向看,用于交通运输、保障性住房、土地收储和市政建设的债务支出增长较大。

银监会最近指出,目前地方融资平台潜在风险突出,风险判断为总体可控,但监管面临几重严峻挑战。首先是财政代偿压力较大,按最保守的估计(不考虑债权、信托等融资渠道的债务),平台贷款余额接近 9.5 万亿元,超过 2012 年地方财政的 1.5 倍。其次是未来三年的到期偿付高峰。根据银监会的统计,未来三年到期的贷款占比高达 40%。再有,由于地方政府集中换届,新的投资冲动和融资需求难以避免。与此同时,地方政府通过公开集资,委托代建回购和借道非银行等金融机构进行融资的做法,已被明令禁止,导致资金压力进一步向银行集中(财新网,2013)。

目前对地方融资平台相关的研究主要还是参照西方国家研究的惯例,认为地方政府债务不应该超过一个危险界限。"债务负担率标准与财政偿债能力存在直接关系,财政偿债能力主要取决于财政收入规模,特别是财政收入相对规模——财政收入占 GDP 比例。因此,债务负担率 60% 的控制线应当是与欧盟国家的财政状况相适应的。目前学术界普遍认为将欧盟债务控制线适用于我国财政的债务负担率时,其标准应当在 45% 左右。照此标准衡量,我国 2010 年债务负担率接近 50%,已经跨越红线。其中最人的债务种类是地方投融资平台债务,因此,严格控制平台债务肯定是应有选择。"(武彦民、张丽恒,2012)

从系统性风险的角度看,与地方融资平台相关的风险主要是融得的资金投资失败带来的相关风险。一方面,地方融资平台资金来源主要集中在商业银行,一旦地方融资平台出现危机,必然波及银行系统;另一方面,考虑到地方政府债务与房地产行业的紧密联系,当房地产行业不景气时,房地产行业贷款和地方政府平台贷款的信用情况将同时恶化,对银行业的系统性冲击将难以估计。再有就是根源于我国地方政府在经济发展中起到的重要推动作用,在一定程度上中央政府对其隐形担保也许会造成长期的道德风险,出现危机必然会对经济整体发展带来重大的冲击。此外,地方平台债务的透明度差,融资具体数额以及用途和盈亏不清晰,并呈现复杂化和隐蔽化的倾向,极不易进行风险评估和管理。

7.1.4 房地产业泡沫

房地产作为我国经济的支柱性产业,对其他产业和经济体系的影响是至关重要的。

房地产可以通过产业链之间的联系对上下游产业造成影响。房地产可以带动在其上游的产业诸如建筑业、钢筋水泥等建材等行业的快速发展；房地产需要很多相关的产业提供配套的产品，处在房地产业下游的产业比如家具、家电、装修装潢行业的兴衰很大程度上依赖于房地产业的发展，化工、轻工、纺织等产业也会受到房地产业的带动。和房地产业息息相关地还有金融业，尤其是开发商和贷款购房者的相关信贷都从商业银行进行融资的，可以预见，一旦房地产出现问题，以银行系统为核心的金融体系首先就会受到冲击。房屋作为居民消费中很大的一项支出，对居民其他的消费也会产生影响，进而影响商业、贸易等行业。总之，在经济体中，房地产业关联 60 多个产业、3 000 多个行业，每个房屋产品包含至少 18 000 个子产品。中国的 500 强企业里有 70% 是房地产开发商或其业务与房地产有关的（刘艳，2013）。如此高的关联度，足以让房地产业成为中国经济发展轨迹的一个缩影，也成为系统性风险孕育的核心。另外一个比较特殊的扭曲现象是"癌症城市"的出现，类似"空城计"正在各地蔓延。空置住宅的数量没有官方的报告，媒体报道称，以公安部门的材料，北京已有超过 380 万套空置房，可容纳 1 200 万人居住，天津滨海新区存在大量写字楼过剩成"鬼城"（《青年商旅报》，2013）。

刚刚过去的全球金融危机、欧债危机以及第 3 章中列举的历史上的系统性危机，其中很多危机的爆发都与房地产业泡沫有关，也有一些危机的导火索就是房地产业泡沫的破灭。中国与其他任何国家一样，房地产市场的问题几乎会引起其他所有行业的连锁反应，是系统性风险的中心地带。通过过度借贷投资房地产来带动经济增长的发展模式已经显露出诸多弊病。罗伯特·希勒近几年一直提醒中国大城市房地产泡沫严重，指标是房价与家庭年收入之比。

7.1.5　房地产业与地方政府性债务关联紧密

地方土地财政是中国独有的，它为地方政府参与经济活动提供了基础并注入了巨大的活力。但与此同时，地方政府的土地财政也使得地方政府性债务风险与房地产业的景气程度有较高的相关性。一方面，土地出让金收入以及与房地产相关的税费收入，在地方政府财政收入中占到较大比重，在部分省市甚至高达 50%。同时，在相当长的一段时间内地方政府举债以土地作为担保或者抵押。地方政府性债务的可持续性以土地价格的不断升值预期为支撑，根据中国审计署在 2013 年 6 月发布的报告显示，有 4 个省和 17 个省会城市本级政府应负偿还责任的债务余额中，有 55% 承诺以土地收入偿还，但这些地方 2012 年需还本付息额已达其可支配土地收入的 1.25 倍（财经网，2013）。如果房地产市场低迷导致土地价格和交易量下滑，地方政府财政收入将大幅减少，并且地方政府融资平台的流动性也将迅速降低，偿债风险会迅速加大。另一方面，考虑到地方政府性债务对土地价格的依赖性,中央政府虽然不断强调对房地产市场的严格调控,但地方政府推高地价是保证其债务可持续性的理性选择,房地产调控受到无形的约束。

7.1.6 公共债务和总债务

1. 公共债务

公开数据显示,中国目前公共债务与 GDP 的比值接近 16%,巴克莱认为这大大低估了政府的潜在负债。例如,地方政府发行的债券,(原)铁道部、政策性国有银行、资产管理公司、国有商业银行以及金融系统的不良贷款都可以说是潜在的负债。此外,中国政府也在改善社会福利如医疗、教育和养老保险等方面面临支出压力。按照巴克莱的测算,政府负债最高将达 50.44 万亿元,最少也有 32.24 万亿元。

中期来看,最大的财政风险是地方债。地方政府的大量借债,承担比其收入更多的支出责任,通过固定资产投资拉动经济增长,造成地方政府不得不求助于其他资金来源。在过去 35 年中,地方政府先通过收费,后在土地销售中取得财政收入,另外还不断地从金融机构或资本市场借贷,并且没有独立的资产负债表,所有借款最终都由中央财政提供担保。因此,理论上讲,地方政府可以几乎没有限制的借贷,如果不加以控制,可能导致重大的金融风险和财政风险。

长期来看,最大的财政风险是养老金缺口。研究发现,中国养老金支出将迅速上升,并有可能超过国有资产总额,人口老龄化将进一步扩大养老金缺口,而目前的养老保险制度正在严重损害财政可持续性。但总的看来,中国经济整体势头良好,中央财政状况充实,外汇储备雄厚,未来几年中国面临债务危机的概率是很低的。

2. 总债务

据最新的报道,中国政府、企业和家庭的债务之和在 2012 年接近 GDP 的 220% 左右(王志浩,2013),或 111.6 万亿元,接近 GDP 的 215% 左右(中国社科院,2013)。中国的总负债水平低于大多数发达经济体,但比其他金砖国家都要高。它们都是来自哪里的呢?据渣打银行研究部发现,从 2000 年到 2008 年,中国的总债务情况基本没有大的变化,保持在 GDP 的 150% 左右。而到了 2008 年底,4 万亿投资之后该比率开始增加,之后又在 2010 年和 2011 年,大约平稳在 170% 左右,增加了 20%。到了 2012 年终,该比率增加到 220%(已超过 100 万亿元人民币)。其中,20% 来自家庭,政府占比(包括中央政府和地方政府等)大概是 GDP 的 80%,最大的一部分是企业负债,占到 120% 左右。

针对这三种债务,渣打银行研究部的报告除了讨论政府的债务问题之外,主要担心的是中国企业的债务,并不是因为规模的问题,而是担心这些企业的还债能力。渣打计算了企业的债务和税前的收入相比,其他国家基本是 1 到 2,中国是 3.5,一般经济学家认为,这个数字如果超过 2,企业将面临很大的还债挑战。

中国社科院在 2013 年底发布了一项研究成果——《中国国家资产负债表 2013》。研究发现,中国的国家净资产(非金融资产加上净对外资产)超过 300 万亿元,总负债为 242 万亿元,国家整体资产负债率呈上升趋势,特别是在受到金融危机影响较大的 2009—2010 年间,上升幅度较大,此后,在 2011 年虽有轻微回落,但仍旧远高于 2007 年的水平。这一结构变化表明,在国家资产形成中,对债务融资的依赖有所上升,进而造成债务风险相应提高,去杠杆在所难免。国家资产负债表近期的风险点主要体现在房地产信贷、地方债务,以及银行不良贷款等项目,而中长期风险则更多集中在对外资产、企业债务,以及社保欠账等项目。

7.1.7 证券业与经济的低相关性

经济学理论和实践都已证明,经济增长是资本市场强盛的前提基础。在 2010 年末,中国的沪深股市总市值达到 20 万亿元人民币,规模仅次于美国股市,显然是中国宏观经济过去 35 年的高速发展为资本市场提供了动力。当投资者对经济前景持乐观态度时,资本市场往往会有较强的走势。一般而言,资本市场通常呈现出稍微领先于经济发展的规律,也就是说其可以对经济发展起到一定的预测作用。美国的股市总市值自 1996 年开始超过 GDP,16 年来一直领先 GDP,只有 2008 年低于 GDP,之间有良好的线性关系,表现出高度的一致性。在这个意义上,中国的资本市场和实体经济之间呈现出发散的关系。如图 7.2 所示,自 90 年代初中国股市建立到 2005 年,上市企业的利润规模整体上增长一直比较缓慢。金融危机之后这几年,有小幅的增长。2000—2005 年以及 2009—2012 年,

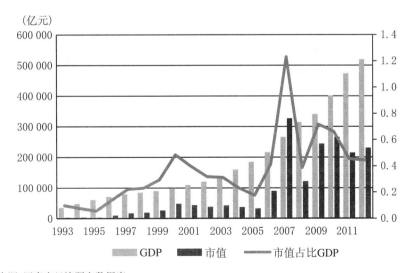

资料来源:国泰安经济研究数据库。

图 7.2 1993—2012 年中国市值与 GDP 情况

市值与 GDP 的增速是反向的,即经济在增长,市值却在降低。股票市场大量的投资损失转嫁到散户身上(85%以上的投资者亏损),这必然影响投资者的信心,认为资本市场有"圈钱"的机制。另外,相当多上市公司的效益低下,它们一般没有足够的利润可以分红,但也有不少利润丰厚的公司不肯分红。截止到 2011 年,上市 5 年来不分红的公司有 400 多家(谢百三,2013)。这些现实加剧了资本市场的结构性矛盾。关于中国股市的问题与缺陷,很多学者和业界人士有过大量的研究和评述,我们不在此赘叙。

3. 其他行业

考虑我国的系统性风险不能脱离其他的一些实体经济部门,比如工业、商业等。工业和房地产业一样,是国民经济的支柱性产业。工业向国民经济提供能源和原材料,为其他各个行业生产设备,源源不断地提供人们需要的各种产品,它对一个经济体的影响是在基础层面的。再比如商业,主要包括超市连锁、旅游、进出口等类型的公司,它和居民的日常消费有着更紧密的联系。当经济增长放缓或者发生重大危机时,商业通常会随着居民和企业缩减开支而出现大幅度的收缩,因而商业受经济走势的影响通常较大。上交所和深交所把进出口类的贸易公司纳入商业的范畴,而进出口和外贸正是其他国家或地区经济发生危机时对我国经济产生负面影响的主要途径之一。比如在东南亚金融危机、美国次贷危机和欧洲主权债务危机等爆发的时期,我国的外贸部门都受到过比较严重的冲击,进而对经济整体造成一定的冲击。

7.1.8 繁荣背后的隐患

对中国系统性风险状况的综合性分析是一个专门的研究课题,需要对系统性风险的规模、分布和关系特征有清晰认识。以上笔者只选择了几个关键的部门,在实体经济的大背景下考虑中国的系统性风险。鉴于以上的分析,我们认为,中国的系统性风险正在积累之中,2014—2015 年是一个关键时期。主要的危险地带体现在企业债务、地方政府债务和房地产债务与银行贷款的直接关联,以及非传统金融部门的信贷增速。这些潜在的隐患反映了中国金融行业的特色:包括商业银行和影子银行在内的银行系统以及以股票市场为核心的证券市场负责聚集资本,这些资本被相对集中地输送到三个主要的领域:以国有企业为主的大中型企业、房地产行业和地方政府融资平台。在这个资本流动大趋势的背后有政府政策的巨大影响:比如,宽松的政策、以高铁为代表的超大型投资项目、四万亿计划、地方政府内生的持久投资冲动等。从概念上而言,由于它们之间的高度连接,这些部门中间任何一个发生问题,都可能影响银行系统或其他的部门。在概念上,我们用图 7.3 来示意性地表达这些部门之间的主要链接关系(不一定完整地表示了所有的细节关系)。其中实线代表资金流向,虚线代表实体发生困境时的影响方向。

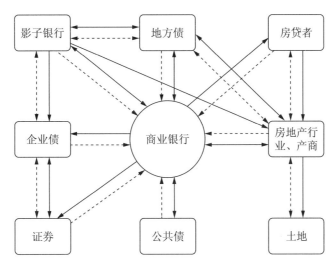

图 7.3　经济、金融系统中几个关键部门的关系

中国经济的系统性风险体现在一个循环之中：即经济的良好运行高度依赖于经济持续保持高速增长，只有高速的增长才能平衡潜在的各种问题。有一些问题是制度性的，比如，中央政府主导的超大型投资如何保证未来良好的运营以实现预期的现金流来偿还巨额负债？地方政府融资平台巨额债务如何偿还？中国地方政府债务不同于西方国家的根本点是政府拥有大量资产，但是如果真的走到需要出售政府抵押资产还债的地步，能够操作吗？中国的外贸部门如何应对越发严峻的出口压力？中国的房地产市场还能维持目前的高位多久？考虑到经济系统中行业之间越来越紧密的联系，央行所定义的社会融资总量中，债务和信贷占 GDP 的比重在不断攀升，并且信贷扩张与 GDP 增长之间的联系在日益削弱，以上任何一个部门或者产业发生预料之外的震荡都有可能演化为一场全经济体范围内的危机。而在发生危机时，金融业尤其是银行系统会成为风暴的核心。这就是中国经济目前面临的最大的结构性挑战：整个经济体系的良好运转建立在经济持续高速增长之上，而后者又恰恰是前者的结果。

7.2　中国系统性风险的五个实证性研究

对系统性风险测量的定量研究方法，我们在第 6 章进行了详细的讨论。本部分结合中国的情况，从建立系统性风险的微观测量、边际风险测量，设立多维指标，研究宏观冲击的压力测试模型方法，以及讨论中国地方政府城投债的信用风险问题等方面，重点针对系统性风险的核心问题——传染和冲击，选取五个方面进行实证性研究。

（1）用 CoVaR——条件在险值，测量单个金融机构在系统性风险中的风险外溢，以及 ΔCoVaR，即单个金融机构对系统性风险的边际贡献。我们研究了中国的 14 家上市银行，并对美国的 8 家银行也进行了测度和比较，得到了一些很有趣的发现。这个方法是基于以机构为核心的市场信息，数据较易收集。由于该领域的研究在中国当前还处在非常初期的阶段，因此这不失为一个很有意义的尝试。

（2）我们使用系统性期望损失（SES）和边际期望损失（MES）模型对我国 24 家上市金融机构的系统性风险外溢情况进行多个角度的实证分析，计量模型对现实的拟合效果较好，得到了一些具有启发性的研究结论，以此便可以为监管部门提供有效的监管建议。与 CoVaR 方法类似，这个方法也是基于以机构为核心的市场信息来对系统性风险进行测度的，数据采集比较容易；另外，该方法对金融机构市场数据 α 分位数以下的尾部进行了相应的分析测度，同时测度结果具有可加性，因此其适用性较优。

（3）定义"紧密度"指标，尝试描述、观测系统性风险。考虑国家经济和金融体系内部各个子系统形成的关联结构，用"紧密度"的概念，来定量描述子系统的连接、相关和共谐（co-movement）的程度。因为"紧密度"与系统性风险的积累程度和传导途径相关，一个经济体在系统性风险高时，系统的"紧密度"一定是高的。我们用格兰杰因果关系模型，分别定义描述紧密度的微观、中观和宏观三个层次的指标，所得结果与中国的实际情况有较好的吻合。这些指标不仅可以用于金融体系内部，还可以用于观测更广泛的、包括金融体系在内的一般经济体的系统性风险。该方法的核心与系统性的"传染"有关。

（4）压力测试普遍被金融机构用于测量经济宏观冲击，对银行风险业绩的影响，比如违约率的变化等，已被用于管理资本金，成为当今一个很重要的防患于未然的方法。我们在研究中重点讨论了经济变量间的时滞效应和动态的反馈效应，以及风险通过经济变量之间的相关性在经济系统内部的传染效应。观察到 GDP 受到冲击时和房地产价格受到冲击时对贷款违约率的影响，以及它们的时滞效应表现出明显不同的特征，得到了不少富有启示的结论。

（5）中国地方政府债务无疑是系统性风险研究关注的一个领域。我们研究了城投债的信用风险模型和地方融资平台债券的发展情况。对 2003—2012 年全国地方融资平台债券的发行总额、发行数量、发行地区和平均期限的变化趋势进行了研究；使用财务报告，从多个角度与普通企业债进行对比分析和统计检验。为了研究地方融资平台债券的信用风险，采用了平台债券的信用利差作为其间接度量，建立了两个回归模型，得出了一些有意义的结果。

7.2.1　系统性风险的微观测量 I ——基于 CoVaR 模型的实证分析

作为一类通过机构的市场数据来测量系统性风险的方法，我们在第 6 章介绍了条件在险值(conditional value at risk,简称 CoVaR)的模型及其用途。近年来一些学者和美联储的经济学家对这一方法的研究,已引起了金融业和监管机构的重视。这一节我们报告应用 CoVaR 的方法,对中国的银行业的系统性风险进行测量,并对美国的 8 家银行进行对比性研究,探讨 CoVaR 成为金融机构未来测量系统性风险的一个重要指标的可能性。

1. CoVaR 方法以及分位数回归介绍

如在第 6 章中介绍的,CoVaR 模型最早由 Adrian 和 Brunnermeier 提出,它是基于传统 VaR 模型的一种衍生,定义为当某个金融机构陷入困境时,整个金融系统因此所面临的风险水平。CoVaR 模型旨在度量金融机构对整个系统的风险外溢效应,它克服了传统 VaR 模型仅关注金融机构自身风险的缺陷。一家机构的 CoVaR 值(在这里取绝对值)越大,表明其一旦出现危机,对系统产生的影响也将越大。其具体定义可以用如下公式表示:

$$\Pr(X^{system} \leqslant CoVaR_q^{system|i} \mid X^i \leqslant VaR_q^i) = q$$

其中,X^i 表示金融机构的收益率,q 代表置信区间,X^{system} 代表整个金融系统的收益率。更进一步,可以通过比较当某个金融机构处于困境时系统的 CoVaR 值和该金融机构正常运营时的 CoVaR 值的差,即 $\Delta CoVaR$,来更准确地反映单个金融机构对整个金融系统的边际风险贡献。

$$\Delta CoVaR^{system|i} = CoVaR^{system|X^i \leqslant VaR} - CoVaR^{system|X^i = Median^i} \tag{1}$$

以此来表示当金融机构 i 处于困境时(损失达到或超过当前 VaR 值),系统的 CoVaR 值与当金融机构 i 处于正常状态时(损益为中位数)系统的 CoVaR 值之差。假设当机构 A 和机构 B 的 VaR 值相同,但是 A 的 CoVaR 值相比 B 的 CoVaR 值更大时,那么虽然 A 和 B 自身的风险水平相当,但是 A 相较 B 有更多的风险外溢,因此需要对机构 A 施加更加严格的监管举措。

由于传统的使用最小二乘法进行线性回归时,对变量有严格的要求,例如变量的分布必须为正态分布等。但是,实际的金融数据往往呈现出尖峰厚尾,同时存在着显著的异方差现象,这些问题将导致使用最小二乘法计算得出的结果稳健性较差。而分位数回归能够放宽对变量特性的要求,能够对金融数据进行有效的处理。另外,CoVaR 模型旨在研究变量分布尾部相互间的关系,而分位数回归法可以根据因变量的条件分位数对自变量进行回归得到所有分位数下的回归模型,包括尾部的回归模型,因此分位数回归分析法更适合进行 CoVaR 的计算。

传统的最小二乘法要求,样本均值回归的误差平方和最小,即:

$$\min \sum_{t=1}^{n} (y_t - \partial - \alpha - \beta x_t)^2$$

而分位数回归要求加权误差绝对值之和最小,即:

$$\min\left\{\sum_{t=1}^{n} q \mid y_t - \alpha - \beta x_t \mid + \sum_{t=1}^{n} (1-q) \mid y_t - \alpha - \beta x_t \mid\right\}$$

在金融风险管理等研究领域,通常使 q 取一个较小值,如 0.05、0.02,这样就可以发现收益率分布在尾部的情况。分位数回归方法的使用,能够为我们全面理解金融风险提供全新的视角和思路。

分位数回归方法是测量 CoVaR 的有效方法。如果要测量金融机构 i 对金融机构 j 的风险溢出效应(即 CoVaR),可以建立 q(通常取 0.05)分位数下的分位数回归模型:

$$R_q^j = \hat{\alpha}_q^i + \hat{\beta}_q^i R^i \tag{2}$$

其中,R^i,R^j 分别表示金融机构 i 和 j 的收益率,q 表示所选择的分位数。当把 j 当做整个金融系统时,式(2)变为:

$$R_q^{system} = \hat{\alpha}_q^i + \hat{\beta}_q^i R^i \tag{3}$$

此时,R_q^{system} 可以表示为当金融机构收益率为 R^i 时,整个金融系统的 VaR 值。同时,根据 CoVaR 的定义,我们可以知道,

$$CoVaR^{system|i} = VaR^{system} \mid (X^i = VaR^i) \tag{4}$$

结合式(3)、式(4),取

$$R^i = VaR^i$$

可得

$$CoVaR^{system|i} = VaR^{system} \mid (X^i = VaR^i) = \hat{\alpha}_q^i + \hat{\beta}_q^i VaR^i$$

因此,如果要测量一金融机构的 CoVaR 值,就需要先使用分位数回归方法估计出 $\hat{\alpha}_q^i$ 和 $\hat{\beta}_q^i$,然后代入该金融机构的 VaR 值,计算出相对应的 $CoVaR^{system|i}$。

2. 中国银行业实证分析

(1) 研究对象。

我们选取了国内已经上市 4 年以上的 14 家商业银行作为研究对象。包括:中国工商银行,中国建设银行,中国银行,交通银行,北京银行,招商银行,中信银行,南京银行,宁波银行,浦发银行,华夏银行,平安银行,民生银行,兴业银行。中国农业银行和光大银行虽也已上市,但它们的上市时间较短,因此没有包含在样本之中。

（2）数据集。

根据 CoVaR 模型的定义,我们将主要采用所选研究对象的公开股市市场数据作为基础。数据集主要包括每日股价(即当日收盘价,以下均以股价代替),上市银行季度财务数据。另外,将采用申万二级行业分类中的银行业指数作为整个银行业系统收益情况的替代。样本采集区间为 2007 年 10 月 1 日至 2012 年 9 月 30 日,共计 261 周,约 1 230 个交易日,取自雅虎财经的历史股价记录。日股价主要用于 CoVaR 和 VaR 的计算[①]。季度财务数据用于寻找对系统风险有显著贡献的风险因子。

（3）数据处理。

不同上市银行的发行价不一,其资产损益情况难以以一个绝对数来进行相互之间的比较。因此,需要使用股价计算出收益率之后,再计算 VaR 和 CoVaR。虽然 VaR 的定义是指一定的置信水平下,某一金融机构在未来特定的一段时间内的最大可能损失,而非损失率。但是出于需要在不同机构之间进行对比的考虑,将使用损失率进行 VaR 和 CoVaR 的计算[②]。由于单个金融机构的风险外溢在一定程度上存在着一定的时滞,单日 VaR 和 CoVaR 很难反映系统性风险的演变,因此我们将计算 95% 置信水平下的周 VaR 和周 CoVaR。

（4）模型建立。

根据所计算得出的各家银行从 2007 年 10 月至 2012 年 9 月的周收益率序列,以银行业指数收益率为因变量,各银行收益率为自变量,取分位数 q 为 0.05,建立分位数回归模型。这里以中国工商银行为例,进行介绍。模型建立如下:

$$R_{0.05}^{system} = \hat{\alpha}_{0.05}^{system \mid ICBC} + \hat{\beta}_{0.05}^{system \mid ICBC} R^{ICBC}$$

使用 Eviews 6.0 中的分位数回归模块,得到结果:

$$\hat{\alpha}_{0.05}^{system \mid ICBC} = -0.036\ 468\quad \hat{\beta}_{0.05}^{system \mid ICBC} = 0.921\ 543$$

即

$$CoVaR_{0.05}^{system \mid ICBC} = -3.65\% + 0.92 * VaR^{ICBC} \tag{5}$$

调整后的 R^2 为 0.47。同时,$\hat{\alpha}_{0.05}^{system \mid ICBC}$ 和 $\hat{\beta}_{0.05}^{system \mid ICBC}$ 均通过了置信水平为 98% 的 t 检验。可以认为,中国工商银行的收益率序列同银行业指数的尾部分布存在显著性关系。即中国工商银行对整个银行业有着显著的风险贡献。

随后,为了测量工商银行的 CoVaR,需要先计算各银行的 VaR。在这里,我们用历史

---

① 在这里,蕴含着一个重要假设:市场是完全有效的,股价能够完全反映企业的经营管理、风险水平。该假设参照了 Adrian 和 Brunnermeier(2008)在"CoVaR:A Method for Macroprudential"中的处理方法。

② Adrian 和 Brunnermeier(2008)及毛菁、罗猛(2011)均使用收益率计算 CoVaR 和 VaR。

模拟法来分别计算其在 2008 年、2009 年、2010 年、2011 年这四个年度末的周 VaR 值,结果分别为-10.27%、-5.25%、-5.81%和-3.30%。

将使用历史模拟法计算得到的 VaR 代入分位数回归模型中,就可以得到对应的 CoVaR。根据式(5)可以计算得各年度相对应的 $CoVaR_{0.05}^{system\,|\,ICBC}$ 分别为-13.11%、-8.49%、-9.00%和-6.69%。可以发现 $CoVaR_{0.05}^{system\,|\,ICBC}$ 的绝对值都比 VaR^{ICBC} 要大,说明单个金融机构对于整个系统的风险贡献甚至可能比其自身的风险水平还要高,这意味着单纯参考 VaR 值的风控措施并不能完全反映其全部的风险水平,更不能反映其对系统性风险的影响。

但是,如果要对比不同金融机构对整个系统的风险贡献大小,ΔCoVaR 能够更好地反映不同金融机构风险水平的高低,也即边际贡献。ΔCoVaR 表示当金融机构 i 处于困境时(损失达到当前 VaR 值)系统的 CoVaR 值与当金融机构 i 处于正常状态时(损益为中位数)系统的 CoVaR 值之差,见式(1)。

中国工商银行 2008 年至 2011 年末的每周收益率中位数分别为-2.37%、0.98%、-0.62%和0.23%,代入分位数回归模型中,得到各年份的 $CoVaR^{system\,|\,X^i=Median^i}$ 分别为-5.83%、-2.74%、-4.22%和-3.44%。然后用 $CoVaR^{system\,|\,X^i\leqslant VaR}$ 减去 $CoVaR^{system\,|\,X^i=Median^i}$,得到 ΔCoVaR 各年度分别为$-7.27\%$、$-5.75\%$、$-4.78\%$和$-3.25\%$。

按照上述方法,可以测量其他所有银行在各年度的风险水平。对所有 14 家上市银行的收益率分布进行分位数回归分析,可以发现所有银行对应的 α 和 β 均通过了显著性检验。表明所有上市银行的收益率序列同银行业指数的尾部分布存在显著性关系,即存在着上市银行的风险向整个银行业系统外溢的情况。随后,可以计算各银行不同年度对应的 ΔCoVaR 值,结果见表 7.1。

表 7.1　各银行不同年度的 ΔCoVaR 值

ΔCoVaR	2008 年	2009 年	2010 年	2011 年
中国工商银行	-7.27%	-5.75%	-4.78%	-3.25%
中国银行	-9.40%	-6.48%	-3.67%	-2.66%
中国建设银行	-9.21%	-6.87%	-5.87%	-3.26%
中国交通银行	-8.66%	-7.71%	-6.91%	-2.90%
北京银行	-8.66%	-7.05%	-8.16%	-3.60%
中信银行	-9.40%	-6.15%	-6.14%	-3.52%
华夏银行	-8.92%	-7.70%	-4.71%	-3.60%
民生银行	-12.45%	-8.07%	-5.40%	-3.59%
宁波银行	-8.19%	-5.34%	-7.25%	-3.50%
南京银行	-6.15%	-8.37%	-8.52%	-3.59%
平安银行	-11.52%	-6.92%	-5.57%	-3.20%
浦发银行	-10.12%	-8.40%	-5.84%	-2.14%
兴业银行	-10.47%	-5.83%	-6.56%	-3.36%
招商银行	-9.88%	-7.42%	-6.34%	-2.32%

从表 7.1 的结果可以看到,2008 年 ΔCoVaR 最高的 3 家银行分别为民生银行、平安银行和兴业银行,它们的 ΔCoVaR 在 -10.5% 至 -12.5% 之间,而四大国有银行的 ΔCoVaR 从高到低(绝对值)分别为中国银行 -9.40%、中国建设银行 -9.21%、中国交通银行 -8.66%、中国工商银行 -7.27%。2008 年,与其他上市商业银行相比,四大国有银行的 ΔCoVaR 较低。而到了 2012 年,所有银行的 ΔCoVaR 均在 -2.0% 到 -3.6% 之间,其中最低的是浦发银行的 -2.14%。四大国有银行的 ΔCoVaR 处于相对平均的水平。股份制银行和地方性银行的 ΔCoVaR 相比于 2008 年有了较为明显的下降。从 2008 年至 2011 年,国有大行的 CoVaR 相对于其他银行的风险水平有一个明显的变化。我们认为,出现这一现象的原因主要是由以下几个原因造成的。

第一,在 2008 年,美国金融危机的影响波及国内,金融行业、股市、出口制造业均受到了较大冲击。四大国有银行历史悠久,规模庞大,风险控制严格,其应对风险能力相比其他股份制银行和地方性银行要强。因此,在危机真正到来的时候,小银行发生损失或倒闭的概率要大于大型国有银行,而从目前国内的银行业现状分析,上市银行的规模也都不容小觑,其中任何一家上市银行发生风险,都会对整个金融系统造成巨大影响。这就意味着,在外部冲击到来的时候,股份制商业银行和地方性商业银行对系统性风险贡献会比四大国有银行更大。反映在数据上,就是上市银行对应 ΔCoVaR 值更高。

第二,四大国有银行的贷款对象偏向于国有大企业,而股份制银行和地方性银行贷款对象相对会比较多元化,贷款门槛较低,尤其位于我国南方地区的商业银行,客户中有许多贸易商和出口制造企业。2008 年爆发的金融危机使得外需骤降,国内依赖于进出口业务的企业受损严重,大批中小企业停工、倒闭,而这些企业的贷款来源主要是当地的股份制银行和地方性银行。因此,股份制银行和地方性银行因这场危机所承受的损失相比四大国有银行要大。

第三,四大国有银行在国内的信誉和品牌优势都是其他银行所无法比拟的,四大国有银行吸收公司和个人存款的能力会优秀许多。这样的优势在危机时期的意义更加巨大,首先优秀的吸收存款能力能够保证银行始终都有稳定的资金来源,保证流动性的充足;另外好的信誉和品牌能够获得存款客户充分的信任,防止出现挤兑风险。这也是四大国有银行在 2008 年的系统性风险贡献低于股份制和地方性银行的一个重要原因。

第四,在市场环境稳定的前提下,规模、杠杆率等成为更主要的影响风险的因素。如果市场环境稳定,经济发展平稳,银行经营方面的风险较低时,规模等其他因素将成为系统性风险贡献的主导。因此 2011 年,在各种其他因素的综合影响下,四大国有银行的风险贡献处于行业平均水平,不再像 2008 年那样低于整个行业。

3. 风险因子分析

根据传统经济学和金融学理论以及前面的讨论,银行规模越大、流动性越差、杠杆率越高的金融机构,其风险越高,同时对整个系统的影响越大。因此,这样的金融机构会对系统性风险的生成造成更大的影响。那么究竟哪些变量会对系统性风险的产生造成影响呢?这些变量的影响有多大?哪些变量影响更大一些?这些问题,不管是从监管层面,还是从风险控制层面来看,都十分重要。因为,只有明确了产生系统性风险的变量,才能对症下药,制定相应的监管和防范措施。然而,要回答这些问题,需要进一步使用计量经济学的回归分析法加以研究。

首先,确定自变量和因变量。根据第二部分所计算得出的 $\Delta CoVaR$ 的特点,以及经济学和金融学理论,我们将主要寻找对系统性风险有显著影响的微观变量,包括规模、杠杆率、VaR 值、权益回报率、利润率等。同时,为了将宏观经济环境反映在回归分析中,我们还加入了代表各个年份的虚拟变量——$T2009$,$T2010$ 和 $T2011$。如果这几个虚拟变量显著,则意味着不同年份的宏观经济变量对因变量有显著的影响。

根据上述安排,建立线性回归模型:

$$\Delta CoVaR^{system|i} = \hat{\alpha} + \hat{\beta}_1 Scale_i + \hat{\beta}_2 Leverage_i + \hat{\beta}_3 VaR_i + \hat{\gamma}_1 T2009 + \hat{\gamma}_2 T2010 + \hat{\gamma}_3 T2011$$

其中,$Scale$ 表示银行规模在系统中所占比重;$Leverage$ 表示银行杠杆率;VaR 表示银行在某一时点的周 VaR 值;$T2009$、$T2010$、$T2011$ 是虚拟变量,分别代表 2009 年、2010 年和 2011 年。

经过计算,得到各个变量的系数的估计值,结果表 7.2 所示:

表 7.2　各变量系数估计值

	Coefficient	Std.Error	t-Statistic	Prob.
α	−0.014 91	0.004 045	−3.686 88	0.000 6 **
β_1	−0.039 06	0.0112 29	−3.478 28	0.001 1 **
β_2	0.000 845	0.000 207	4.078 411	0.000 2 **
β_3	0.629 08	0.024 358	25.826 32	0.000 0 **
γ_1	−0.018 32	0.002 258	−8.109 97	0.000 0 **
γ_2	−0.005 05	0.002 19	−2.305 14	0.025 3 *
γ_3	0.003 9	0.007 1	0.549 5	0.585 2

根据线性回归所得到的结果,我们发现 $T2011$ 这个变量没有通过置信水平为 95％ 的 t 检验,没有拒绝原假设。而其他所有变量均通过了置信水平为 95％ 的 t 检验,拒绝原假设,显著不为 0。因此,我们可以从上述结果中得出以下结论:

第一,银行的规模对其 $\Delta CoVaR$ 值存在显著的影响。由于 β_1 值为负,则可以认为,一家银行规模越大(占整个行业比重越大),其 $\Delta CoVaR$ 值越小,因为 $\Delta CoVaR$ 值本身为负,越小代表其对系统的影响越大,风险溢出效应越明显。因此,可以认为,资产规模越大的银行,其对系统性威胁越大,其对系统性风险的贡献越强。

第二,银行的杠杆率水平对其 ΔCoVaR 值存在显著影响。在这里,我们注意 β_2 值为正,这意味着杠杆率越高的银行,其 ΔCoVaR 值越大,即其对系统的影响越小。这与我们的常识有所出入。通常自身风险越高的银行,其风险溢出效应会越发明显。但是这里得出的结果却恰恰相反。仔细分析一下可以发现,银行的杠杆率是监管当局比较重视的风险控制指标之一,它不同于 VaR 值取决于市场价格的波动,而是由银行经营决策所决定。通常杠杆率越高的银行,监管者为了降低其经营风险,会对其施加更多的外部监管,降低风险扩散的可能性,反映在数据分析的结果上,就体现为 β_2 值为正。因此,可以初步认为,杠杆率越高的银行,其受到的来自监管当局的监管措施越加严格,导致其对系统性威胁相应减弱,对系统性风险的贡献变小。

第三,银行自身的风险水平对其 ΔCoVaR 值存在显著影响。在这里,β_3 值为正,由于 VaR 本身为负,且 VaR 越小表明银行自身风险越大,因此可以认为,当银行自身风险越大时,其对系统性风险的贡献越大,风险溢出效应越强。

第四,从三个虚拟变量的显著性水平可以看到,γ_1 和 γ_2 显著不为零而 γ_3 显著为零。这表明 2011 年的宏观经济环境对系统性风险的影响同 2008 年相同,而 2009 年和 2010 年的宏观经济环境要差于 2008 年。这也符合金融危机后的经济周期变化。2009 年和 2010 年,由于遭受美国金融危机的冲击,国内经济环境对银行业不利;2011 年,随着危机的离去,国内经济开始缓慢复苏。

4. 观察性的结论

本节以上内容主要研究了我国上市商业银行的系统性风险,通过 CoVaR 模型以及分位数回归的方法,对国内上市较早的 14 家商业银行的风险溢出效应进行了测量,并最终得出以下三点观察性的结论。

第一,大多数商业银行存在着风险溢出效应。而且,它们对整个系统的风险贡献(通过 CoVaR 值反映)普遍与它们自身的 VaR 值不同。因此,目前单纯依靠传统 VaR 值的风险监控体系并不能完全衡量一家银行的风险水平。由于忽视了其对整个系统的风险外溢效应,国内商业银行的风险水平被低估。因此,应该引入 CoVaR 等系统性风险监控指标,从宏观审慎角度,对银行业乃至整个金融业进行有效的风险监控。

第二,银行规模、杠杆率以及自身风险都对系统性风险有显著的影响。根据以 ΔCoVaR 为因变量的回归分析可以发现,银行的资产规模、杠杆率和自身 VaR 值这三个自变量的系数都拒绝了置信水平为 5% 的原假设,显著不为零。根据这些自变量的符号方向可以发现,银行的资产规模越大、自身风险水平越高,其对系统性风险的贡献将越大,风险溢出效应越明显。另外,经营杠杆率越高的银行,由于将受到更加严格的外部监管,其对系统性风险的贡献被削弱。

第三,2011年我国宏观经济已经开始复苏。通过设置不同年份的虚拟变量进行回归分析,发现从上市商业银行风险水平的角度来看,2009年和2010年的经济环境比2008年差,不利于银行业整体的发展,提高了银行业的整体风险水平。而2011年的经济环境与2008年相似,这意味着在经历了2008年金融危机冲击之后,我国宏观经济环境已经从低谷中走出,开始了逐步复苏的脚步。

5. 美国银行业的 CoVaR 分析

由于中国银行业的整体上市时间较晚,可以选取的样本周期较短。为了检验上面介绍的 CoVaR 方法的有效性,我们接下来利用该方法进一步对美国银行业进行分析,以期在更长样本周期的条件下得出更加精确的结论并进行两国银行业系统性风险的对比。

(1) 研究对象。

我们选取了8家在纽交所上市的银行作为研究对象。它们分别是美洲银行[Bank of America(BOA)],摩根大通[J.P.Morgan(JPM)],花旗银行[Citi Bank(Citi)],Synovus Financial Corporation(SNV), KeyCorp(KEY),富国银行[Wells Fargo(WF)],高盛[Goldman Sachs(GS)]以及摩根士丹利[Morgan Stanley(MS)]。

其中美洲银行(BOA)、摩根大通(JPM)、花旗银行(Citi)、富国银行(WF)是美国在金融危机前规模最大的四家全能型银行,它们的业务范围覆盖全球。在2007年以来的金融危机中,这几家"系统性重要金融机构"扮演了重要的角色。

KEY 和 SNV 是两家美国地区性的银行,规模相对于上述四家全球型银行较小。虽然它们的规模较小,但是它们相比大银行发生倒闭的可能性更大,而一家银行的倒闭对系统的影响是很大的,因此它们同样具有系统性风险的研究意义。

高盛(GS)和摩根士丹利(MS)是目前世界上最大的两家投资银行,美国的投资银行业相比国内要发达许多,其对整个市场以及整个金融系统的影响极大。金融危机全面爆发的导火索便是美国第四大投资银行——雷曼兄弟 Lehman Brothers 的倒闭。再加上美国商业银行和投资银行混业经营的背景,使得对投资银行业的系统性风险贡献的测量同样重要。

(2) 数据类型。

同研究国内银行的一样,这里选取这8家银行的每日股价(收盘价)用于计算 VaR 值和 CoVaR 值。另外,这里将采用 ishare 公布的 ishare dow jones financial services(IYG)指数作为美国银行业系统收益情况的替代。

(3) 模型建立与结果分析。

使用股价计算周收益率,得到8家银行以及 IYG 指数从2000年1月1日至2012年

12 月 31 日间的周收益率序列。以 IYG 指数的周收益率为因变量,各银行的周收益率分别为自变量,取分位数 q 为 0.05,建立分位数回归模型。以花旗银行为例:

$$R_{0.05}^{system} = \hat{\alpha}_{0.05}^{system \mid citi} + \hat{\beta}_{0.05}^{system \mid citi} R^{citi}$$

并得到结果:

$$\hat{\alpha}_{0.05}^{system \mid citi} = -0.036\,001 \quad \hat{\beta}_{0.05}^{system \mid citi} = 0.391\,48$$

即 $CoVaR_{0.05}^{system \mid citi} = -3.6\% + 0.39 \times VaR^{citi}$

$$(0.003\,7) \qquad (0.036)$$

调整后的 R^2 为 0.41。同时,$\hat{\alpha}_{0.05}^{system \mid sciti}$ 和 $\hat{\beta}_{0.05}^{system \mid citi}$ 均通过了置信水平为 95% 的 student t 检验,拒绝零假设。根据上述,我们可以认为,花旗银行的收益率序列同银行业指数的尾部分布存在显著性关系。即花旗银行对整个银行业有着显著的风险贡献。

按照上述方法,我们可以得出这 8 家银行的分位数回归结果,如表 7.3:

表 7.3　各银行的 α 和 β 系数估计值

银　行	α	β	银　行	α	β
BOA	−0.036 17	0.462 12	GS	−0.043 79	0.584 43
Citi	−0.036	0.391 48	MS	−0.037 66	0.449 06
JPM	−0.032 64	0.616 16	KEY	−0.037 58	0.516 85
WF	−0.033 97	0.608 22	SNV	−0.044 1	0.367 95

上述 8 家银行的 α 和 β 均通过了置信水平为 95% 显著性检验。表明这些上市银行的收益率序列同 IYG 指数的尾部分布存在显著性关系,即存在着这些上市银行的风险向整个银行业系统外溢的情况。另外,对比这 8 家银行 β 值的大小,我们可以看到摩根大通(JPM)和富国银行(WF)的 β 值最大,SNV 的 β 值最小。

随后,计算各银行的周 VaR 值,然后代入上述分位数回归,得到最后的 CoVaR。表 7.4 列出各家银行各年度末基于简单的历史模拟法计算得出的周 VaR 值。

表 7.4　各银行不同年度的 VaR 值

银　行	2001	2002	2003	2004	2005	2006	2007	2008	2009	2010	2011	2012
BOA	−12.97	−10.34	−7.5	−3.38	−4.8	−3.8	−8.63	−39.49	−44.71	−10.24	−15.8	−9.62
Citi	−16.26	−14.61	−4.7	−5.96	−4.97	−6.6	−12.27	−60.4	−48.14	−10.08	−13.86	−11.36
GS	−9.11	−9.49	−9.64	−5.16	−6.56	−5.66	−9.62	−30.63	−16.94	−10.28	−11.46	−6.5
JPM	−16.68	−14.75	−9.08	−4.6	−3.73	−4.99	−8.8	−34.09	−30.29	−10.34	−11.49	−11.49
KEY	−9.86	−10.74	−6.66	−4.96	−4.27	−2.91	−13.16	−45.87	−23.46	−12.65	−12.5	−6.15
MS	−16.62	−13.78	−8.27	−5.87	−7.06	−5.3	−9.34	−59.55	−20.41	−8.71	−16.58	−10.73
SNV	−12.35	−17.08	−10.66	−12.92	−3.43	−3.15	−6.32	−24	−37.29	−14.97	−21.32	−8.87
WF	−7.04	−9.8	−3.82	−3.6	−3.01	−4.65	−8.83	−24.25	−30.76	−9.14	−9.38	−7.11

从图 7.4 中可以看出,从 2000 年末到 2012 年末,这些银行的 VaR 值呈 U 字形变化。所有银行都在 2008—2009 年达到其风险的最高水平,与当时金融危机对美国银行业产生的冲击相符。

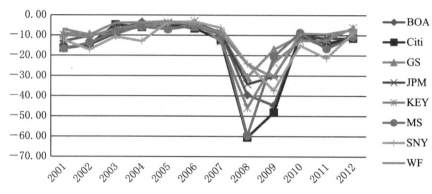

图 7.4　各银行不同年度的 VaR 值

将上述得到的 VaR 值代入分位数回归模型中,就可以得到对应的 CoVaR 值。随后,找到各上市银行相对应的收益率中位数,计算出 ΔCoVaR 值。所得结果如表 7.5:

表 7.5　各银行不同年度的 ΔCoVaR 值

银　行	2001	2002	2003	2004	2005	2006	2007	2008	2009	2010	2011	2012
BOA	−6.35	−4.9	−3.73	−1.78	−2.32	−1.83	−3.83	−17.05	−20.58	−4.39	−6.08	−5.2
Citi	−6.66	−5.33	−1.99	−2.32	−2.02	−2.87	−4.55	−22.68	−18.51	−3.99	−4.88	−4.56
GS	−5.7	−4.91	−5.93	−3.23	−4.34	−3.86	−5.6	−16.31	−10.2	−6.22	−6.03	−4.49
JPM	−10.31	−8.05	−5.83	−3.31	−2.5	−3.43	−5.25	−20.23	−18.79	−6.64	−6.75	−7.43
KEY	−4.9	−5.74	−3.9	−2.79	−2.14	−1.44	−6.73	−22.94	−11.64	−7.03	−6.22	−3.44
MS	−7.07	−5.45	−3.77	−2.68	−3.1	−2.86	−3.82	−25.5	−9.49	−3.92	−6.81	−5.08
SNV	−4.63	−6.28	−4.12	−4.86	−1.37	−1.25	−2.36	−8.56	−12.64	−5.55	−7.37	−3.62
WF	−4.21	−5.89	−2.62	−2.19	−1.83	−3.13	−5.21	−14.63	−18.4	−5.63	−5.23	−4.67

在表 7.5 中,我们将各年度 ΔCoVaR 值最高的银行标出,以表示它们在该年度系统性风险贡献最大。我们可以看到,从 2001 年至 2003 年,摩根大通的 ΔCoVaR 值均为最高,但表现出逐年下降的趋势。2004 年,SNV 的 ΔCoVaR 值超过摩根大通提升至第一位。在 2005 年和 2006 年,高盛的 ΔCoVaR 值成为了最高,同时另外一家投资银行摩根士丹利的 ΔCoVaR 值也处于偏高水平。而摩根士丹利在金融危机爆发的 2008 年成为了系统性风险贡献最高的银行。2009 年,美洲银行第一次成为了 ΔCoVaR 值最高的银行。KEY 和 SNV 分别在 2010 年和 2011 年成为 ΔCoVaR 值最高的银行。在 2012 年,摩根大通重

新成为了系统性风险贡献最高的银行。

我们略为观察一下这些银行在以上这些年中发生的事件,可以找到部分导致它们对系统性风险贡献发生变化的原因。比如摩根士丹利 2008 年面临极大的危机,9 月更改公司注册地位为"银行控股公司";美洲银行在 2008 年早些时候收购了陷入困境的抵押贷款公司 Countrywide Financial Corp.,在 2009 年收购了有 94 年历史的美林公司(Merrill Lynch & Co.)。收购造就了一家业务范围广泛的银行巨头,触角涉及了金融领域的方方面面,遍布信用卡、汽车贷款、债券和股票承销、并购咨询和资产管理各个方面。摩根大通在 2012 年,投资部出了"伦敦鲸"事件,有意隐瞒不断亏损的对赌仓位,最终造成亏损超过 60 亿美元,至今美国证券交易委员仍在考虑要对两个交易员进行相关的民事指控。在对系统性风险的微观测量中,CoVaR 模型和 ΔCoVaR 模型提供了一种新的度量单个机构对系统性风险的边际贡献以及溢出效应的思路和手段。

(4) 美国数据结果与中国数据结果的对比。

首先,从分位数回归模型的结果来看,美国各家银行的 β 值在 0.3—0.6 之间,而中国各上市银行的 β 值则普遍高于 0.7,这意味着国内各上市商业银行的风险溢出效应相比于美国会更加明显。造成这种现象的原因可能是国内的上市银行数量要远远少于美国,因而一旦某一家上市银行发生问题就将马上波及整个市场。而美国上市的银行数量非常多,竞争更加充分,更容易吸纳负面冲击。这就像将同样大小的石子扔入一个水缸所产生的涟漪会大于扔入一个池塘中所产生的涟漪。

然后,从所计算得出的 ΔCoVaR 值来看,美国各家银行的 ΔCoVaR 值在 2008 年、2009 年、2011 年均要明显高于国内各银行,只有 2010 年两国银行的系统性风险贡献水平持平。造成美国各银行的 ΔCoVaR 值偏高的主要原因是,在金融危机期间这些银行的 VaR 都非常高,自身风险过大使得其外溢的程度更加严重。从这一数据的反映上来看,美国银行业的系统性风险要高于国内银行业。

因此,结合上述两点特征,我们可以得出一个初步的结论:当发生相同程度的负面冲击时,美国银行业的系统性风险水平将低于中国银行业;但是美国银行业在近年来所遭受的冲击水平都远远高于中国,因此目前来看美国银行业相比中国存在更加显著的系统性风险。

7.2.2　系统性风险的微观测量 II——基于 SES、MES 模型的实证分析

作为另一类通过机构的市场数据来测量系统性风险的方法,我们在第 6 章介绍了系统性期望损失(SES)和边际期望损失(MES)模型及其用途。使用这类模型对系统性风险进行测度比较方便,因此在 2008 年金融危机之后得到了很多国际学者的推崇,而中国学

者在这方面的研究尝试却非常有限。本小节将使用该模型,对我国金融机构和金融部门的系统性风险进行测度,并对金融机构系统性风险衡量指标(MES)与其各风险因子之间的静态与动态关系进行实证分析。

1. 数据选择与处理

(1)研究对象。

我们选取了我国上市时间达到 6 年以上的 24 家金融机构(包括 14 家银行、7 家证券公司、3 家保险公司)作为研究对象。具体包括:中国工商银行、中国建设银行、中国银行、交通银行、北京银行、招商银行、中信银行、南京银行、宁波银行、浦发银行、华夏银行、平安银行、民生银行、兴业银行、宏源证券、中信证券、海通证券、长江证券、国元证券、东北证券、太平洋证券、平安保险、中国太保、中国人寿。

(2)数据类型。

根据 SES、MES 模型的介绍,我们将采用所选研究对象的公开市场数据作为分析基础,主要包括每日股价(即当日收盘价,以下均以股价代替)和季度财务数据。VaR 值和 SES 值是通过所选研究对象的每日股价计算出的,MES 值是通过所选研究对象的每日股价与市场指数的结合计算出的。季度财务数据将主要用于对影响 MES 值的因素分析。另外,我们将采用沪深 300 指数作为整个金融市场收益情况的替代。

(3)数据来源。

国内 24 家上市金融机构的每日股价、季度财务数据和市场指数(中证沪深 300 指数)均来源于万得(WIND)数据库,并与瑞思(RESSET)数据库中的数据进行了一一比对,另外还随机抽取了一家银行、一家保险公司和一家证券公司的 3 个季度官方正式财务报告用以比照,以此来验证来自万得(WIND)数据库的数据准确性。

(4)数据处理。

不同上市金融机构的股价不一,其资产损益情况难以用一个绝对数来进行相互之间的比较。因此,需要将股价计算为收益率,进而以此为基础来计算 SES 和 MES。在计算 SES 时候,如果直接使用公式计算,未免太过理想化,所以笔者使用各金融机构在金融危机爆发过程中的实际股票收益率,并将其做相反数处理作为各金融机构的 SES。另外,在时间窗口的选择上,笔者认为将 2007 年底至 2008 年底这段时间设定为金融危机爆发期间是合适的,因为在 2007 年底的时候本次全球金融危机才真正意义上地对我国金融市场产生巨大负面影响(上证和深证股票指数开始从最高点暴跌),而到了 2009 年初的时候我国政府推行了 4 万亿扩张性的财政和货币政策以刺激经济增长,此时金融危机对我国金融市场的影响已经基本消失(上证和深证股票指数开始大幅反弹)。

2. SES、MES 和 LVG 的横截面回归分析

根据前文的模型介绍,单个金融机构的 SES 和 MES 都可以被视为系统性风险的测量指标,并且单个金融机构的 SES、MES 和杠杆率(LVG)之间具有如下数理关系:

$$\frac{SES^i}{w_0^i} = \frac{za^i - w_0^i}{w_0^i} + kMES_{5\%}^i + \Delta^i$$

如果选取未发生金融危机时(尤其是金融危机爆发之前)的数据计算单个金融机构的 MES 和 LVG,那么根据上式可以得出结论:未发生金融危机时 MES 和 LVG 相对较高的金融机构在爆发金融危机的时候一般来说会对整个金融系统的风险贡献较高。但是,由于我国大多数金融机构的上市时间都是在 2007 年下半年以后,所以不满足这样的分析思路。那么,我们可以换一种思路,先考察金融危机爆发期间单个金融机构的 MES、LVG 和 SES 之间的关系,然后再考察金融危机爆发期间具有什么样性质(主要关注 SES 和 LVG 两个指标)的金融机构在危机发生之后对整个金融系统的风险贡献较高(MES 较高)。

(1) 同期横截面回归。

下面我们将主要考察金融危机发生期间单个金融机构的 MES、SES 和 LVG 之间的计量关系。

建立如下计量模型:

$$SES^i = \alpha_0 + \alpha_1 MES^i + \alpha_2 \ln LVG^i + \alpha_3 Security + \alpha_4 Insurance + \varepsilon$$

其中 SES^i 为金融机构 i 在金融危机爆发过程中的系统性期望损失,MES^i 为金融机构 i 在金融危机爆发过程中的边际期望损失,$\ln LVG^i$ 为金融机构 i 在金融危机爆发过程中的杠杆率的自然对数(杠杆率的计算公式为总资产/权益),$Security$ 是证券行业的虚拟变量,$Insurance$ 是保险行业的虚拟变量,ε 自然就是随机扰动项。关于 MES^i 的测算我们借鉴了 Acharya 等学者的做法,即在给定的时间区间内先确定金融市场收益最差的某些交易日(标准一般选取为 5%),然后计算在这些交易日中单个金融机构实际股票日收益率(r^i)平均数的相反数,用公式表示如下:

$$MES_{5\%}^i = -\frac{1}{\#days_{t;system\ is\ in\ its\ 5\%\ tail}} \sum r_t^i$$

SES^i 使用前文提及的方法进行计算,而 LVG 则直接使用时间区间末端的数据,即 2008 年底的数据。

下面我们给出 SES、MES 和 ln LVG 横截面回归的计量结果:

表 7.6　我国上市金融机构 SES 与 MES、ln LVG 的回归结果

变　量	被解释变量:金融机构的 SES (所有变量样本区间:2007.12.28—2008.12.31)		
	1	2	3
MES	4.271 9 (0.010 3)		3.707 5 (0.012 8)
ln LVG		0.096 1 (0.015 1)	0.081 9 (0.018 4)
Security	−0.027 3 (0.507 8)	0.236 5 (0.003 0)	0.132 6 (0.079 7)
Insurance	0.071 8 (0.056 1)	0.175 0 (0.001 2)	0.143 2 (0.002 8)
constant	0.365 2 (0.000 8)	0.350 6 (0.003 0)	0.166 5 (0.154 3)
Obs	24	24	24
Adjusted R^2	0.413 2	0.471 6	0.542 3
Prob>F	0.003 2	0.004 5	0.000 7

注:括号内的数值代表各变量 t 检验的 P 值。

　　表 7.6 是使用了最小二乘法(OLS)的同期横截面多元线性回归的计量结果。从表中可以看出,MES 和 ln LVG 的回归系数都通过了 5% 的显著性检验并且符号为正,这就说明了在金融危机爆发的过程中我国边际期望损失和杠杆率均较高的金融机构对整个金融系统的风险贡献也会较大,从而验证了 SES、MES 和 LVG 之间的数理关系。模型 3 的结果表明,在其他变量不变的情况下,金融机构的 MES 每增加 1 个单位,其系统性期望损失就会增加 3.71 个单位;金融机构的 ln LVG 每增加 1,其系统性期望损失将增加 0.081 9。另外,模型 3 中两个行业虚拟变量 Security 和 Insurance 分别通过了 10% 和 1% 的显著性检验,符号都是正的,这就说明在金融危机爆发的过程中证券业和保险业相对于银行业来说对我国整个金融系统的风险贡献度更高。调整后的 R^2 系数约为 0.54,这就说明了模型 3 对现实经济情况的拟合度较好,同时其 F 检验的 P 值仅为 0.000 7,说明模型整体显著性很高。

　　(2) 两期横截面回归。

　　在上一小节的基础上,本小节主要考察金融危机爆发期间具有怎样性质(主要计算 SES 和 LVG)的金融机构在危机发生之后对金融系统的风险贡献较大(MES 较高)。

　　本小节建立如下计量模型:

$$MES^i = \alpha_0 + \alpha_1 SES^i + \alpha_2 \ln LVG^i + \varepsilon$$

　　其中,将解释变量 SES^i 和 $\ln LVG^i$ 的样本区间设定为金融危机爆发的时间区间,即

2007 年 12 月 28 日至 2008 年 12 月 31 日,而被解释变量 MES^i 的样本区间设定为金融危机结束以后的时间区间,即 2008 年 12 月 31 日至 2013 年 6 月 28 日。这里我们有意将这两个系统性风险的衡量指标(SES 和 MES)在计量模型中的地位做一个调换,看是否依然可以验证 Acharya 等人的数学推导结论。

下面我们将对三个变量的计量结果作以简要分析。

表 7.7　我国上市金融的 MES 与 SES、ln LVG 的计量结果

变　量	被解释变量:金融机构的 MES (MES 样本区间:2008.12.31—2013.06.28)		
	1	2	3
SES	0.077 8		0.059 7
	(0.003 3)		(0.003 5)
ln LVG		−0.007 2	−0.006 1
		(0.000 3)	(0.000 4)
constant	−0.010 7	0.056 1	0.014 5
	(0.495 1)	(0.000 0)	(0.279 8)
Obs	24	24	24
Adjusted R²	0.312 4	0.438 2	0.615 9
Prob>F	0.003 3	0.000 3	0.000 0

注:括号内的数值代表各变量 t 检验的 P 值。

表 7.7 是使用了最小二乘法(OLS)的两期横截面多元线性回归的计量结果。从表中可以看出,SES 的回归系数都通过了 1% 的显著性检验并且符号为正,而 ln LVG 的回归系数也都通过了 1% 的显著性检验并且符号为负,这就说明在金融危机爆发的过程中,我国系统性期望损失较高并且杠杆率相对较低的金融机构在危机结束以后对整个金融系统的边际风险贡献程度将相对较大,从而再次验证了 SES、MES 和 LVG 之间的数理关系。模型调整后的 R^2 系数约为 0.62,F 检验的 P 值是 0.000 0,说明模型对现实的拟合情况较好,整体显著性很高。

3. MES 的实证分析

由于 SES 只能衡量金融危机爆发过程中的单个金融机构对整个金融系统的风险贡献,如果将其作为系统性风险的测量指标进行重点分析,那么由于样本的时间窗口相对固定并且开始和结束的时点很难把握,就会导致研究范围大大缩减,并且不利于使用动态建模手段进行分析。事实上系统性风险应当在每时每刻都是客观存在的,所以对金融机构任何时期的系统性风险进行研究测度就显得更加有意义。基于这个理念,接下来笔者将主要以 MES 作为系统性风险的测度指标进行一系列的实证研究,以期对金融机构任何时期的系统性风险情况进行跟踪分析。

（1）MES 的排序分析与动态特征。

我们先来考察两期 MES 的排序结果，如表 7.8 所示：

表 7.8　我国上市金融机构的 MES 排序情况

序号	机构名称	MES (2007.12.31—2008.12.31)	机构名称	MES (2009.01.05—2013.06.28)
1	长江证券	0.090 8	长江证券	0.056 2
2	东北证券	0.083 3	东北证券	0.052 9
3	中信证券	0.082 2	宏源证券	0.052 9
4	海通证券	0.081 0	太平洋	0.052 8
5	国元证券	0.079 0	海通证券	0.049 6
6	宏源证券	0.077 9	国元证券	0.049 2
7	太平洋	0.077 3	中信证券	0.047 3
8	宁波银行	0.072 3	宁波银行	0.042 9
9	中国太保	0.070 6	兴业银行	0.042 4
10	平安银行	0.069 2	华夏银行	0.040 8
11	北京银行	0.068 0	中国太保	0.039 7
12	华夏银行	0.067 4	浦发银行	0.038 7
13	兴业银行	0.066 7	平安银行	0.038 6
14	中国平安	0.064 7	南京银行	0.037 8
15	中信银行	0.064 3	民生银行	0.037 2
16	浦发银行	0.063 7	中信银行	0.036 9
17	南京银行	0.062 9	中国平安	0.036 8
18	中国人寿	0.062 4	北京银行	0.036 7
19	民生银行	0.062 0	招商银行	0.036 4
20	交通银行	0.059 3	中国人寿	0.035 8
21	招商银行	0.055 8	交通银行	0.032 9
22	建设银行	0.048 7	建设银行	0.024 7
23	工商银行	0.043 9	中国银行	0.022 6
24	中国银行	0.043 2	工商银行	0.021 8

表 7.8 是根据 MES 对我国 24 家上市金融机构进行排序的结果。在这里，我们将样本时间区间的选择分为两个阶段：第一个阶段为 2008 年整个年度，即金融危机正在爆发的时期；第二个阶段为 2009 年初到 2013 年二季度末，即金融危机结束之后的时期。由上表可以看出，金融危机爆发期间各金融机构的 MES 普遍高于金融危机结束之后，说明金融危机爆发期间各金融机构对整个金融系统的边际风险贡献普遍高于危机结束之后。同时，金融危机爆发期间和危机结束之后各金融机构的系统性风险贡献度的具体排序情况也存在着一定的差异性。证券公司在整个区间对系统性风险的贡献度都是最大的，相对而言，保险公司的系统性风险贡献度居中并呈现下降趋势，而银行的系统性风险贡献度从整体上来说一直都是最小的。这主要是因为在中国对银行业的监管力度明显高于保险和证券行业，监管效力较高将有效降低银行对金融系统的边际风险贡献。从银行业可以看出，国有大型商业银行的系统性风险贡献度普遍较低，而城市商业银行和股份制商业银行的系统性风

险贡献度则普遍较高。这主要因为中国大型国有银行相对于小型股份制或者城市商业银行来说,其贷款客户主要是大型国有企业和具有较优资质的企业,而小型银行的贷款客户中,大型国有企业等资信优质企业的占比要低得多,风险也就先对来说大一些。

下面我们再来考察 MES 的动态特征。上一小节只是利用了横截面线性回归来验证 SES、MES 和 LVG 之间的数理关系,本小节则试图给出系统性风险测量指标(MES)的动态特征。研究 MES 动态特征的意义在于,全球各国的金融监管部门目前已经达成共识,要想达到加强对金融机构有效监管的目的就必须在横截面和时间轴两个维度上采取有效的监控措施,而传统的系统性风险研究往往只是考察横截面维度,MES 的动态特征研究正是为了弥补这个不足,专门从时间维度对金融机构的系统性风险进行考察。

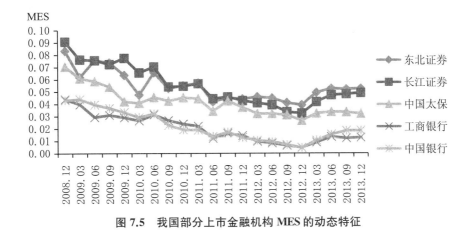

图 7.5　我国部分上市金融机构 MES 的动态特征

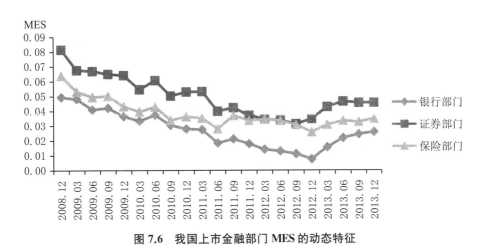

图 7.6　我国上市金融部门 MES 的动态特征

从图 7.5 和图 7.6 中我们可以看出,我国比较有代表意义的几家金融机构和三个金融部门的 MES 表现出了以下几个动态特征。第一,在 2008 年金融危机爆发期间的各代表性金融机构和金融部门的边际期望损失最高,随后不断下降直到 2012 年下半年,在此之后又不断攀升。第二,我国证券公司对整个金融系统的边际风险贡献一直都是最大的,其次为保险公司,银行的边际风险贡献则一直都是最小的。具体而言,长江证券、东北证券等证券公司的 MES 最大,保险公司(如中国太保)的 MES 居中,而中国工商银行和中国银行等大型国有商业银行的 MES 最小。第三,在金融危机爆发过程中和金融危机结束以后,我国各代表性金融机构的边际风险贡献相对大小排位顺序比较稳定,在金融危机爆发过程中边际风险贡献较高的金融机构在金融危机结束之后依然较高,反之亦然。

(2) MES 的风险因子分析。

本小节将利用面板多元线性回归方法对影响我国金融机构系统性风险衡量指标(MES)的风险因子做出实证分析。综合国内知名学者的理论研究成果,结合我国的实际状况并充分考虑选用数据的易得性,挑出了 4 个微观变量(VaR、ln LVG、ln Assets、ROAttm)来探究它们对我国金融机构系统性风险贡献度(MES)的影响。选取的样本时间区间为 2008 年第一季度至 2013 年第二季度。建立如下式的面板回归计量模型:

$$MES_{it} = \alpha + \beta_1 VaR_{it} + \beta_2 \ln LVG_{it} + \beta_3 \ln Assets_{it} + \beta_4 ROAttm_{it} + \gamma_i + \mu_{it}$$

在上式中:MES_{it} 代表第 i 家金融机构第 t 期对整个金融系统的边际贡献程度,VaR_{it} 代表第 i 家金融机构第 t 期在 95% 置信区间内的在险价值,$\ln LVG_{it}$ 代表第 i 家金融机构在第 t 期杠杆率的自然对数,$\ln Assets_{it}$ 代表第 i 家金融机构在第 t 期总资产的自然对数,$ROAttm_{it}$ 代表第 i 家金融机构在第 t 期的流动资产收益率。α 代表所有金融机构的共同截距项,γ_i 代表第 i 家金融机构的个体固定效应或者随机效应,μ_{it} 代表第 i 家金融机构在第 t 期的残差项,β_1、β_2、β_3、β_4 分别表示 4 个解释变量相应的待估系数。

由于整体样本数量有限,如果采用变截距或变系数模型,自由度不够将影响到回归结果的稳健性,所以笔者采用混合回归模型。利用 Hausman 检验方法可以发现模型拒绝随机效应假设,因而采用固定效应混合回归模型来对各变量进行分析。面板多元线性回归结果如下:

表 7.9　我国上市金融机构的 MES 与各解释变量间的面板回归结果

变量名称	系　数	标准差	P　值
C	0.036 7	0.002 4	0.000 0
VaR	0.404 9	0.034 8	0.000 0
ln LVG	0.002 2	0.000 5	0.000 0
ln Assets	−0.002 9	0.000 2	0.000 0
ROAttm	0.000 5	0.000 2	0.000 8
Adjusted R²	0.907 4	Prob(F-statistic)	0.000 0

在表 7.9 中可以看出,四个解释变量的 t 检验全部都在 1% 的水平下通过,说明估计的系数高度显著,这就表明金融机构的 VaR 值、杠杆率、资产规模以及总资产收益率是决定其对整个金融系统边际风险贡献的重要影响因素。其中,VaR、ln LVG 以及 ROAttm 的系数为正,ln Assets 的系数为负,这意味着金融机构自身的风险水平、杠杆率状况以及资产回报率情况与其对整个金融系统的边际风险贡献度呈正相关,金融机构自身的资产规模与其对整个金融系统的边际风险贡献度呈负相关。

(3) MES 的面板向量自回归分析(PVAR)。

传统的计量经济学理论为了分析研究各变量之间的关系,一般都是先寻找相关的经济学理论作为依据,然后将一些变量设定为内生变量,而另外一些变量就作为外生变量或前定变量;在此之前必须保证方程能被识别,这往往需要假定某些外生变量只能出现在某些方程中,因而经常带有主观随意性。向量自回归(vector autoregression, VAR)模型,是建立在所用数据在统计意义上具备的性质的基础之上的,这样就自然不需要较强的经济学理论支持,只是使用数据就可以分析研究各个变量之间的关系,而不需要事先辨别外生变量和内生变量,使用起来非常方便。而面板向量自回归分析(panel vector autoregression, PVAR)是使用了面板数据的 VAR 模型,因此兼具了面板数据和 VAR 模型的优点。这里笔者将 MES、VaR、ln LVG、ln Assets 和 ROAttm 全部设定为内生变量,利用 PVAR 模型来探讨它们之间的动态影响关系,主要关注 VaR、ln LVG、ln Assets 和 ROAttm 对系统性风险衡量指标 MES 的动态影响。先建立如下计量模型:

$$y_{it} = \eta_i + \Phi_1 y_{it-1} + \Phi_2 y_{it-2} + \cdots + \Phi_p y_{it-p} + u_{it}, \ i = 1, 2, \cdots, N; \ t = 1, 2, \cdots, T$$

其中,$y_{it} = \{MES_{it}, VaR_{it}, \ln LVG_{it}, \ln Assets_{it}, ROAttm_{it}\}$,$i$ 代表各家金融机构,t 代表时期(每个季度)。

下面,我们需要先对各内生变量做平稳性检验,以避免 PVAR 模型在进行回归分析的时候出现伪回归的现象。针对面板数据,通常使用的单位根检验方法主要有 LLC、IPS 和 Fisher-ADF,在进行数据平稳性分析的时候需要综合考虑这三种检验方法给出的检验结果。单位根检验如表 7.10 所示:

表 7.10　各变量的单位根检验

检验方法	MES	VaR	ln LVG	ln Assets	ROAttm
LLC	0.000 0	0.000 0	0.000 0	0.000 0	0.004 7
IPS	0.000 2	0.000 0	0.016 7	0.003 5	0.077 5
Fisher-ADF	0.006 0	0.000 0	0.008 3	0.000 5	0.026 7

注:表中数值均为各被检验变量的 *P* 值。

从表 7.10 的检验结果我们可以发现,四个变量除了 ROAttm 在 IPS 检验下通过 10% 的显著性检验之外,其余变量在三种检验方法下均通过了 5% 的显著性检验,说明 5 个内生变量均为平稳数据。另外由于这里的样本空间有限,所以我们选择滞后两期的 PVAR 模型进行研究。具体的分析过程如下:

① 面板矩估计(GMM)。虽然面板数据使得样本空间增加不少,但是如果选择较长的滞后期依然会影响结论的稳定性,经过比较发现,选择滞后两期来进行面板矩估计会得到较为可靠的结果,如表 7.11 所示:

表 7.11　MES 与其他各变量的面板矩估计结果

被解释变量	MES		VaR		ln LVG		ln Assets		ROAttm	
	系数	t 值	系数	t 值	系数	t 值	系数	t 值	系数	t 值
L.h_MES	0.420 8	6.6	−0.089 2	−1.4	1.497 9	1.2	−1.087 7	−1.0	16.121 8	2.7
L.h_VaR	0.224 6	3.2	0.698 1	7.8	0.758 6	0.5	2.373 7	1.9	3.018 1	0.5
L.h_ln LVG	0.006 8	1.1	0.000 2	0.0	0.856 6	9.5	−0.001 8	0.0	−0.548 3	−0.9
L.h_ln Assets	0.006 4	1.4	−0.006 8	−1.2	−0.234 6	−2.7	0.825 5	11.1	2.164 6	4.8
L.h_ROAttm	−0.000 4	−0.8	−0.001 0	−2.3	−0.002 2	−0.2	0.021 3	1.9	1.061 9	8.0
L2.h_MES	0.295 4	5.6	0.099 9	1.6	−3.272 0	−3.0	−2.714 2	−2.8	−6.786 8	−1.4
L2.h_VaR	−0.102 1	−1.5	0.046 0	0.8	2.039 5	1.8	0.717 3	0.8	5.045 6	0.9
L2.h_ln LVG	−0.003 7	−1.2	0.003 8	1.5	0.013 1	0.3	−0.048 6	−1.2	0.183 9	0.7
L2.h_ln Assets	−0.002 7	−0.7	0.007 3	1.5	0.222 5	3.0	0.009 1	0.1	−1.558 6	−3.7
L2.h_ROAttm	0.000 2	0.7	0.000 3	1.2	0.005 3	1.0	−0.005 8	−0.9	−0.242 7	−4.0

从表 7.11 中我们可以看出,VaR 对 MES 的影响,在滞后第一和第二期分别为 0.224 6 和 −0.102 1,说明滞后一期表现为正向促进作用,而滞后两期时表现为负向影响;ln LVG 对 MES 的影响,在滞后第一和第二期分别为 0.006 8 和 −0.003 7,说明滞后一期表现为正向促进作用,而滞后两期时表现为负向影响;ln Assets 对 MES 的影响,在滞后第一和第二期分别为 0.006 4 和 −0.002 7,说明滞后一期表现为正向促进作用,而滞后两期时表现为负向影响;ROAttm 对 MES 的影响,在滞后第一和第二期分别为 −0.000 4 和 0.000 2,说明滞后一期表现为负向促进作用,而滞后两期时表现为正向影响。

② 脉冲响应函数分析,如图 7.7 所示:

从图 7.7 中我们可以看出,当给予 VaR、ln LVG 和 ln Assets 一个正向冲击的时候,MES 在随后的几期中会受到正向影响,然后有缓慢恢复的趋势;而当给予 ROAttm 一个正向冲击的时候,MES 在随后的几期会受到负向影响,之后也会慢慢恢复。

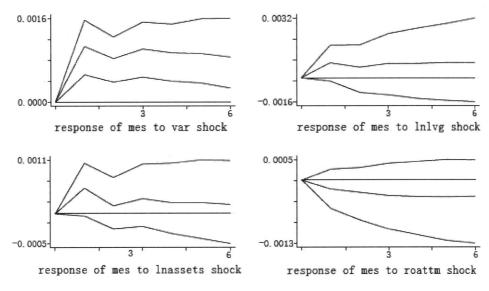

图 7.7　MES 与其他变量的脉冲响应分析图

③ 方差分解分析,如表 7.12 所示:

表 7.12　MES 与其他各变量的方差分解

变　量	滞后期	MES	VaR	ln LVG	ln Assets	ROAttm
MES	10	0.824 0	0.080 0	0.077 2	0.006 7	0.012 1
VaR	10	0.183 9	0.605 9	0.123 4	0.007 5	0.079 4
ln LVG	10	0.021 8	0.099 6	0.855 8	0.018 8	0.004 1
ln Assets	10	0.143 0	0.048 0	0.084 5	0.627 8	0.096 7
ROAttm	10	0.015 1	0.057 9	0.100 5	0.059 5	0.766 9
MES	20	0.775 9	0.092 3	0.111 0	0.006 4	0.014 4
VaR	20	0.167 7	0.557 7	0.185 3	0.009 0	0.080 3
ln LVG	20	0.018 9	0.113 4	0.843 1	0.018 0	0.006 6
ln Assets	20	0.164 3	0.042 6	0.146 1	0.548 0	0.099 1
ROAttm	20	0.015 3	0.062 6	0.111 4	0.066 4	0.744 2

从表 7.12 中我们可以看出,ln Assets 和 ROAttm 除了对自身影响非常显著以外,对其他变量的影响都不显著。在第 10 期,对 MES 产生最重要影响的依然是自身的变动,其他变量的影响较小,具体来说,VaR 对其还有约 8% 的影响、ln LVG 有大约 7.7% 的影响、ROAttm 有约 1.2% 的影响,而 ln Assets 对其只有可怜的 0.7% 左右的影响。在第 20 期的时候,除了自身依然起到决定性影响之外,ln LVG 对 MES 的影响上升到 11.1% 左右,VaR 的影响上升至 9.2% 左右,而其他两个变量对其的影响几乎没有什么变化。

4. 研究结论

本节借鉴了 Acharya 等人提出的系统性风险测度方法——SES 和 MES 模型,利用横截面多元线性回归、面板多元线性回归和面板向量自回归等计量经济学模型,使用了Eviews 和 Stata 等计量统计分析软件对我国上市金融机构的系统性风险进行了测度,并且对 MES 与其各风险因子之间的影响关系进行了静态和动态的实证研究,得出了以下几点结论:

第一,验证了 MES、SES 和 LVG 之间的数理关系。分别使用危机发生同期以及危机之中和危机之后两期的横截面回归证实了三个变量之间的数理关系,即在金融危机爆发期间,MES 和 LVG 较大的金融机构对整个金融系统的风险贡献(SES)也较大;而在金融危机爆发期间,SES 较大、LVG 较小的金融机构在金融危机结束之后对整个金融系统的边际风险贡献(MES)较大。

第二,各家金融机构和各个金融部门在危机发生中和危机发生后两个时期的边际期望损失(MES)具有明显趋势。我们在对 MES 的动态特征进行分析的时候,使用了固定一年期的样本时间区间,然后将其按季度滚动,这样就成功描绘出了 2008 年第一季度至2013 年第四季度我国各家上市金融机构和三个金融部门的动态 MES;在趋势分析中发现不管是各家金融机构还是各个金融部门,在危机发生期间的 MES 都是处于高位,之后不断降低,而在 2012 年之后又有回升之势。

第三,我们采用了面板多元线性回归的计量分析方法,对影响系统性风险衡量指标(MES)的风险因子进行了研究。实证分析表明,金融机构自身的 VaR 值、杠杆率、资产规模和资产收益率都会对其 MES 值产生显著影响,而且除了资产规模之外,其他变量对MES 均呈现正向影响,而资产规模对金融机构的 MES 呈现负向影响。

第四,我们采用了面板向量自回归模型,对金融机构的 MES 与其各个风险因子之间的动态影响关系进行了分析。结果表明,各个时期各风险因子对 MES 的影响效果均不相同;总体来说,单个金融机构的杠杆率和 VaR 值对其 MES 的影响相对较大,资产规模和资产收益率对其 MES 的影响相对较小。

7.2.3 多维度的系统性风险指标

作为一类以系统(行业子系统)为基础的、以市场为核心的测量系统性风险的方法,我们在第 6 章介绍了格兰杰因果关系模型以及对金融业中的几个子系统——银行、保险、对冲基金、经纪商相关性联系的测量指标。这一节我们应用格兰杰因果关系模型的方法,用上交所和深交所 1994—2012 年的上市公司的月市值数据对中国经济系统进行研究,研究的切入点是上交所和深交所包括的 6 个行业,研究问题包括行业内的上市公司、行业本身、行业之间以及多行业构成的经济整体。基于微观的机构之间的相关性的研究,定义出几个从宏观和中观的角度描述系统性的风险的指标,得到一些有趣的结果,为进一步的研究奠定了一个有意义的基础。

1. 格兰杰因果检验和系统性风险

2003 年诺贝尔经济学奖得主克莱夫·格兰杰(Clive W.J.Granger)定义了两个变量间的一种统计上的因果关系。在由两个变量建立的回归模型中,只要自变量的系数统计检验显著不为零,就可以认为自变量和因变量存在着某种关系,称为格兰杰因果关系。格兰杰因果关系上世纪 60 年代出现并被逐步完善,之后在经济学的计量方面得到十分广泛的应用。

用格兰杰因果检验的方法来研究系统性风险,其基本的思路是:考虑变量 X 可能对变量 Y 产生的影响,如果对变量 Y 的预测效果优于只单独由 Y 的过去信息对 Y 进行的预测效果,即变量 X 有助于解释变量 Y 的将来变化,则认为变量 X 是引致变量 Y 的格兰杰原因,在回归模型中表现为回归系数检验显著不为零。

本小节所用的格兰杰因果模型中回归方程为:

$$y_t = \alpha x_{t-1} + \lambda y_{t-1} + u_{1t}$$

$$x_t = \beta y_{t-1} + \eta x_{t-1} + u_{2t}$$

其中公司股票的市值作为格兰杰因果检验的变量。公司股票的价格或市值数据包含着股票最全面综合的信息,可以说是市场对股票的总体评价的反映,而不同公司之间的影响也会综合地反映在股价或者市值的波动中。考虑到上市公司会有针对发行股票数的操作,比如拆股、配股等等,这些操作本身并不会显著影响市值,一般情况下也不会对系统性的关系产生大的冲击,但是股票价格却会发生很大的变化。因而如果用股价作为自变量和因变量做格兰杰因果检验就难免会受到操作的影响。而市值包含股价所含信息的同时还可以避免受到这些操作的影响,鉴于此我们选择股票的市值作为格兰杰因果检验的自变量和因变量。当然,格兰杰因果关系检验不局限于股价和市值,其他的股票数据同样可以做格兰杰因果关系检验,比如公司杠杆率、盈利能力等等,其他类型数据的格兰杰因果关系检验不在本小节研究范围之内。

系统性风险的各种特征表明,系统性风险总是伴随着系统内部紧密度的加深而增加的,这可以从两个角度来考查:公司之间彼此影响程度的大小和系统内部众多的公司受到外部冲击时表现出行为一致性的高低程度。一家公司的危机之所以会影响到别的公司进而甚至对整个行业造成冲击,本质上是因为公司之间这种广泛而深刻的关联性。尤其是现代大型公司和跨国公司规模越来越大,它们对其他公司和行业以及整体经济的影响能力愈发强大。相应地,这些公司一旦出现问题,对其他公司和行业以及整体经济的冲击也变得更大。可以说,系统内部相互联系的紧密程度是系统性风险累计以及爆发成危机的必要条件。

　　然而,是否较高的系统内部紧密程度就一定意味着较高的系统性风险,从而意味着较高的危机爆发可能性呢? 显然不是一定的。只能说较高的系统联系紧密度是系统性风险的必要条件,是否构成充分条件要看实证分析的结果,不同的研究对象甚至是相同的研究对象在不同的时期得到的结果都可能不同。在中国紧密度是否可以作为测量系统性风险的一个指标正是我们接下来的研究试图回答的问题。

2. 系统性风险指标

　　以格兰杰因果检验为基础,我们进一步可以合成3类8种系统性风险指标,比如两类反映经济体系整体系统性风险衡量指标:总系统性风险指标和恶性系统性风险指标。

　　① 总系统性风险指标。

$$总系统性风险指标=\frac{检验显著的格兰杰原因个数}{所有可能存在的格兰杰原因个数}\times 100$$

　　如果样本公司的数目为 N,那么理论上一家公司最多可以对除自己以外的 $N-1$ 家公司产生影响,类似的,理论上一家公司最多可以受到除自己以外的 $N-1$ 家公司的影响,共有 $N(N-1)$ 个理论上可能的格兰杰原因个数。如果某一年中数据显示实际显著的格兰杰原因个数为 n,我们把总系统性风险指标定义为:显著的格兰杰原因个数与理论最大可能个数的比例:

$$S_1=\frac{n}{N(N-1)}\times 100$$

　　② 恶性系统性风险指标。

　　在所有的格兰杰原因中我们特别关注其中的一类格兰杰原因:恶性格兰杰因果关系。如果公司 i 构成公司 j 格兰杰原因的同时公司 j 也构成公司 i 的格兰杰原因,我们就说公司 i、j 构成一个恶性格兰杰因果关系。在系统性风险的形成、积累和爆发的过程中,这类恶性格兰杰因果关系所表示的风险往往起着非常重要甚至核心的作用。两家公司构成一个恶性的格兰杰因果关系,风险可以在两家公司之间多次进行传递,从而使得风险更快速累计,滚雪球式地增加。而整个经济范围内如果这种恶性格兰杰因果关系较多的都是显著的,那么系统性风险就会在经济体系中滚雪球一样地迅速传播和累积。我们把基于恶性格兰杰因果关系定义的风险称为恶性系统性风险指标。以某个公司为例,最初的某个损失都有可能为其带来资金上的困难,最低保证金制度使得公司不得不减少交易敞口。如果多家公司同时进行相同的操作,那么资本市场就会面临压力,资产价格会下降,偏离资产基础价值更多,这又会使得公司承受进一步的损失。信息不对称可能会产生恐慌或者悲观的市场预期,令公司面临更高的保证金要求,从而再一步恶化公司的状况。可以想象,如果我们把盯市原则和担保抵押规则考虑在内,情况会更快地恶化,如果出问题的金融公司同时还存在着高杠杆经营,那么恶化的速度还会加快。

N 家公司之间,除去公司自己和自己的格兰杰因果不算,总共有 $N(N-1)/2$ 个理论上可能的恶性格兰杰因果关系个数,如果假设检验中显著的个数有 m 个,那么恶性系统性风险指标为:

$$恶性系统性风险指标 = \frac{检验显著的格兰杰因果关系对数}{所有可能存在的格兰杰因果关系对数} \times 100$$

$$S_2 = \frac{2m}{N(N-1)} \times 100$$

相类似的,我们可以得到中观和微观层面的其他 6 个系统性风险的衡量指标,如表 7.13:

表 7.13　系统性风险的衡量指标

宏观	总系统性风险指标	$S_1 = \frac{n}{N(N-1)} \times 100$
	恶性系统性风险指标	$S_2 = \frac{2m}{N(N-1)} \times 100$
中观	行业内部系统性风险指标	$S_3 = \frac{n_{ii}}{N_i \times (N_i-1)} \times 100$
	行业间系统性风险指标	$S_4 = \frac{n_{ij}}{N_i \times N_j} \times 100$
	行业影响力指标	$S_5 = \sum_{j\neq i} \frac{n_{ij}}{N_i \times N_j} \times 100$
	行业受影响指标	$S_6 = \sum_{j\neq i} \frac{n_{ji}}{N_i \times N_j} \times 100$
微观	公司影响力指标	$S_7 = \sum_{l\neq k} \frac{n_{kl}}{N-1} \times 100$
	公司受影响指标	$S_8 = \sum_{l\neq k} \frac{n_{lk}}{N-1} \times 100$

3. 数据选取和处理

(1) 数据来源和类型。

本研究用到的上市公司股票数据全部来自国泰安数据库。

考虑到做格兰杰因果关系检验的数据样本量和数据的可得性,我们主要分析的是上交所和深交所上市的股票的月交易数据和周交易数据。考虑到年数据样本较少,且数据本身过于粗线条,可能不能及时地反映出各种可能造成系统性风险的因素冲击和周期变化。而日数据频数过大,数据的缺失现象严重,数据完整的股票个数过少,人为的对缺失数据进行补充和赋值,则会对分析结果产生不确定的影响,很难保证分析的客观性。月数据既满足格兰杰因果分析样本要求,且在系统性风险的生成和传递角度看用月来度量也比较适合。因而,本研究的数据采用沪深所上市公司的月度数据进行。我们选取每只股票的市值作为格兰杰因果检验的自变量和因变量,股票的市价和市值数据都包含着股票最全面综合的信息,可以说是市场对股票的总体评价。然而,考虑到上市公司可能有针对发行股票数的操作,比如拆股、配股等等,这些操作本身并不会显著影响市值,一般情况下也不会对系统性风险产生显著的冲击,但股票价格却会发生很大的变化,市值包含股价所含信息的同时还可以避免受到这些操作的影响。

(2) 格兰杰因果分析基本参数设定。

我们选取 1 年作为一组格兰杰因果检验的时间长度,每组格兰杰因果关系检验都涉及两个股票 12 个对应月份。

在进行格兰杰因果关系检验的时候,我们分别用 90% 和 95% 的置信度进行了数据分析,发现在两种置信度设置下系统性风险在 1994—2012 年之间的波动和变化有着极其类似的整体趋势,所不同的是风险指标的绝对值大小不同,因而我们选取 90% 置信度进行数据分析。

(3) 样本和数据处理。

做月数据分析时,选取自 1994 年 1 月后之后所有深交所和上交所的上市股票,有数据记录的上市公司共有 254 家,除去中途退市的和数据严重不全的部分股票,实际采用数据的共有 167 家。

样本中部分股票的数据存在轻微缺失,对于数据轻微缺失的,如果中间只是缺少某一期的数据,则用上下两期的平均值来代替,如果缺少两期,则用递加的方法平均分配上下期之间的差值。数据缺少超过 3 次就不再选用。

4. 中国数据分析结果

(1) 总体系统性风险。

对 1994—2012 年间的 167 家上市公司市值两两一组进行格兰杰因果检验,并把同一年内所有显著的格兰杰原因和恶性格兰杰因果关系相加,得到某一年内格兰杰原因总数和恶性格兰杰因果数。格兰杰原因最大值为 2011 年的 7 679,最小值为 1994 年的 2 596,表明不同年份之间经济体系内系统性风险差异非常明显。恶性格兰杰因果关系数在不同的年份差异同样非常巨大,总个数最大值为 1996 年的 1 633,最小值为 2003 年的 218,表明恶性类的正反馈恶性系统性风险在不同的年份也存在差异。

另外,恶性格兰杰因果关系的数目明显小于格兰杰原因的个数,平均每 4 个左右的格兰杰原因中有一个是恶性的。考虑到这些恶性的格兰杰因果关系代表的公司之间的联系往往可以极大地加速恶性系统性风险的生成、传播和积累,对这部分公司应当给予更多的重视。

我们还发现,除了恶性系统性风险指标比总系统性风险指标明显偏小之外,两个指标在波动的频数和波动的时间上都有一定的一致性。如图 7.8 所示,两个指标在 1994—2012 年的 19 年间共出现 6 次峰值,分别是 1997 年前后、2001—2002 年间、2004 年前后、2006 年前后、2008 年前后以及 2011—2012 年间。其中 1997 年前后、2004 年前后和 2011—2012 年间这三次峰值较大,总系统性风险指标都超过了 25,而其他三次峰值相对较低,在 20 左右。但是无论是峰值相对较高还是相对较低,和峰值前后相比其上升幅度都很明显。表明在这些峰值对应的年份中,系统性风险确实都有了相当明显的增加,而随后又迅速回落。

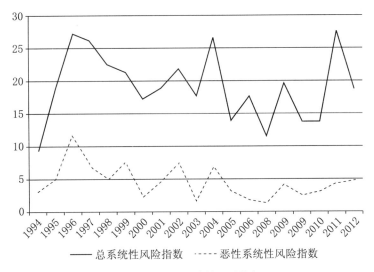

图 7.8　宏观系统性风险指标

根据 Rogoff(2008)对历史上的金融危机研究,危机总是伴随着资产泡沫和泡沫的破灭,而资产泡沫也是有迹可循的,有其一贯的特征和表现。这些表现包括:资产价格泡沫、信贷扩张、监管放松、挤兑、流动性危机、政府巨额举债、GDP 降低等等。因而可以通过这些现象测量系统性风险的大小。比如 Alessi 和 Detken 信号模型研究和预测资产的泡沫周期。其基本思路是先根据 GDP 的变化来判定一个经济体是否出现资产泡沫,然后用信号模型找出和这些资产泡沫一致性最好的指标,就可以拿这个或者这些指标对系统性风险进行预测。严格意义上本研究模型的有效性检测同样需要首先建立判定我国经济体是否出现危机的模型,对危机事件做出判定。这项工作并不是本文研究的中心内容,可留待后续研究。

在这里,只是列取出 1994 年以来比较重大的经济危机和事件,定性地对本节模型的有效性做出一个初步的判断。发现系统性风险指标和恶性总系统性风险指标在 1994—2012 年的 19 年间出现的 6 次峰值和同时期内对我国经济造成冲击的重大事件具有高度的一致性,见图 7.9。

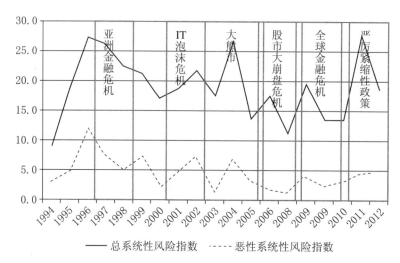

图 7.9 系统性风险指标和经济事件

其中 1997 年前后和 2008 年前后的两次系统性风险指标峰值分别对应两次金融危机:始于 1997 年下半年的亚洲金融危机和始于 2007 年 8 月的全球金融危机。虽然这两次金融危机都发生在我们国家之外,但是毫无疑问这两次金融危机都通过多种途径对我们的经济造成了一定的冲击,影响到了我国对外贸易,并通过外贸部门将负面的影响传递到经济体内,增加了我国经济运行的系统性风险。2001—2002 年间系统性风险的峰值对应的是美国互联网泡沫危机,这场实体经济部分发生的危机同样爆发在我国经济体之外,但是我国的 IT 部门作为世界 IT 产业的一部分,不可避免地受到了一定的冲击,使得我国的系统性风险相应增加。2004 年前后和 2006 年前后对应的是我国股市的两次巨大震荡:2004 年前后的大熊市和 2006 年股市大崩盘。这两个时间会对本节的系统性风险指标产生影响很容易理解,一方面股市是上市公司融资的一种重要途径,也是公司外部相关参与者评价公司的重要途径,股市的剧烈震荡必然会对上市公司产生巨大的冲击,系统性风险相应增加;另一方面,即使某些公司自身没有出现任何问题,运行良好,股市的震荡也会在中短期影响到公司的股价,进而通过对市值的影响促使系统性风险指标增加。其中值得注意的是,但就股市震荡的程度看,2006 年这次明显强于 2004 年间那次,但是系统性风险指标反倒是 2004 间增加的幅度更大,对这一数据结果的解释尚需更多的研究分析。2011—2012 年间这次系统性风险出现峰值对应同时期我国政府采取严厉的紧缩性经济政策。为应对 2007 年全球金融危机,我国政府出台了各种刺激经济的政策和措施,这些举措有效地促进经济的复苏,但是其负面的效果也很巨大,经济中过渡的流动性带来巨大的通胀压力。政府不得不转而采取紧缩性经济政策,严格控制银行信贷规模,严厉调控房地产,这些紧缩性举措直接作用于房地产和银行系统,不可避免地会对诸如制造业、商业、运输业等其他行业产生间接影响。在政府严厉的紧缩性经济政策大环境中,公司受到政府政策的影响,且受到的影响具有较高的同向性,相应的系统性风险指标大幅增加。

(2) 行业系统性风险。

经济生活中任何风险的产生都离不开产生风险的主体和它们从事的风险业务。根据公司不同和从事业务的不同可以分成若干个行业,行业间存在的差异表现在系统性风险上也会产生巨大的差异,而且不同行业之间的联系和影响也可能存在着不同的特点。这些差异可以表现在不同行业对系统性风险的贡献大小不同,以及在风险传递的方向和程度上的不同。根据上交所和深交所对行业的分类,共包含 6 个行业:房地产、工业、公用事业、金融、商业和综合行业。样本中 167 家公司股票是我们按照一定的数据完整性标准筛选出,包括自上交所和深交所开办以来所有符合筛选标准的公司,因而具有广泛的代表性,分析结果可以较好地反映经济体的系统性风险状况。

① 房地产行业相关的系统性风险。

图 7.10 是基于格兰杰因果检验得到的房地产影响力指标和受影响指标,从中可以看到,2002 年之前,房地产影响力指标和受影响指标变动的趋势和总系统性风险指标变动的趋势明显有所偏离;而从 2002 年至今,房地产相关的两个风险指标和总系统性风险指标变动具有高度的一致性。从房地产影响力指标和房地产受影响指标的对比中可以看到,从 2002 年开始,房地产影响力指标在几乎每一年中都要高于房地产受影响指标,表明

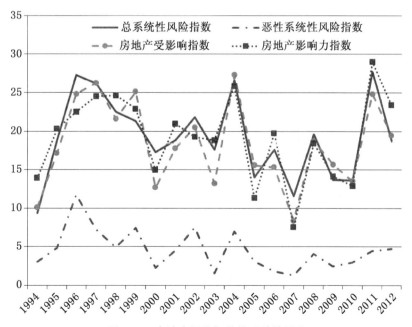

图 7.10　房地产行业相关的系统性风险

房地产对我国经济的影响力更大,拥有更大的主动性和先发性。特别是在 2006 年前后和 2011 年前后,房地产影响力指标更是明显高于总系统性风险指标,表明在这两个时间段内,房地产行业的系统性风险明显高于总体系统性风险水平的部分。

② 工业相关的系统性风险。

从图 7.11 中可以看到,1994—2012 年的 19 年中,工业受影响指标整体上都要高于工业的影响力指标,只在极个别的年份出现例外,数据表明工业受到来自其他行业的影响比工业对其他行业的影响更大。和房地产行业对其他行业影响更大刚好相反。从整体上看,工业相关的两个系统性风险指标和总系统性风险指标有着较高的一致性,体现出工业作为我国经济的支柱产业,其在系统性风险的表现方面和整体经济也有较高的契合度。但在 2002 年前后,当总系统性风险、恶性系统性风险和工业受影响指标三个数据都出现波峰时,工业影响力指标却出现了一个小波谷,造成这一反常的现实原因还有待进一步研究。

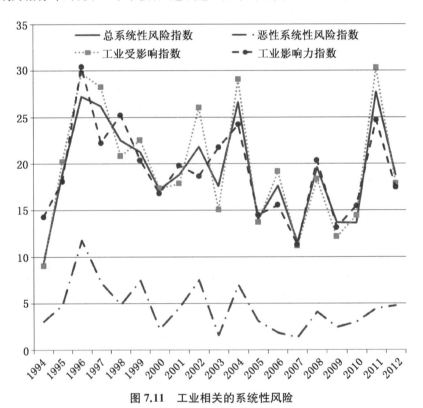

图 7.11 工业相关的系统性风险

③ 公用事业相关的系统性风险。

数据分析也显示公用事业影响力指标比公用事业受影响指标整体要显著偏大(图 7.12),除了 2001 年和 2006 年前后的其他年份中,公用事业对其他行业都具有更大的影响力,而在总系统性风险显著增加时,公用事业对其他行业的影响力指标则会增加更多。同时总体上,公用事业影响力指标也比总系统性风险指标偏大。而公用事业受影响指标则除个别年份外明显低于总系统性风险指标。数据分析结果进一步肯定了上面我们对公用事业相关系统性风险的推测,在经济整体系统性风险增加时,公用事业往往更有可能成为风险源头,对其他行业和经济部门产生影响和冲击,公共事业自身所受影响则明显较小。

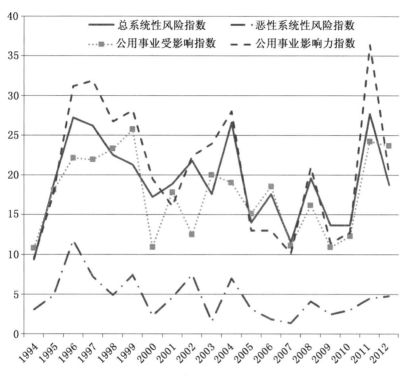

图 7.12 公用事业相关的系统性风险

④ 金融业相关的系统性风险。

从图 7.13 中可以看到金融影响力指标和受影响指标整体的波动性较大,明显大于同时期总系统性风险指标的波动。遗憾的是,由于在选择数据时更多考虑回归时间的长度和数据的完整性,样本中金融公司的数目较少,同时一些特别重要的金融机构(比如国有大型商业银行)上市的时间多在 2005 年之后,我们对国内金融行业相关的系统性风险分析上可能存在着偏差,希望在后续的研究中可以进一步完善。

⑤ 商业相关的系统性风险。

从图 7.14 中可以看到从 1996 年开始至今,商业受影响指标整体一直高于商业影响力指标,这表明比起商业对其他经济部门的影响,商业受到来自其他经济部门的影响更大。同时商业受影响指标还显著大于同时期对应的总系统性风险指标,这表明在整个经济体中,商业相较于其他经济部门更容易受到影响。因而在系统性风险较高或者系统性风险爆发时,商业将会是受到冲击较大的行业。

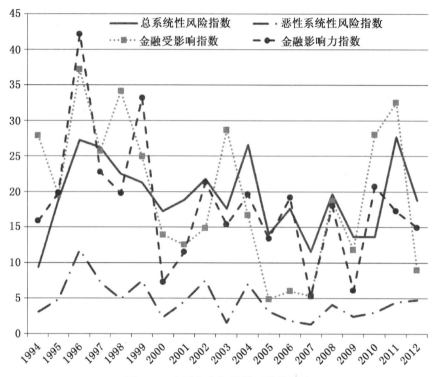

图 7.13　金融行业相关的系统性风险

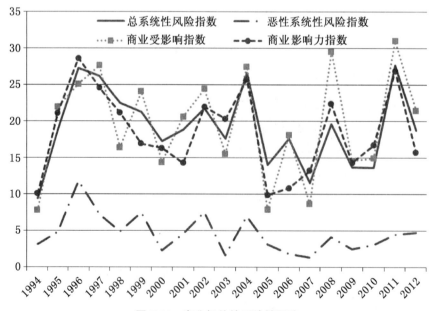

图 7.14　商业相关的系统性风险

⑥ 综合行业相关的系统性风险。

由于综合行业内的公司主营业务不止一种,因而很难像其他 5 个行业那样,从产业上下游或者从业务类别角度,分析综合行业对其他行业的影响力以及综合行业受到的影响大小。从本节模型得到的综合行业受影响指标和综合行业影响力指标来看,如图 7.15 所示,两个指标在 1994—2012 年间和总系统性风险指标在波动性方面有一定的一致性,但是一致性的程度也不是很高,综合行业的影响力指标和受影响指标二者比较也没有一贯的大小关系,有些时间段内影响力指标大一些,有些年份中受影响指标大一些。总体而言,如果把上交所和深交所划分在综合行业的上市公司当作一个整体,模型并没有显示一致性的结论。进一步的深入研究可能需要更细致地考虑综合行业内不同公司所从事业务的具体类型。

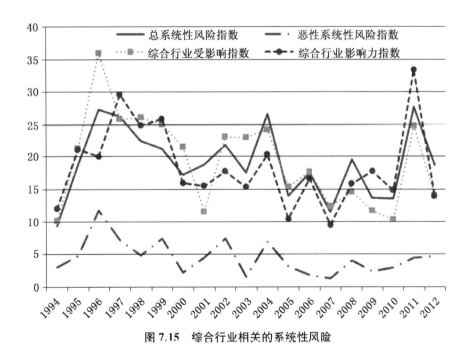

图 7.15　综合行业相关的系统性风险

(3) 个体公司系统性风险。

在所有类型的系统性风险中,有一类系统性风险是由单个公司诱发的,比如次贷危机中雷曼兄弟公司的倒闭,给美国和全球的金融系统都带来了巨大的冲击,其中对和雷曼兄弟同类型的华尔街其他几家投行的冲击尤为严重。今天,一些大型的公司对其他公司和经济体的影响变得愈发不容忽视,而这样的公司不仅仅局限于金融类公司,比如日本的本田汽车公司因为大批量的汽车召回令公司陷入严重危机,日本的经济从而受到明显的冲击。

对样本中167家上市公司1994—2012年共计19年的市值数据进行格兰杰因果分析,并在此基础上进一步计算在每一年中每一只股票代表的公司的影响力指标和受影响指标,我们就得到两个19×167的系统性风险指标矩阵。影响力指标矩阵中的最大值为93.4,在某些年份有的公司可以对样本中93.4％的公司产生显著的影响,同时最小值为0,表明某些公司对其他公司没有任何影响。这表明不同的公司对其他公司的影响程度有着巨大的差异,这和其他学者的研究结论也是一致的,比如高国华和潘英丽(2012)从银行资产负债表出发研究银行间的系统性风险,作者利用2009年61家银行资产负债数据进行分析,发现大型国有银行是银行间系统性风险的重要风险源头,尤其是中国银行和中国工商银行两家国有银行,这可能是因为这些大型国有银行往往处于流动的中心环节。本节的研究结果则表明,这种具有系统重要性的公司并不仅仅局限于金融公司,实体部门的公司也可以具有系统重要性。

5. 结论、建议和展望

在格兰杰因果检验的基础上,我们对1994—2012年上交所和深交所所有的股票进行分析,在统一的模型和逻辑前提下,对经济体系内的系统性风险给出一个全面系统的描述,包括宏观、中观和微观三个层次。

宏观层面上,我们列举出1994年以来比较重大的经济危机和事件,通过定性的比较,发现系统性风险指标和恶性总系统性风险指标在1994—2012年的19年间出现的6次峰值和同时期内对我国经济造成冲击的重大事件具有高度的一致性。而系统性风险和经济宏观指标的关系具有双向性,在系统性风险增加的某一个阶段上,虽然实际GDP增长率、上证指标和国房景气指标可能是造成系统性风险增加的因素,但是在1994—2012年整个阶段上,这三个指标及其所代表的经济现象并不总是系统性风险一贯变化的影响因素。

中观层面上,2002年之前,房地产影响力指标和受影响指标变动的趋势和总系统性风险指标变动的趋势明显有所偏离,而从2002年至今,房地产相关的两个风险指标和总系统性风险指标变动具有高度的一致性。房地产对我国经济的影响力更大,拥有更大的主动性和先发性;工业受影响指标整体上都要高于工业的影响力指标,只在极个别的年份出现例外,数据表明工业受到来自其他行业的影响比工业对其他行业的影响更大,公用事业影响力指标比公用事业受影响指标整体要显著偏大,公用事业对其他行业都具有更大的影响力,而在总系统性风险显著增加时,公用事业对其他行业的影响力指标则会增加更多;金融影响力指标和受影响指标整体的波动性较大,明显大于同时期总系统性风险指标的波动;比起商业对其他经济部门的影响,商业受到来自其他经济部门的影响更大,同时商业受影响指标还显著大于同时期对应的总系统性风险指标。

微观层面上,我们发现不同的公司对其他公司的影响程度有着巨大的差异,在某些年份某个公司可以对样本中 93.4% 的公司在统计上产生显著的影响,而某些公司在某些年份对其他公司的影响则非常小,统计上具有显著的影响一家也没有。就公司对经济体系的重要性而言,具有系统重要性的公司并不仅仅局限于金融公司,实体部门的公司也可以具有系统重要性,值得特别关注和对待。

7.2.4　压力测试动态模型——对香港银行业的实证研究

我们在第 6 章中介绍了压力测试模型。巴塞尔委员会将压力测试定义为"金融机构用于评估其面对'异常但可能'(exceptional but plausible)的冲击时的脆弱性的技术手段"(BIS,2000)。压力测试可以很好地弥补 VaR 的不足。

但传统的压力测试方法并不能真正满足当前风险管理对压力测试的要求。一方面,压力测试所构建的压力情景要么太温和不足以体现出极端事件的严重性,要么太极端而脱离现实,对现实的风险管理决策没有参考价值;另一方面,当风险管理者同时面对"正常情况下的风险"(比如 VaR)和"极端情况下的风险"(压力测试的结果)时难以做出有效的决策来面对这同时存在又截然不同的风险。此外,传统的压力测试多使用静态模型,无法反映经济系统的动态演化过程,这集中体现在三个方面:一是经济变量有着显著的时滞效应,一些影响并不能在事件发生的当期就立刻全部体现出来,而是随着时间的推移逐渐释放出来;二是模型中的被解释变量往往对解释变量有着反馈效应,即解释变量(风险因子)的变化会导致被解释变量发生变化,同时被解释变量发生变化后又通过经济变量之间的相关性引起下一期甚至之后几期解释变量的变化,这个过程是动态的,而不是静态;三是风险通过经济变量之间的相关性在经济系统内部的传染效应,即当一个风险因子受到外部冲击而发生改变后,会随着时间推移将这种变化动态地传递给系统内的其他变量,使得其他风险因子也随之而发生变化,这种风险的蔓延和传染往往会带来比单一因子变化导致的风险大得多的破坏力,这也解释了一些危机事件发生后为何会迅速演变为一场全面的金融危机。

我们针对传统压力测试方法存在的上述三个方面的问题,在总结国内外理论研究和实践的基础上,进一步进行理论探索以改进现有的压力测试技术;尝试将 VaR 和压力测试置于一个统一的分析框架中,并用实证研究的方法检验模型的有效性。

1. 理论框架

围绕压力测试的两个核心要素:(1)"异常但可能"的压力情景的设计;(2)评估压力情景对金融机构特定资产组合(微观压力测试)或金融体系稳定性(宏观压力测试)的影响,有许多人展开了研究,比较典型的有 Kupiec(1998)、Berkowitz(1999)、Wilson(1997)、

Boss(2002)、Virolainen(2004)以及 Wong 等(2006)等,我们综合这些研究成果,尝试发展出一个完整的压力测试理论和实践框架。

(1) 理论分析。

假定有一个预测资产组合收益分布(也可以是其他目标变量)的风险模型,其定价模型为 $y = P(x)$,其中 y 为资产(组合)的收益,x 为风险因子向量,$P(x)$ 为定价函数。在正常情景下,x 服从分布 $f(x)$,y 服从分布 $g(y)$;在压力情景下,x 的分布变为 $f_s(x)$,相应地,y 则服从分布 $g_s(y)$。

从理论上,根据 x 的分布 $f(x)$ 以及定价函数 $P(x)$,就可以得出 y 的分布 $g(y)$。一个简单的方法是随机模拟。比如,产生一组服从分布 $f(x)$ 的数据,记为 $\hat{x}_f$(下标 f 表示变量取自分布 $f(x)$,下同),然后便可得出资产(组合)的收益为:

$$\hat{y} = P(\hat{x}_f)$$

将此过程重复许多次,便可以得到一系列的 $\hat{y}_i (i = 1, 2, 3 \cdots)$,从而便可以模拟出 y 在正常情景下的预测分布 $g(\hat{y})$。类似地,也可以得到 y 在压力情景下的预测分布 $g_s(\hat{y})$。由 $g(\hat{y})$ 便可以得到 VaR 值,由 $g_s(\hat{y})$ 则可以得到压力测试值。

至此,我们已经阐述了关于压力测试的一个基本问题,那就是压力测试会导致两个完全并行的预测分布:正常情况下的分布 $g(\hat{y})$ 和压力情景下的分布 $g_s(\hat{y})$。这两个预测分布产生于风险因子在两种情景下的不同分布,即 $f(x)$ 和 $f_s(x)$。一个自然的问题是,我们是否能够定义一个统一的风险因子的分布,比如说 $f_c(x)$,其中正常情景和压力情景均被赋予一个正的概率。如果可以的话,这个新的"模型"VaR 和压力测试统一起来,置于同一个模型中。事实上,这是可能的。下面定义一个新的因子分布 $f_c(x)$,使得:

$$x \sim \begin{cases} f(x), & p = 1 - \alpha \\ f_s(x), & p = \alpha \end{cases} \tag{1}$$

其中 p 表示情景发生的概率,而 α 表示某个压力情景发生的概率(可能是主观概率)。$f(x)$ 和 $f_s(x)$ 都是 n 维分布。为简单起见,我们先考虑一个单一的压力情景,之后会将其扩展到几个压力情景的情况。

对于方程(1),我们可以通过标准的蒙特卡罗模拟来实现。比如,我们可以定义一个在 $(0, 1)$ 上服从均匀分布的变量 η,即 $\eta \sim U(0, 1)$,那么当 $\eta < (1 - \alpha)$ 时我们取分布 $f(x)$,而在 $\eta \geqslant (1 - \alpha)$ 时取分布 $f_s(x)$,而 x 则以相应的概率取自不同的分布,得到风险因子的一组取值 $\hat{x}$,代入定价函数就可以得到资产组合的收益(或损失)$\hat{y} = P(\hat{x})$。重复这个过程许多次,就可以得到预测分布 $g_c(\hat{y})$。但得到这个新的分布并不是无代价

的,对 α 的确定是一件很困难的事。

在现实中,风险管理者也许需要关注多个压力情景,而不仅仅是一个。假定每个压力情景都被赋予一个概率(可能是主观概率),即 $\{\alpha_1, \alpha_2, \cdots, \alpha_m\}$。然后便可以建立新的因子分布如下:

$$x \sim \begin{cases} f(x), & p = 1 - \sum \alpha_i \\ f_{s1}(x), & p = \alpha_1 \\ \quad\vdots \\ f_{sm}(x), & p = \alpha_m \end{cases} \tag{2}$$

其中 p 表示情景发生的概率,而 α_i 则表示第 i 个压力情景发生的概率。

我们仍然可以定义一个在 $(0, 1)$ 上服从均匀分布的变量 $\eta \sim U(0, 1)$,那么当 $\eta < (1 - \sum \alpha_i)$ 时,我们取分布 $f(x)$,而在 $\eta \in (1 - \sum \alpha_i, 1 - \sum \alpha_i + \alpha_1)$ 时,取分布 $f_{s1}(x)$;当 $\eta \in (1 - \sum \alpha_i + \alpha_1, 1 - \sum \alpha_i + \alpha_1 + \alpha_2)$ 时,取分布 $f_{s2}(x)$;依此类推。而 x 则以相应的概率取自不同的分布。其余步骤如前所述。

(2) 基本模型。

Wilson(1997)和 Boss(2002)在分析信用风险压力测试时,发展出了一个压力测试的动态模型。他们充分考虑了经济系统的时滞效应,并且考虑了实际结果对均值的偏离。

按照 Wilson 等人的思路,我们考虑如下动态模型:

$$\begin{cases} y_t = A_0 + A_1 x_t + \cdots + A_{1+s} x_{t-s} + \nu_t \\ x_t = B_0 + B_1 x_{t-1} + \cdots + B_p x_{t-p} + \varepsilon_t \end{cases} \tag{3}$$

其中:下标 t 表示第 t 期;x 为风险因子列向量;ν 和 ε(ε 为列向量)表示扰动项,服从正态分布,即:

$$E = \begin{bmatrix} \nu \\ \varepsilon \end{bmatrix} \sim N(0, \Sigma), \quad \Sigma = \begin{bmatrix} \Sigma_\nu & \Sigma_{\nu, \varepsilon} \\ \Sigma_{\varepsilon, \nu} & \Sigma_\varepsilon \end{bmatrix}$$

Σ 表示相应的方差—协方差矩阵。

这一动态模型有几方面的优良特性:

首先,该模型充分反映了风险因子的时滞效应,即随着时间的推移,前几期的值仍然影响着后几期的 y,同时也影响着风险因子 x 本身。

这个动态模型的另外一个显著特点是,扰动项之间的协方差并不为零,因此外在的冲击可以通过方差—协方差矩阵而传递给整个系统内的各个风险因子以及变量 y。这就很好地解决了风险的传染效应。因为一个风险因子受到冲击后,受影响的并非仅限于该因子自身,还会通过系统的相互作用而传递给其他因子,而以往的模型则忽略了这一点。

除了模型本身的改进外,Wilson 和 Boss 等人并没有仅仅停留在预测 y 的均值上,相反,他们通过对 Σ 的模拟预测了 y 在特定情景下的分布,这样便能够完整地刻画不利冲击对 y 的可能影响,包括扰动项偏离均值 0 时可能对 y 造成的影响。

当然,这一模型也有不足,表现在没有考虑系统的反馈效应。这一不足在 Virolainen(2004)的模型中也仍然没有得到修正。后来 Wong 等(2006)提出了一个修正模型,加入了系统的反馈效应。

加入了反馈效应的动态模型则变为:

$$\begin{cases} y_t = A_0 + A_{1+i} \sum_{i=1}^{s} x_{t-i} + \Phi_j \sum_{j=1}^{k} y_{t-j} + \nu_t \\ x_t = B_0 + B_0 + B_i \sum_{i=1}^{p} x_{t-i} + \Theta_j \sum_{j=1}^{q} y_{t-j} + \varepsilon_t \end{cases} \quad (4)$$

其中:$E = \begin{bmatrix} \nu \\ \varepsilon \end{bmatrix} \sim N(0, \Sigma)$,$\Sigma = \begin{bmatrix} \Sigma_\nu & \Sigma_{\nu,\varepsilon} \\ \Sigma_{\varepsilon,\nu} & \Sigma_\varepsilon \end{bmatrix}$

这样,整个系统就处于一个动态演变过程,各个风险因子 x 和因变量 y 不仅相互影响着,而且其过去值也影响着未来几期的值。

(3)蒙特卡罗模拟。

蒙特卡罗模拟在我们的压力测试整体框架中扮演着非常重要的角色。

正如在前面所阐述的那样,如果知道风险因子向量 x 的分布 $f(x)$,则可以产生大量服从分布 $f(x)$ 的随机数向量(具体产生方法依赖于分布 $f(x)$ 的具体形式),然后通过定价函数得到相应的 y 的预测值,进而便可以得到 y 的预测分布 $g(y)$。然而问题在于,得到单一风险因子的分布或多个风险因子的联合分布是个极其困难的事,而且并不存在一个先验的分布,最好的结果也是通过历史数据得到模拟的分布,而这又极大地依赖于历史数据,不仅历史数据的可得性难以保证,而且即使得到了,这样产生的分布也并不是一个完全的分布,因为未来仍然可能产生不同于历史数据的异常值。针对这个问题,一个可行的方法(或变通的方法),也是一些研究者们所使用的方法,就是通过我们的动态模型的扰动项进行随机模拟。

在我们的模型中,压力情景通常是指一个或几个风险因子受到不利的外部冲击(即压力情景),而这个外部冲击往往是施加于扰动项,因为外部冲击是扰动项偏离其均值的一个因素,如果扰动项不偏离其均值,那么我们的模型产生的预测值便是精确的。所以,对扰动项的可能取值进行模拟,便可以得到目标变量 y 的真实值对模型的预测值偏离的程度。

首先,对不加外部冲击的正常情景进行模拟。通过估计模型(6)便可以得到各个系数的估计值,以及估计的方差—协方差矩阵 $\hat{\Sigma}$。我们首先从正态分布 $N(0, \hat{\Sigma})$ 中取得一组随机向量 r_1,然后代入模型,由于当期(设为第 0 期)以及以前各期的风险因子 x 和目标变量 y 的值都是已知的,因此可以得到下一期(第 1 期)的风险因子 x 和目标变量 y 的值。然后再次从 $N(0, \hat{\Sigma})$ 中取得一组随机向量,记为 r_2,按照上述步骤代入模型便可以计算得到第 2 期风险因子 x 和目标变量 y 的值。依此类推,便可以获得未来第 n 期风险因子 x 和目标变量 y 的值。这样从第一期到第 n 期的一次模拟称为一次实现(或一条路径)。如此重复许多次(比如 10 000 次或更多),便可以生成许多条路径,得到大量的 y 的模拟值,进而可以得到 y 的预测分布 $g(\hat{y})$。

其次,对施加冲击的压力情景进行模拟。在每一步模拟中,我们仍然先从正态分布 $N(0, \hat{\Sigma})$ 中取得一组随机向量,如果在该阶段没有受到外部冲击,则将该向量作为扰动项,估计下一期的 x 和 y 的值;如果在该阶段受到外部冲击,则将该向量中的相应元素换为冲击值,然后将该新的向量作为扰动项,计算下一期的 x 和 y 的值。依此类推,便可以计算知道第 n 期的 x 和 y 的值。然后重复整个过程许多次,就可以得到压力情景下大量的 y 的模拟值,进而可以得到压力情景下 y 的预测分布 $g_s(\hat{y})$。

在上述模拟中,如何从正态分布 $N(0, \hat{\Sigma})$ 中取得随机向量是其中的核心。一个通行的做法是对 $\hat{\Sigma}$ 做 Cholesky 分解而得到多维正态分布的随机向量。

2. 实证检验

(1) 数据选取与描述性统计。

我们选取了 1997 年第一季度到 2012 年第四季度共 64 期的数据,试图对香港地区零售银行的信用风险进行压力测试的研究。

在 1997 年第一季度到 2012 年第四季度期间,发生了两次大的危机影响了香港地区的经济,一次是 1997 年亚洲金融危机,另一次是始于 2007 年 8 月美国次贷危机引发的全球金融危机。在压力测试的数据中包含像这样两次大的金融危机至关重要,因为许多变量的关系在危机期间会发生变化,如果选取的数据没有包含极端情景而只是正常市场状态下的数据,那么得到的数据间的统计关系很可能会产生误导。我们选取的数据包括:

- 信贷违约率:以香港地区零售银行逾期超过 3 个月的贷款比例为指标;
- 香港地区实际 GDP 增长率;

- 香港地区实际利率:以三个月期的 HIBOR 为指标;

- 香港地区房价指数;

- 内地实际 GDP 增长率。

数据主要来源于香港金管局的官方网站、中经网数据库、Bloomberg 数据库、EIU CountryData(全球宏观经济指标分析库)等。

上述数据中,信贷违约率(信用风险的指标)是我们研究的对象,将作为因变量,而剩下的几个则作为影响信贷违约率的风险因子,因为:①香港 GDP 增长率作为香港宏观经济走势的风向标,必然会影响到银行的信贷违约率;②房地产作为重要的贷款抵押物,其价格的升降会影响到抵押资产的价值,从而引起违约率的变化;③香港利率是信贷市场中衡量贷款成本的重要指标之一,我们预期当利率上升时,则会加重贷款者支付利息的负担,从而引起贷款违约率的上升,反之亦然;④由于香港和内地紧密的经济联系,我们预期内地 GDP 增长率也会影响到香港的贷款违约率;⑤通货膨胀率主要是为了消除经济变量中的纯价格因素,我们更关注经济变量的实际变化对信贷违约率的影响,如果采用名义变量并且同时加入通货膨胀率指标,则会增加待估参数,降低模型的可靠度,所以我们将通货膨胀率作为变换名义变量为实际变量的中间变量,而不直接进入模型。

尽管我们预期上述变量都能很好地在模型中发挥显著的作用,但事实上,正如之后模型估计结果所显示的那样,一些指标并不显著,因此上述变量只有部分最终进入了模型。

图 7.16 中(a)、(b)、(c)、(d)分别是香港实际 GDP 增长率、香港房价指数、香港三个月期的 HIBOR、内地实际 GDP 增长率的时间序列图;香港零售银行信贷违约率的时间序列图参看图 7.17。

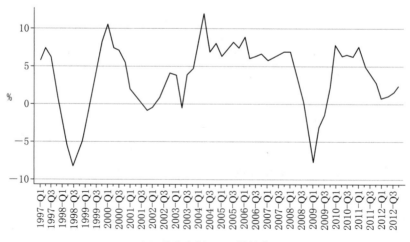

(a) 香港实际 GDP 增长率

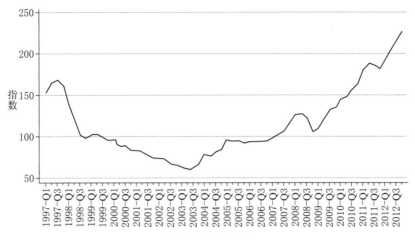

（b）香港房价指数

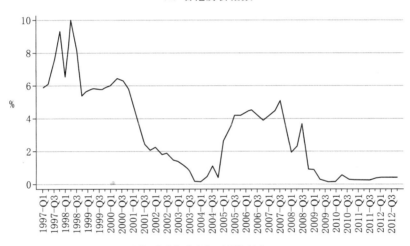

（c）3 月期香港银行同业拆借利率（HIBOR）

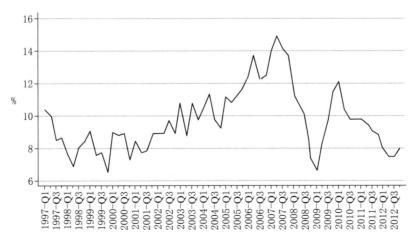

（d）内地实际 GDP 增长率

图 7.16 描述性统计图

（2）模型设定与估计。

由于违约率是一个在区间$(0,1)$变化的变量,如果直接将模型中的因变量设为违约率,则估计值容易落在区间$(0,1)$之外,所以我们需要先对违约率(记为 p)作 logistic 变换:

$$p = \frac{1}{1+\mathrm{e}^{-y}} \quad (p \in (0,1))$$

即:

$$y = \ln \frac{p}{1-p} \quad (y \in (-\infty, +\infty))$$

显然,变换后的值 y 与违约率 p 正相关,属于单调变换,但是 $y \in (-\infty, +\infty)$,对于模型估计不需要施加任何限制。

综合考虑经济系统的反馈效应、时滞效应和传染效应等,结合前面理论框架部分对基本模型的分析,我们将模型设定为:

$$\begin{cases} p_t = \dfrac{1}{1+\mathrm{e}^{-y_t}} \\[2mm] y_t = A_0 + A_{1+i} \displaystyle\sum_{i=1}^{s} x_{t-i} + \Phi_j \sum_{j=1}^{k} y_{t-j} + \nu_t \\[2mm] x_t = B_0 + B_i \displaystyle\sum_{i=1}^{p} x_{t-i} + \Theta_j \sum_{j=1}^{q} y_{t-j} + \varepsilon_t \\[2mm] E = \begin{pmatrix} \nu \\ \varepsilon \end{pmatrix} \sim N(0, \Sigma),\ \Sigma = \begin{bmatrix} \Sigma_\nu & \Sigma_{\nu,\varepsilon} \\ \Sigma_{\varepsilon,\nu} & \Sigma_\varepsilon \end{bmatrix} \end{cases}$$

其中:x_t 和 y_t 分别为第 t 期的风险因子向量和违约率的 logistic 变换值;E 为误差向量,Σ 为误差向量的方差—协方差矩阵。

我们选取的风险因子(解释变量)为:香港实际 GDP 增长率(ghk)、香港实际利率(r)、香港房价的实际变化率($prop$)、内地实际 GDP 增长率(gcn)。其中实际利率是用通货膨胀率调整后的 HIBOR;香港房价的实际变化率是通货膨胀率调整后的房价变化率;通货膨胀率用香港 CPI 变化率作为指标。

滞后期我们选择滞后两期。虽然季度数据一般需要取到滞后四到五期(即一年后),但考虑到数据不是很多,如果取的滞后期数太多,将导致估计的系数不可靠,只取到两期,不过这已经可以揭示出经济变量的滞后效应了。

对于上述模型,可以用 SUR(seemingly unrelated regression)方法或者 VAR(vector auto-regression)方法来估计,但是为了更好地进行蒙特卡罗模拟,我们采用 SUR 方法。

通过 ADF(augmented Dickey-Fuller)检验发现,y_t 和 r_t 均为 $I(1)$ 过程,因此需要做

一阶差分；其余变量都为 $I(0)$ 过程，即平稳序列，不需要做差分。

经过上述处理后，对模型进行估计，发现 Δy_t 对 Δr_t 和 gcn_t 及其滞后项在 10% 的显著性水平上均不显著，因此最终决定剔除这两个变量，对剩下的变量重新估计，并剔除不显著的项后，得到的估计结果如表 7.14 和表 7.15 所示，其中这个估计的方差—协方差矩阵 $\hat{\Sigma}$ 用于后面蒙特卡罗模拟时从分布 $N(0，\hat{\Sigma})$ 取随机向量。

表 7.14　模型估计结果

自 变 量	因　变　量		
	Δy_t	ghk_t	$prop_t$
ghk_t	−0.010 2 ***		
	(0.003 78)		
ghk_{t-1}		1.010 ***	
		(0.134)	
ghk_{t-2}		−0.338 ***	
		(0.114)	
$prop_t$	−0.008 54 ***		
	(0.001 48)		
$prop_{t-1}$	0.007 20 ***		1.167 ***
	(0.001 46)		(0.115)
$prop_{t-2}$			−0.476 ***
			(0.099 2)
Δy_{t-1}		−4.793 *	−14.25 *
		(2.783)	(7.950)
Δy_{t-2}	0.383 ***		
	(0.112)		
Constant	0.018 1	0.986 **	0.535
	(0.015 9)	(0.394)	(0.971)
Observations	61	61	61
R^2	0.587	0.746	0.808

注：括号里是标准差 *** $p < 0.01$，** $p < 0.05$，* $p < 0.1$。

表 7.15　估计的误差方差—协方差矩阵

变 量	Δy_t	ghk_t	$prop_t$
Δy_t	0.008 414 28		
ghk_t	0.010 695 8	5.138 836 9	
$prop_t$	0.152 382 49	3.870 159 3	54.277 799

从回归的结果可以看出，模型以及各项系数都较显著，而且系数的符号也符合预期。Δy_t 方程的回归结果表明，违约率与香港的实际 GDP 增长率和房价的变化率显著负相关；同时 Δy_t 与 2 期的滞后项 Δy_{t-2} 显著正相关，说明违约率有明显的滞后效应，即当期的违约率往往会造成较长期的影响。而 ghk_t 和 $prop_t$ 方程中 Δy_t 的滞后项 Δy_{t-1} 的系数都显著为负，进一步表明当期违约率的上升将会反过来使得下一期的 GDP 增长率和房

价下降。这便是经济系统中的回馈效应,即经济变量往往是互相影响的,这种影响不是单向的。当风险因子影响因变量后,因变量又会影响自变量未来的走势。这跟我们的预期,以及现实的经济行为都是完全吻合的。

最后,我们将模型预测的违约率和真实的违约率做对比(见图7.17所示),从图上可以看出,拟合的效果还是比较好的,除了2000年前后波动较大的两三年外,其他时间模型预测值和真实值非常吻合,而且即使在2000年前后波动较大的几年里,两条曲线的走势也非常接近。

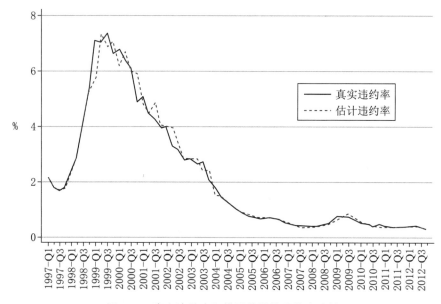

图 7.17 真实违约率和模型估计的违约率比较

3. 香港银行业的压力测试

估计出模型以后,就可以设计压力情景进行压力测试了。我们将首先按照传统的方法,预测特定情景下违约率的期望值,即条件均值的点估计;然后在此基础上,通过蒙特卡罗模拟,预测特定情景下违约率的分布,并同其点估计值作对比,研究实际值对条件均值的偏离程度;同时,我们还将讨论经济变量的时滞效应。

(1)设计压力情景。

因为在我们的数据所涵盖的时间段内,已经包含了两次大的金融危机:1997年亚洲金融危机和始于2007年8月的全球金融危机,所以我们的情景设计可以按照历史数据的极端情景为样本,找出因子最剧烈的变化,然后选出强、中、弱三个程度不同的冲击。

表7.16列出了模型中的两个风险因子 *ghk* 和 *prop* 各自与其上一期相比的变动情况,我们取了最小的4个值,以及尾部概率为1%、5%、10%、25%的下侧分位数。

表 7.16　*ghk* 和 *prop* 的变动情况

概　　率	$ghk_t - ghk_{t-1}$		$prop_t - prop_{t-1}$	
	百分位数	最小数	百分位数	最小数
1%	−8.269	−8.269	−41.152 46	−41.152 46
5%	−5.983	−7.765	−25.489 78	−38.354 97
10%	−2.685	−6.309	−14.885 22	−28.837 99
25%	0.857	−5.983	−8.922 703	−25.489 78

根据表 7.17,我们以小于 10% 的概率为极端值分界线,分强(1%)、中(5%)、弱(10%)三种程度设计不同的压力情景(表 7.11 所示):

表 7.17　单个因子受到冲击时的压力情景

冲击强度	*ghk*	*prop*
强	−9	−45
中	−6	−30
弱	−3	−15

(2) 压力情景下违约率的预测分布。

我们对每种情景做了 10 000 次模拟,得到了违约率在各种情景下各期的频率直方图和分布图。图 7.18 分别为受到轻度、中度和重度冲击时,违约率在第 8 期末频率直方图。

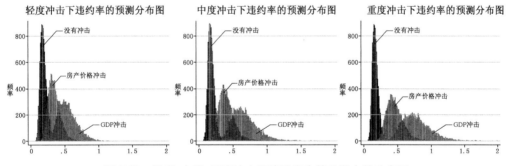

图 7.18　轻度、中度、重度冲击下违约率在第 8 期末的分布图

图 7.18 中三幅图的对比中,我们可以得出三个明显的结论:①无论是轻度、中度还是重度的冲击,都使得违约率的分布明显向右偏移,而且受到冲击后的分布出现明显的"厚尾"。②随着冲击力度的增加,违约率逐渐上升,在分布图中则表现为分布右移。比如GDP 在轻度冲击下,违约率基本上在 1% 以内;而在中度冲击下,分布在 1% 之后出现了明显的"尾巴",表示违约概率显著增加;在重度冲击下,违约率在 1% 之后的尾部已经很厚,表示有非常大的概率使得违约率超过 1%。③在同样程度的冲击下,GDP 受到冲击比房价受到冲击对违约率的影响更大,这与我们前面对违约率的预测值的分析相一致。

（3）时滞效应。

时滞效应在经济中是非常普遍的现象。当一个经济系统受到冲击后，这种冲击的效果往往不是瞬间就能显现出来的，而是随着时间的推移将冲击带来的压力缓慢地释放出来，而且在释放的过程中通过系统内部的联系传染给其他变量，所以可能需要很长时间才能使得系统完全消化这种冲击带来的影响。

但是这种时滞效应又是随着经济变量的不同而有所差异。有的经济变量的时滞效应持续的时间短，虽然来势凶猛，但"来得快，去得也快"，其效果是短暂的；而有些变量的时滞效应则要持续相当长时间，虽然一开始比较温和，但往往会带来更大、更持久的破坏力。因此研究不同变量受到冲击时表现出的时滞效应的差异就是非常有意义的。

我们仍然以前述模型为基础，来研究压力情景下经济变量的时滞效应。图 7.19 到图 GDP 受到不同程度冲击时违约率在第 1、第 2、第 4、第 8 期末的分布图。

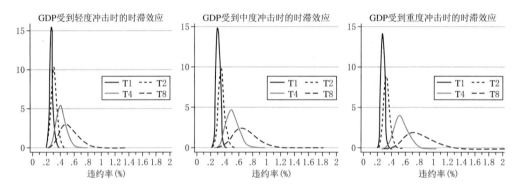

图 7.19　GDP 受到轻度、中度、重度冲击时的时滞效应

从图 7.19 的三幅图中，我们清楚地看到了 GDP 在受到不同程度冲击时的时滞效应。随着时间的推移，冲击的影响逐渐显现出来，使得违约率逐渐增大，分布逐渐右移，而"尾部"概率也逐渐增大。同时也能看到，受到不同程度的冲击时，分布向右偏移的速度和幅度是不同的：当冲击从轻度向中度和重度变化时，时间越往后，偏移的速度越快，幅度也越大。这说明 GDP 受到冲击后，其后续的时滞效应是非常明显和巨大的。

与 GDP 受到冲击时的时滞效应不同的是，房地产价格受到冲击时的时滞效应表现出明显不同的特性，其不同之处就在于：在第 4 期之后，这种时滞效应就基本消失了，所以在第 4 期后分布没有继续向右偏移，而是向左偏移，违约率有明显减小的趋势。图 7.20 显示了房地产价格在受到不同程度冲击时的时滞效应。从图 7.20 三幅图中明显看到房价受到冲击时的时滞效应只持续到第 4 期左右，之后这种效应便非常弱了。结合我们对违约率的预测值的分析来考虑，就发现这两者是完全一致的。我们看到当房价受到冲击时，违约率先是迅速上升,经过第 3、第 4 期以后,达到峰值,然后就往回落,趋于平缓,这与分布图在前四期迅速右移,而第 4 期后左移的特征完全一致。

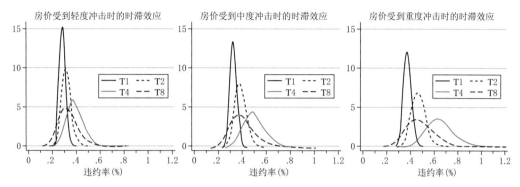

图 7.20　房价受到轻度、中度、重度冲击时的时滞效应

而与之形成鲜明对比的是,当 GDP 受到不利冲击时,违约率先小幅上升,然后上升的速度逐渐加快,而且这种上升势头一直延续到第 8 期才趋于平稳,表现在分布图上,就是分布一直不断向右移,在第 8 期以前没有往左移。

前面的分析都是针对同一时期不同情景下违约率的比较,或同一压力情景下不同时期违约率的比较。图 7.21 和图 7.22 则集中展示了当 GDP 和房价受到不同强度的冲击时违约率的预测分布随着时间而变化的对比图。这两幅图显示出了经济系统的动态演变过程,即随着冲击强弱的不同,随着时间的推移,违约率在各个时期、各种强度的冲击下的预测分布之间具有明显的差异。

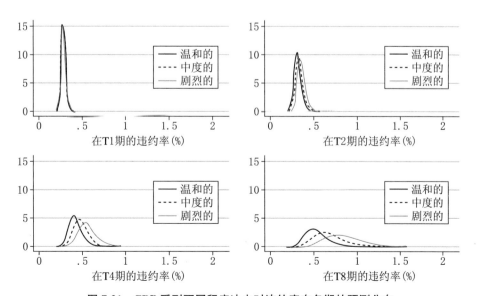

图 7.21　GDP 受到不同程度冲击时违约率在各期的预测分布

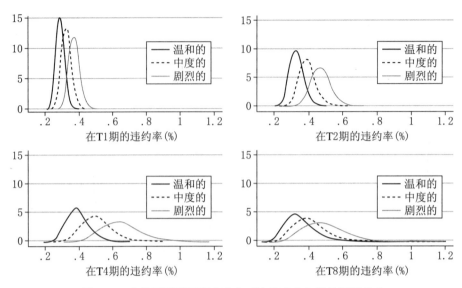

图 7.22　房价受到不同程度冲击时违约率在各期的预测分布

4. 压力情景的概率

我们在之前的模拟中,总是事先假定一个情景,比如 GDP 下跌 6%。现在,我们不再做这样的假定,而是在选取冲击时按一定的概率随机地从区间(-9%,-3%)中选取一个点作为冲击值,然后进行模拟。经过大量这样的模拟之后,我们就能够得到一个相应的违约率的预测分布。根据这个分布,我们可以获取未来一段时期违约率的基本走势以及各个置信水平(比如 99%或 99.9%)下的分位数(类似于 VaR 值,只是置信水平更高)。我们也可以使用同样的方法得出,房产价格在压力情景下的冲击范围是(-45%,-15%),如表 7.18 所示。

表 7.18　压力情景中的冲击范围

变　　量	冲 击 范 围
ghk	(-9,-3)
prop	(-45,-15)

我们首先假定 GDP 所受的冲击在区间(-9%,-3%)内服从均匀分布(当然,在其他情形下我们可以使用别的分布,除了取的随机数的分布不同外,后续的模拟方法是一样的)。每次模拟时,我们先产生一个(0,1)内服从均匀分布的随机数,记为 u。对 u 作如下变换:

$$v = -9\% + 6\% \times u$$

则 v 便服从(-9%,-3%)上的均匀分布,然后按照前面阐述的蒙特卡罗模拟方法模拟许多次(比如 10 000 次)便可以得到压力情景下违约率的预测分布。图 7.23 和图 7.24 便是模拟 10 000 次后得到的违约率的预测分布。

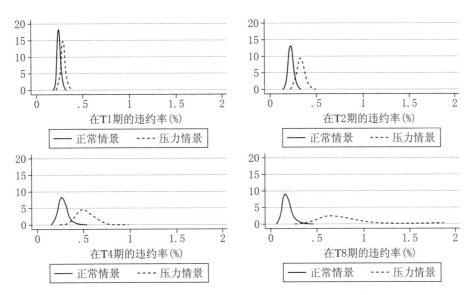

图 7.23　GDP 受到随机冲击和不受冲击时的违约率

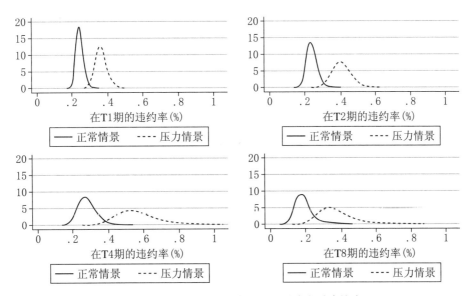

图 7.24　房价受到随机冲击和不受冲击时违约率

从图 7.23 和图 7.24 可以看出,当受到的冲击不确定而以一定的概率随机出现时(正如现实所发生的一样,我们永远不会确切地知道未来到底会发生多大的冲击,所知道的只是概率而已,而那些概率为零的冲击,不管多大,我们也不会为此而担忧,因为根本就不会发生,自然也用不着压力测试),违约率在各期的分布都发生右移,而且随着时间的推移,右移的幅度越来越大。这些特征与单个冲击时有着很大的相似性,所不同的在于各期分布右移的幅度和速度不同。

5. 构建压力测试和 VaR 的统一框架

无论是单个冲击,还是以一定分布随机出现的冲击,我们所得到的都是压力情景下的违约概率分布,再加上正常情景下的分布,我们就会同时面对两个分布。尽管我们知道,大概 90% 的机会我们会面对正常情景下的分布(即图 7.20 和图 7.21 中标记为正常情景的分布),大约 10% 的机会我们会面对压力情景下的分布(即图 7.20 和图 7.21 中标记为压力情景的分布),我们仍然无法确切地知道,该如何同时面对这两个结果做出有效的决策。对于风险管理者们来讲,他们做压力测试的目的在于帮助其决策,即如何有效地分配资本,既能拨出充足的风险资本金来防范未来可能遭受的损失,又不至于为了防范一些本不可能发生的风险而将大量资本闲置浪费(或许这正揭示了不考虑概率而进行压力测试的弊端所在)。因此,风险管理者(或监管者)更希望得到一个同时考虑正常情景和压力情景的分布。实际上,这也更符合现实情况,因为现实不会自动将发生的事件区分为“正常”和“极端”,两者只是存在的概率不同而已,除此之外,没有什么不同。

幸运的是,我们仍然可以通过模拟而得到这样一个统一的分布。一旦建了统一的、包含压力情景和正常情景的完整的分布,我们就可以确定较高置信度下的分位数,如同 VaR 一样。我们在确定 VaR 值时不这样做,是因为我们计算 VaR 时面对的只是正常情景下的分布,因此我们不能用来确定极端情景(即压力情景)下的可能损失。这并非是置信度高低的问题,而在于我们根本就不能用一个分布去确定另一个分布的分位数。

模拟的方法与上一节随机冲击的压力情景的模拟是类似的。那就是我们每次模拟时都以 0.9 的概率从因子的正常分布中选取随机误差向量,而以 0.1 的概率从极端分布(即上一小节中模拟随机冲击时构建的压力情景中使用的分布)中选取随机冲击;而在选择随机冲击时,我们按等概率随机从 GDP 和房价两个因子中选择相应的冲击。接下来便按照与前述随机模拟相同的方法模拟 10 000 次,就得到最终的统一的分布。

图 7.25 便是按照上述方法产生的统一的分布(图中统一情景标识的分布),同时将同期的正常分布(图中正常情景标识的分布)、压力情景下的分布[图中压力情景(GDP)和压力情景(房产价格)标识的分布,分别为 GDP 和房产价格受到随机冲击时违约率的分布]。

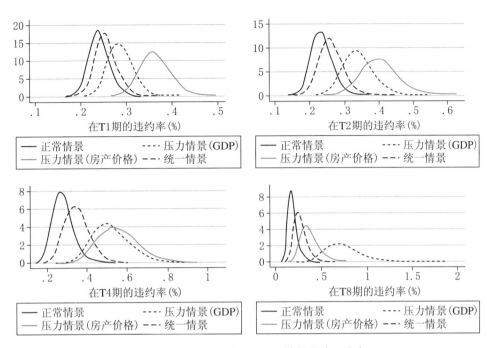

图 7.25 包含正常情景和压力情景的统一分布

从图中可以看出,最终的统一分布介于正常分布和压力分布之间,换句话说,从概率的角度,实际的风险大小既不是像压力情景下那么大,也不是像正常情景下那么小,而是介于两者之间。这对于风险管理的含义是不言而喻的,风险管理者不可能确切地预知未来发生的事情,确定发生的事和确定不发生的事都不会产生风险,真正的风险产生于不确定的事。因此风险管理始终要在概率的意义上做决策才是有意义的。

风险管理的本质就是要在风险发生时遭受的损失和现在为了防止风险而付出的代价之间权衡。因此不管压力测试的情景如何设计,如果不能在概率意义上衡量压力测试的结果,压力测试就是没有意义的。所以上图虽然不能告诉我们这四个分布(正常和压力情景下的三个分布,以及复合的统一分布)中到底哪个会成为现实,但是必定有一个是能够为我们现在作出有效决策提供最好帮助的。这就是综合正常情景和压力情景的统一的分布,而这也是我们构建 VaR 和压力测试的统一框架的实践意义。

表 7.19 给出了违约率按照不同分布在不同置信度下的分位数(第 4、第 8 期末)。从该表中也可以看出,无论是在第 4 还是在第 8 期末,从 95% 到 99.99% 的置信水平,按照统一分布给出的分位数都介于正常情景和压力情景下的分布给出的分位数。换句话说,实际的风险应该介于正常的 VaR 值和压力测试值之间。但是如果没有这样的统一分布,即使我们能判断是在两者之间,也无法断定是两者之间的哪个值,这就给构建统一分布赋予了重要的实践意义。

表7.19　在各种情景下违约率的分位数(VaR)

时期	百分位数	正常情景	统一情景	压力情景(GDP)	压力情景(房产价格)
4	95%	0.165 8	0.467 3	0.686 9	0.734 7
	97%	0.174 2	0.490 8	0.717 5	0.765 6
	99%	0.188 7	0.531 6	0.777 8	0.829 9
	99.9%	0.211 7	0.596 3	0.903 3	0.972 3
	99.99%	0.241 9	0.681 2	0.985 3	1.053 2
8	95%	0.122 5	0.391 1	1.090 6	0.544 3
	97%	0.129 5	0.413 5	1.154 6	0.580 0
	99%	0.145 4	0.464 2	1.273 4	0.652 1
	99.9%	0.178 6	0.569 9	1.583 6	0.772 6
	99.99%	0.208 9	0.666 4	1.891 5	0.876 0

我们阐述了压力测试的一般框架,并且对香港零售银行信贷违约率进行了压力测试,观察以及建议主要有三个方面:

第一,在进行压力测试时,模型的选择非常重要,一个好的模型必须反映经济现实。一个脱离现实的模型得到的结论不大可能是可靠的。我们选用了反映经济系统动态演化过程的模型,充分考虑了经济变量间的相互联系、变量的时滞效应和变量对系统的反馈效应。研究表明,不同变量的时滞效应明显不同;不同经济系统反映出的时滞效应以及反馈效应也明显不同,这些差异充分反映了不同经济系统的特性。

第二,压力情景的设计要充分考虑情景发生的概率,因为风险的实质是不确定性,因此既定情景下的测试结果虽然有一定的参考意义,但是并不能对有效风险管理决策提供合理的建议,尤其是同时存在着 VaR 模型的结果时,这就会导致多个并行的测试结果,从而使得风险管理者更加难以做出有效决策。

第三,有必要为风险管理建立统一的分析框架。目前同时存在对特定市场情景的风险分析模型,但是如何揭示不同模型之间的差别和联系,显得更为重要。我们正是在此基础上尝试建立了综合压力测试和 VaR 模型的统一的风险分析框架,结果表明,真正的风险既不像 VaR 模型表明的那样温和,也不像压力测试揭示的那样极端,而是处于两者之间。

7.2.5　中国地方政府融资平台城投债研究

随着中国地方政府债务规模的膨胀,地方政府债务风险日益受到业界的关注。2012年底,地方政府性债务余额约为 12 万亿元,其中包括 9.2 万亿元的地方政府未偿还贷款,以及近 2.5 万亿元的未到期的地方政府融资平台债券(钟正生,2013)。2013 年 4 月 9 日,国际三大信用评级之一的惠誉将中国长期本币信用评级由 AA－下调至 A＋。惠誉给出的理由包括:中国过去几年社会融资规模增长过快、中国财政收入占 GDP 比重较低且波动性较大,此外还指出地方政府债务迅速增长,且地方政府债务的不透明增加了金融体系的潜在系统性风险。2013 年 4 月 25 日,中共中央政治局常务委员会召开会议研究经济形势与政策,会议也特别提到"金融领域潜在风险需要加强防范",提出"抓紧建立规范的地方政府举债融资机制",将研究地方政府的债务风险的关注度进一步提高。

地方融资平台公司(以下简称"融资平台")是中国地方政府不断开辟融资渠道的创新产物之一,它是指"由地方政府及其部门和机构等通过财政拨款或注入土地、股权等资产设立,承担政府投资项目融资功能,并拥有独立法人资格的经济实体"。地方融资平台公司是地方政府债务中重要的举债主体,举债方式主要包括银行贷款和发行债券。

我们将关注点聚焦于地方融资平台发行的债券及其信用风险上,原因有两点:第一,虽然银行贷款在政府债务中占更大比重,但是其数据获取相对较难,不便于深入分析;第二,自 2010 年中央政府开始对平台贷款进行清理整顿起,地方政府从银行获得新贷款的难度增大,发行债券成为更受地方政府青睐的融资渠道;此外,相比银行贷款而言,地方政府通过债券间接融资的市场化程度更高,是中央政府更为鼓励的融资方式,未来的发展空间更大,从这个角度来说,地方融资平台债券也十分值得关注。

1. 地方融资平台债券发行概况

我们将从地方融资平台债券的发行总量和发行地区等方面对平台债券的发展情况做分析。在图 7.26 中,我们可以看到 2003—2012 年全国地方融资平台债券的发行金额总额、发行数量和平均期限的变化趋势。

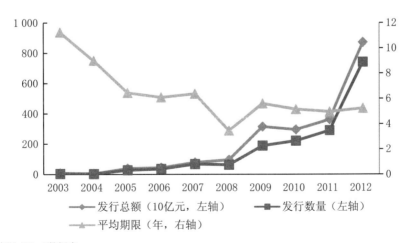

资料来源:Wind 数据库。

图 7.26　历年来地方融资平台债券发行情况

(1) 发行总额、发行数量和发行地区。从这三个维度来看,地方融资平台债券的发展经历了以下几个阶段:2004 年以前,地方融资平台债券的发行量较小,每年只有数个直辖市或较大的省发行平台债券;2005—2008 年,地方融资平台债券的发行规模稳步增加,发行地区的范围逐渐扩大,2008 年有 19 个省、直辖市或自治区发行了平台债券。自 2009 年起,平台债券的发行规模迅速扩张。这一现象的产生主要是缘于为了应对国际金融危机的影响、刺激经济发展,2009 年 3 月人民银行和银监会在《关于进一步加强信贷结构调整促进国民经济平稳较快发展的指导意见》中明确指出鼓励地方政府通过地方融资平台获得银行贷款、发行债券进行融资。2012 年地方融资平台债券发行规模的扩张速度进一步加大,2012 年共发行 741 只融资平台债券,发行总额达到 8 713 亿元,是 2011 年的 2.4 倍。这主要是因为自政府对地方融资平台融资行为加强监管之后,融资平台从银行业金融机构获得资金的难度加大,使得债券融资成为受青睐的渠道。从发行期限上来看,2008 年之后的地方融资平台债券的发行期限较 2008 年之前明显下降。

(2)发行地区。截止到 2012 年,全国 34 个省级行政单位中除了港、澳、台和西藏自治区,都发行过地方融资平台债券。在 2012 年,除了上述 4 个地区、海南省、宁夏回族自治区,共有 28 个地方发行了平台债券。在表 7.20 中,我们列出了 2012 年各省级行政单位地方政府融资平台债券发行情况。2012 年平台债券发行总额最大的 5 个区域分别为江苏省、浙江省、北京市、安徽省和四川省,共占到全国发行总额的 38%。其中 2012 年江苏省的发行总额达到 1 402 亿元,占全国发行总额的 16.1%。

(3)发行额年均增速。表 7.20 中列出了各地 2010—2012 年平台债券发行额年均增速,我们可以发现直辖市虽然债券发行额都较大,但是增速并不快,而浙江省、湖北省、福建省、山东省、河南省这几个地区,在债券发行总额和增速上都较大,未来发债情况和风险因素值得关注。

表 7.20 2012 年各省平台债券发行概况

省区直辖市	发行总额 (亿元)	占全国发行总额 的比例(%)	2010—2012 年发行额 年均增速(%)	数　量	平均期限 (年)
江　苏	1 402.00	16.1	67	130	4.98
浙　江	605.20	6.9	131	61	5.57
北　京	475.50	5.5	21	22	3.36
安　徽	420.00	4.8	64	35	5.63
四　川	410.00	4.7	51	42	5.31
湖　南	389.00	4.5	48	28	5.79
天　津	350.00	4.0	33	23	3.91
湖　北	336.00	3.9	135	29	5.41
上　海	333.00	3.8	75	33	3.73
重　庆	333.00	3.8	50	25	6.40
福　建	331.40	3.8	150	37	4.76

省区直辖市	发行总额 （亿元）	占全国发行总额 的比例（%）	2010—2012 年发行额 年均增速（%）	数　量	平均期限 （年）
广　东	324.50	3.7	27	25	4.88
山　东	317.00	3.6	243	30	5.97
河　南	285.00	3.3	213	22	5.95
辽　宁	282.00	3.2	76	20	6.35
江　西	249.00	2.9	89	19	4.49
广　西	248.60	2.9	81	27	4.70
陕　西	197.00	2.3	63	13	4.15
新　疆	195.10	2.2	130	22	4.68
贵　州	192.00	2.2	111	14	6.79
青　海	173.00	2.0	437	11	5.36
黑龙江	159.50	1.8	182	14	6.86
河　北	149.00	1.7	173	11	6.27
内蒙古	148.50	1.7	41	13	6.31
甘　肃	147.00	1.7	329	9	4.44
云　南	139.00	1.6	13	15	6.27
吉　林	61.00	0.7	147	6	6.67
山　西	61.00	0.7	75	5	5.80

资料来源：Wind 数据库。

2. 与普通企业债的财务状况比较分析

这一部分我们对地方融资平台债券发行主体的财务情况进行分析，将它与普通发债主体的财务情况进行比较。针对 2009—2011 年这 3 年，我们从企业规模、盈利能力、收益质量、现金流结构、偿债能力、营运能力 6 个方面，共选取 28 个财务指标进行分析和统计检验。有以下发现。

（1）企业规模。我们发现地方融资平台债券发行主体的企业规模显著小于普通发债企业，平台债券发行主体的总资产均值显著小于同年的普通企业总资产均值，后者是前者的 4—5 倍。例如在 2011 年，平台债券发行主体的资产均值为 360 亿元，普通企业的资产均值为 1 746 亿元。与资产规模相应，平台公司的营业总收入、利润总额、营业外收入、营业外支出的均值都显著小于普通企业的相应值。

（2）盈利能力。通过对总资产净利率、销售毛利率、销售净利率、财务费用率、管理费用率、销售期间费用率这 6 个财务指标的比较，我们发现两种发行主体在盈利能力上存在显著差异。地方融资平台公司的总资产净利率均值显著小于普通企业值，这与平台公司将资金投资于盈利性低的城市建设项目的特点相符合。平台公司的财务费用率均值、管理费用率和销售期间费用率的均值都显著高于普通企业相应值，平均来说平台公司在管理水平和经营能力上劣于普通企业债券发行企业。此外，虽然平台公司的总资产净利率均值显著小于普通企业值，但其销售毛利率和销售净利率却相对较高。销售净利率较高而总资产净利率降低,可以解释为平台公司的销售收入相对较低,经营活动对城投公司的收益贡献较低,使得销售净利率这一比率的分母较小,这一点在下面对收益质量相关指标的分析中也得到验证。

(3) 收益质量。我们选择了"经营活动净收益/利润总额"、"价值变动净收益/利润总额"、"营业外收支净额/利润总额"这三个财务指标,以分析公司利润的构成。地方融资平台债券发行主体与普通发债企业在收益质量相关指标上存在显著差异。平台公司的经营活动净收益占比均值都显著小于普通企业相应值,营业外收支占比均值都显著大于普通企业相应值。平台公司的营业外收入主要来自政府补贴,在2009—2011年三年中,平台公司的营业外收支在利润总额占比的平均值分别为62%、40%、38%,可见平台公司的收益对政府补贴的依赖较大。

(4) 偿债能力。我们选择了"资产负债率"、"流动比率"等7个财务指标,发现地方融资平台债券发行主体与普通发债企业在偿债能力相关指标上表现出显著差异。在资产结构方面,平台公司的资产负债率均值都显著低于普通企业相应值。在2011年、2010年两年数据中平台公司流动资产在资产中占比的均值显著高于普通企业值,流动负债在负债中占比的均值显著低于普通企业值,在2009—2011年,平台公司的流动负债占比均值分别为36%、35%、37%,而普通企业流动负债占比均值分别为58%、59%、60%,从另一个角度来说即平台公司的长期负债相对较高。在流动结构方面,平台公司的"流动比率"、"速动比率"、"保守速动比率"都显著小于普通企业,显示出平台公司具有良好的流动性。在"经营活动产生的现金流净额/流动负债"和"已获利息倍数"这两项上,平台公司没有体现与普通企业具有时间一致性的差异,只有2009年数据显示平台公司"经营活动产生的现金流净值/流动负债"的均值显著小于普通企业,在2010年、2009年平台公司的"已获利息倍数"显著大于普通企业值。

综合以上信息,可以认为融资平台公司的流动性水平较好,偿还利息的能力优于普通企业债券发行者,另一方面,由于平台公司长期负债占比较高,未来平台债券出现无法偿还本金的风险较普通发债企业高。

(5) 现金流结构和营运能力。我们选择了"经营活动产生的现金流量净额占比"、"投资活动产生的现金流量净额占比"、"筹资活动产生的现金流量净额占比"这三个财务指标,发现在三年的数据中它们均没有表现出显著差异。在营运能力相关指标上,平台公司的"存货周转天数"、"应收账款周转天数"、"应付账款周转天数"的均值都显著大于普通企业值。

3. 地方融资平台债券信用利差影响因素

为了研究地方融资平台债券的信用风险,我们利用了一个中介——平台债券的信用利差,我们希望通过研究平台债券的信用利差的影响因素来找到平台债券信用风险的影响因素。

研究债券的信用风险,自然需要从违约率的角度分析。但在中国政府对债券市场的谨慎监管下,国内债券市场尚无信用违约事件发生,债券违约率不能客观地反映中国债券市场的信用风险。如前面提到的,以地方融资平台为代表的政府性融资,通过非银信贷渠道,进行债务滚动、展期、借新还旧,将非银渠道融资为到期债务的展期进行垫资,因此,虽然看不到违约率,但一些债务风险事实上扩散至银行以外,信用风险已在金融系统中暗中积累和扩散,其实是更加危险的。

从风险与收益匹配的原理看,债券收益率的高低与债券的风险大小紧密相关,债券收益率相对无风险利率的利差反映了债券的风险溢价。但在信用利差能在多大程度上反映信用风险的问题上,由于研究方法、选取的样本数据差异,学者们没有形成一致的结论(Huang et al., 2003;Elton et al., 2001;Delianedis et al., 2001;Longstaff et al., 2005)。然而考虑到如果按穆迪、标准普尔、惠誉这三大评级机构的评级标准,中国地方融资平台债券的信用等级应该较现有国内评级机构给出的评级低,且根据 Longstaff(2005)的研究结果,对违约风险的补偿占到企业债券利差的 50% 以上,对低信用级别的企业债券来说这个比例更高。因此,我们认为在国内债券违约率缺失的情况下,通过利差来分析信用风险,对地方融资平台债券的信用风险研究来说不失为一个好的尝试。

(1)研究方法和变量选择。

我们将通过线性回归的方法,分析影响地方融资平台债券利差的因素和其作用大小。这里将平台债券的利差定义为平台债券到期收益率与同期限银行间市场固定利率国债到期收益率之差。为了便于分析,我们将关注平台债券在上市日当日的债券利差,并将其作为线性回归的因变量,变量名为 Spread。我们选取了可能影响地方融资平台债券利差的18 种因子作为自变量,分为以下 4 类,我们将在表 7.21 中汇总其定义。

① 宏观和市场因素。选择了债券上市当季国内 GDP 增速、债券上市日同期限银行间市场 AAA 级企业债的债券利差、债券发行日的国房景气指数、债券上市时间这 4 个变量。为了考察平台债券的信用利差是否存在时间趋势,我们引入了债券发行时间这一变量,用以区分债券发行时的月份。

② 财务因素。根据前面的分析,我们发现在银行间市场中,地方融资平台债券的发行主体与普通企业债发行主体相比,在某些财务指标上存在显著的差别,因此,我们选择了 6 个变量,分别是"总资产"、"总资产净利率"、"营业外收益净额占利润总额的比率"、"经营活动净收益占利润总额的比率"这 4 个能反映平台债券特色的比率,以及"资产负债率"、"速动比率"这 2 个在考察债券信用时常常会用到的比率。

表 7.21 解释变量列表

分类	变量名称	指标名称	说明
宏观和市场因素	GDPG	当季GDP同比增速	债券上市当季的全国内生产总值同比增速,单位为%
	Spread0	AAA级企业债利差	债券上市日同期银行间市场AAA级企业债的信用利差,单位为%
	REindex	国房景气指数	债券发行当月的国房景气指数
	M	债券上市时间	用来区分债券发行的月份。数据中债券上市的时间分布在2009—2012年,共有48个月,变量取值为1—48
财务因素	ln Asset	总资产对数	债券上市前一年融资平台公司的总资产的对数,其中总资产的单位为亿元
	ln ROA	总资产净利率对数	债券上市前一年融资平台公司的总资产净利率的对数,其中总资产净利率的单位为%
	NOP	营业外收支净收益占比	债券上市前一年融资平台公司的营业外收支净收益额占利润总额的比率,单位为%
	OP	经营活动净收益占比	债券上市前一年融资平台公司的经营活动净收益占利润总额的比率,单位为%
	DA	资产负债率	债券上市前一年融资平台公司的资产负债率,单位为%
	ln QR	速动比率对数	债券上市前一年融资平台公司的速动比率的对数
地区和融资平台属性因素	ln LI	地方财政收入对数	债券上市前一年融资平台公司的所属地方政府的地方政府收入的对数,财政收入单位为亿元
	ln PGDP	地方人均GDP对数	债券上市前一年融资平台公司的所属地方政府的所属地方政府辖区内的人均GDP,人均GDP的单位为万元
	PF	平台类型	用来区分地方融资平台公司所属的平台类型。平台共分为8等级,用PF1~PF8来表示。PFi分别对应省或直辖市平台,省会城市平台,地级市平台,县级市平台,地级市下属地区的平台,县级市下属地区的平台。PFi有两个取值。PFi=1代表平台公司属于该平台等级,PFi=0代表平台公司不属于该平台等级
	Area	所属地区	用来区分地方融资平台公司所属的省级行政单位。在数据中出现了29个省级行政单位,用Area1~Area29来表示,分别对应安徽、北京、福建、广东、广西、贵州、河北、河南、黑龙江、湖北、湖南、吉林、江苏、江西、辽宁、内蒙古、宁夏、青海、山东、陕西、上海、四川、天津、新疆、云南、浙江、重庆。Areai有两个取值,Areai=1代表平台公司属于该地,Areai=0代表平台公司不属于该地
其他因素	Ganra	担保	债券的偿还是否有担保。Ganra有两个取值,Ganra=1代表有担保,Ganra=0代表无担保
	Pr	提前偿还	债券是否有提前偿还条款。Pr有两个取值,Pr=1代表有提前偿还条款,Pr=0代表无提前偿还条款
	Term	发行期限	债券发行期限,单位为年
	Size	发行总额	债券发行总额,单位为亿元

③ 地区和平台属性因素。在地区和平台属性因素上,我们选择了债券上市前一年融资平台公司所属的地方政府的地方财政收入、地方政府辖区内的人均 GDP、平台类型、融资平台所属地区这 4 个变量。

④ 其他因素,包括债券的担保情况、是否提前偿还、发行期限和发行总额对债券利差的影响。

(2) 样本选择和数据来源。

我们以 2009—2012 年在银行间市场上市的企业债类型的地方融资平台债券为研究对象,不包括其中含有期权及浮动利率债券,共有 469 个样本。由于部分样本的地方经济数据或者发行主体财务数据无法获得,我们共有 330 个样本用于分析。数据来自"中国资讯行搜数网","Wind 资讯"、新浪网财经数据。利用 Excel 和 SPSS 统计分析软件进行数据处理和分析。

4. 模型结果与讨论

(1) 不包含债券上市时间变量的线性回归模型 1。

在建立第一个模型时,我们暂时不考虑代表债券上市时间的变量 M,这是因为这个解释变量相对于其他解释变量来说经济学含义较为模糊。我们用 SPSS 软件的"逐步回归"功能进行变量筛选,得到回归模型 1,如式(1)所示。模型 1 共包含 13 个非常量的解释变量,R^2 为 0.579,调整后的 R^2 为 0.562,如表 7.22 所示。

$$Spread = \beta_0 + \beta_1 \times GDPG + \beta_2 \times Spread0 + \beta_3 \times Ln\ Asset + \beta_4 \times Ln\ ROA$$
$$+ \beta_5 \times Ln\ QR + \beta_6 \times Ln\ LI + \beta_7 \times PF1 + \beta_8 \times PF2 + \beta_9 \times PF5 \qquad (1)$$
$$+ \beta_{10} \times Area4 + \beta_{11} \times Area28 + \beta_{12} \times Area29 + \beta_{13} \times Ganra$$

表 7.22　模型 1 的 ANOVA 和 R^2

	平方和	df	均方	F	Sig.	R^2	调整 R^2	标准估计的误差
回归	150.56	13	11.58	33.41	0.00			
残差	109.54	316	0.35			0.579	0.562	0.589
总计	260.10	329						

各解释变量的回归系数及其显著性系数如表 7.23 所示,我们据此来解读模型 1。

表 7.23　模型 1 的回归系数及其参数

自变量	指 标 名 称	Beta	标准误差	标准系数	t	Sig.
β0	常量	4.11	0.65		6.33	0.00
GDPG	当季 GDP 同比增速	−0.11	0.03	−0.13	−3.17	0.00
Spread0	AAA 级企业债利差	1.21	0.21	0.23	5.73	0.00
ln Asset	总资产对数	−0.16	0.05	−0.17	−3.03	0.00

续表

自变量	指　标　名　称	Beta	标准误差	标准系数	t	Sig.
ln ROA	总资产净利率对数	−0.11	0.05	−0.09	−2.20	0.03
ln QR	速动比率对数	−0.12	0.05	−0.10	−2.56	0.01
ln LI	地方财政收入对数	−0.18	0.04	−0.28	−3.96	0.00
PF1	省级平台或直辖市	−0.89	0.19	−0.32	−4.63	0.00
PF2	省会城市	−0.28	0.13	−0.09	−2.10	0.04
PF5	直辖市下属地区	−0.56	0.20	−0.15	−2.80	0.01
Area4	地区_甘肃	1.18	0.43	0.10	2.73	0.01
Area28	地区_浙江	−0.27	0.12	−0.09	−2.29	0.02
Area29	地区_重庆	0.68	0.21	0.18	3.30	0.00
Ganra	担保	−0.17	0.07	−0.10	−2.40	0.02

① 宏观和市场因素。

GDPG 的回归系数为 −0.11，即当 GDP 的增速上升 1% 时，平台债券利差下降 0.11%。地方融资平台债券的上市日利差与当季 GDP 的增速显著负相关，说明宏观经济向好时，平台债券的利差较低。

Spread0 的回归系数为 1.21，即当同期限的 AAA 级企业债利差上升 1% 时，平台债券的利差上升 1.21%。平台债券的上市日利差与 AAA 级企业债利差显著负相关是合理的，因为市场对企业债收益率要求增加时，对平台债券的收益要求也应增加。

在模型 1 中，国房景气指数 REindex 没有在逐步回归中被保留下来。REindex 和 GDPG 这两个变量的相关系数高达 0.94，因此当我们将 GDPG 这个变量剔除出变量集后再进行逐步回归时，REindex 变量就会进入最终模型中，此模型调整后的 R^2 为 0.560，与模型 1 接近，并且其他被筛选出来的变量与模型 1 中的变量相同。在剔除了 GDPG 变量后，国房景气指数对平台债券利差的回归系数为 −0.033，即 REindex 每上升 1，平台债券的利差下降 0.033%，当房地产市场越景气时，平台债券的利差越低。

② 财务因素。

在财务因素中，总资产对数 ln Asset、总资产净利率对数 ln ROA、速动比率 ln QR 这 3 个变量的回归系数对平台债券上市日的利差显著。ln Asset 的回归系数为 −0.16，总资产规模与债的信用利差负相关与我们的预期一致，当融资平台的资产规模越大，其信用水平应较高，且地方政府对其的支持力度可能也较大，降低了债券的信用利差。

ln ROA 的回归系数为 −0.11，总资产净利率与债券的信用利差负相关与我们的预期一致，当融资平台的盈利能力增强时，对债务的偿还能力增强，债券的信用利差降低。ln QR 的回归系数为 −0.12，速动比率与债券的信用利差负相关与我们的预期一致，速动比率越大，说明公司流动性越好，对债务的偿还能力增强，债券的信用利差越低。

③ 地区和平台属性因素。

在地区和平台属性因素中,地方财政收入对数 ln LI、3 种平台类型、3 个发行地区的回归系数对平台债券上市日的利差显著。ln LI 的回归系数为 −0.18。地方政府的财政收入越丰厚,对旗下的平台债券的支持能力越大,平台债券的信用利差越低。

在平台类型上,回归结果显示与县级市下属地区的平台公司债券相比,省或直辖市政府、省会城市、直辖市下属地区的平台公司债券的利差分别显著低 0.89%、0.28%、0.56%。这三类平台所对应政府的级别较高,政府信用水平更好,其支持的平台债券的信用利差降低。

在所属地区上,我们亦发现与江西省的平台债券相比,甘肃省和重庆市的平台债券利差分别高 1.18% 和 0.68%,浙江省的平台债券利差低 0.27%。

④ 其他因素。

在其他因素中,我们发现担保这个变量对平台债券的信用利差显著。Ganra 的回归系数为 −0.17,即具有担保的平台债券的利差比不具有担保的低 0.17%。

(2)包含债券上市时间变量的线性回归模型 2。

在建立模型 2 时,我们将债券上市时间 M 及它的多次方加入解释变量集中。回归模型 2 如式(2)所示。模型 2 共包含 11 个非常量的解释变量,R^2 为 0.688,调整后的 R^2 为 0.677,如表 7.24 所示。

$$\text{Spread} = \beta_0 + \beta_1 \times \text{Spread0} + \beta_2 \times \text{M} + \beta_3 \times \text{M}^2 + \beta_4 \times \text{M}^3 + \beta_5 \times \ln \text{Asset} + \beta_6 \times \ln \text{LI} + \beta_7 \times \text{PF1} + \beta_8 \times \text{PF5} + \beta_9 \times \text{Area4} + \beta_{10} \times \text{Area26} + \beta_{11} \times \text{Area29} \quad (2)$$

表 7.24　模型 2 的 ANOVA 和 R^2

	平方和	df	均方	F	Sig.	R^2	调整 R^2	标准估计的误差
回归	178.86	11	16.26	63.64	0.00	0.688	0.677	0.505
残差	81.24	318	0.26					
总计	260.10	329						

模型 2 的各解释变量的回归系数及其显著性系数如表 7.25 所示,主要变量的显著性情况及回归系数符号与模型 1 一致。

表 7.25　模型 2 的回归系数及其参数

自变量	指 标 名 称	Beta	标准误差	标准系数	t	Sig.
β0	常量	5.21	0.48		10.83	0.00
Spread0	AAA 级企业债利差	0.72	0.20	0.14	3.57	0.00
M	债券上市时间	−0.34	0.03	−4.80	−9.89	0.00
M^2	债券上市时间的 2 次方	1.6E−02	0.00	13.11	11.20	0.00

自变量	指 标 名 称	Beta	标准误差	标准系数	t	Sig.
M^3	债券上市时间的 3 次方	$-2.0E-04$	0.00	-8.38	-11.77	0.00
ln Asset	总资产对数	-0.18	0.04	-0.18	-4.02	0.00
ln LI	地方财政收入对数	-0.18	0.03	-0.28	-5.22	0.00
PF1	省级平台或直辖市	-0.71	0.14	-0.26	-4.96	0.00
PF5	直辖市下属地区	-0.43	0.17	-0.12	-2.53	0.01
Area4	地区_甘肃	0.94	0.36	0.08	2.58	0.01
Area26	地区_新疆	-0.42	0.21	-0.06	-2.00	0.05
Area29	地区_重庆	0.60	0.17	0.16	3.47	0.00

① 宏观和市场因素:在加入了变量 M 之后,宏观和市场因素中,AAA 级企业债利差 Spread0、债券上市时间 M、M^2、M^3 对平台债券上市日利差的回归系数显著,而与模型 1 相比,当季 GDP 的增速 GDPG、国房景气指数 REindex 这两个变量不再显著。

② 财务因素:在模型 2 中,总资产对数 ln Asset 的回归系数对平台债券上市日的利差显著,这与模型 1 相同,而 ln ROA、ln QR 的回归系数不再显著。

③ 地区和平台属性因素:模型 2 中,地方财政收入对数 lnLI、2 种平台类型、3 个发行地区的回归系数对平台债券上市日的利差显著。

在平台类型上,模型 2 中回归结果显表明,与县级市下属地区的平台公司债券相比,省或直辖市政府、直辖市下属地区的平台公司债券的利差分别显著低 0.71%、0.43%,这与模型 1 一致,但模型 1 中省会城市政府下属的平台公司债券利差不再表现出显著差异。

在所属地区上,与江西省的平台债券相比,甘肃省和重庆市的平台债券利差分别高 0.94% 和 0.60%,新疆维吾尔自治区的平台债券利差低 0.42%。

④ 其他因素:模型 2 中,其他因素中的 4 个变量都没有表现出对平台债券的利差具有显著影响。

(3) 模型 1 与模型 2 的比较。

在建立回归模型的过程中,起初作者建立了数十个模型,经比较后筛选出了 6 个,最后保留了 2 个,即上文中的模型 1 和模型 2。之所以在文中呈现出了这两个模型而不是挑选出其中一个呈现,是因为这两个模型各有其优缺点。

虽然模型 1 的 R^2 低于模型 2,但是模型 1 的优点包括:①各解释变量的经济学含义比较清晰。②在模型 1 中 GDPG(GDPG 的增速)、REindex(国房景气指数)、ln ROA(平台公司的资产净利率)、ln QR(平台公司的速动比率)、PF2(平台公司的省会城市平台)、Area28(在浙江发行)、Ganra(担保)这几个解释变量是显著的,而在模型 2 中这几个解释变量没有被筛选进模型。直观来看,这几个变量都应该对信用利差有显著影响。模型 1 中包含它们,为我们分析信用利差提供了有益的信息。

模型 2 中的 R^2 较模型 1 有显著的提高,体现其对样本的拟合情况较好。模型 2 和模型 1 在分析过程中的主要差异在于加入了债券上市时间变量 M。引入了 M 后,宏观因素中 GDP 增速和国房景气指数对债券上市日利差的解释能力被 M 的多项式所代替,同时我们推测 M 的多项式应该还包含对其他未知的宏观因素的拟合,使模型的整体解释能力显著增加。

图 7.27 是平台债券利差的时间趋势,并且添加了 GDP 增速、国房景气指数的趋势加以比较。其中以 $\beta_0 + \beta_2 \times M + \beta_3 \times M^2 + \beta_4 \times M^3$ 来计算某一时点上时间所解释的利差(以 SpreadT 表示)。可以看到从 2009 年 1 月开始,平台债券发行日的利差逐渐下降,在 2010 年 3 月到达最低点,然后利差回升,到 2012 年 2 月到达高点,之后出现下跌。GDP 增速与国房景气指数的走势基本一致,SpreadT 与这两者都呈负相关,它和 GDPG、REindex 的相关系数分别为 -0.706 和 -0.732。正是这种相关性,使 M 的多项式替代了 GDPG 和 REindex 的解释能力。

但 M 变量的多项式经济学含义较为模糊,这成为模型 2 的主要缺点。

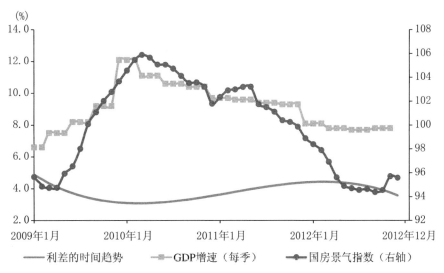

图 7.27　地方融资平台债券利差的时间趋势图

第 8 章　现有金融监管体系面临的挑战

● 8.1　风险管理和金融监管

金融史告诉我们，由于金融机构的趋利特性，金融市场并不必然走向均衡。如果只靠市场机制，就总有一天市场会走向疯狂或绝望的极端，加之金融体系的外部性、脆弱性、周期性以及信息不对称等特征，金融行业应当受到政府的监管。世界各国，只要是实行市场经济体制的国家都存在政府对金融体系的监管，推动金融业持续、健康、稳定地发展，只是监管的模式和程度不尽相同。

从风险管理的角度，我们可以给予属于私营部门的银行或金融中介机构一个广义的定义，"通过交易金融资产，经营金融风险的机构"。有效的风险管理是银行或金融中介机构的核心功能之一，不仅对于其经营成败至关重要，也是增强自身竞争力的关键所在。不论具体的业务范围是什么，简单说来，金融机构风险管理的目的，是通过高效的资本运作，达到自身机构最大化风险调整资本回报率（risk-adjusted return on capital，简称RAROC）。银行或金融中介是整个金融体系中的一分子，所以它们是难以观察和检测整个体系的系统性风险的，但它们可以管理和监测自身的风险以及对系统性风险的边际贡献。

此次危机暴露出私营部门在风险管理和风险控制方面有着很多重大的缺陷。我们在第3章中详细讨论过七个方面。私营部门的风险管理隐患放大了此次危机的诱因，产生的压力和不确定性严重威胁金融和经济稳定。诸如抵押贷款承销标准在危机前严重恶化；对住房抵押贷款证券化这一产品链，无论是市场准入、运行环节和风险防范都没有相应的监管规则；投资者过度依赖信用评级，尤其在结构性信用产品上；评级机构对资产抵押证券的评级受利益冲突和不当模型的影响；银行对资产负债表外风险管理不足等。风险管理弱点遍布于金融系统，包括很多中小银行机构在内。

公共部门的监管当局和金融中介对风险的共同关注，决定了有效的监管必然是建立在对金融中介风险管理功能充分利用基础之上的。金融监管的实质是,政府通过制定一系列规则,并授权相应的机构来执行这些规则以规范参与金融活动各方的行为。国际清算银行(BIS)对银行监管目标的单一表述是:保持金融体系的稳定性和信心,以降低存款人和金融体系的风险。一般说来,金融监管的核心有三个方面:维持金融体系的稳定性、维护金融机构稳健运行和保护消费者。从国家的角度来说,金融监管可以增进整体金融体系的健康运作,有效地利用国家的资源,提升国家在金融领域的国际竞争力。

如果说属于私营部门的金融中介机构和公共部门的监管机构在风险管理方面的目的和任务有所不同的话,那么就是,属于公共部门的监管机构不应当仅仅关注私营部门的个体金融机构建立完整的风险管理程序,或督促单个市场的合规运作,更重要和核心的任务,应当是对系统性风险的监控和遏制,维护整体金融体系的安全和稳定,防止金融运作崩溃进而对实体经济产生冲击,伤害无辜的大众,危及社会的安定。正如格林斯潘所说,"对系统性风险进行管理应当是央行的工作"。中央银行是金融监管的主体,美国的央行——美联储的目标,已经由 20 世纪初的提供稳定的货币供给,转变到本世纪的致力于维护国家金融体系安全稳定和金融效率的平衡。

在 2007 年危机之前,各国的金融监管集中在金融机构和市场的安全和稳健上,监管框架的重心是实行法人机构导向的监管,即只停留在对机构的管理和督察上,虽然有繁缛的监管条文和一年一次的督查,但这种方法在本质上是静态的和孤立的,严重缺乏对整体行业系统性风险的关注。例如,缺乏与系统性有关的监管要求、事先报告、监督关系以及重要信息收集等,对场外市场和信用衍生品的监测几乎完全空白,无人要求影子银行报告足以揭示其风险状况的数据。另外,美联储对美国金融机构发放贷款没有统一的标准和监管的职能,使得银行向大量信用等级低、无偿还能力的购房者发放贷款的不审慎经营行为处在无监管状态,并且缺乏对金融机构内部的公司治理机制(例如高层薪酬)的监管。美国具有全球最大的资产证券化市场,却不具备监管的专项法律,无论在市场准入、运行过程,对经纪商还是信用评级等整个产业链的多个环节,都没有形成一个健全的监管体系。在第 3 章中提到的多方面的问题都是由于相应的监管空缺。

在危机发生时,公共部门的隐患立即就显现出来:对危机的处理和反应低效,无论在美国还是在其他国家都是如此。这些重大隐患既包括法律架构中的空白,也包括监管者和主管人在履行职责方面的缺陷。美国银行监管的权力分割造成了一个法律的灰色地带。1999 年通过的《金融服务现代化法案》,要求美联储在其对银行控股公司的监管中,尽可能听从隶属机构的主要监督者。比如,美联储被要求在全国银行隶属机构问题上,听从货币监理署(OCC);在经纪人和交易隶属机构问题上,听从美国证券交易委员会(SEC)。尽管各个监管机构分享信息,努力合作,但在实践中,《金融服务现代化法案》的要求使得任何单个监管机构都难以看到大而复杂的银行机构的所有活动和风险,导致宏观审慎监管的功能基本不存在。

● 8.2 系统性风险监管的特殊困难

在对系统性风险的监管方面,我们认为金融监管改革面临以下基本难题:信息不对称问题、央行和政府救市带来的道德风险、外部性和公共地悲剧以及监管产生的周期性。这些客观性的问题使得监管系统性风险极具挑战性。

8.2.1 信息不对称和数据信息的不足

如前面的章节讨论过的,信息不对称是指经济活动中一些参与者拥有比其他参与者更多的信息。信息不对称会带来诸如不公平、效率低下等一系列问题。和系统性风险相关的信息不对称可以分为三种:监管者和被监管者之间的信息不对称;市场上交易双方或者多方间的信息不对称;公司所有者和公司经营者之间的信息不对称。这些都会给金融改革带来困难,而本小节我们主要讨论监管者和被监管者之间的信息不对称问题。

政府对金融的监管、对系统性风险的评估和预测、金融危机爆发时对市场进行的干预和救助、金融危机后的退市和复苏政策以及随后可能进行的金融改革等都首先建立在信息收集的基础之上,充足有效的信息收集是必要的第一步。政府在某些金融信息的收集上具有先天的优势,这些信息主要是一些宏观政策方面和金融系统整体状况的信息,比如未来各种利率的走势、通货膨胀率、金融系统内甚至整个经济系统内部的流动性大小等等,但是一个完整的金融监管和治理体系所依赖的金融信息并不只有这些。监管当局还需要广泛地收集微观层面各个参与者的相关信息,这里有金融机构的,也有金融市场的,还有消费者和投资者的。但是在诸如此类的信息收集中,监管当局就处在劣势方,信息不对称问题成为一个很难克服的困难。原因显而易见,金融机构、消费者和投资者等市场的参与者永远都比政府拥有更多关于自己的信息,而无论是出于盈利的需要还是出于逃避监管和处罚的需要,这些参与者都不会主动向政府提供充足有效的信息。

Dijkman(2010)列出了一张金融监管机构所需掌握的信息清单,并把这些信息分成四大类:金融机构相关信息、金融市场相关信息、金融基础设施相关信息和实体经济相关信息。

用来估量金融机构状况的信息包括:(1)流动性需求大小。比如机构将要发生的大额支付、储蓄提取、流动性资产的差额以及银行间的信用担保等。(2)核心资本的损失。这些损失可能是由于信用风险或者市场风险造成的,也可能是操作风险带来的。(3)未来利润的预期损失。这主要反映机构创造未来现金流的能力,利润损失可能来自业务规模的减小或者盈利水平的下降。(4)风险转移。包括偿债能力、盈利能力、流动性比例等等。

用来估量金融市场状况的信息包括:(1)利差。利差是反映市场状况的最重要的一类指标。比如 CDS 利差可以很好地反映市场信用风险的大小,买价—卖价利差可以反映市场流动性状况(在金融机构信息中的第一点中已经提及了)。(2)波动指数。这些指数用来衡量市场整体风险厌恶的程度,比如 VIX(The Chicago Board Options Exchange Volatility Index)反映市场对未来一个月左右的波动性大小的预期。(3)市场成交量。主要用来反映市场整体的流动状况。(4)风险转移。包括担保抵押以及集中交易机构的监管等等。

金融市场上存在着大量的信息,这些信息对于评估金融体系内系统性风险的大小至关重要,但是金融市场信息同时也是最难收集的,因为这些信息纷乱复杂又瞬息万变。信息收集和公布本身就是信息动态变化的一个环节,会对信息带来相应的变化。

用来估量金融基础设施状况的信息包括:(1)未结算的交易规模和价值大小。金融基础设施比如结算系统、证券交易系统等给金融体系带来的风险主要集中在未结算的交易方面,因此未结算的交易规模和价值大小(包括整个系统层面和单个金融机构层面的)是非常重要的信息指标。(2)不同金融基础系统之间的关联状况。主要是考虑到某个子系统出现危机会给其他子系统可能带来的影响。(3)风险转移。和金融机构风险转移不同的是,这里主要关注的是担保和抵押方面以及集中的交易中心状况。

用来估量实体经济状况的信息包括:(1)金融服务的可得性。主要包括部门和地方性的金融机构状况,以及金融机构的资本充足率,这可以很好地反映金融机构向实体经济投放信贷的能力。(2)消费和投资信心指数。主要反映消费者和投资者对经济状况和经济走势的判断。

这已经是一张比较全面的信息清单,当然这张清单还可以更长更细致。这些都是监管当局拥有的权力或者可以拥有的权力,但是信息收集是有成本的,过分的信息披露要求会加重金融机构的负担、妨碍正常的市场竞争并阻碍可能的创新。如果说这个负面的影响还是一个相对简单、静态的利弊取舍问题,那么信息不对称还有更为不易处理的动态的困难。我们可以把它命名为"红皇后困境"。之所以这样命名源于生物学的"红皇后理论"(Valen,1973):红皇后理论解释了为什么不断进化的某个物种并没有在自然界中胜出而一枝独秀的问题,根本原因在于所有的物种都在进化,单个物种的进化只是将赶上周围环境的进化而已。如果我们把这张清单看作是相较次贷金融危机之前进化了的信息监管,那么可以想见,金融机构、消费者和投资者这样的市场参与者作为被监管者也会相应地进化。

8.2.2　道德风险

道德风险是当行为主体不完全承担行为后果时,行为主体会采取损人利己的行为以期最大化自己的利益。道德风险在经济和金融领域中有非常广泛的体现,但在这里我们主要讨论的是由于央行和政府的介入而产生的金融系统内的道德风险问题。

面对金融危机,央行和政府通常会大力地救市。传统的方式是向市场提供流动性以维持金融机构的正常运行。这次次贷危机中,以美联储为代表的各国央行救市力度空前,除向市场直接提供流动性以外,其他手段也被大范围应用,比如直接购买金融机构持有的流动性较差的资产,为金融机构提供信贷担保以及扩大了保险的范围。美联储还扩大了救助对象,不但包括传统上通常救助的商业银行,还包括了投资银行、证券交易商和市场基金商。美联储直接购买这些机构手中的证券,并向实体公司提供贷款,充当了最后投资者的角色。传统上央行的救助通常是短期的,这次危机中,美联储的很多救助期限都是中长期的。大力的救市带来短期正面效果的同时,也会产生长期的负面效果。其中一个负面效果就是会形成"大而不倒"、"复杂而不倒"和"过度关联而不能倒"的市场预期,此次危机的很多隐患都和"大而不倒"的问题相关联。一个大而不能倒的企业是指其规模、复杂度、互相关联和关键功能达到如下程度的企业:如果企业意外地进入清算阶段,金融系统其余部分和经济就会面临严重的不利后果。政府在危机中对大而不倒企业提供支持,不是出于对该企业的管理层、业主或债权人偏袒或特别关心,而是因为政府认识到允许其无序倒闭对更广泛经济的不利影响远远大于在某种程度上避免此类倒闭的代价。然而,大而不能倒企业的存在,从长期来看,产生了几个严重问题。道德风险广泛的负面影响,大体可以分为三个方面:

(1)"大而不倒"产生严重的道德风险。如果债权人认为一个机构不允许倒闭,他们就不会预留所需的风险补偿,也不会投入很多资源监控企业所承担的风险,这样就弱化了市场纪律。在金融危机时,央行更有可能救助大而重要的银行,救助多家同时陷入危机的银行以及和金融系统的众多参与者有着复杂而广泛联系的银行。这就使得在金融稳定时期,银行普遍有做大、做复杂、做同质的驱动力。结果,大而不倒企业将倾向于更加冒险,并期待在出问题时得到救助。毫无疑问,大而不倒企业积聚的风险增大了金融危机的可能性并在危机发生时恶化危机。房利美和房地美就是显著的例子。

(2)"大而不倒"、"复杂而不倒"和"过度关联而不倒"的预期并不单单局限在相关的金融机构,同样也存在于它们的交易对手和业务对象方。由于多了央行这个最后的保护者,这些银行本身实际承担的风险因为部分转嫁到央行和政府而相对较小,他们就可以以相对低廉的价格得到市场资源,而其他普通的金融机构并没有这样的风险转嫁,因而就会出现"同资不同价"的问题,形成受保护银行的不公平不合理竞争优势。这会扭曲正常的市场价格机制,而使得大银行和小银行间产生了不公平竞争,增加了风险并人为地抬高了大而不能倒企业的市场份额,伤害经济效率和金融稳定。另一方面,"同资不同价"作为一种市场不公平也会引起普遍的质疑,一种可能的结果是央行不得不扩大保护的范围,无论是以救助的形式还是以保险的形式,这样最终都会变成央行的负担、纳税人的负担。

(3) 被保护的"大而不倒"银行行为的改变。由于只承担部分风险,受保护银行就会进行风险扩张,同时由于风险管理本身需要相应成本,部分承担风险也会削弱被保护机构风险管理的积极性和创新动力。综合来看,被保护银行由此暴露了更多的风险,金融系统也就承受了更多的风险,从而讽刺性地反倒增加了金融危机爆发的可能性。就如同房屋买了火险之后,房屋主人预防火灾的投入就会减少从而反倒增加了火灾的可能性。

央行救助行为带来的道德风险已经被广泛讨论并得到了充分的认识。美国金融改革法案中有一条相关的改革内容,要求央行在今后的救助行为中,只能针对某一类金融机构提供救助,而不能针对单个的金融机构提供救助。这项改革的目的旨在限制和规范美联储的救助行为。巴塞尔协议Ⅲ中也对系统重要性机构采用了更严格的监督和管理标准:更高标准的资本和流动性要求,加之于薪酬结构上的限制,以及提高透明度和市场纪律的措施,这是为了抑制大而不倒带来的道德风险的问题,对大型金融机构的监管不仅要考虑它们本身的安全性和稳健性,也要考虑到它们造成的系统性风险。

Kaufman 和 Scott(2003)认为在金融危机时应当大胆地关闭那些资不抵债的金融机构。如果真能如此,当然可以一定程度上缓解央行救市带来的道德风险,但是实际操作中很难实现,现实中很难区分到底哪些银行是资不抵债,哪些银行资产负债表良好而只是流动性不足。一方面由于信息的不对称,另一方面,在金融危机中,很难对资产进行准确的定价,银行的资产到底值多少没有人说得清。

8.2.3　外部性和公共地悲剧

外部性是指某个经济活动参与者的行为给无关的第三方带来成本,而这种成本并不反映在活动主体面对的成本中。一个简单的例子是处于河流上游的化工厂如果向水中排放污水,那么这势必会给下游的养鱼场带来成本,但是化工厂却不需要为这个成本进行任何补偿。外部性的一个基本结论就是个体的行为最优和社会的行为最优并不是一致的。化工厂认为排污水是无成本的,现在如果有一个投资者将化工厂和养鱼场同时收购,那么他一定会减少化工厂污水的排放。外部性在金融系统性风险的形成中,起着重要的作用。金融系统内部的任何一家机构暴露了新的更多的风险,除了增加它自己的相应风险外,这个行为还会通过各种传播途径增加其他金融机构的风险。比如银行 A 进行了新的风险投资,除了它自己可能面临新的损失外,它的债权银行 B 的相关资产也将面临更高的违约风险。但是银行 A 做决策时,并不会把银行 B 因此承担的风险考虑在内。而站在整个社会最优的角度看,A 总是倾向于承担更多的风险。考虑到金融系统中不同参与者之间复杂多样又无处不在的联系,外部性也是广泛存在的。

"公共地悲剧"可以理解为是正面的外部性,当个体的行为会给第三者带来额外的好处时,考虑个人承担成本时并没有把第三者的收益算在内,这种行为导致的结果就是流动性的供给量少于社会最优的量。比如在金融环境恶化或者剧烈震荡,预期可能会出现流动性短缺时,市场的参与者总是倾向于自己提供较少的流动性,甚至减低交易以保护自己。从个体的角度看,这是合理的行为,但是从社会最优的角度看则不是,因为每个人都收紧流动性的后果是市场失去流动性,很多个体会因此面临流动性危机。相反地如果每个人都不收紧流动性,甚至向市场提供更多的流动性,那么预期的流动性短缺将不会出现,大家都将相安无事。这种从社会角度看最优的个人行为是不会出现的。现实是:面对可能的流动性危机,大家都收紧自己的流动性,系统陷入瘫痪,政府和央行则是迫不得已向金融系统中注入大量的流动性,以维持市场的正常运转。

理论上,外部性的解决方法有两种:庇古税(Pigouivain Tax)和科斯定理①。这里主要介绍庇古税,庇古税的基本思想是对个体行为带来的第三方成本或者社会承担的成本收税,使这部分成本内化为行为者的成本,以达到决策的最优均衡(Baumol,1972)。治理金融系统中系统性风险的一种思路是将金融机构行为带来的外部性内化为机构的成本。Acharya、Yorulmazer 和 Santos(2010)提出应该在金融机构个体风险以及它与其他机构的相关性大小的基础上来收取保险费用,这样就把个体金融机构产生的外部性以保险费的方式内化为机构自身成本的一部分。

这种方法的困难有两个,一方面是从系统性风险传递的途径看,金融机构产生外部性的途径有很多种,基于直接的系统性风险传播途径生成的外部性相对比较容易内化为金融机构自身的成本,但是基于间接的系统性风险传播途径生成的外部性则很难内化为金融机构自身的成本,因而只能部分地解决外部性的问题。另一方面则是现实操作的困难,即系统性风险的大小到底该怎样衡量还没有一个统一的认识,没有定量的测量结果就没有收取保险费用的依据。不过考虑到系统性风险的治理越来越被监管者重视,基于庇古税思想的这类方法很可能会是未来金融监管考虑的重要方面。

---

① 科斯定理的基本思想是明确行为者和第三者之间的产权结构,这样就可以通过一方向另一方收费或者缴费的方式达到和庇古税同样的社会最优结果,目前还没有对应科斯定理的金融监管方面的改革措施和改革建议。

8.2.4 周期性和逆周期监管

监管产生的周期性是指一种监管规定或者限制,在金融扩张和金融危机时会带来两种不同的效果,使得监管的目的不能实现。金融扩张期,金融形势一片向好,流动性充足,资产价格高涨,监管的一些要求实际上相对比较容易满足,从而不能很好地达到抑制风险扩张的目的。而在金融危机发生时,市场动荡,压力大增,这些监管规定便会使金融机构雪上加霜,并严重阻碍经济的恢复。监管产生的周期性主要来自三个方面:流动性要求、信用要求(如担保抵押制度)以及机构结构要求(如杠杆规定)。

流动性要求产生周期性的原因在于,金融扩张和金融危机时市场上的流动性和金融机构获得流动性的难度是有很大差异的。金融扩张期,市场流动性充足,金融机构持有和获得流动性的能力都比较强,监管的流动性要求就比较容易满足,约束相对弱化。而在金融危机时期,市场上的流动性不足甚至完全缺失,保守的投资者和债权人很可能会撤出,此时流动性的监管要求就会加速恶化金融机构的流动性状况。

信用要求产生周期性的原因在于,金融和市场状况一旦恶化,金融机构用来担保或者抵押的资产价格面临更大的降价压力,逐日盯市制度要求一旦这些资产的价格下跌,金融机构要增加更多的担保和抵押资产,这无疑会给金融机构带来更大的负担。更严重的是,在金融环境恶化的时候,交易对手通常要求提高担保抵押品的质量或者使用更加苛刻的折价方式,这些都会转变成金融机构的负担,加速资产负债表和流动性的恶化。而且会促使更多的资产抛售,进一步压低资产价格,使得金融机构进入一个恶性循环。金融业整体上的信贷会加速地萎缩,给金融业乃至实体经济都带来负面的冲击。

金融机构结构性规定产生周期性的原因在于,杠杆会使公司价值损失被加倍地放大。比如一个公司股本 100 万美元,公司价值 1 000 万美元,公司的杠杆率为 10。假设监管当局要求公司的最大杠杆率就是 10。如果公司损失 50 万,那么公司实现承受损失的就是股本,股本变为 50 万,最大杠杆率的限制意味着公司的价值最多是 500 万,此时公司不得不出售 450 万的资产以满足监管的要求。这就会导致公司大量抛售资产,如果很多公司同时抛售大量的资产,就有可能形成恶性抛售(firesales),资产的价格会严重偏离资产的基础价值。金融危机的一个基本表现就是资产价格剧烈地波动。

现实中这三种限制总是相互作用、彼此加强的,使得金融机构的资产负债表和流动性状况急剧地恶化,进而使金融机构陷入困境甚至破产。这会极大地削弱央行和政府的救市努力,阻碍金融和经济的复苏。监管的周期性是金融监管改革面临的一个主要困境。

缓解监管周期性的一个基本思路是将金融过程至少看成两个截然不同的阶段:金融扩张和金融危机,并在不同的阶段采取完全不同的监管要求。在金融扩张期,提高监管标准,抑制风险的扩张;在金融危机期,降低监管要求,至少不能让监管本身成为加速恶化金融危机和阻碍复苏的因素。Douady(2009)给出了一个逆周期的解决方案。该方案的核心是以压力测试为基础,进而构建监管当局和金融机构之间的动态响应过程。第一步,由监管者设定压力测试的各种参数大小,比如监管者给出各种经济可能状态下的利率。第二步是由金融机构自己进行压力测试,给出的参数值必须按照监管者设定的大小进行,金融机构可以根据自身的情况增加考虑的因素。第三步是监管者在下一期根据实际情况评估金融机构前一期压力测试的情况,并根据金融机构前一期压力测试结果和实际结果的差别大小确定向金融机构征收监管费用的多少,差别越大征收的监管费用越高。一方面,监管者可以根据宏观金融状况设定基本参数,以实现逆周期的目的;另一方面,也可以保证金融机构在进行压力测试时的针对性、真实性和灵活性,避免监管者进行压力测试时面临的巨大的信息成本(甚至也是不可能的)。但是这种方案也有很多困难,一方面,方案要求监管者能对未来的金融走势进行及时的判断,要求金融机构对自身的风险暴露有准确的估计;另一方面,也要求监管者和金融机构之间形成有效的互动。这两点都不是容易实现的,因此目前很难做出最终的判断,这种方法还仅仅停留在理论探讨阶段。

● 8.3 系统性风险对现有监管框架的挑战

以上讨论的四个问题是客观的金融环境本身具有的,是机构以及参与者的经济行为造成了对监管有效性的挑战,也形成了对系统性风险监管的特殊困难。目前正在进行的金融监管改革实践和建议都或多或少地试图解决或减缓这些基本困难。

除此之外,从前面章节的讨论中我们看到,自上世纪 70 年代以来,金融对经济的深化,金融自由化、放松管制的措施以及目不暇接的金融创新,使得金融中介机构能够提供越来越丰富的产品和服务,也使得传统的银行、证券和保险行业之间开始相互渗透,跨业经营在很多国家已成为了现实。金融机构的混业经营和分业监管的错配给监管者提出了新的难题。另外,一些金融机构通过并购本国或外国的其他机构,逐渐发展成为跨国金融集团。发达国家的金融业务实现了大规模的跨境交易活动,出现了大量种类繁多的投资载体,国际资本流动在近 20 年中以年均约 10% 的速度扩张。金融体系与日俱增的高度复杂、动态和国际化程度是前所未有的。2007 年之前的各国监管体系面对很多复杂的新情况,在很大程度上已经不能有效地监管当时的金融机构、金融市场和基础设施,监管套利到处都在频频发生,监管变得越来越困难。以下的几个例子就充分显示了监管当局面临的严峻挑战:

（1）银行运作超越了各国的国界，就有必要在一定程度上统一跨境监管标准，为各国监管当局之间的相互配合打下基础。但现实中很难创造统一的跨境监管标准。

（2）对银行资本充足率的管理，各国应当参考同一概念，使用统一标准，以保证公平和公正性。

（3）美国金融机构的混业经营和分业监管模式错配。1999 年《金融服务现代化法案》颁布后，美国进入了一个全盛的金融混业经营时代。银行综合化经营给银行监管提出了新的难题和挑战。

（4）大量复杂的衍生产品交易，可以将风险转移给其他国家的持有者，由此一些国家出现的信用过度扩张和超额负债局面造成的市场结构性的改变，给监管带来很多新的、意想不到的问题。

（5）对跨国银行倒闭实施的清算程序和价值估值，由于各个国家的破产法不同，对同一银行在不同国家分行的破产处理可能会有很大的差异。这种缺乏法律上对相关各方债权债务的清晰界定，是处理国际系统性金融危机的最大监管难点之一。

以上只是举了几个例子，但它们都表明了监管的范围和方法已经不能应对过去 30 多年来金融创新发展所带来的行业巨变，对国际金融体系内部相互依赖关系逐渐增强而导致的系统性问题已是力不从心了。这次金融危机使全球经济遭受到 20 世纪 30 年代大萧条以来最严重的创伤，监管当局的失职和监管的不配套要负很大责任，正如《金融危机调查报告》(2011) 指出的，"21 世纪的美国金融市场仅仅得到了 19 世纪的监管保护"。事实也证明了"最少的监管并不是最好的监管"。金融监管需要国际联合，需要变革和加强对不稳定性和国际金融市场的管理，这已成为一个共识。

就系统性风险的治理和国际金融监管改革而言，我们认为应该进一步推进机构与市场跨境和跨行业的监管整合。有两个关键方面的工作是必须做的：

（1）构造和实施统一的国际监管标准。这可以是具体对一个金融行业而言的。例如，支付结算系统的国际原则，或者银行业跨境监管标准，等等。后者特别应当实施于各大跨国银行，因为这些银行往往是传播系统性风险的源头。过去几年中，巴塞尔银行监管委员会不断改进的第三版巴塞尔协议，集中地代表了这个方面的努力。

（2）重振和加强综合性的统一监管模式(integrated regulatory approach)。特别是面对不少国家实行的金融跨业经营和融合的现实。事实表明，美国用分业监管模式来监管当今跨业经营的金融机构和市场是不匹配的，也是造成危机前和危机中监管混乱和缺位的部分原因。银行向综合性经营的发展趋势，要求银行监管者同时具备专业能力和综合能力，并且更高层次的统一宏观审慎监管是不能缺少的。美国 2010 年 7 月通过的《多德—弗兰克法案》(The Dodd-Frank Act)，可以说是自 1933 年以来，一个全面和彻底的金融改革法案,代表了这个方面努力的结果。

出台于金融危机之后,目前正在实施中的银行业国际监管标准和金融监管改革法案的核心(例如巴塞尔协议Ⅲ和《多德—弗兰克法案》),都是围绕以上谈到的新的国际金融环境的变化和系统性风险的挑战,并努力地希望减缓上一节讨论过的四个基本困难。无疑地,金融监管会给金融机构和市场带来成本,如何最佳地平衡安全稳健和风险承担的程度,在不同的时期可能是不同的,美国商业银行监管目标也体现在不同历史阶段出台的各类银行法等金融法规上,合适的监管框架和方法总是需要寻找和实验的。也许,有些问题理论上就不存在最优解,而是多方利益的均衡和取舍;有些措施理论上很好但是现实施行起来很困难;还有些措施则会带来监管和金融的周期性。但对新的监管框架的探寻代表了认识的进步。另一方面,即使对于监管改革已经取得的进步,我们也要用一种动态的眼光去看待,正如"红皇后理论"阐明的那样,豹子跑得快了也不能永久地解决豹子的觅食问题,豹子快了的同时也迫使羚羊跑得更快。随着时间的流逝,金融机构等被监管者也会进行相应的改变来抵消这种监管上的进步。从某种意义上而言,影子银行、银行表外业务以及许多复杂的金融衍生产品的出现就是被监管者应对监管者进步的一种进步。金融发展的历史,就是一部创新、危机与监管改革的轮回史。银行业监管呈现了"管制—放松—再管制—再放松—再管制"的循环模式。相同的故事还会重复,最多是换换表象罢了。

第 9 章　银行监管改革的国际标准

这一章我们将分别沿着机构与市场跨境的监管整合，以及这个方面的国际监管标准的改革和实施现状展开讨论。为了较为清晰地说明观点，我们针对银行业的监管，将采用对比 2007 年之前的情况和之后的监管改革举措的方法来进行。其中包括介绍巴塞尔协议 Ⅰ 到 Ⅲ 的演化过程，以及巴塞尔协议 Ⅲ 的核心内容和目前最新的实施状况。

◯ 9.1　回顾 2007 年之前的银行监管

在 2007 年之前，对金融中介的监管主要是微观层面的，我们称之为"微观审慎监管"，即侧重对机构个体的监管，是相对孤立的，不重视机构之间的"相互联系"和"交易对手关系"，没有注意到由于创新产品带来的机构的相关性和市场的复杂性。对证券业监管的主要内容是机构和市场行为监管；对保险业监管的主要内容为业务、财务和偿付能力的监管。下面我们主要以银行金融中介为例，略为回顾一下危机之前金融监管的标准与核心内容。

9.1.1　"骆驼"评级法

自 20 世纪 80 年代以来，对商业银行监管的标准，主要是采用 CAMELS（"骆驼"评级法）——一个最初由美国金融监管当局对商业银行及其他金融机构的业务经营、信用状况等进行的一整套规范化、制度化和指标化的综合等级"统一评级制度"，统一了美国银行监督检查的标准。它涉及五项考核指标，即资本充足性（capital adequacy）、资产质量（asset quality）、管理水平（management）、盈利（earnings）和流动性（liquidity）。因其英文第一个字母组合在一起为"CAMEL"，正好与"骆驼"的英文单词相同而得名。因为"骆驼"评级法简单、有效，所以它已被世界上大多数国家的监管机构所采用。

从1991年开始,美联储及其他监管部门对"骆驼"评价体系进行了重新修订。增加了第六个评估内容,即市场风险敏感度(sensitivity to market),主要考察利率、汇率、商品价格及股票价格的变化,以及对金融机构的收益或资本可能产生不良影响的程度。"骆驼"评级法从此称为"CAMELS"。

美国商业银行监管机构的监管通常要求银行定期报送由监管准则制定的统一格式的经营报表,以利于综合分析各行的业务情况,并进行横向比较,对商业银行的检查都按照上述的"骆驼"评级标准来实施。"骆驼"评级的具体标准请见OCC(2012),就不在本节中赘述。

至今国际上对商业银行评价考察的主要内容包括资本充足率及变化趋势、资产质量、存款结构及偿付保证、盈利状况、人力资源情况等五个方面,可以看出,这些内容也基本上未跳出"骆驼"评级法的框架。

9.1.2 《巴塞尔协议》(巴塞尔Ⅰ)和《巴塞尔新资本协议》(巴塞尔 Ⅱ)

上世纪70年代初,两家著名的国际性银行——前联邦德国赫士坦第银行(Herstatt Bank)和美国富兰克林国民银行(Franklin National Bank)的倒闭,使得金融界陷入困境,监管机构在惊愕之余开始全面审视拥有广泛国际业务的银行监管问题。1974年由十国集团中央银行行长倡议在瑞士建立的巴塞尔银行监管委员会,其成员包括十国集团的中央银行和银行监管部门的代表,是国际清算银行(BIS)监督委员会的常设委员会,目的是寻找银行业监管的国际标准,加强对国际银行的监管。

自成立以来,巴塞尔委员会制定了一系列重要的银行监管规定,如1983年在瑞士的巴塞尔通过的《对银行国外机构的监管原则》(又称《巴塞尔协议》,Basel Concordat)和1988年7月通过的《关于统一国际银行的资本计算和资本标准的协议》(即《巴塞尔资本协议》或巴塞尔Ⅰ,Basel Accord Ⅰ),并分别于1997年和2004年数次更新《巴塞尔协议》,诞生了《巴塞尔新资本协议》,也称巴塞尔Ⅱ。这些规定奠定了有效银行监管的核心原则,虽然不具法律约束力,但十国集团监管部门一致同意在规定时间内在十国集团实施。经过一段时间的检验,鉴于其合理性、科学性和可操作性,《巴塞尔资本协议》和《巴塞尔新资本协议》得到世界各国监管机构的普遍赞同,已构成国际社会普遍认可的银行监管国际标准。至此,虽然巴塞尔委员会不是严格意义上的银行监管国际组织,但事实上已成为银行监管国际标准的制定者。下面,我们讨论一下巴塞尔Ⅰ和巴塞尔Ⅱ演化的核心内容。

1988年7月,《巴塞尔资本协议》第一版(巴塞尔Ⅰ)诞生了,该协议倡议各国监管机构对管辖内的银行推行最低资本金的要求,强调以资本充足率为依据,以防备风险,保证银行运营的安全和稳健。它对国际银行业的监管具有三个方面的重要贡献:一是提出了风险资产的概念,即对资产类型风险加权;二是界定了核心资本、附属资本和资本扣除;三是明确规定了最小资本充足率。可以说,该协议第一次建立了一套完整的国际通用的、以加权方式衡量表内与表外风险的资本充足率标准,并试图有效地扼制与债务危机有关的国际风险。但它也有很多不足之处。例如,对所有贷款产品均适用 100% 的风险权重;没有考虑违约贷款的潜在回收率;没有考虑资产组合的风险分散效应。因此,第一版《巴塞尔协议》被银行业认为风险敏感度严重不足。

1997 年亚洲金融危机的爆发及蔓延引发的动荡,使得各国金融监管当局和国际银行业普遍感到金融业存在的问题不仅仅是信用风险或市场风险等单一风险,而是由信用风险、市场风险、操作风险等各种风险互相交织造成的,应该尽快重新修订现行的国际金融监管标准,以强化国际银行系统的稳定性。在这样的背景下,巴塞尔委员会对《巴塞尔资本协议》第一版进行了大规模的修改与补充,从而问世了《巴塞尔新资本协议》(巴塞尔 II)。新协议延续了 1988 年巴塞尔 I 中以资本充足率为核心、以信用风险控制为重点的原则,考虑了三大风险,确定了金融监管的三大支柱:最低资本金要求、外部监管及市场约束。最低资本充足率是新资本协议的重点,涉及信用风险、市场风险以及操作风险有关的最低资本指标的确定;第二支柱要求监管当局对银行及银行间风险管理进行监督检查;第三支柱的核心为信息披露,包括定性和定量的信息披露要求。同时巴塞尔委员会明确表示新协议的适用范围不再局限于十国集团,尽管其重点仍是上述国家的"国际活跃银行"(internationally active banks),但伴随全球金融市场一体化程度的加深,市场竞争压力的传导使新资本协议的适用范围扩大。

巴塞尔 II 的颁布开创了巴塞尔委员会创立国际标准、协调监管政策的先例。欧美国家规定所属银行在 2008 年以前,必须完成新协议的部署和落实。其他国家也根据自身的发展情况与新协议相结合,调整制定适合本国实际的银行监管。

9.1.3　巴塞尔 II 的问题

不幸的是,巴塞尔 II 还没有得到完全实施,就在 2007 年的全球金融危机爆发期间"胎死腹中"。随着金融产品创新所带来的复杂性,风险监管环境在世界各国银行间已经悄然发生了很多变化。正如美国金融危机报告所指出的:21 世纪的美国金融市场仅仅得到了 19 世纪的监管保护。此次金融危机中,无论是巴塞尔 II 还是各国金融监管机构都真切地经历了一场实实在在的"压力测试",暴露了现有体系的缺陷。我们认为以下五个方面构成了巴塞尔 II 在防范系统性风险方面的主要缺陷(孙晓云、李佳,2011)。

(1) 缺乏对银行业系统性风险的评估。各金融机构间的联系随着金融一体化的发展变得越来越紧密,如果某家银行或金融机构资产规模过大,在市场上占据显著份额,那么当其出现流动性危机时,产生的负面消息或影响便会迅速传播至整个金融领域。由于与其他金融机构的关系错综复杂,一家机构的倒闭会给其他连带机构和市场带来冲击,并由此可能诱发整个行业的系统性风险,逼迫政府对陷入困境的金融机构实施救助,这就是在本次危机中出现的"大而不倒"现象,导致了对整个经济和社会的危害。此外,由于各金融机构间越来越多地拥有同质化的资产组合,共同风险的暴露也日益趋同。当实体经济或金融市场发生突发性事件时,产品之间的相关性即会引起风险共振,导致风险扩大化。巴塞尔Ⅱ是以单个金融机构为监管单位,实行自上而下的监管方法,忽视了从宏观层面上对整个金融市场系统性风险的管理,对风险的链接和传染的防范不足,对金融体系的整体健康和稳健的关注远远不够。另外,金融机构间跨境业务的交易量和交易速度使金融市场间的联系更为紧密,增大了全球系统性风险,而在压力市场条件下,用于降低交易对手风险的抵押品很难实现跨境转移,流动性不足进而引发跨境市场间整体的传染性问题。

(2) 缺乏对高杠杆运作的有效预防。杠杆率的定义为金融机构的总资产除以净资产的比例,杠杆率较高表明较少的资产可以支撑着较多的负债。投行类金融机构过度热衷地追逐高杠杆率经营,原因在于这些机构自有资本普遍很少,为了获取高额收益,必须采取杠杆投资,然而这会致使较小的冲击即可引发金融机构较大的资金动荡。另外,投行类的金融机构大多采用股份制或合伙制的经营模式,一旦投资成功,利润归股东所有,而失败的投资由债权人买单,不匹配的风险收益使得机构偏好高杠杆、高风险的投资;再加上资产证券化的发展,使得银行表外信用资产增长加快,当这些外部的资产负债表并到表内时,杠杆率会达到更高的程度。

然而,巴塞尔Ⅱ和监管机构只从资本充足率的角度对金融机构的负债结构进行审查,忽略了高杠杆运作的问题。事实上,很多金融机构都符合监管机构对资本充足率的指标要求,却仍然在金融危机中面临破产。其原因即在于过高的杠杆带来的经营风险暴露于监管之外。彭博社(Bloomberg)和美国联邦存款保险公司(FDIC)的数据显示,在2005—2007年间,很多金融机构尤其是投资银行、对冲基金的杠杆率大幅上升;到危机爆发的2007年,美林银行的杠杆率达到32倍,贝尔斯登的杠杆率高达34倍。2008年6月,房地美的杠杆率竟然高达67.9倍。从杠杆率原始的定义看,保持杠杆率的合理性,不仅是为了使资本能够有效的缓冲资产的损失,更是为了保持负债经营的稳定。此次金融危机表明,不对杠杆率实施必要的监管,就会严重影响金融市场的稳定性。

（3）缺乏对新型流动性风险的预警。前面已讨论过,新型金融衍生产品的过度发展和新技术手段的滥用被认为是此次金融危机爆发的原因之一。金融衍生品通过在市场间和交易双方中重新分配和转移风险,在一定程度上有助于提高融资收益。然而,这些产品同时也为资产流动性问题带来了隐患。在动态的金融市场中,新型金融工具从开发到投入市场所经历的时间不长,由于其缺乏历史数据,就不能准确进行未来现金流的预测,监管机构也难以全面了解并评估其风险特征。进而,复杂的产品结构也使监管机构无力要求银行做到信息的完全披露和透明化。除此之外,由于新产品大多数交易欠活跃,价格波动性较高,再加之高杠杆性,这就对交易机构资金头寸的影响会有放大效应。金融机构交易此类金融工具,具有很高的资金隐患,容易由于信息不对称导致无法以合理的成本迅速变现资产以收回足够的资金,从而陷入流动性危机。巴塞尔Ⅱ对流动性风险计量方法的缺失和监管不足,使得极端情况下压力测试的重要性没有得到重视。巴塞尔委员会在2008 年发布的《流动性风险管理和监管的挑战》报告中提到,许多银行认为持续的严重流动性短缺根本不可能发生,因而索性没有考虑整个市场出现紧张状况的可能性以及非常态的严重性及持久性。而新型金融产品的开发应用显然使得对新型流动性风险的防范成为必然。

（4）缺乏对估值模型有效性的关注。按照巴塞尔Ⅱ,对流动性低、市场交易不频繁的金融产品定价主要采用盯住模型(mark-to-model)的计价方式。而现有的估值模型无法反映金融创新产品所带来的风险;且在模型的选择、风险要素的测算以及相关条件假设等方面,银行业没有统一的标准。另外,随着金融产品结构的复杂化、交叉区域的增多,原先开发的风险度量模型的适用性降低。基于历史数据的现有模型,对金融市场创新反映相对滞后。例如,大多数投资银行和商业银行均用新巴塞尔协议提倡的在险值VaR 模型衡量投资组合的预期损失,以计算风险资本计提。但是,VaR 的成功使用在很大程度上取决于对投资组合回报的条件概率分布的准确估计,而金融资产的收益率很多时候是呈非正态分布,有尖峰厚尾的特点,这样一些小概率大损失事件以及长时间剧烈波动事件使得提供有效的分布估计十分困难。例如,对于一项大额损失的风险一年中发生的次数少于 2 至 3 次或者一项潜在的大额价格变动累计超过几周甚至几个月,现行普遍使用的置信度为 99％、风险期限为 10 天的 VaR 模型是无能为力的,即巴塞尔Ⅱ中应用的定量估值模型在这样的情况下已失去了对风险计量的参考价值。另外,VaR 模型对简单风险的非相加性使得银行对整体风险的衡量具有系统性偏差。从更广义的角度而言,以传统的 VaR 模型为核心的风险管理框架,仅仅局限于单个金融机构本身的风险控制,忽视了其可能对整个金融系统所造成的影响,从而导致对当前整体风险水平的严重低估。

（5）缺乏对交易账户中信用风险的考量。在资产证券化经营模式的驱使下，相关交易类资产以及复杂、流动性弱的信贷衍生产品在交易账户中的比重迅速增加。但是，巴塞尔Ⅱ并未针对银行账户资产的结构变化进行及时的修正，尤其是缺少对交易账户的资产监管，甚至完全没有对场外交易的买卖记录，致使交易对手的信用风险大大增加。以 CDS 市场为例，在发展初期，由于参与者少且相互了解，交易对手风险不高；而随着金融衍生品市场的迅速繁荣，参与者增多且形成了相当规模的二级市场。很多同类产品合同转手多达十几次甚至几十次，众多交易者之间的了解程度也迅速降低，这就使信用风险急剧增加。在市场繁荣期，参与双方可以得到相当可观的回报，但在市场低潮，甚至处于困境而缺乏流动性时，违约则可把投资人逼入死胡同。尤其在对冲基金作为卖方时，由于其不充足的资金储备，一旦发债公司破产，对冲基金大多无力履约，最终也将破产。可见，完善新资本协议中对交易账户信用风险的衡量是新型金融环境下的迫切需要。

自 2009 年也就是金融危机的中后期开始，巴塞尔银行监管委员会针对危机中暴露的问题不断进行积极的反思，对巴塞尔Ⅱ进行了多次修订，先后公布了若干意见稿及征求意见稿，将焦点放在金融危机中新资本协议受到质疑的几大问题上。目前《巴塞尔协议》最新的版本和分阶段的实施计划第一次真正地体现了全球银行业的联合监管行动，展示了金融监管改革与全面风险管理的新趋势。我们将在下面的一节讨论《巴塞尔协议》Ⅲ的内容，聚焦在对系统性风险的监管方面。

● 9.2　巴塞尔协议Ⅲ

如第 8 章所述，第三版《巴塞尔资本协议》（也称巴塞尔协议Ⅲ）是巴塞尔委员会针对 2004 年《巴塞尔新资本协议》（巴塞尔Ⅱ）在 2007—2009 年金融危机中暴露出的缺陷，为加强银行宏微观审慎监管和风险管理，在 2010 年 9 月 12 日以来出台的一系列监管改革方案的总称。作为对系统性风险监管改革的回应，巴塞尔协议Ⅲ的全面实施将在全球银行业的发展进程中产生深远影响。

巴塞尔Ⅱ的三大支柱分别为：最低资本金要求、监管机构的监督检查和市场约束。最低资本充足率是新资本协议的重点，涉及与信用风险、市场风险以及操作风险有关的最低资本指标的确定；第二支柱要求监管当局对银行及银行间风险管理进行监督检查；第三支柱的核心为信息披露，包括定性和定量的信息披露要求。巴塞尔协议Ⅲ根据此次危机中的反思与批评,分别对三大支柱进行了修订,意在创新与稳健之间创建一个更加平衡的金融体系。金融危机中后期巴塞尔委员会对巴塞尔Ⅱ做了一系列的修订,分别针对新资本协议的三大支柱,先后在整体框架、流动性风险管理、市场风险监管、压力测试、公允价值会计准则、跨境监管等方面做了修订(BIS,2010)。

9.2.1 完善第一支柱的内容

在第一支柱的内容方面,巴塞尔委员会主要从资本质量和规模、杠杆率、流动性监管和风险计量模型这四个方面对监管标准和方法进行了改进。

(1) 提高了资本质量和规模的要求,简化了银行资本结构。巴塞尔协议Ⅲ规定,截至2015年1月,全球各商业银行由普通股构成的"核心"一级资本占银行风险资产的下限将从现行的2%提高至4.5%,一级资本充足率下限(包括普通股和其他符合要求的金融工具)将从现行的4%上调至6%,总资本充足率下限上调至8%。另外,用扣除递延税项及其他项目后的普通股权益建立起2.5%的资本留存缓冲(capital conservation buffer),目的在于确保银行持有缓冲资金用于在危机时期"吸收"损失;以及0—2.5%的逆周期资本缓冲,用于在信贷增速过快并导致系统性风险积累的情况。该规定将于2016年1月起试用,并于2019年1月开始生效。在2015年1月之后,一旦银行的一级资本金比率降低至4.5%以下,将面临严厉的监管制裁,可能牵涉到国家监管机构出面干预。二级资本成为备用的可用于吸收损失的资本。对于银行而言,巴塞尔协议Ⅲ进一步要求其增加资本、缩小资产负债表,放弃过高风险的业务,扩大对风险的覆盖面,包括在压力情景下对交易对手的信用风险的考量。这样银行就不得不将更多的盈利留作储备,从而为潜在损失提供保护。这部分的修正是对目前银行面临一级资本质量下降等问题的有效弥补。

(2) 将杠杆率作为监管指标之一。巴塞尔委员会为有效应对监管资本套利活动,首次引入最大杠杆率作为资本监管的最低保障。尽管具体的数值标准还有待协商,从现在开始到2017年要求对3%的一级杠杆率进行平行测试,将于2017年上半年进行最终调整,希望在2018年1月1日进入新协议的第一支柱部分。随着资产证券化产品的过度开发,投资银行、对冲基金等金融机构的杠杆率不断飙升,杠杆率的增加使得以股本形式存在的资本相对减少,增加了整个金融体系的脆弱性,在危机发生时巨大的去杠杆效应加速了灾难的传播。

(3) 增强流动性监管。短借长贷造成的流动性危机是导致银行破产的主要原因。巴塞尔协议Ⅲ首次引入了两个流动风险测评指标作为强制性监管标准:流动性覆盖率(liquidity coverage ratio, LCR)和净稳定融资比率(net stable funding ratio, NSFR)。前者是一个短期度量,要求在压力情景下,银行的流动性要能够坚持至少 30 天,目标在于提高其抵御短期流动风险的能力,确保有充足的高质量流动资产以度过持续一个月的高压情景。后者是一个长期的"结构性"比例,反映银行资产与负债的匹配程度。要求一年以内可用的资金大于需要的稳定资金,从而提高机构长期防范流动风险的能力。并且建议用四个监控工具来跟踪银行的流动性,为流动性管理的跨界监管提供更大的一致性。

(4) 改进风险衡量模型。由于现行的 VaR 模型在对违约风险和信用迁移风险估计方面不能够覆盖资本计划期较长、发生概率较小的事件带来的新增风险,在衡量新增风险方面,巴塞尔委员会提出了新增风险计提(incremental risk charge,IRC)方法。该模型进行了逆周期性处理,在界定市场风险因子时,规定了风险因子的一致性和模型的非线性特征。另外,压力测试方法被巴塞尔委员会正式引入,并将其作为 VaR 方法的重要补充,要求将其作为公司风险管理体系必不可少的部分。

第一支柱的修订仍然是巴塞尔协议Ⅲ的重点所在。考虑到现有银行的资本缺口,国际金融机构将有 8 年的时间完成巴塞尔协议Ⅲ提出的资本要求。

9.2.2 完善第二支柱的内容

对第二支柱的完善主要体现在增大金融监管框架的覆盖范围和激励机制的完善上,强调监管水平和标准的提高。覆盖范围中,将对"国际活跃银行"的关注扩展到对所有金融机构的关注,要求所有金融机构都要达到巴塞尔协议中的相关指标要求,尤其增加了对投资银行和对冲基金的审查,避免其在金融监管之外滥用资金权力,实行过高风险的投融资计划。巴塞尔委员会认为,系统性重要银行的损失吸收能力应该高于前述的协议标准,其正在与金融稳定理事会(FSB)一起研究和评估针对具有"系统重要性"银行的综合监管方案,包括资本附加费(capital surcharges)、或有资本(contingent capital)、自救债务工具(bail-in debt)等。此外,有关清算制度的相关工作也将持续进行,以降低这些金融机构导致的外部性。

对于整体系统性风险的把握,强调宏观与微观审慎监管的结合将成为下一步各国监管机构努力的重点。1929 年的经济大萧条暴露了金融体系的脆弱性,引起了各国监管部门对维护市场稳定的关注和对宏观监管的重视。之后,宏观审慎监管被指责抑制了金融自由化和金融创新的发展,因此巴塞尔Ⅱ的发布将监管理念从宏观监管层面拉到了微观监管的领域,内容相当庞杂。与此同时,局部金融危机的屡屡发生逐渐引起关注,监管的重点从此开始向微观审慎方向的银行内部转移。而此次金融危机的爆发,以系统性的流动性缺失为特点,系统性风险及宏观审慎监管又重新引起重视。巴塞尔委员会也相继出台了加强宏观审慎监管的政策措施,例如发布对跨境业务的监管指引,在估值模型中引入系统性风险因子等。此次金融危机引发的对监管理念的重新思考将指引世界监管浪潮向宏观与微观审慎并重的方向发展。

监管覆盖面扩大。金融机构通过结构性投资工具和衍生产品等影子银行体系来逃避监管,被认为是造成金融危机的重要原因之一。因此,修订后的协议覆盖了更为全面的监管范畴,从传统的信用风险、市场风险、操作风险,到日益重要的流动性风险,再到新型的声誉风险和信息科技风险,避免金融机构可以通过结构性投资工具及衍生产品来实现逃避监管的目的。实现清晰的监管边界和监管范围的延展就成为巴塞尔委员会的关注重点之一。其中对于整体系统性风险的把握、强调宏观审慎监管已经成为下一步各国监管当局努力的重点。

激励机制进一步完善。在薪酬决策中充分考虑风险管理,实现薪酬发放、风险度量和风险结果在目标上的一致。要求金融机构建立与长期经营目标一致的薪酬机制,避免对不合理的风险承担提供激励。这就对公司董事会和管理层在风险管理和薪酬机制决策中的独立性和专业性提出了更高的挑战。

9.2.3   完善第三支柱的内容

巴塞尔协议Ⅲ提出了对信息披露的更高要求。具体表现在:要求资本的所有构成必须完全对外披露,并同时披露缓冲资本的情况;对于流动性风险,要求定期公开披露其风险状况和管理方面的定量和定性信息;对于证券化、表外风险暴露和交易账户下的信息披露要求给予详细的指引,以降低资本市场业务给银行资产负债表带来的不确定性;对于银行的薪酬发放也需要更加清晰和及时的信息披露。

9.2.4   小结:巴塞尔协议Ⅲ概览

总结以上讨论,我们看到,巴塞尔协议Ⅲ改进了过去巴塞尔Ⅱ只注重微观审慎监管的方面,按照资本监管和流动性监管并重、资本数量和质量同步提高、资本充足率与杠杆率并行、长期影响与短期效应统筹兼顾的总体要求,确立了国际银行业监管的新标杆,体现了微观审慎监管(microprudential)与宏观审慎监管(macroprudential)有机结合的监管新思维(巴曙松,2010)。要求银行在经济繁荣时要积累资本,未雨绸缪,以便在经济衰退时有备无患。根据前面的讨论,我们用表9.1详细地列出了巴塞尔协议Ⅲ的三大支柱中涉及的有关系统性风险改革的主要内容,以及新的流动性监管的原则,并专门列出了对系统性重要银行的要求。

表 9.1　巴塞尔协议 Ⅲ：巴塞尔委员会的银行监管改革

	资本					流动性
	支柱 1　风险覆盖		杠杆率	支柱 2　风险监管	支柱 3　市场纪律	全球流动性标准的设定和监管
	资本	风险覆盖				
所有银行	**资本的质量水平**　更加关注普通股权，要求占风险资产的比重至少增加到 4.5%　　**在银行出现问题时可以吸收资本损失**　资本工具合约中有一个条款允许（在政府当局裁定私营部门不能快速解决危机的情况下）银行出问题时可以将普通股权转换，或者减少未来银行的贡献并减少了道德风险　　**资本留存缓冲**　相当于风险资产 2.5% 的普通股权可以被看做是资本缓冲，使得一级资本充足率增加到 7%。当资本进入留存区看着资本充足就会受到（同时对银行红利支付进行）的限制　　**逆周期资本缓冲**　当政府当局认为信贷增长将导致系统性风险积累时就会强加给银行一个 0～2.5% 的逆周期资本缓冲要求	**资产证券化**　对于复杂的资产证券化产品加强资本管理，要求银行能够针对外部信用评级证券化产品的风险暴露进行更加严格的信用分析　　**交易账户**　对于交易尤其是衍生品交易活动以及在交易账户中持有的复杂的资产证券化产品应该准备更多的资本。在压力情景下，VaR 模型的引入可以帮助减轻顺周期性。对于估计进一步的新增风险和非证券化信用产品的迁移风险都要征收资本费，并还要求要考虑流动性问题　　**交易对手信用风险**　加强交易对手信用风险框架，主要包括：对测量暴露了更加严格的要求，对于衍生品交易要使用中央交易对手，对内部金融部门的风险暴露都要有更高的资本要求　　**银行对中央交易对手方的风险暴露**　对一有资质的中央交易对手风险暴露将赋予 2% 的风险权重，而对其进行风险暴露资本化。主要基于一个估计风险产生违约基金的方法	**杠杆率**　一个包含了表外业务风险但是不基于风险资本的杠杆率可以被认为是对基于风险的资本要求的风险暴露计算的补充。它有助于在整个系统范围内积累过多杠杆率	**补充要求**　重视公司治理和风险管理；监视表外业务的风险暴露尤其是资产证券化活动；对风险集中进行管理；为银行提供适当的激励以便在长期内更好地管理风险和收益；良好的薪酬制度，估值为金融工具测试，为合理监管提供会计标准	**披露要求**　支柱 3 的披露要求涉及表外工具风险暴露是资产证券化的风险暴露。对于监管资本成分的细节需要加强披露并需要他们与报表进行调和，这其中包含了对银行如何计算资本充足率的解释	**流动资金覆盖率**　要求银行必须拥有充足高质量的流动性资产，以便在设定的压力情景下存活至少 30 天　　**净稳定资金比率**　该比率是一个长期的结构性比率，它反映了完整的资产负债结构程度。该比率为负债覆盖银行提供稳定资金来源的匹配并为银行提供使用稳定资金来源的激励　　**良好的流动性风险管理原则**　该指导原则充分考虑了金融危机期间的经验教训，它是建立在银行业良好的流动性风险监管的实践基础之上的
系统性重要机构	当金融系统发生更大的风险时，全球系统性重要金融机构必须要拥有更高的损失吸收能力。巴塞尔委员会已开发出了一套识别全球系统性重要银行的重要性的方法（见第 4 章）。一个先进的普通股层级 1（CET1）的资本要求必须满足额外的损失吸收要求，该资本要求可以根据银行的系统重要性在 1%～2.5% 的范围内浮动。对于面临系统技资技资委员会设定的最高额外附加费的银行，可以应用额外 1% 的资本损失吸收要求。这样做可以对该级行不断增加的系统重要性起到抑制作用。金融稳定理事会（FSB）正在调整各种方法以便降低全球系统性重要金融机构产生的道德风险					

9.2.5　巴塞尔协议Ⅲ的实施现状

截至 2013 年 8 月底,在组成巴塞尔委员会的 27 个国家或地区中,已经有 25 个发布了巴塞尔协议Ⅲ的资本监管方面的最终实施细则。印度尼西亚和土耳其只是发布了相关的实施草案,并积极努力地想把草案转化为最终实施细则。在 2013 年 6 月和 7 月,欧盟和美国分别发布了最终实施细则,已经表态将从 2014 年 1 月起陆续实施巴塞尔协议Ⅲ。美联储 7 月 2 日批准一项加强银行业监管的新规,将美国银行业的核心一级资本充足率要求提升到至少 7%。这一规则与巴塞尔协议Ⅲ中的监管要求一致。美联储负责金融监管事务的理事丹尼尔·塔鲁洛称,美联储批准该规定是国际金融危机之后美国加强金融监管、使金融业更为稳健的一个里程碑事件。此外,很多成员国家或地区已经将目光转移到引入其他三个监管指标,它们分别是流动性要求、杠杆率要求以及全球或本国系统重要性银行的要求,而这三个指标在巴塞尔Ⅱ和巴塞尔Ⅱ.Ⅴ中是没有涉及的。

为了让各个国家和地区更好地接受巴塞尔协议Ⅲ的监管要求,巴塞尔委员会发布了监管一致性评估计划。该计划由两部分组成:一是对巴塞尔成员国家或地区在满足更加严格资本要求方面的监控;二是对本土监管制度符合巴塞尔协议Ⅲ的一致性的评估,以及对银行资本充足率、风险加权资本等计算方法的评审。

具体而言,我们可以从资本充足率、杠杆率、流动性以及系统重要性银行四个方面阐述巴塞尔成员国家或地区对巴塞尔协议Ⅲ的实施情况。

(1) 资本充足率:在组成巴塞尔委员会的 27 个国家或地区中,有 24 个已经完全实施了巴塞尔Ⅱ的要求,有 22 个完全实施了巴塞尔Ⅱ.Ⅴ的要求,而只有 11 个完全实施了巴塞尔协议Ⅲ的要求,另外还有 14 个国家或地区已经发布了巴塞尔协议Ⅲ的最终实施细则,只是还没有付诸实践而已。

(2) 杠杆率:巴塞尔委员会目前正处于确定巴塞尔协议Ⅲ杠杆率标准的阶段,预计银行从 2015 年 1 月 1 日起就应当开始披露它们的杠杆率。

(3) 流动性:巴塞尔协议Ⅲ主要是设置了流动性覆盖比率的最低要求,目前已有 11 个成员国家或地区已经针对该要求发布了最终实施细则,还有 4 个已经发布了草案,预计从 2015 年 1 月 1 日起就应当开始对所有成员国家或地区执行这一要求。

(4) 系统重要性银行:针对这一要求,巴塞尔委员会中目前只有 2 个成员国家或地区已经发布了最终实施细则并且开始执行,有 10 个已经发布了最终实施细则但是没有开始执行,其余的国家或地区还没有发布实施草案。预计从 2016 年 1 月 1 日起就应当开始对所有成员国家或地区执行这一要求。

另外,国际清算银行的金融稳定学院(Financial Stability Institute,简称 FSI)还专门针对既非巴塞尔委员会也非欧盟成员的国家或地区进行了调查。结果显示,截至 2013 年 7 月,在 74 个接受调查的国家或地区中,有 54 个已经完成或正在完成巴塞尔Ⅱ的实施方案,有 16 个已经完成或正在完成巴塞尔Ⅱ.Ⅴ的实施方案,还有 26 个已经完成或正在完成巴塞尔协议Ⅲ的实施方案。这充分说明了巴塞尔协议,尤其是巴塞尔协议Ⅲ在全球金融监管领域的影响力,虽然它不具有强制实施的效力,但是却有越来越多的国家或地区自愿遵守它,使之成为了全球最重要并且最通用的对银行的金融监管准则。

虽然巴塞尔协议Ⅲ资本框架的核心内容在 2010 年就已经完成了,但是在这之后的三年中又得到了不断的完善。特别是在 2013 年 6 月和 7 月,巴塞尔委员会接连发布了一些文件,旨在对评估方法论的更新以及对全球系统重要性银行提出更高的损失吸收要求等。未来的路还很长,进一步的工作也已经得到了开展,主要与交易账面资本、资产证券化以及净稳定融资比率等相关,这些改革工作将在 2014 年得以落实。

表 9.2 列出了截至 2013 年 8 月,27 个巴塞尔委员会成员国家或地区对巴塞尔协议Ⅲ的实施进展情况。

表 9.2　巴塞尔协议Ⅲ监管准则的实施进度(截至 2013 年 8 月)

国家或地区	进度	实施进度
阿根廷	3, 4	2013 年 2 月 8 日已经发布了第三大支柱的最终实施细则,将于 2013 年 12 月 31 日开始实施。从 2013 年 1 月 1 日起开始实施第一和第二支柱
澳大利亚	4	
比利时	3	与欧盟地区同步
巴西	3	2013 年 3 月 1 日已发布了最终版本,将于 2013 年 10 月 1 日开始实施
加拿大	4	要求所有银行都要满足巴塞尔协议Ⅲ的要求,从而在 2019 年完全达到巴塞尔协议的资本监管。要求对不符合监管要求的资本产品逐步淘汰
中国	4	
法国	3	与欧盟地区同步
德国	3	与欧盟地区同步
中国香港特别行政区	4	最低资本金标准的最终实施细则已于 2013 年 1 月 1 日生效,相关信息披露要求的最终实施细则已于 2013 年 6 月 30 日生效,资本缓冲细则有望在 2014 年发布
印度	4	有关信用评估调整的最终实施细则已经发布并将于 2014 年 1 月 1 日起开始实施。有关资本构成的披露细则将于 2014 年 7 月 1 日起开始实施。有关银行对中央交易对手风险暴露的资本要求细则也已经发布并将于 2014 年 1 月 1 日起开始实施
印度尼西亚	2	有关巴塞尔协议Ⅲ资本监管部分的实施细则即将在 2013 年发布
意大利	3	与欧盟地区同步
日本	4	有关资本留存缓冲和逆周期资本缓冲的实施细则还没有发布,相关实施草案有望于 2014 年或 2015 年发布
韩国	3	有关资本监管部分的最终实施细则已于 2013 年 7 月 3 日发布并将于 2013 年 12 月 1 日起开始执行

续表

国家或地区	进度	实 施 进 度
卢森堡	3	与欧盟地区同步
墨西哥	4	有关银行对中央交易对手方风险暴露的实施细则至今还没有发布
荷　兰	3	与欧盟地区同步
俄罗斯	3	有关资本的定义以及资本充足率的实施细则已于 2013 年 2 月发布,2013 年 7 月 1 日发布了修正版草案。2013 年 4 月 1 日起开始按照新的资本监管准则进行报告并将于 2014 年 1 月 1 日起正式生效
沙特阿拉伯	4	
新加坡	4	
南　非	4	南非政府最近发布了一项新的执行,银行对在国内实体间交易的以各国货币为计价基准的场外衍生产品的风险暴露存在信用评估调整风险,而对此进行的资本金要求将保持为 0 直至 2013 年 12 月 31 日
西班牙	3	与欧盟地区同步
瑞　典	3	与欧盟地区同步
瑞　士	4	
土耳其	2	实施草案已于 2013 年 2 月 1 日发布
英　国	3	与欧盟地区同步
美　国	3	最终实施细则已于 2013 年 7 月 1 日得到了批准,并将于 2014 年 1 月 1 日起生效
欧　盟	3	欧洲国会和欧盟委员会之间关于实施巴塞尔协议Ⅲ以及未来更进一步的关于健全公司治理和薪资结构等方面的措施达成了一致意见,该意见已于 2013 年 6 月 27 日在官方杂志上做了公开的发表,并将于 2014 年 1 月 1 日起开始实行。这些立法文本将作为新的规则。如有必要,其中一些详细的技术标准将由欧洲银行管理局起草并可以被委员会采纳

注:1:实施细则草案还未发布;2:实施细则草案已经发布;3:最终实施细则已经发布;4:最终实施细则已被执行。▨:完全采纳巴塞尔协议Ⅲ资本监管准则的相关工作已经完成;▨:已经部分采纳了巴塞尔协议Ⅲ资本监管准则,进一步的工作正在进行中。

第 10 章　全球金融监管改革的法案与举措

本章我们将沿着机构与市场跨行业监管整合相关的国际监管框架改革与实施现状展开讨论。为了较为清晰地说明观点，我们将采用对比 2007 年之前的情况和之后的改革举措的方法来进行。首先我们简要回顾一下危机之前，三种具有代表性的国际金融监管模式；进而论述在金融危机之后，包括欧美在内的世界各国或经济体重新审视金融系统性风险监管的必要性。从 2010 年美国《多德—弗兰克法案》的推出，英国和欧洲就监管模式进行改革的一些重要举措，可以看出下一步国际监管的趋势性走向。最后谈一下对中国金融改革的思考。

◉ 10.1　国际上主要金融监管模式及其特点

10.1.1　2007 年之前的三种主要监管模式

由于历史以及和金融市场的规模、结构和发展情况等因素，各国的金融监管模式多种多样。综观而言，我们可以将主要的金融监管模式概括为三种，分别是以英国为代表的统一型监管模式(unified or integrated supervision)、以美国为代表的分业型监管模式和以澳大利亚为代表的不完全统一型监管模式或"双峰"监管模式。它们的存在有其自身的发展逻辑，下来我们将对其特点和优缺点一一进行阐述。

历史上，英国实行的是以金融机构自律监管为主、政府监管为辅的金融监管体制。政府监管权长期以来高度集中在隶属于财政部的英格兰银行。然而，到了 1946 年，经历了国有化的英格兰银行，成了财政部的一个附属机构，对整个金融体系进行监管大权落到了财政部，英格兰银行只是充当金融监管的执行机构。这一时期，英国对金融业的监管采用的是分业监管模式，分别由英格兰银行、英国证券与投资委员会以及一些自律组织负责，它们相互之间有着明确的分工。但随着上个世纪七八十年代金融自由化席卷全球，国际金融市场上的激烈竞争令伦敦这个昔日辉煌的金融中心逐渐处于下风。为此,英国政府于 1986 年 10 月通过了《金融服务法》(Financial Services Act of 1986),设立了证券投资局(Securities and Investment Board,SIB),以立法形式推动英国金融自由化和国际化的发展,在金融领域出现的混业经营模式也就相伴而生并得到了迅速的发展。与此同时,为迎合全球金融自由化的趋势,英国政府采取措施,放松金融监管力度,促使英国银行业迅猛发展。然而,伴随着金融业混业经营模式的迅速扩张,分业监管模式所产生的监管重叠和空白等弊端也愈发明显。为此,1997 年英国政府决定合并原来的 9 家监管机构,将证券投资局更名为金融服务监管局(Financial Services Authority,FSA),由其对英国金融业(所有在英国境内注册的金融服务机构)进行统一监管,即同时监管多个金融行业或功能领域,FSA 拥有监管金融业的全部法律权限,但值得注意的是,FSA 并不是政府机构,而是一个独立的非政府监管组织。至此,英国的金融监管模式已从此前的分业监管变成了以金融服务监管局为主体的统一型监管模式,成为世界主要金融市场采取统一型监管模式的典型。在之前的 1986 年,挪威建立了世界上首个对银行、证券、保险统一进行监管的监管机构——挪威金融监管局(Kredittilsynet)。

再看美国金融监管模式的演化历程。早在 1929 年,美国爆发了史上最严重的经济危机,暴露出金融业和金融监管领域存在很多问题:宏观调控不力;金融欺诈、股市操纵、内幕交易盛行;证券交易保证金过低,信用过度膨胀;政府监管滞后、力度差等。针对危机中出现的种种问题,美国政府加大了对经济干预的力度,扩大了美联储的权力,赋予它更多中央银行应该具有的权力。在罗斯福"新政"推动下,国会出台了一系列的金融法案,包括重塑股市的《证券法》(1933 年)和《证券交易法》(1934 年)、重组银行业的《1933 年银行法案》、建立社会保障体系的《社会保障法》(1935 年)、重整居民房地产业的《全国住房法》(1934 年)、有关存款方面的《联邦存款保险法》《联邦储备法》、Q 条例(规定银行支付存款利息上限,禁止向活期存款支付利息)。众多法案中,最具历史意义的是《1933 年银行法》(即《格拉斯·斯蒂格尔银行法案》(Glass-Steagall Act))。该法的核心有个两方面:一是成立联邦存款保险公司(FDIC),要求吸收存款的商业银行和储蓄机构参与存款保险;二是对商业银行和投资银行实行分业经营,严禁商业银行发行、承销公司证券,出售股票或债券;严禁投资银行吸收存款等。由于该法确立了美国金融业将采取分业经营模式,与之对应的分业型金融监管模式也就逐步建立起来了。在这之后的几十年中,这一监管模式一直没有发生根本性的改变,而只是在一些具体细节处有所创新和发展而已。

最后,我们都知道澳大利亚主要是由英国移民建立起来的国家,正是基于这种背景,使得澳大利亚的金融体系是以英国的金融制度为基础建立起来的。长期以来,澳大利亚的金融业一直都采用的是分业经营模式,从而与之对应,其金融监管也采用的是分业监管模式。与英国一样,伴随着上世纪七八十年代的全球经济自由化浪潮,澳大利亚金融监管部门也放松了对整个金融体系的监管。此后,由于90年代后期全球经济不景气,局部经济危机频发,促使澳大利亚政府开始考虑本国金融监管体系的稳健性问题,并开始着手策划改革。1999年,澳大利亚政府完成了金融监管体制改革,终止了分业监管模式,开始正式采用不完全统一型金融监管模式。至此,澳大利亚金融业主要的监管主体有两家——澳大利亚审慎监管局(APRA)和澳大利亚证券与投资委员会(ASIC),分别负责对所有金融机构资本储备的审慎监管和市场行为的监管,即信息披露以及其他与市场和客户交易相关的监管。由于监管主要由这两个单独的具有不同权限的监管者组成,因而这种监管模式被形象地称为"双峰监管"或者"基于目标的监管"模式。另外,澳大利亚储备银行作为中央银行,在APRA和ASIC的"双峰"之外负责货币政策和金融稳定,不承担任何直接的银行监管职责。

10.1.2 三种监管模式的特点和优劣

三个代表性国家金融监管模式各具特点。

在英国,金融服务监管局(FSA)的确立,使其抛弃了传统的分业型监管模式,转而采用统一型金融监管模式。然而,这种监管模式并不意味着FSA需要负责所有与金融相关的监管业务。实际上,英国政府将金融监管制度的选择、货币政策的制定与实施和金融机构风险防范的责任分别交由财政部、英格兰银行和金融服务监管局承担;同时,为了达到金融体系稳定的最终目标,三家机构通过签署谅解备忘录,明确了分工和协作关系,见图10.1。具体而言,财政部负责制定金融监管的组织架构和金融监管立法;英格兰银行通过制定和实施货币政策,保证支付清算体系有效运转,加强和改善金融基础设施及降低系统性风险;金融服务监管局负责对各个金融机构和各类金融市场的监管,并对违法违规行为进行处理。

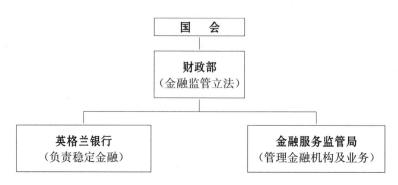

图 10.1 英国的金融监管模式

　　美国的分业型监管模式也具有自身的特点,其中最明显的一点就是采用双线多头
监管模式。因为美国是一个移民国家,受欧洲传统影响,自由民主的观念强烈,因此建
立起了三权分立与制衡相结合的政治制度,反映在金融监管模式上就体现为联邦政府
和州政府的"双线多头"监管模式,双线即联邦政府机构和州政府分别管理在联邦注册
和在州注册的金融机构;多头是指有多个部门负有监管职责,如美联储(FRB)、货币监
理署(OCC)、存款保险公司(FDIC)、证券交易委员会(SEC)等多个机构(见图 10.2)。
另外,为了适应金融自由化浪潮下美国金融混业经营现象的迅速发展,1999 年颁布的
《金融服务现代化法案》(Financial Services Modernization Act of 1999)规定,对于同时从
事证券、银行和保险等业务的金融控股公司实行伞形监管制度(umbrella supervision),
即任命美联储为金融控股公司在总体意义上的伞形监管人,负责对其进行总体监管;同
时,金融控股公司又要根据其经营业务的不同种类接受来自各个功能监管人的监管。伞
形监管人与功能监管人在对金融控股公司进行监管的过程中需要紧密协调、相互配合。
为了避免过度或者重复监管,在实际操作中,伞形监管人的权力也受到了一定程度的限
制,即美联储必须尊重各功能监管人对金融控股公司的监管权限,并尽可能地使用它们的
检查结果。

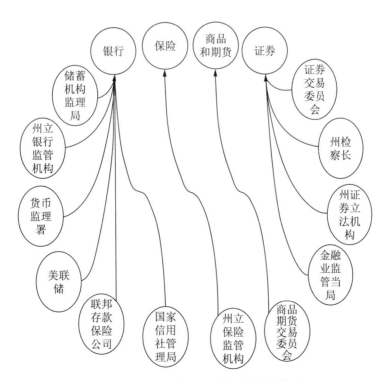

图 10.2　美国复杂的"双线多头"监管模式

澳大利亚实行了不完全统一型监管模式,即澳大利亚审慎监管局负责对所有办理存款业务的金融机构和保险公司进行监管,而澳大利亚证券投资委员会则对证券业进行监管。同时,澳大利亚储备银行保留了维持金融体系安全稳定和制定并执行货币政策的职责,并且还要对那些直接关系到支付体系稳定的金融机构履行最后贷款人的职责。为了使这三家金融监管机构良好运转,澳大利亚政府专门成立了金融监管理事会(Council of Financial Regulators),负责对三者的工作进行协调。金融监管理事会作为一个合作主体,致力于为其成员提供便利服务,比如组织各种探讨金融监管的议题、论坛等;督促成员之间要经常交换各类监管信息;另外,它还需尽力避免各成员在职责方面的重叠,从而有效降低监管成本,促进金融监管改革。

三种金融监管模式也有各自的优点。

统一型金融监管模式主要有三个优点:第一,是有利于监管机构合理评价宏观因素对金融系统内所有领域可能造成的影响和金融集团的总体风险。金融集团在全球范围内的兴起对分业监管模式提出了严峻挑战,而统一型金融监管模式适宜于监管金融企业的集团化经营,有利于对金融集团的整体风险进行合理评价。统一型监管模式在整个金融体系内不同领域中采用一致的监管规则,这将有助于消灭监管套利。第二,有利于监管机构更好地识别和监控在不同金融机构和部门之间转移的风险,及时对一些新型金融产品的风险进行有效评估和监控,并能够对金融市场的变化和可能影响金融稳定的实际和潜在威胁做出及时的监管反应。第三,能够获得金融监管的规模效应和效率。建立统一的金融监管模式之后,金融监管的固定成本相对减少,进而使总成本有所下降。金融监管当局也可以方便地采用统一的监管规则,并可以在同一金融机构内部进行有效的沟通与协调,达到提高金融监管效率的目的。据统计,截至 2002 年底,全球范围内,至少有 46 个国家已采取了所谓的统一型监管模式。近些年,德国、爱尔兰和马耳他等国家也在向建立统一监管型监管模式迈进。

分业型金融监管模式主要有两个优点:一是它分工明确,监管效率较高。在分业型金融监管模式下,不同的金融监管机构负责对不同的金融业务进行监管,具有专业化较强的优势;并且各个不同的金融监管机构职责明晰、分工合理,有利于金融监管目标的实现与金融监管效率的提高。二是它具有竞争优势,可以防止产生监管垄断。实行分业型监管模式,不同的监管机构的监管对象不同,它们之间存在着竞争机制和模仿动机。这种竞争机制有利于不同金融监管机构监管力度的加强和服务的升级,可有效防止出现监管垄断。如果一个国家能够在不同监管机构之间建立起有效的沟通和政策协调机制,这些机构并不一定会比统一型的监管机构效率低。

不完全统一型金融监管模式与统一型金融监管模式相比,在一定程度上保持了分业型金融监管模式所具有的不同监管机构之间的竞争与约束。各金融监管机构在各自的监管领域内,既发挥了各自的专业化监管优势,又能够保持监管规则的一致性,同时还可以将机构分散的不利最小化。不完全统一型金融监管模式与分业型金融监管模式相比,既降低了监管机构之间相互沟通协调的成本和难度,又通过对审慎监管和业务监管的单独进行,避免了监管真空的出现以及监管交叉和重复的问题。

但是,这三种典型的金融监管模式又都存在各自的缺点。其中有一个明显的规律,即统一型金融监管模式的优点往往就是分业型金融监管模式的缺点,反之亦然。而不完全统一型金融监管模式本意是想将统一性和分业型两种金融监管模式的优点结合起来,看似更加完善,但是其最大的缺陷在于如果采取这种监管模式,依然不能明确整个金融体系的风险应该由谁来控制;当然,这也是分业型监管模式最大的缺陷。因而在金融系统性风险积累并爆发的过程中,没有一个能够在全局意义上起到风险控制的金融监管机构,最终还是会产生监管失败的情况。

值得强调的是,无论是哪种监管模式,不同监管领域之间的协调都是重要的,只不过在统一型监管模式下表现为同一个机构内部不同部门的沟通,而分业型监管模式则表现为不同监管机构之间的沟通。我们无法简单地说哪种模式更好。由于各国国情差异很大,并不存在一种最佳的监管模式。

◐ 10.2　美国《多德—弗兰克法案》开启影响深远的改革

10.2.1　《多德—弗兰克法案》简介

为了有效应对经济衰退的冲击,防范金融危机再次爆发,2010 年 7 月 21 日美国的《多德—弗兰克法案》(Dodd—Frank Act),全称《多德—弗兰克华尔街改革和消费者保护法》(Dodd—Frank Wall Street Reform and Consumer Protection Act),由奥巴马总统正式签署立法。长达 2 300 多页的法案涉及了众多方面,旨在通过改善金融体系问责制和透明度,以促进美国金融稳定。核心理念主要体现在两个方面:一是改变超级金融机构"大而不倒"的局面,加强宏观审慎监管,有效防范系统性风险;二是保护金融市场中的弱势群体,避免消费者受到欺诈,弥补了原有微观监管,即对机构监管的空白和弱点。它是美国涉及有关金融监管改革的最重要的法案,也是自 20 世纪 30 年代罗斯福总统对金融行业和监管改革以来,最全面、最彻底的金融改革法案,从监管标准、方法、模式和理念等方面尝试重构现行的金融监管体系,也在一定程度上体现了未来美国和全球金融监管改革的方向。

法案从防范系统性风险、消费者金融保护、重构原有监管机构和监管职能、提高对系统重要性金融机构的监管标准、填补对对冲基金等金融行业的监管空白、对证券化及场外金融衍生品市场进行规范和约束、严格银行资本金监管和业务监管、华尔街高管薪酬监管等几个方面对现有监管规则进行了调整和改革。据行业专业人员的估计,从《多德—弗兰克法案》中,将产生近300条新法规,67项几乎涉及金融服务行业各方面的报告和研究,以及22个新的定期报告的要求。建立了消费者金融保护局、金融稳定监督委员会、金融研究办公室和国民保险办公室。该法案的具体落实,代表了美国金融监管环境的重大变化,对金融服务行业的业务模式,消费者和经济活动正在发生着深刻的影响。法案的核心内容涉及下列五个方面:

(1)在美联储内部创立一个具有权威性和独立性的消费者金融保护局,目的是更好地保护消费者。其职责包括确保消费者了解他们签署的金融合同,不额外支付隐藏的费用、不签署多余的附属条款、不被欺骗。

(2)结束对"大而不倒"公司的救助。有效降低用纳税人的钱救助可能威胁到经济的破产机构的概率。相应的措施包括:确立更有效的公司清算破产的方法;对企图扩张的金融机构施以严格的资本金和杠杠要求;限制监管者只能对行业进行救助而不能救助单个的金融机构;对消费者和投资者给予更多保护;成立专门的金融研究所识别、预测、研究和应对可能对经济和金融体系产生威胁的风险。

(3)加强金融工具的透明度和问责制。消除监管漏洞,加强对衍生品场外交易、资产证券化、对冲基金、抵押贷款商以及日贷款商的监管。提案建议资产规模在1亿美元以上的对冲基金要向美国证券交易委员会(SEC)登记,开放其账目以便接受更为详尽的审查。与此同时,也在考虑将风险投资基金、私募基金甚至离岸基金等纳入监管范围。

(4)高管薪酬和公司治理。股东定期审议公司高管的薪酬并拥有否决权。增加评级机构的透明度并要求其承担相应的责任。

(5)强制对公司账面的监管。赋予监管者更多的权力,鼓励其更严格更主动地监管和审查那些损害市场和侵害消费者利益的行为,诸如金融欺诈、利益冲突和投机操控。

另外,由前美联储主席、奥巴马的经济顾问保罗·沃克尔(Paul Volcker)提出的《沃克尔规则》(Volcker Rules),要求禁止银行从事高风险交易、利用其自有账户进行自营业务和与客户需求无关的业务,限制商业银行从事私募股权或对冲基金业务。

系统性风险的有效治理和监管需要新的理念和框架、更有效的工具以及具有综合功能的监管组织。《多德—弗兰克法案》的精髓,以四个方面集中地体现了在宏观审慎监管方面可操作性的措施:进行监管机构和监管功能重组,具体体现在成立金融稳定监督委员会;对系统重要性机构的特殊监管;对衍生工具交易市场的治理;以及沃尔克法则的通过。

　　成立金融稳定监督委员会(Financial Stability Oversight Council,FSOC)是在系统性风险治理方面最突出的一项改革,在组织上提供了统一监管的可能性。金融危机之前没有任何一个监管部门收集与系统性风险相关的数据信息,不存在预测、评估、应对以及治理系统性风险的方法。由于历史原因,美国的金融业是高度分业监管的,属于典型的“双线多头”监管模式,联邦政府和州政府都拥有对金融机构的监管权。很多监管职能分散于多个机构,不能及时有效地协调,甚至相互冲突。成立综合性的金融稳定监督委员会,可以协调监管争论、加强监管合作和行业间的透明度,便于在更高层次识别和监控系统性风险。

　　金融稳定监督委员会由 10 名投票成员和 5 名列席成员组成。10 名投票成员中的 9个席位由联邦金融监管机构的领导者担任。主席由财政部长担任,成员包括美联储(FED)主席、证券交易委员会(SEC)主席、商品期货交易委员会(CFTC)主席、国家银行监管局(NBS)局长、联邦存款保险公司(FDIC)主席、货币监理署(OCC)署长、联邦住房金融局(FHFA)局长、国家信用社管理局(NCUA)局长、消费金融保护署(CFPA)署长,以及新成立的消费者金融保护局(CFPB)局长,另一独立成员席位由总统任命的保险行业专家担任。5 名列席成员包括:新成立的金融研究所(OFR)主任、联邦保险办公室(FIO)主任、各州保险委员会选出的州保险监管专员代表、各州银行监管机构选出的州银行监管者代表以及各州证券监管机构选派的证券监管委员。金融稳定监督委员会的三个主要职责是:(1)防范和识别系统性金融风险,认定可能对金融体系构成威胁的大型综合性金融机构;(2)防止系统重要性金融公司的债务和股权投资损失使用纳税人的税款;(3)识别金融体系的系统性风险,应对对经济稳定性造成新兴威胁的潜在危机。该委员会进行金融监管协调,以改变现有监管模式的效率和有效性问题,补充并加强了美联储的作用。根据《多德—弗兰克法案》新成立的金融研究所(Office of Financial Research)直接为金融稳定监督委员会支持。该研究所由经济学家、律师、资深监管者和其他相关行业的精英组成,专司收集财务数据,分析研究金融和经济的状况。一旦识别出新的风险和威胁,将公开这些信息,并且每年向国会做定期报告。

　　《多德—弗兰克法案》在治理系统性风险的第二个突出方面,是将具有系统重要性的金融机构施以更加严格的监管。识别金融机构是否具有系统重要性的一个基本标杆是500 亿美元的资产门槛,并建议考虑以下特征:机构的资产负债规模;机构在特定金融市场上的影响力和集中度;机构向特殊主体(例如住房贷款者、公司、低收入者、弱势群体等)提供的信贷。在法案颁布之后,国际清算银行在 2011 年 11 月发布了基于指标的评估方法,成为规范性的识别系统重要性机构的方法(第 5 章已有详细介绍)。法案还建议所有具有系统重要性的、相互关联的大型金融服务企业都标识为一级重要的金融持股公司,不仅包括银行,还包括对冲基金、私募基金、保险和经销商等非银行金融机构。另外,法案还规定对具有系统重要性的支付、清算和结算的金融机构所进行的活动进行监管。

一旦被金融稳定监督委员会认定为系统重要性机构,则将面临更加广泛和严格的监管,主要包括:更高的准备金;更充足的流动性;更低的杠杆;严格限制短期负债;必须订立恢复与处置计划,即"生前遗嘱"(living wills)和破产清算方案(resolution plans);严格限制其规模扩张和业务集中度;提存应急准备金。法案提议为"大而不倒"的机构设立专门的救助基金,建议事先由最大规模的各家机构出资成立救助基金,规模至少 500 亿美元,用于支付个别机构陷入困境时的救助费用或清算拆分的费用。

对不能避免的机构破产,要试图尽可能地降低对其他机构、市场以及金融系统的破坏。建议由联邦存款保险公司(FDIC)建立一个"有序的清算程序",对陷入困境的大型金融公司进行接手和拆分。通过要求系统重要性机构在运行良好时就建立恢复与处置计划和破产清算方案,就可以在出现破产危机时迅速地拆分业务、清偿债务。如果金融稳定监督委员会三分之二的成员认为提前解散某家金融机构有利于金融体系的稳定,则其有权在进入破产程序之前强制接管或解散相应的机构,这将避免用纳税人的资金来救助即将失败的金融公司。

系统重要性机构一旦出现问题,对经济和金融系统造成的威胁通常非常大,由之也会带来"大而不倒"的道德风险。治理其最直接和实用的办法就是控制金融机构的规模,限制其变得过大。另外监管者还要控制行业的集中度,对一定规模的金融公司间的并购重组实行监管,必要时可以直接否决。

《多德—弗兰克法案》在治理系统性风险的第三个方面主要体现在对金融衍生品和场外交易市场的治理。2007 年次贷危机使得资产证券化以及建立在证券化之上的复杂金融衍生品的大规模交易成为备受指责的对象。法案要求建立金融衍生品的交易和结算中心,加强对证券化市场(主要是资产支持证券 ABS)、场外交易市场以及具有系统重要性的支付、清算和结算体系的全面监管。通过集中交易和标准规范化的合约来降低交易对手风险,对从事衍生品交易的公司实施特别的资本比例、保证金、交易记录和职业操守等监管要求。为防止银行机构通过证券化产品转移风险,要求发行人必须将至少 5% 的风险资产保留在其资产负债表上。

同时,《多德—弗兰克法案》也在微观审慎监管方面,强调对空白地带的监管。我们根据对监管和评级机构、金融机构、产品和基础设施分别列出监管的一些主要规则,见表 10.1。在微观审慎监管方面,各监管机构对应的管理职责,见表 10.2。

表 10.1　针对监管和评级机构的规则

分类	规则名称	目的	主要措施
针对监管和评级机构	监控系统性风险	授权 FSOC 负责对整个金融体系的系统性风险进行监控和预报	FSOC 发布年报告并由金融研究所(OFR)协助,设置数据收集标准并分析风险
	大型金融公司的监管	首次提出实行综合监管并提高宏观审慎标准	对"系统重要性"的非银行金融机构,大型、相互关联的金融公司和银行控股集团实行综合监管
	消费者金融保护局	保护消费者,监察非银行的金融服务提供商	将分布在 7 个联邦机构中的监管机构合并为一个,负责保护消费者各方面的事宜
	信用评级	授权 SEC 监管评级机构	限制政府对信用评级的依赖,减少利益冲突,增加透明度
	投资者保护	提高对投资者的保障	规定了新的法定机构,对投资顾问及经纪交易商制定更强硬和一致的标准
针对金融机构	限制活动和规模	控制个体规模和行业集中减少系统性风险	控制大机构并购快速成长。禁止银行股本从事自营交易或投资对冲基金和私募基金
	商业银行的监管	控制商业银行风险	逆周期资本充足率,规模限制
	对冲基金顾问需注册	监督对冲基金和私募基金的活动	大型对冲基金顾问须在 SEC 注册
	上市公司风险委员会	监督指导机构风险行为	成立风险委员会,至少美联储一名委员参与
	有序清算计划和职权	减少公司在极端情况下的复杂性	明确公司债券结构和索偿顺序,FDIC 有权制定规则和政策,拆分不合格公司,落实有序清算
	公司治理和高管薪酬	约束高管的行为	SEC 全责实施和强化公司治理问责制和高管薪酬透明度
	压力测试	极端风险识别控制	美联储和具有系统重要性的公司每年做压力测试
针对金融产品和基础设施	衍生工具改革	限制金融衍生工具带来的风险,加强对证券的监管,完善市场功能	SEC 和 CFTC 直接监管场外衍生工具市场,一年内制定规则,调整经销商和市场参与者的保证金设置;确保交易清晰透明,规范商业行为和持仓限额
	资产证券化	对资产证券化实行新的审慎性监管	资产证券化发起商要持有固定比例的该证券
	金融基础设施、支付、清算和结算系统	减少金融市场基础设施的风险暴露和传播	监督 FMUs(系统重要性的金融市场基础设施和支付、清算和结算系统)

表 10.2　美国对金融机构和产品的微观监管新框架

机构/产品	监管机构
资产 ≤ 50 亿美元的州银行/储蓄机构	FDIC
资产 ≤ 50 亿美元的国有银行/储蓄机构	OCC
所有其他银行/储蓄机构/银行金融控股公司	FED
信用合作社	NCUA/州监管机构
保险公司	FIO/州监管机构
具有系统重要性的金融活动(支付、清算和结算)	FED
资产支持证券	SEC/联邦银行机构
衍生品	SEC/CFTC
经纪公司	SIPC

10.2.2 《沃尔克规则》的通过

《沃尔克规则》(Volcker Rule)是《多德—弗兰克法案》的一部分,其名称起源于前美联储主席保罗·沃尔克(Paul Volcker)。沃尔克于1979年至1987年担任美联储主席,是对美国和世界经济影响巨大的人物之一。上世纪70—80年代,沃尔克成功地制服了美国高达两位数的通货膨胀,创造了"沃尔克奇迹"。2009年,他应奥巴马总统之请再度出山,担任美国经济复苏顾问委员会主席。自1963年以来半个多世纪的时间里,他被美国六位总统委以重任。

《沃尔克规则》作为2010年通过的《多德—弗兰克法案》近400项规则中的一项,一直是金融改革中争议最大的标志性法规之一,也是华尔街巨头和监管部门之间博弈的关键战场。在过去近四年中,它经受住了参与拟定该法规的五家监管机构间的内讧、银行方面的游说以及试图加强这一法规的银行业批评者的压力,终于在2013年12月11日获得美联储(FED)、联邦存款保险公司(FDIC)、证券交易委员会(SEC)、商品期货交易委员会(CFTC)和货币监理署(OCC)五家联邦金融监管机构投票批准。这对于抑制市场的过度投机行为,修复危机后的市场信心,重建大众对银行体系的信任十分重要。它标志着华尔街目前最赚钱的业务将进入更加严苛的监管时代,保护纳税人不会再遭到"大而不倒"金融机构的绑架。

《沃尔克规则》的核心内容包括:

第一,"禁止自营交易"——禁止被美国联邦存款保险公司担保的银行及其附属机构从事自营交易(proprietary trading)。自营交易是指银行利用自有资金和融入资金直接参与证券市场交易,以盈利为目的。但代理客户买卖证券的做市交易(market-making)和风险对冲交易可得到豁免。最终规则允许银行用政府发放的债券进行自营交易,以及美国银行的海外分支机构用外国政府发放的债券进行交易。

第二,"限制银行混业"——禁止银行拥有或资助私募基金和对冲基金,要求银行在传统借贷业务与高杠杆、对冲、私募等高风险投资活动之间划出明确界线,设置防火墙,不得持有此类机构超过3%的股权(允许一些例外情况,包括特定的合资企业)。

第三,"CEO负责合规"——要求银行机构设立确保遵守《沃尔克规则》的内部合规计划,并向监管机构提交相关计划和报告重大交易活动情况,CEO必须负全责。

自营交易被禁止的原因主要有两个,首先,自营交易使用的是银行机构的自有资金和融入资金,用于买卖股票、债券、期货期权和其他衍生品达到逐利的目的。一旦失败,损失首先侵蚀的就是银行的股本,这使得银行极易陷入破产困境。其次,自营交易有可能使得银行处于和其代理客户的利益相冲突的境地,比如次贷危机中就有银行从自营交易账户出售金融产品,同时用客户的账户作为交易对手买入这些产品。

　　为了区分监管所允许的"做市操作"(market-making),而非自营交易,《沃克尔规则》要求银行提供有关代表客户购买金融产品的"客户需求分析报告",旨在制止银行以"做市操作"来掩饰其以盈利为目的的赌博投注。另外,为了分清逐利交易与组合对冲风险之间的区别,如针对 2012 年给摩根大通(JPMorgan Chase)带来 60 亿美元交易亏损的那类风险操作,《沃克尔规则》的最终版本要求银行提交分析报告指明对冲风险的相关性和关联性,并需要部署"独立的测试",以确保可能用于对冲的仓位、技术和策略按照合理预期是可以卓有成效地降低风险的,并且相关风险必须是"具体而显而易见的",而不是假设的、宽泛的。

　　自营交易是华尔街各大金融机构利润最丰厚的活动,同时也是风险最高的。据彭博社数据显示,截至 2013 年第三季度末,美国各大银行自营业务收入占比中,高盛以占其总收入 44% 的比例排名榜首;其次是摩根士丹利,占比为 32%;花旗和摩根大通并列第三,均占比 20%;排在其后的是美国银行,占比仅为 14%;富国银行则占比最少,仅为 2%。这意味着,高盛等大量依靠自营业务的银行如果按照《沃尔克规则》减其自营业务,其收入将会缩水近一半。标准普尔估计,由于收入降低与合规成本增加,该规则的强制实施,将让美国最人的八家银行每年税前盈利合计减少可达 100 亿美元。

　　美联储计划将该规则只用于监督大型银行控股公司,而不用于监督那些资产低于 10 亿美元的"社区银行"。原定于 2014 年 4 月 1 日生效,但美联储已经将适应期延长至 2015 年 7 月 21 日。从 2014 年 6 月 30 日开始,持有超过 500 亿美元合并交易资产和负债的银行实体将被要求上报量化指标。持有多于 250 亿美元,但少于 500 亿美元合并交易资产和负债的银行实体将要在 2016 年 4 月 30 日开始执行这个要求。持有多于 100 亿美元,但少于 250 亿美元合并交易资产和负债的银行实体将要在 2016 年 12 月 31 日开始执行这个要求。

　　毫无疑问,《沃尔克规则》的初衷和原则,是通过大力削弱银行内部的投机性交易活动并从根本上抑制高风险、纯逐利的商业欲望,减小可能引发金融危机的系统性风险。规则自 2010 年 1 月公开以来,饱受争议,SEC 共收到 1.8 万份评论,在反复斟酌、多次修改以及各种讨价还价后,最终草案长达 953 页,试图用足够严密的措辞,来定义和区分自营交易与代客户交易以及逐利交易与对冲风险的区别,确实是一个高度复杂而且繁重的法规。

　　监管者认为,《沃尔克规则》的通过是一个重要的里程碑。但仍有很多观察人士不满意,各种意见纷纭而至。反对者称,金融危机并不是由自营交易导致的,控制自营交易只会不必要地剥夺美国银行业的一个利润来源,一些理应能降低风险的套期保值交易也将受到限制,让它们在国际上处于不利地位,并最终抑制合法的银行业活动。但另一些人则持相反的意见,认为监管机构作出了足够多的让步,以至于这些规定几乎不会造成什么影响。还有的人指出规则有漏洞,投资银行仍可以绕道而行。

纵观几年来,监管机构为《沃尔克规则》几经周折的争论过程和银行业耗费巨资的游说努力,笔者深有感触:监管法规与被监管者玩的始终是一个猫捉老鼠的游戏。在利润低迷时,银行和金融机构总要寻找各种方式进行监管套利,旧的方式不能谋利了,一定会尝试寻找新的途径。金融监管法案总是在一定历史条件下各方利益平衡的产物。在这个意义上,法规永远都是被动和有限的,制定一部完满的、可行的金融监管法案几乎是不可能的。面对当今金融操作层面的复杂性,监管方要清晰地规定什么能做什么不能做,是一项非常困难的任务,《沃尔克规则》细致到繁杂的程度就可见一斑。尽管如此,仍然有漏洞。由于目前不大可能恢复《格拉斯—斯蒂格尔法案》(Glass-Steagall)所倡议的彻底将银行业务与证券业务分离开来的做法,《沃尔克规则》成了一个近似替代品,禁止商业银行参与高风险的活动,引导银行回归传统业务,集中于贷款给企业和消费者,帮助客户管理风险,全心全意服务于实体经济,回归银行的基本功能,使金融系统更安全、更稳健。按沃尔克的原话——目前是应当让银行业变得沉闷无趣的时候了。回顾 1933 年到上世纪 60 年代期间,银行业在严格的监管下,认真地操持存贷的基本业务,是显得有些沉闷无趣。也许,银行为经济提供的基本服务,就应当是无趣的。

10.2.3 《多德—弗兰克法案》的缺陷

虽然《多德—弗兰克法案》具有很多良好的改革尝试,并很有可能成为国际混业经营监管的统一标准,但我们看到,它依然存在着诸多问题,受到行业和学界很多的批评,是否能够很好地解决导致 2007 年金融危机的根源问题依然是一个未知数。下面我们就该法案的一些缺陷进行扼要地分析概括。

(1)道德风险。法案没有讨论普遍存在的政府担保的错误定价问题。政府担保的任意性,导致了金融机构市场纪律的缺失,引发过度的冒险行为。此种担保已成为多年以来的一个老问题,政府赞助型企业(GSE)就是其中最典型的例子。房地美和房利美在 2008 年持有全美抵押贷款一半以上以及几乎所有的次级贷款,2008 年被美国联邦住房金融管理局接管,并采取了一系列对房地美和房利美的救助计划。这两家政府赞助型企业应当对危机负相当大的责任,但在法案中没有提到如何处理,也没有对其追究责任或采取任何行动终止或改善它们的功能。这为将来留下道德风险的隐患,让人怀疑该法案是否能实质性地解决"大而不倒"的问题。

(2)缺乏对影子银行的有效监管。2007 年金融危机爆发的一个重要原因是,众多金融机构都在涉足高风险、高杠杆的影子银行业务,从而利用在这一领域的监管空白进行监管套利活动。该法案没有制定一致的规则，针对影子银行业务进行监管，为监管实践制造了麻烦并预留了隐患。另外，对于一些拥有巨大资金流的系统重要性金融市场，该法案设定的监管规则依然有很大的缺位。

（3）美联储权力过于集中。法案赋予美联储对消费者保护和系统性风险防范的职责，集央行和监管者角色于一身。鉴于美联储的权力及其对市场的影响力如此之大，如何保持货币政策的独立性，如何作为货币政策的制定者和执行者，同时胜任对系统性风险的监控，协调货币政策和监管政策的关系，将是美联储面临的难题。如果美联储决策失误，金融体系何以能够避免重蹈覆辙呢？采取有效的外部约束以保证其决策的正确显得十分必要。因而，有建议提出赋予美国政府审计局（GAO）权力来审计美联储的货币政策和其他业务。

（4）有可能降低美国金融业的竞争力。美国在全球金融系统中的影响力最大，该法案虽然在全球其他的国家或地区没有任何的法律效力，目前也不是全球金融监管的统一标准，但是该法案的出台已对全球金融监管的实践产生影响，并有可能成为标杆性的框架基础。但美国的金融业首先面临相对更加严厉的监管，这有可能迫使现存的诸多机构将金融业务和相关资产转移到国外，达到规避监管的目的，可能会造成美国金融机构盈利能力下降、市场活力减退，国际竞争力受到削弱。在 2013 年 12 月 11 日，《沃尔克规则》通过之后，美国财长雅各布·卢表示，如果国际监管机构不能对全球银行持同样的高标准，美国旨在终结银行"大到不倒"的金融改革将会功亏一篑，他还表示"将敦促包括欧洲和亚洲在内的其他司法管辖区出台与我们相称的严格标准"。但对《沃尔克规则》的实行，英国和欧洲央行表示没有引入的必要，笔者认为该规则将不大可能成为国际性的标准。

（5）没有选择进行大规模的结构改革。与流行的期望相反，金融监管部门在很大程度上保留了现有的监管架构——"双线多头"的基本特征没有改变，监管机构众多、监管层次复杂的状况并没有在结构上得到改变，国会反对大规模的结构改革。混业经营和分业监管之间的矛盾，多部门联合监管的协调，在操作层面上面临众多挑战。

（6）法案的实施还存在不确定性。在全球经济依然存在不确定性的背景下，该法案的完全实施还需要制定大量的配套制度。"监管竞争"的情况继续存在，新机构的整合和实际运行效果也都有待于实践的检验。另外，反对派人士一直在严厉抨击该法案运行中暴露出来的缺陷。他们提出了超过 50 个议案以及无数的修正案要求拖延法案。而国会中的共和党人也反对这些改革，他们在金融行业游说团体的支持下，猛烈批评该法案因为少数银行的过错而惩罚整个银行业，竭尽全力试图拖延和废除这些新监管规定。凡此种种，都预示着美国未来金融监管改革之路依然艰难。

下面的一节我们可以看到，至今为止该法案的执行进度是缓慢的，对法案的全面实施还要经历一个修正、博弈和平衡的过程。

10.2.4 《多德—弗兰克法案》的实施进度

《多德—弗兰克法案》中要求美国联邦监管机构制定398条具体改革规则以保证该法案的顺利实施。其中50.1%的规则已经得到执行,对金融生态和运行模式产生了重要的影响。这些取得进步的方面主要体现在消费者权益保护、监管范围、资本要求、清偿体系和管理层薪酬五个方面。然而,令人感到遗憾的是,这些规则的实施进度在法案公布之后的三年多时间里是相当缓慢的。

截止到2014年2月3日,398条改革规则中完全执行的只有201条,占总数的50.1%;已经计划将要实施的规则有87条,占总数的21%;依然没有具体实施计划的规则有110条之多,占总数的27.6%(DavisPolk,2014)。

另外,398条规则中有280条已经超过了最后执行日期,占总数的70.4%。在这280条规则当中,有132条没有得到执行,占比为47.1%;其余148条已执行完毕,占比为52.9%。这就是说在改革规则的实施过程中存在着大量的延迟现象。具体来说,可将所有改革规则涉及的内容分成如表10.3所示的几类,表中列明了它们的实施进度。

表 10.3 《多德—弗兰克法案》改革执行的进程

规　　　则	总　　数	已完成数	已完成百分比
资产支持证券的供给	14	2	14.29%
银行监管	44	40	90.91%
资本要求	6	6	100.00%
消费者保护	63	31	49.21%
信用评级机构	22	8	36.36%
衍生品	90	49	54.44%
高管薪酬和公司治理	14	3	21.43%
抵押品改革	49	17	34.69%
大金融机构破产时的有序清算	21	6	28.57%
投资顾问和私募基金	7	7	100.00%
投资者保护和证券法律	11	8	72.73%
系统性风险	28	10	35.71%

从表中可以看出,除了有关于资本要求、投资顾问和私募基金的改革规则已经得到完全执行,以及银行监管完成90%以上外,其他规则都没有得到很好的执行;甚至大多数的规则只执行了不到一半。在未得到完全执行的规则中,只有关于衍生品以及投资者保护和证券法律方面的规则,执行进度超过了50%。

为什么如此彻底的金融监管改革法案在其颁布之后的三年中付诸实施的进度如此缓慢?我们认为最重要的原因就是金融行业反对派在美国政府中的游说起到了明显的效果,另外立法和法律执行方面的争斗以及来自国会层面的阻力都是该问题的原因。不少机构,特别是金融行业的代表,声称执行该法案改革的积累效应会对美国的经济发展和金融业的竞争力造成负面的影响。因此,不少的规则是否最终能够执行,还有待观察。最具争议性的《沃尔克规则》在 2010 年初被提出后,原计划在 2012 年 7 月施行,因为有各种争议,直到 2013 年 12 月 10 才最终通过。金融业代表在和监管者举行的 253 次华盛顿讨论会议中有 85％都是在对该规则进行各种挑战。

显然,政府监管机构为了推进该法案的实施不会坐以待毙。2013 年 10 月,奥巴马召集了各家金融监管机构进行讨论,议题就是采取措施强制执行该法案中未被执行的那些规则,以防止整个执行进程无限期地拖延下去。

该法案的执行不可能一蹴而就,其中的相关改革规则也处于不断完善的过程中。未来的路还很长,监管者与被监管者双方在相互博弈的过程中都会成长,相信该法案中暂未被执行的规则会得到逐步的执行。

● 10.3　二十国集团、英国和欧洲的新举措

如前面第 10.1 节讨论的,各国出于各自金融业发展阶段的差异,可能采用不同的监管模式,比如,英国和美国一样主张金融自由化,德国和法国等欧洲国家则主张对金融进行相对严格的监管,在危机爆发时,英、美和其他欧洲地区的监管系统是不同的。本次金融危机之后,这些国家都出现了关于新监管结构和框架的一系列提案。除了以上讨论过的美国《多德—弗兰克法案》之外,在全球层面(通过二十国集团流程)、欧盟和英国都有重要的改革法案和措施出现。下面概述地介绍一些重大的进展。

10.3.1　金融稳定理事会(FSB)

金融稳定理事会(Financial Stability Board,简称 FSB)的前身为金融稳定论坛(Financial Stability Forum),是七国集团于 1999 年为促进金融体系稳定而成立的合作组织,后来在 2009 年 4 月二十国集团伦敦峰会宣言正式改为金融稳定理事会。成员包括二十国集团成员国和相关经济体及有关国际组织,是二十国集团领导人倚重和国际公认的推动全球金融标准制定与执行的核心机构,主要任务是制定和实施促进金融稳定的监管政策和其他政策,我国于 2009 年 5 月加入 FSB。这是一个在全球层面的改革。

FSB 在保障金融稳定性方面的主要作用在于:(1)国际协调,主要是对各国金融管理当局和国际标准制定组织间的协调;(2)发展和提升,主要是对监管的有效性和其他财政部门的政策实施进行发展和提升。FSB 将 24 个国家和地区、跨国金融机构、某些行业的

国际监管组织和央行委员会的专家们团结在一起,共同对金融稳定担负责任,包括维持金融行业的公开和透明、实施国际金融标准、同意开展定期的同行评估、运用国际货币基金组织/世界银行公开的金融行业评估计划报告等证据性材料。FSB 主席由意大利央行行长马里奥·德拉吉担任,秘书处位于瑞士巴塞尔,由国际清算银行负责。近几年来,在对系统性风险和金融监管改革方面发布了一些重要的报告,例如,《金融稳定理事会稳健薪酬做法原则实施标准》、《改进金融监管报告》等。理事会及其成员推出一整套基于清晰的原则和执行时间表的金融改革计划,以确保如此大规模的危机不再发生。

10.3.2 英国的监管改革

次贷危机以及随后的欧债危机对英国冲击很大,随着美国《多德—弗兰克法案》的出台,英国也开始改革自己的金融监管系统,把系统性风险作为核心的环节纳入金融监管改革的设计中。英国进行了以下几项相关联的改革:(1)撤销原来的金融服务管理局;(2)把新的金融监管职能拆分为三大部分,并且由不同的监管机构负责:在英格兰银行之下成立金融政策委员会,负责宏观审慎监管,实质是加强原来英格兰银行稳定金融的功能;该委员会将监督并解决可能威胁整个金融体系稳定的系统性或总体风险,改善监管部门间的协调。该委员会由 11 名成员组成:英格兰银行行长担任主席,其他成员包括英格兰银行负责货币政策和金融稳定性的副行长、负责市场和金融稳定性的执行理事、金融行为监管局局长、4 名外部成员以及英国财政部的 1 名代表。金融政策委员会每年将会晤至少 4 次,还将定期(每 6 个月)发布《金融稳定报告》,对金融部门前景进行评估并对其识别出的系统性风险、缺陷性及潜在失衡进行概述。

另外在微观审慎监管方面,成立审慎监管局,负责对金融机构的具体监管;成立金融行为监管局,负责消费者保护。这样,英国新的金融监管体系就很清楚了,兼顾宏观和微观,其中审慎监管局和金融行为监管局在金融政策委员会的指导下进行金融监管,如图 10.3 所示。

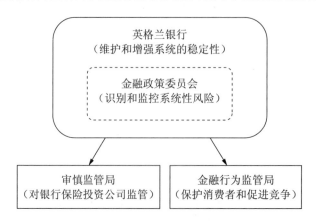

图 10.3 改革后英国金融监管新框架

可以看到英国实际上是重构了其金融监管系统,核心是加强了对系统性风险的监管。此处金融监管改革具有以下几个明显的特点:首先,对系统性风险在宏观审慎层面的监管显著加强,如果说在次贷危机之前英国金融监管存在于宏观审慎监管相对应的部分,那其实就是英格兰银行负责的稳定金融功能,但是没有强制性,只是一些技能建议。新的金融政策委员会权力被大幅度地加强,具有很高的统筹监管的权力,并对其他两个监管机构进行指导。另外,金融行为监管局显著增强了对消费者的保护。历史上的每一次危机,金融产品的最终持有者都是受害者,比如次贷危机中遍布全世界的衍生品购买者,这其中既有企业也有个人,对它们的保护也在新的监管体系中成为重要的一环。改革之后,英国在微观方面采用双峰金融监管体制(twin-peaks approach),将审慎监管与金融行为监管分离开来。

10.3.3　欧洲的新举措

在欧盟国家,危机凸显了其监管框架的脆弱之处:虽然欧盟在不断努力建立欧洲单一市场,但监管框架仍然处于各国各自为政状态,金融危机充分暴露出了欧盟金融监管中的条块分割弊端。2007 年的《金融工具市场指令》(MiFID)等欧盟金融法案增强了欧盟范围内的跨境监管合作,但鉴于金融危机期间的经历,这一合作看来是不足的。

在 2009 年末到 2010 年期间,欧盟委员会提议通过立法来应对已经认识到的金融监管框架脆弱之处。这项立法采纳了法国前财长拉罗西埃尔领导的委员会在 2009 年初的报告中提议的一系列法案,由欧洲议会于 2010 年 9 月 22 日审议通过,主要是为了适应金融市场和金融交易日益跨越国界的现实需要。

欧盟金融监管改革措施包括如下两大内容:

(1) 设立欧洲系统性风险委员会(European Systematic Risk Board,ESRB),该委员会由欧洲中央银行行长、副行长和欧盟成员国中央银行行长组成,主席一职前五年暂由欧洲央行行长兼任,现任英国央行行长默文・金(Mervyn King)则当选首任副主席。该委员会主要负责宏观金融的审慎监管,监控宏观系统性风险。但是欧洲系统性风险管理委员会只是一个协商机构,其主要职能是负责监测和评估欧盟金融市场上可能出现的宏观风险,并及时发出预警,以及建议相关行动来快速应对这些风险。

(2) 建立欧洲金融监管体系(European System of Finance Supervisors,ESFS),负责微观审慎监管,监督金融系统的经营和交易活动。建立金融行业的泛欧监管机构是一个重大突破,包含了覆盖欧盟的银行业、保险业和金融市场的三个监管机构,即欧洲银行业监督局(European Bank Authority,EBA)、欧洲证券业与市场监督局(European Securities and Markets Authority,ESMA)与欧洲保险业与职业养老金监督局(European

Insurance and Occupational Pensions Authority，EIOPA）。银行业的监管在伦敦，证券业与市场交易监管在巴黎，保险业监管在法兰克福，新设的这"三局"，从 2011 年 1 月 1 起正式履行职责，被认为是欧洲率先在全球设置的"超级监管机构"，其权力将超越于单个国家，有权驳回或否决各国监督机构的决定。"三局"最主要的仍是负责全局的统筹和协调，防止跨国金融机构利用不同国家的监管差异进行不当甚至不合法的经济活动。但总体上，"三局"不会跟现有的各国监督机构竞争，对金融机构的日常监督工作还是交给各国监督机构，比如银行的按揭产品是否合规、证券市场上的交易是否规范、保险公司和养老基金的投资是否越界等等。英国已经和欧盟成员国达成了协议，协议将可能会限制欧盟对伦敦监管其自身金融市场交易的影响力。图 10.4 体现了新型的泛欧体系监管改革的框架——"一会三局"。

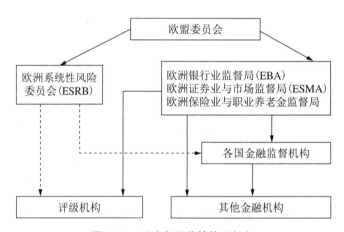

图 10.4　泛欧金融监管体系框架

欧盟这一全新金融监管体系具有开创性意义。长期以来，以德国为代表的欧洲大陆国家一直强调要加强金融监管，但因美国的反对和英国的抵制而始终未能展开讨论。金融危机爆发之后，包括英美在内的世界各国重新审视金融系统性风险监管的必要性，它们纷纷对之前的过度自由化进行矫正，这就使得欧洲大陆国家重视金融市场稳定、强化监管的理念得以付诸实践。对于欧盟成员国来说，新监管体系的确立是欧洲经济一体化进程的一个里程碑，标志着成员国部分金融监管权限开始向欧盟转移，各成员国在此领域长期难以协调的局面开始发生实质性转变。而对于世界各国而言，欧盟的这一新体系也为不同国家金融监管机构的合作开创了先例。

10.3.4　美英欧日监管改革的共性

尽管美国、英国、欧盟和日本各国在 2007 年危机之前的金融监管模式各不相同，但是在危机爆发后五年时间里,它们都进行了重大改革。如上面章节的叙述,这些改革的提案在经历了国际、国内不同政治势力与利益群体的多轮博弈后,已经形成了主要发达经济体的金融监管改革的法规,尽管各国在具体制度安排和监管框架上有一定区别,但它们之间的共同点反映了未来一段时期国际金融监管改革的主要趋势,这些共同点大体包括三个方面:

第一个方面是试图用宏观审慎监管的职能来监管系统性风险,为此新建立了超级高层监管的协调组织,由跨行业(甚至跨国)的高级监管者组成(美国:金融稳定监督委员会;英国:金融政策委员会;欧洲:欧洲系统性风险委员会;日本:金融系统管理委员会,详情见表 10.4)。这些宏观监管机构主要负责本国或地区乃至跨国之间金融业务的宏观审慎监管,促进金融监管政策与法律法规之间的协调,负责识别、防范与处置系统性金融风险,统筹协调跨行业和跨部门的监管合作,增加履行职责的透明度。第二个方面是加强中央银行在金融监管中的作用,将银行监管体系重新纳入央行,包括金融消费者的利益保护职能(美国)。扩大央行的监管权力,有综合化和集约化的意象,强化监管政策和货币政策、财政政策的宏观协调配合。第三个方面是强调危机监管的国际合作,实行国际标准和跨境合作。

表 10.4　美、英、欧、日在对系统性风险监管方面的组织架构改革

	美　国	英　国	欧　盟	日　本
名　称	金融稳定监管委员会(FSOC)	金融政策委员会(FRC)	欧洲系统性风险委员会(ESRB)	金融系统管理委员会(FSMC)
牵头者	财政部	英格兰银行	欧洲央行	内阁
成员	财政部部长(主席) 美联储主席 消费者保护局局长 货币监理署署长 证监会主席 存款保险公司主席 商品期货交易委员会主席 联邦住房金融局局长 储蓄信贷监管机构负责人 独立的保险业专家 金融研究所负责人 联邦保险办公室负责人 银行、证券、保险州监管机构的 3 名协调员	央行行长(主席) 3 名央行高级管理人员 审慎监管局 CEO 金融行为监管局 CEO 4 名外部成员 1 名来自财政部的代表	欧洲央行行长(主席) 各成员国央行行长 1 名来自欧盟的代表 3 名欧洲监管机构的主席 2 名下设委员会主席	首相(主席) 内阁秘书长 金融管理大臣 财政大臣 日本金管局主席 央行行长

10.4　对中国金融监管改革的思考

我们在第 7 章分析了中国目前金融和经济体系中最可能引发系统性风险的七个方面,这些问题对应着未来金融监管改革的重点领域,也是保障金融创新并服务于实体经济

职能的关键节点。

10.4.1 中国金融监管现状和潜在问题

中国金融监管体制的建设大体分为两个阶段:第一阶段是从 1949 年到 1998 年之间由中国人民银行统一实施金融监管。我们都知道,在 1978 年推行改革开放政策之前,中国在严格的计划经济体制管理下,几乎没有金融市场,全国只有中国人民银行一家银行,它既从事信贷业务又实行金融监管的职能;1979 年 9 月,由中国人民银行管理的国家外汇管理局成立,主要负责对中国的外汇储备及外汇市场管理和监管。第二阶段是从 1998 年开始,资本市场随着 1990 年沪深交所的成立逐渐发展起来;商业银行在这一阶段诞生:从财政附属机构到政策性银行,再到商业银行;除了四大国有商业银行外,其他股份制商业银行也纷纷建立,外资银行开始进入中国,非银行金融机构迅速发展,其中保险公司和保险市场发展迅猛。在此形势下,对证券业和保险业的监管从中国人民银行统一监管中分离出来,分别由中国证券监督管理委员会和中国保险监督管理委员会负责,形成了由中国人民银行、证监会和保监会三家分业监管的格局。2003 年中国银行监督管理委员会正式组建,接管了中国人民银行的银行监管职能,由此中国正式确立了分业监管和"一行三会"的金融监管体制。中国人民银行主要负责宏观金融政策法规的制定,执行货币政策的职能,并负责管理货币的流通量,发挥在宏观调控和防范金融风险中的作用。银监会主要负责对商业银行的监管,推行了贷款分类制度,强化了对银行的资本充足率、风险分类、准备金管理和内部控制等方面的监管;证监会主要负责对证券市场及相关参与者的监管,建立了以提高上市公司和证券公司质量为核心的监管体系,包括上市公司收购管理办法、发行制度重大变革,交易所信息披露规章等;保监会主要负责对保险市场及其参与者的监管,建立了以偿付能力监管、市场行为监管和公司治理机构监管为三大支柱的现代保险监管体系框架。

"一行三会"的监管组织架构表明,除中央银行负责宏观调控外,其他几个监管机构都是集中于相应行业的微观层面。选择这种体制的基本特征是分业监管,好处是有利于提高监管的专业化水平和机构监管的效率。但近几年随着金融全球化、金融创新的迅猛发展,金融机构开展混业经营的现实使得分业监管体制显现出明显的不适性,本身很多问题也逐渐显露出来,加之金融危机之后,主要发达经济体国家都在进行深度的监管改革,中国的金融监管体制面临以下五个方面的挑战:

(1) 金融控股公司的现状——非规范化和复杂化。金融业混业经营的趋势已显露并发展,出现了各种形式实现混业经营的金融控股公司,如光大集团、中信集团、平安集团、中国人寿、人保集团等;政策性金融控股公司,如华融证券、信达证券等;产业融合型集团

（产业资本同时进入多个金融行业），如国家电网、中石油、宝钢等。金融控股公司下属机构交叉持股导致法人结构复杂化和非规范化，集团规模大和跨国经营导致内部管理部门层次复杂，涉及多种金融业务使经营复杂化。中国现有的法律制度无法很好地解决对金融控股公司或集团的监管问题，这些都会增加监管当局在对相关金融机构进行监管过程中的困难。同时，即使每个监管主体能够有效控制各自监管对象的风险，但由于不同监管主体之间信息交换不畅形成的信息阻塞，使得金融控股公司整体的风险状况仍然难以掌握，易于出现监管"真空"。

（2）金融混业经营的产品——种类繁多，发展迅猛，资产管理乱象。同时以市场、产品、服务等为方式的银证合作、银保合作和证保合作都在广泛开展。混合资本债、银证通、银行系保险等越来越多的金融产品和金融服务具有跨行业特征，各类金融机构相互合作，共用平台，在销售渠道上进行跨业经营，并且竞争同一性质的资产管理业务。我国逐步允许银行、证券、保险、信托、财务公司、租赁等行业跨行业投资控股，走上了分业经营下通过金融控股公司形式实现混业经营的间接道路。如银行投资设立基金公司，信托投资设立证券公司，证券公司也投资设立基金公司，保险公司直接投资资本市场等，由于缺乏固定、统一的监管法律和制度，使得确定哪个监管机构对创新金融产品进行监管变得越来越困难。跨行业和跨市场的交叉性金融业务隐藏着系统性风险和监管套利。

（3）影子银行的潜在风险——可能导致系统性风险。特别是与地方政府性债务及联系紧密的房地产行业，是影子银行重要的资金去向。一旦这两块区域出问题，就将导致影子银行流动性紧缺，立即会威胁到金融体系的稳定。我们在第 3 章对 2007 年金融危机演化和放大的充分条件之一——金融系统内在的脆弱性已做了深入的探讨，教训是极其深刻的，而金融系统的内在脆弱性与影子银行密切相关。第 7 章讨论到的有关中国潜在系统性风险的几个方面，特别是地方政府性债务问题，虽然乐观者认为，地方政府债务尽管余额大，但相对于中国庞大的 GDP 而言占比依然较小，并且很多债务对应的是有良好收益的项目和庞大的国有资产，风险仍可控。然而，一旦经济放缓，税收降低，房地产市场疲软，土地价格下降，那么政府的债务压力马上就会大幅提高。届时如果再动摇了投资者的信心，那么这一连串行为可能会引发资本市场的巨大动荡。

（4）金融机构缺乏市场化退出机制——银行严重依托政府的隐形担保。中国在金融领域的市场化改革步伐已不可逆转，这是中国融入国际经济社会主流的必然选择。美国《多德—弗兰克法案》很重要的一个部分，是关于对问题银行的清偿程序。虽然我国已经制定并实施了新的《破产法》、《公司法》等，它们都涉及了问题机构破产的内容，但是法律条文过于简单、粗糙和分散。至今关于银行或金融机构的破产条例仍未出台，所以缺乏统一协调、详细具体、可操作性强的法律规定。需要参照国际通行规则，结合中国实际，根据问题机构的现实状况,选择行政接管、重组、并购、撤销、关闭清算等多种退出方式。应建立市场退出问责制,追究有过错的高级管理人员的行政责任、民事责任和刑事责任,防范金融机构经营和市场退出中的道德风险。

(5)金融监管政策与法律法规之间的协调。2013年8月国务院正式批复同意建立金融监管协调部际联席会议制度,联席会议由人民银行牵头,成员单位包括银监会、证监会、保监会、外汇局,必要时可邀请发展改革委、财政部等有关部门参加。尽管这一联席会议机制可能会赋予多个部门宏观审慎监管职能(其中逆周期调节政策、流动性管理等职能由央行实施,系统重要性机构、产品的监管通过"三会"实施),但是否联席会议机制只是过渡形式,强制力和协调能力存疑,尚待观察。中国当前行政管理体制下的监管协调问题,关键是缺乏法律制度的约束。另外,中国地方金融管理部门监管法律依然空白,监管方式与手段落后,难以对众多的中小型金融机构与分散的地方性灰色市场实施有效监管。

10.4.2 近期金融监管发展趋势和建议

2007年金融危机带给世界各国的一个重大的教训是,单个金融机构或市场的良好运转并不足以保证整个金融系统的健康运转。随着金融的全球化,综合经营和跨国业务的推进,传统的以单个金融机构为对象的微观审慎监管体系在防范系统性金融风险方面作用十分有限,甚至有时还会增加系统性风险(Acharya,2009)。注重系统性风险的宏观审慎监管和强调机构个体风险的微观审慎监管是有效监管的两个方面,它们的有机结合和优化平衡是未来国际监管体系改进的趋势。

如笔者在第9章回顾的,由于历史进程和制度安排的不同,各国金融监管模式呈现不同形式。无论是以分业监管、功能监管、伞形监管,还是以统一监管为主要模式的国家,虽然对构建新的国际金融监管体系还存在各自的意见,但对于构建宏观审慎监管框架,用宏观的或系统的方式来补充和加强传统的、仅关注独立机构和市场健康的微观审慎监管,是治理和监管系统性风险必需的,已形成共识。本章前文表10.4列举了发达经济体金融监管改革中的组织框架。可以看到,设立专门的负责宏观审慎监管的协调部门或机构,是危机后主要发达经济体国家沿着修复缺陷方向的一个制度安排,也成为监管改革的一个共同点。当然,宏、微观两个方面具体职权的划分并没有唯一的正确方式或最佳设计和实践的框架,但更集中化的方法会帮助将宏观和微观监管职能的协调在最大范围内实现正式化(马尔科姆·艾迪,2013)。

宏观审慎监管的概念源于20世纪70年代末,由于意识到金融监管过分关注个体机构的安全从而忽视了保障整个金融系统稳定这一更为重要的目标,国际清算银行(BIS)提出了"宏观审慎"(macroprudential)的概念,以此概括一种关注防范系统性金融风险的监管理念。20 世纪 80 年代,宏观审慎监管的概念正式出现在 BIS 的报告中,后来直到 2000 年,时任国际清算银行总裁的安浩德(Andrew Crockett)指出宏观审慎监管是一种为了减少金融动荡产生的经济成本、确保金融稳定而将金融体系作为监管对象的理念,该概念才得到较为清晰的界定。而真正得到各国监管当局的重视,是在 2009 年 4 月,二十国伦敦峰会发布了《加强监管和提高透明度》报告,明确指出,作为微观审慎监管和市场一体化监管的重要补充,各国要加强宏观审慎监管。

宏观审慎监管的部分经济学基础在于"公共地悲剧"现象,与羊群效应、动物精神、信息理论和计算复杂性,以及激励机制安排等相关的市场有效性问题有关,即大多数人的个体理性的集合往往不能导向集团行动的最优。在危机初期个体金融机构倾向于保护自身的理性行动,可能会更快地将系统推向危机。笔者在第 8 章中讨论系统性风险监管的特殊困难中有过论述。

对宏观审慎监管和微观审慎监管的特点,国际清算银行的经济学家克劳迪奥·博里奥(Claudio Borio,2007)从监管对象、监管目的、风险性质以及监管手段等方面对它们进行了比较,其主要区别见表 10.5,宏观审慎监管主要关注整个体系的系统性风险,而微观审慎监管是监督个体机构和市场的风险。

表 10.5 宏观审慎监管与微观审慎监管的特点比较

		宏观审慎监管	微观审慎监管
监管目标	最终目标	金融体系稳定	保护投资者、储蓄者、股东
	中期目标	控制总风险和危机发生	控制单个机构的风险和损失
	操作目标	共同冲击、机构间、市场间联系,顺周期问题	信用风险、市场风险、流动性风险、操作风险
资产相关性和银行间相互持有头寸		重要	不重要
监管重点		整个体系的系统性风险	个别机构和市场的个体风险
控制方法		自上而下	自下而上
和宏观政策关系		直接相关	间接相关

由于维护金融体系稳定没有单一目标,宏观审慎监管将会是比中央银行的传统货币政策更加微妙和复杂的一项任务,显然每个国家都需要根据自己的情况和历史来调整制度性的安排。但从以上几章谈到的金融改革法案和政策中,特别是巴塞尔协议Ⅲ和美国《多德—弗兰克》法案中,我们可以总结出宏观审慎监管的主要工具和方法(Hanson et al,2011),大体上包括两大类:第一类是识别系统重要性金融机构并对其实施更为严格的监管。主要关注的是系统重要性机构和它们的关联部分。第二类是逆周期监管调控机制,即要求系统重要性机构在经济繁荣时期储备更高水平的资本,以便在经济萧条时期拥有

更大的缓冲余地,涉及四个层面:(1)提高资本充足率;(2)建立资本缓冲机制,包括资本留存缓冲和逆周期资本缓冲,平滑信贷周期和经济周期带来的波动;(3)增加杠杆率和流动性指标为辅助监管标准;(4)不定期地做压力测试,防范资本金的短缺。

面对金融市场广度和深度的增强,金融行业国际化和综合化经营的现实,以及以上对中国金融监管现状的分析,笔者认为,在系统性风险治理方面,中国金融行业一定要坚持金融为实体经济发展与转型服务的基本功能,不能独立、超越和背离实体经济。要支持和引导制造业、信息产业、服务业的结构优化和产品升级,建立为城镇化服务的战略思维,任何金融的创新必须造福于经济与社会。前面章节对欧美监管模式的分析表明,一旦金融监管体制结构成型,就比较难以改革。而中国的整体金融体系发展仍属早期,吸取发达经济体的经验教训,以史为鉴,及早地建立对整体系统性风险监控的机制和系统,势在必行。目前的阶段,最重要的三个方面任务为:

(1)最大化地发挥超级金融监管协调委员会的作用。建立良好的法律体系基础设施,对超级金融监管协调委员会的任务、目标、权力和职责范围进行界定,真正成为有约束力的制度性安排。此外,为了提高监管有效性,法律也应该为委员会和监管机构提供一定程度的自主权和法律保护,在此基础上完善一个与国际标准接轨的目标清晰、独立、可信、具权威性的金融监管体系,以使监管有法可依。通过立法明确授权宏观审慎监管的责任主体,使其成为识别与防范系统性风险的责任人和决策者。制定章程,明确与现存"一行三会"监管职能配合的操作规程,防止协调机制流于形式,确保与微观监管机构的有效合作,促进金融市场的健康发展。一些基本的功能应包括:①信息的沟通和共享,建立统一的、独立的包含统计指标和金融监管指标的金融信息系统;②定期的会议,关注同业、跨业、跨国的风险,对宏观预警的跟踪和观察,以及提出政策反应;③对于业务交叉领域和从事混业经营的金融控股公司,应当明确联合监管主体和检查规则,逐步从机构型分业监管模式向功能型统一监管模式转化。

(2)建立适合中国实际的宏观和微观审慎监管的优化平衡。明确通过金融监管部门,实行国际规则和巴塞尔协议Ⅲ,构建逆周期监管调控机制。参考国际清算银行对国际系统重要性金融机构的定义和五条标准,识别中国自己的系统重要性金融机构,改进原有的监管措施和工具,完成诸如资本金、附加资本要求、杠杆率、流动性、拨备计提等方面的具体要求。审慎推进金融业务综合化经营试点,防范由于业务交叉和行业渗透所带来的系统性风险。建立各金融行业之间的"防火墙"。对"三会"的监管职能朝功能性业务监管方面调整,关注跨业的创新型产品,在金融产品与工具上实现功能监管。推进会计制度、评级机构、衍生品交易和清算体系等的改革,对由于市场需求而出现的金融创新(如影子银行、互联网金融等)给予一定的存活空间,让市场提供一个自选择和自规范的机会,设立框架性的微观监管。注重微观层面的监管机制与宏观管理框架相结合,明确金融监管部门各自的责任、主监管权以及它们之间的协调与合作,真正提高监管人员发现风险和控制风险的专业能力。

(3) 扎扎实实建立金融数据信息基础设施。这次金融危机的重大教训之一是,数据信息缺失导致问题无人察觉,金融机构争相盈利,只要音乐不停,舞步便不止。而在问题冒出之后,监管机构和行业自身都不能及时地搞清楚问题的大小和严重性。历史经验告诉我们,要正确地预知风险并提出对策,首先需要有准确的信息。而信息的收集、管理和有效使用,需要有权威机构的协调和行业专家的配合,以及高素质行业人员和资深监管人员的参与。目前,在建立系统性风险管理的基础设施问题上,各国都在摸索。鉴于中国的金融业还年轻,有望在开拓新产品的同时就建立起相应的数据信息采集机制和基础设施。做到这一点,需要由中心的权威机构来协调和管理。因为系统性风险的数据信息涉及的行业广泛,层面复杂,应当是超级金融监管协调委员会负责指定智囊团或机构来操作,设立全国性的金融市场数据监管平台,制定制度规范,并统一管理。在今天大数据的时代,中国正在建立和进一步完善市场经济体制,随着经济转型,金融结构调整和市场化改革,要求业务精细化和风险管理数量化。这一改革的艰巨性、复杂性和长期性,是世界上任何一个市场经济体制国家没有经历过的。因此,在这个问题上,中国应该有自己的创新。谁掌握更多、更准确的数据信息,谁就有了主动权。

综观这些年的各国监管改革动向,笔者认为,宏观审慎监管的理论研究与政策实践将在今后的几年中成为一个重要的焦点。我们面临很多新的问题,特别是对经济周期、金融周期的判断,系统重要性金融机构的划分标准、会计准则的国际趋同,宏观审慎政策工具和指标的建立和选择,信贷及资本价格作为运用宏观审慎工具的原则等,大部分都还在研究当中。宏观审慎工具的使用与规则的建立对管理金融系统性风险有着至关重要的意义,因此在研究与使用时都必须保证谨慎和可行。另外,宏观审慎监管与其他的宏观经济政策,诸如货币政策、财政政策、税收政策和其他宏观调控政策等,关注问题的角度都不同,但是它们之间的联系与区别,以及相互之间的影响和制约,都是非常值得研究的。笔者在此不再展开。

以客户为中心、以盈利和市场为导向的金融行业创新,以及以维护金融市场的公平、金融体系的稳定和健康为目标的监管,是现代金融发展的两大主题,它们是一对矛盾的两极,相互依存,此消彼长,此生彼息。本书以国际最新的监管改革及近期的发展趋势讨论作为对系统性风险治理的结尾,并不等于认为监管就是万能的解决办法,也不试图找到最优的监管模式,更不是企图通过加大监管消除掉所有的系统性风险。历史表明,实际监管的过程,是监管者和被监管者相互博弈的过程。人类永远不会先有完整的制度才去交易,也不会因为监管永远是滞后、监管改革是由危机导向的,而放弃寻找新的防范风险的方法与手段以及更加合理、公平的国际监管原则。金融监管与金融创新的博弈贯穿金融业发展始终。为了维持人类经济社会持续的增长和稳定,我们需要的是国际社会的联合努力,尝试更好的金融和监管的基础架构,促成审慎、冒险和创新的适当组合。

参 考 文 献

［1］巴曙松、朱元倩:《压力测试在银行风险管理中的应用》,《经济学家》,2010年第2期。

［2］巴曙松:《中国金融大未来》,华文出版社2010年版。

［3］巴曙松、王璟怡、杜婧:《从微观审慎到宏观审慎:危机下的监管启示》,《国际金融研究》2010年5月。

［4］博源基金会编,《国际金融监管:问题.改革》,社会科学文献出版社2010年版。

［5］财新网:《审计署公布政府债务总计超30万亿》,2013年12月20日。

［6］曹凤岐:《中国金融监管体系三大问题急需改革——评建立金融监管协调部际联席会议制度》,2013年8月。

［7］陈德胜、姚伟峰、冯宗宪:《极端波动情景中的压力测试和极值理论方法研究》,《价值工程》2004年第7期。

［8］陈龙:《中国会发生政府债务危机吗?》,《中国改革》2013年第7期。

［9］陈华、岳西泉、伍志文:《国有银行脆弱性测度及其成因实证分析》,《江苏广播电视大学学报》2004年第5期。

［10］池田信夫:《失去的二十年:日本经济长期停滞的真正原因》,机械工业出版社2012年版。

［11］董天新、杜亚斌:《压力测试及其在金融机构风险管理中的运用》,《海南金融》2005年第5期。

［12］杜春雷、刘志洋:《系统性风险测度研究综述》,企业管理出版社2012年版。

［13］范希文、孙健:《信用衍生品:理论与实务——金融创新中的机遇与挑战》,中国经济出版社2010年版。

［14］范小云:《繁荣的背后——金融系统性风险的本质、测度与管理》,中国金融出版社2006年版。

［15］菲利普·乔瑞:《风险价值VAR:金融风险管理新标准(第三版)》,中信出版社2010年版。

［16］高国华、潘英丽:《基于资产负债表关联的银行系统性风险研究》,《管理工程学报》

2012 年第 4 期。

[17] 郜利明:《经济的周期性与压力测试中假定性情景的设定》,《金融管理与研究》2009 年第 2 期。

[18] 韩守富、马斌、吴世真、霍朋军、程金辉:《后金融危机背景下的金融监管》,社会科学文献出版社 2012 年版。

[19] 黄志凌:《商业银行压力测试》,中国金融出版社 2010 年版。

[20] 李江、刘丽平:《中国商业银行体系信用风险评估——基于宏观压力测试的研究》,《当代经济科学》2008 年第 6 期。

[21] 刘畅、苟于国、郭敏:《美国大型商业银行压力测试框架解析》,《投资研究》2010 年第 4 期。

[22] 刘晓星:《风险价值、压力测试与金融系统稳定性评估》,《财经问题研究》2009 年第 9 期。

[23] 刘艳:《中国式购房的尴尬》,FT 中文版,2013 年 5 月 29 日。

[24] 刘遵义:《下一个墨西哥在东亚吗?》,联合国世界经济会议提交报告,1995 年秋。

[25] 卢婧:《我在美联储监管银行》,清华大学出版社 2007 年版。

[26] 马丁、王大贤:《VaR 的有效性评价研究》,《太原理工大学学报》社会科学版 2006 年第 12 期。

[27] 马尔科姆·艾迪:《宏观审慎监管与中央银行的作用》,《中国金融》2013 年第 3 期。

[28] 浦江夜话四:《影子银行的发展与监管》,财经网宏观,2013 年,http://finance.caixin.com/2013-06-27/100548211.html。

[29] 审计局:《"抽查"36 个地方政府债务变化情况,2 年增长 12.94%》,新华网,2013 年 6 月 10 日。

[30] 审计署报告:《省会城市债务率最高达 189%》,财经网宏观,2013 年,http://www.caijing.com.cn/2013-06-28/112968879.html.

[31] 盛斌、石静雅:《厚尾事件度量和压力测试在我国商业银行的应用研究》,《财经问题研究》2010 年第 2 期。

[32] 孙连友:《金融体系压力测试:概念与方法》,《济南金融》2006 年第 2 期。

[33] 孙连友:《商业银行信用风险压力测试》,《广西金融研究》2007 年第 11 期。

[34] 孙晓云:《金融危机原因分析、变革趋势及对中国金融业的潜在影响》,北京大学国家发展研究院,EDP 课程讲义,2009 年。

[35] 孙晓云:《全面风险管理》,上海交通大学国际银行顶级课程讲义,2010 年。

[36] 孙晓云、李佳:《从巴塞尔新资本协议第三版的演进看全球金融监管改革的趋势》,

《当代金融家》2011 年第 11 期。

[37] 孙晓云:《建立金融系统性风险监管的基础设施——解读金融稳定理事会关于采集数据信息的征求意见稿》,《风险管理》2011 年第 12 期。

[38] 孙晓云:《美国金融业的变化与挑战》,《中国金融》2012 年第 24 期。

[39] 孙晓云、勾金海:《全球金融系统性风险监管的第二个里程碑——解读金融稳定理事会的征求意见稿》,《中国金融》2011 年第 23 期。

[40] 唐毅南、陈平:《群体动力学和金融危机的预测》,《经济研究》2010 年第 6 期。

[41] 王兆星:《构建金融宏观审慎监管框架——国际金融监管改革系列谈之七》,《中国金融》2013 年第 18 期。

[42] 王志浩:《中国总债务是 GDP 的 220%》,陆家嘴论坛,2013 年。

[43] 翁涛:《中国银行业监督管理委员会压力测试讲座》,普华永道金融风险管理咨询部,2007 年。

[44] 吴晓求:《中国资本市场 2011—2020——关于未来 10 年发展战略的研究》,中国金融出版社 2012 年版。

[45] 武彦民、张丽恒:《我国地方政府融资平台债务风险的现状与治理研究》,《青海社会科学》2012 年第 6 期。

[46] 谢百三:《中国股市十大缺陷》,《金融投资报》2013 年 7 月 6 日。

[47] 徐光林:《我国银行业金融机构资产规模的宏观压力测试》,《新金融》2008 年第 11 期。

[48] 杨鹏:《压力测试及其在金融监管中的应用》,《上海金融》2005 年第 1 期。

[49] 杨文生、赵杨:《商业银行压力测试的国内外研究现状及其评述》,《企业活力》2010 年第 9 期。

[50] 姚博元、王刚:《第三版巴塞尔资本协议:发展改革、主要内容及影响分析》,中国银监会政策研究局,2011 年。

[51] 张化桥:《银子银行内幕》,机械工业出版社 2013 年版。

[52] 张金清:《金融风险管理》,复旦大学出版社 2009 年版。

[53] 张筱峰、王健康、陶金:《中国银行体系脆弱性的测度与实证研究》,《财经理论与实践》2008 年第 29 期。

[54] 张晓朴:《系统性金融风险研究:演进、成因与监管》,《国际金融研究》2010 年第 7 期。

[55] 中国社科院:《中国金融监管改革面临七个重大问题》,2013 年 10 月。

[56] 中国社科院:《中国国家资产负债表 2013》,2013 年 12 月。

[57] 中国银监会:《危机以来国际金融监管改革综述》,http://www.cbrc.gov.cn/chinese/

home/docView/20110212C7259072B5D8DE70FF32002EE4851000.html。

[58] 钟正生：《中国分部门债务水平分析》，http://www.ftchinese.com/index.php.2013-04-17，2013 年。

[59] 周小川：《国际金融危机：观察、分析与应对》，中国金融出版社 2012 年版。

[60] 周子衡：《从 VaR 到 ST 的演进》，《金融实务》2010 年第 3 期。

[61] 周子元：《商业银行信用风险压力测试的方法和实践》，《金融理论与实践》2009 年第 8 期。

[62] Acharya, Viral V. 2009, "A theory of systemic risk and design of prudential bank regulation", *Journal of Financial Stability*, 5, 224—255.

[63] Acharya, V., L.Pedersen, T.Philippon and M.Richardson, 2010, "Measuring Systemic Risk", Working Paper, New York University.

[64] Acharya, V. V., J. A. C. Santos and T. Yorulmazer, 2010, "Systemic Risk and Deposit Insurance Premiums", *Economic Policy Review*, 16(1).

[65] Adrian, Tobias and Hyun Song Shin, 2010, "The Changing Nature of Financial Intermediation and the Financial Crisis of 2007—09", Federal Reserve Bank of New York, Staff Reports.

[66] Adrian, Tobias and Markus K.Brunnermeier, 2008, "CoVaR: A Method for Macroprudential", Staff Report, Federal Reserve Bank of New York.

[67] Adrian, Tobias and Markus K.Brunnermeier, 2010, "CoVaR", Staff Report 348, Federal Reserve Bank of New York.

[68] Agami, Medy and Josephine de Chazournes, 2012, "Shadow Banking Products in Europe and North America: Different Seasonings for the Alphabet Soup", Celent.

[69] Akgiray, Vedat, 1989, "Conditional Heteroscedasticity in Time Series of Stock Returns: Evidence and Forecasts", *The Journal of Business*, 62(1).

[70] Alessi, Lucia and Carsten Detken, 2010, "Real Time Early Warning Indicators for Costly Asset Price Boom/Bust Cycles: A Role for Global Liquidity", Paolo Baffi Centre Research Paper.

[71] Alfaro, Rodrigo and Mathias Drehmann, 2009, "Macro Stress Tests and Crises: What Can We Learn?" *BIS Quarterly Review*, 4.

[72] Allen, Julia Lees, 2012, "Derivatives Clearinghouses and Systemic Risk, A Bankruptcy and Dodd-Frank Analysis", *Stanford Law Review*, 64(4).

[73] Allen, Linda, T.Bali and Y.Tang, 2011, "Does Systemic Risk in the Financial Sec-

tor Predict Future Economic Downturns?" Paper presented at the joint RFS/NYU/NY FED conference on financial intermediation.

[74] Anabtawi, Iman and Billio Steven L.Schwarcz, 2011, "Regulating Systemic Risk", UCLA School of Law Econ, Research Paper, 10—11.

[75] Arner, Douglas and Jan Juy Lin(ed.), 2003, *Financial Regulation: A Guide to Structural Reform*, Sweet & Maxwell Asia Ltd.

[76] Arora, N., P.Gandhi and F.A.Longstaff, 2012, "Counterparty Credit Risk and The Credit Default Swap Market", *Journal of Financial Economics*, 103(2).

[77] Atkinson, T., D.Luttrell and H.Rosenblum, 2013, "How Bad Was It? The Costs and Consequence of the 2007—2009 Financial Crisis", *DallasFed*, No.20.

[78] Bank for International Settlements(BIS), 1994, 64th Annual Report, Basel, Switzerland.

[79] Bank for International Settlements(BIS), 2011, "Basel III Counterparty Credit Risk—Frequently Asked Questions".

[80] Bank for International Settlements(BIS), 2010, "Basel III Rules Text and Results of the Quantitative Impact Study", issued by the Basel Committee.

[81] Basel Committee on Banking Supervision, BIS, 1996, "Amendment to the capital accord to incorporate market risks", BIS.

[82] Basel Committee on Banking Supervision, BIS, 2013, "Report to G20 Leaders on Monitoring Implementation of BASEL III Regulatory Reforms".

[83] Baumol, William J., 1972, "On Taxation and the Control of Externalities", *American Economic Review*, 62(3).

[84] Berkowitz, Jeremy, 1999, "A Coherent Framework for Stress-Testing", Federal Reserve Board, Working Paper, 3.

[85] Bernanke, Ben S., 2009,"A letter to Senator Bob Corker", October 30th, http://blogs.wsj.com/economics/2009/11/18/bernanke-offers-broad-definition-of-systemic-risk/.

[86] Bernanke, Ben S., 2010, "Causes of the Recent Financial and Economic Crisis", Statement by Ben S.Bernanke, Chairman, Board of Governors of the Federal Reserve, before the Financial Crisis Inquiry Commission, Washington DC.

[87] Bernanke, Ben S., 2012, "Some Reflections on the Crisis and the Policy Response Causes of the Recent Financial and Economic Crisis", The Russell Sage Foundation and The Century Foundation Conference on Rethinking Finance, New York.

［88］Billio Frederic S. and Stanley Eakins, 2011, *Financial Markets and Institutions*, 7th Ed., the Prentice Hall Series in Finance.

［89］Billio, M., M.Getmansky, A.W.Lo, and L.Pelizzon, 2010, "Econometric Measures of Systemic Risk in the Finance and Insurance Sectors", NBER Working Paper, 16223.

［90］Bisias, D., M.Flood, A.W. Lo and S.Valavani, 2012, "A Survey of Systemic Risk Analytics", *Annual Review of Financial Economics*, 4.

［91］Board of Governors of the Federal Reserve System, 2001, "Policy Statement on Payments System Risk", Washington, DC.

［92］Bodie, Zvi and Robert C.Merton, 1999, *Finance*, Prentice Hall.

［93］Borio, Claudio, 2007, "Towards A Macro-prudential Framework For Financial Supervision And Regulation", BIS Working Papers, No.128.

［94］Borio, Claudio, 2009, "The Macroprudential Approach to Regulation and Supervision", BIS Working Paper.

［95］Boss, Michael, 2002, "A Macroeconomic Credit Risk Model For Stress Testing the Austrian Credit Portfolio", Financial Stability Report 4, Oesterreichische National Bank.

［96］Brainard, William and Hanming, Fang, 2003, "Externality versus Public Goods", Duke University.

［97］Brunnermeier, M., G.Dong and D.Palia, 2011, "Banks' Non-Interest Income and Systemic Risk", http://www.greta.it/credit/credit2011/ppt/Friday%20morning/Palia.pdf.

［98］Brunnermeier, Markus and Lasse Pedersen, 2009, "Market Liquidity and Funding Liquidity", *The Review of Financial Studies*, 22.

［99］Buchinsky, Moshe, 1994, "Changes in the U.S Wage Structure 1963—1987: Application of Quantile Regression", *Econometrica*, 62(2).

［100］Bullard, J., C.J.Neely and D.C.Wheelock, 2009, "Wheelock Systemic Risk and the Financial Crisis: A Primer", *Federal Reserve Bank of St.Louis Review*, 9.

［101］Caprio, Gerard and Daniela Klingebiel, 1999, "Episodes of Systemic and Borderline Financial Crises", World Bank, Research Paper.

［102］Caprio, Gerard and Patrick Honohan, 2001, *Finance for Growth: Policy Choices in a Volatile World*, World Bank Publications.

［103］ Cassidy, John, 2013, "Two Cheers for the New Volcker Rule, The New Yorker", http://www.newyorker.com/online/blogs/johncassidy/2013/12/two-cheers-for-the-new-volcker-rule.html.

［104］ CGFS, 2000, "Stress Testing by Large Financial Institutions: Current Practice and Aggregation Issues", BIS. See also: http://www.bis.org/.

［105］ Chan-Lau, J.A., M.Espinosa, K.Giesecke and J.A.Sole, 2009, "Assessing the Systemic Implications of Financial Linkages", IMF Global Financial Stability Report, 2.

［106］ Cihak, Martin, 2004, "Stress Testing—a Review of Key Concepts", CNB International Research and Policy Note.

［107］ Cihak, Martin, 2006, "How Do Central Banks Write on Financial Stability?", IMF Working Paper, No.163.

［108］ Committee on the Global Financial System(CGFS), 2000, "Stress Testing by Large Financial Institutions: Current Practice and Aggregation Issues", available at: http://www.bis.org/.

［109］ Committee on the Global Financial System(CGFS), 2001, "A Survey of Stress Tests and Current Practice at Major Financial Institutions", Bank for International Settlements, available at: http://www.bis.org/publ/cgfs18.pdf.

［110］ Comptroller of the Currency Administrator of National Banks,2007, 2012(updated), "Bank Supervision Process", Comptroller's Handbook.

［111］ Containing Systemic Risk: The Road to Reform, the Report of the CRMPG III, 2008.

［112］ Crouhy, M., D.Galai and R.Mark, 2005, *The Essentials of Risk Management*, McGraw Hill Professional.

［113］ Davies, Howard and David Green, 2008, *Global Financial Regulation: The Essential Guide*, Polity Press Ltd. Cambridge.

［114］ DavisPolk, 2013, "Dodd-Frank Progress Report", Three Years Anniversary Report.

［115］ DavisPolk, 2014, "Dodd-Frank Progress Report", www.davispolkportal.com, Davis Polk & Wardwell LLP, January.

［116］ Delianedis, Gordon and Robert Geske, 2001, "The Components of Corporate Credit Spreads: Default, Recovery, Tax, Jumps, Liquidity, and Market

Factors", The Anderson School at UCLA, Working Paper, 1—40.

[117] Dijkman, Miquel, 2010, "A Framework of Assessing Systemic Risk", The World Bank Policy Research Workin Paper.

[118] Donnelly, Catherine and Paul Embrechts, 2010, "The Devil Is In the Details: Actuarial Mathematics and the Subprime Mortgage Crisis", RiskLab, ETH Zurich, Switzerland, http://citeseerx.ist.psu.edu/viewdoc/summary?doi=10.1.1.157.635.

[119] Douady, Raphael, 2009, "A Non-Syclical Capital Adquacy Rule and the Aversion of Systemic Risk", Working Papers Series, Riskdata; CES Univ. Paris 1.

[120] Duffie, Darrell, 2011, "Systemic Risk Exposures A 10-by-10-by-10 Approach", Working Paper, Stanford University.

[121] Duffie, Darrell, 2012, *How Big Banks Fail and What to Do about It*, Princeton University Press.

[122] Elton, E.J., M.J.Gruber, D.Agrawal and C.Mann, 2001, "Explaining the Rate Spread on Corporate Bonds", *The Journal of Finance*, 56(1).

[123] Fitch Ratings, http://www.fitchratings.com/creditdesk/press_releases/detail.cfm?pr_id=787901&origin=home&cm_mmc=Twitter-_-CHINA-_-RAC-_-2013/4/9.

[124] Frankel, Jeffrey A. and George Saravelos, 2011, "Can Leading Indicators Assess Country Vulnerability? Evidence From the 2008—09 Global Financial Crisis", Working Paper, Harvard Kennedy School.

[125] Frederic, Mishkin, 1995, "Comment on Systemic Risk", in by George Kaufman ed., *Research in Financial Services: Banking, Financial Markets, and Systemic Risk*, Vol.7, 31—45.

[126] Geanakoplos, John, 2010, "The Leverage Cycle", Cowles Foundation Discussion Paper, No.1715.

[127] George, Kaufman and Scott Kenneth, 2003, "What is Systemic Risk, and Do Bank Regulators Retard or Contribute toit?" *The Independent Review*, 7.

[128] Giesecke, Kay and Stefan Weber, 2004, "Cyclical Correlation, Credit Contagion, and Portfolio Losses", *Journal of Banking and Finance*, 28.

[129] Giesecke, Kay and Baeho Kim, 2011, "Systemic Risk: What Defaults are Telling Us", *Management Science*, 57(8).

[130] Gonzalez-Hermosillo, Brenda, 1996, "Banking Sector Fragility and Systemic

Sources of Fragility", IMF Working Paper.

[131] Gonzalez-Hermosillo, Brenda and Heiko Hesse, 2009, Global Market Conditions and Systemic Risk, IMF Working Paper.

[132] Goodhart, Charles, and Avinash Persaud, 2008, "A Proposal for how to Avoid the Next Crash", *Financial Times*, January 31.

[133] Gorton, Gary, 2009, "Slapped in the Face by the Invisible Hand: Banking and the Panic of 2007", Yale and NBER, Federal Reserve Bank of Atlanta's 2009 Financial Markets Conference: Financial Innovation and Crisis.

[134] Gramm, Phil and Mike Solon, 2013, "The Clinton-Era Roots of the Financial Crisis", *The Wall Street Journal*, August ,12.

[135] Gray, Dale F., and Andreas A. Jobst, 2011, "Systemic Contingent Claims Analysis(Systemic CCA)—Estimating Potential Losses and Implied Government Guarantees to the Financial Sector", IMF Working Paper.

[136] Greenspan, Alan, 2009, "Remark on Systemic Risk", Speech at American Enterprise Institute.

[137] Group of Ten, 2001, "Consolidation in the Financial Sector", Summary Report, http://www.federalreserve.gov/boarddocs/speeches/2001/20010125/attachment2.pdf.

[138] Haldane, Andrew G., 2009, "Why Banks Failed the Stress Test", A Speech at the Marcus-Evans Conference on Stress-Testing.

[139] Hamilton, James and Raul Susmel, 1994, "Autoregressive Conditional Heteroskedasticity and Changes in Regime", Journal of Econometrics, 64.

[140] Hanson, S. G., A. K. Kashyap and J. C. Stein, 2011, "A Macro-prudential Approach to Financial Regulation", *Journal of Economic Perspectives*, 25(1).

[141] Hardin, Garrett, 1968, "The Tragedy of the Commons", *Science*, 162(3859).

[142] Heires, Katherine, 2013, "Light on the Shadow", Celent and Dallas Federal Reports.

[143] Hendricks, Darryll, 2009, "Defining Systemic Risk", The PEW Financial Reform Project. http://fic.wharton.upenn.edu/fic/Policy%20page/PTF-Note-1-Defining-Systemic-Risk-TF-Correction.pdf.

[144] Hesse, Heiko and Brenda González-Hermosillo, 2009, "Global Market Conditions and Systemic Risk", IMF Working Paper, 09(230).

[145] Huang, Jing-Zhi and Ming Huang, 2003, "How Much of the Corporate-Treasury Yield Spread is Due to Credit Risk", Stanford University, Working Paper, 1—55.

[146] Hunter, William C., George G.Kaufman and Michael Pomerleano, 2003, *Asset Price Bubbles: the Implications for Monetary, Regulatory, and International Policies*, MIT Press.

[147] Hu, X., J.Pan, and J.Wang, 2010, "Noise as Information for Illiquidity", Working Paper, Massachusetts Institute of Technology.

[148] Isaac, William M.and Philip C.Meyer, 2010, *Senseless Panic—How Washington Failed America*, John Wiley & Sons.

[149] Jones, Sam, 2009, "Of Couples and Copulas: the Formula that Felled Wall St.", *Financial Times*, April 24.

[150] Jorion, Philippe and Gaiyan Zhang, 2009, "Counterparty Risk", *Journal of Financial Economics*, 64(5).

[151] Jurion, Philippe, 2007, "Bank Trading Risk and Systemic Risk", in by Carey, M. and R.Stulz ed., *The Risks of Financial Institutions*, Chicago: University of Chicago Press.

[152] Kaminsky, G., S.Lizondo and C.Reinhart, 1997, "Leading Indicators of Currency Crises", IMF Working paper, WP/97/79.

[153] Katherine, Anna and Barnett-Hart, 2009, "The Story of the CDO Market Meltdown: An Empirical Analysis", Harvard College.

[154] Kaufman, George and Kenneth Scott, 2003, "What is Systemic Risk, and Do Bank Regulators Retard or Contribute to It?", *The Independent Review*, 7, Winter.

[155] Khandani, A.E., A.W.Lo, and R.C.Merton, 2009, "Systemic Risk and the Refinancing Ratchet Effect", Working Paper, MIT Sloan School, 4750-09.

[156] Khandani, A.E., A.J.Kim, and A.W.Lo, 2010, "Consumer Credit Risk Models via Machine-Learning Algorithms", *Journal of Banking and Finance*, 34(1).

[157] Kiff, J., J.Elliott, E.Kazarian, J.Sarlata and C.Spackman, 2009, "Credit Derivatives, Systemic Risks and Policy Options?" IMF Working Paper.

[158] Koch, Timothy W. and S.Scott MacDonald, 2009, *Bank Management*, (7th ed.) South-Western, Cengage Learning.

[159] Kritzman, Mark and Yuanzhen Li, 2010, "Skulls, Financial Turbulence, and Risk Management", *Financial Analysts Journal*, 10.

[160] Kupiec, Paul.H., 1998, "Stress Testing in a Value at Risk Framework", *Journal of Derivatives*, 6(1).

[161] Laeven, Luc and Fabian Balencia, 2008, "Systemic Banking Crises: A New Database", IMF Working Paper.

[162] Laeven, Luc and Fabian Balencia, 2012, "Systemic Banking Crises: An Update", IMF Working Paper.

[163] Lenzner, Robert, 2013, "The Six Gaping Loopholes In The Controversial Volcker Rule", *Forbes*, December.

[164] Li, David X., 2000, "On Default Correlation: A Copula Function Approach", *The Journal of Fixed Income*, 9(4).

[165] Lo, Andrew W., 2012, "Reading about the Financial Crisis: A 21-Book Review", *The Journal of Economic Literature*, 50(1).

[166] Login, François M., 2000, "From Value at Risk to Stress Testing: The Extreme Value Approach", *Journal of Banking & Finance*, 24.

[167] Longstaff, F., A. Longstaff, S. Mithal and E. Neis, 2005, "Corporate Yield Spreads: Default Risk or Liquidity? New Evidence from the Credit Default Swap Market", *The Journal of Finance*, 60(5).

[168] Luttrell, D., H. Rosenblum and J. Thies, 2012, "Understanding the Risks Inherent in Shadow Banking: A Primer and Practical Lessons Learned", DallasFed, No.18.

[169] Markose, Sheri M., 2012, "Systemic Risk from Global Financial Derivatives: A Network Analysis of Contagion and Its Mitigation with Super-Spreader Tax", IMF Working Paper.

[170] Maxam, Clark L., 2008, "Understanding the Financial Crisis: The Unintended Consequences Of Mark-To-Market Accounting", *Mountain Plains Journal of Business and Economics*, Opinions and Experiences, 9(2).

[171] Mill, John Stuart, 1848, *Principles of Political Economy*.

[172] Mishkin, Frederic. 1995, "Comment on Systemic Risk", in by Kaufman, G. ed., *Research in Financial Services: Banking, Financial Markets, and Systemic Risk*, v7:31—45.

[173] Mishkin, Frederic and Stanley Eakins, 2011, *Financial Markets and Institutions* (7th Edition). The Prentice Hall Series in Finance.

[174] Mithal, Sanjay and Eric Neis, 2005, "Corporate Yield Spreads: Default Risk or Liquidity? New Evidence from the Credit Default Swap Market", *The Journal of Finance*, 60(5).

[175] Modigliani，Franco and Merton H. Miller，1958，"The Cost of Capital，Corporation Finance and the Theory of Investment"，*American Economic Review*，48(3).

[176] Morrison，Alan D. and William. J. Wilhelm，2007，"Investment Bank：Past，Present，and Future"，*Journal of Applied Corporate Finance*，19(1).

[177] Office of the Comptroller of the Currency(OCC)，2012，Bank Supervision Process Handook—Office of the Comptroller of the Currency，http://www.occ.gov/publications/publications-by-type/comptrollers-handbook/bsp-2.pdf.

[178] Okamoto，Karl S.，2008，"After the Bailout：Regulating Systemic Moral Hazard"，Drexel College of Law Research Paper，57.

[179] Olson，Mark W.，2002，"Observations on the Evolution of the Financial Services，Industry and Public Policy"，Speech at University of Miami School of Law.

[180] Philippon，Thomas，2011，"The Size of the U.S. Finance Industry：A Puzzle?" Working Paper，Federal Reserve Bank of New York.

[181] Reinhart，Carmen M. and Kenneth Rogoff，2008，"This Time is Different：A Panoramic View of Eight Centuries of Financial Crises"，NBER Working Paper，No.w13882.

[182] Riley，Charles，2013，"Fitch Warns On China Debt"，CNN Money，http://money.cnn.com/2013/04/10/news/economy/china-debt-fitch/index.html.

[183] Roubini，Nouriel and Stephen Mihm，2010，*Crisis Economics—A Crash Course in the Future of Finance*，Penguin Books.

[184] Salmon，Felix，2009，"Recipe for Disaster：the Formula that Killed Wall Street"，*Wired Magazine*，17(3).

[185] Segoviano，M.A.，and C. Goodhart，2009，"Banking Stability Measures，Financial Markets Group"，Discussion Paper 627，London School of Economics and Political Science.

[186] Shiller，Robert，2012，*Finance and the Good Society*，Princeton University Press.

[187] Soros，George，1987，*The Alchemy of Finance：Reading the mind of the Market*，John Wiley & Sons.

[188] Soros，George，2008，*The New Paradigm for Financial Markets：the Credit Crisis of 2008 and What is Means*，United States Public Affairs.

[189] Swinburne，Mark，2007，"The IMF's Experience with Macro Stress Testing"，Conference Report on Stress Testing and Financial Crisis Simulation Exercise，7.

[190] Taleb, Nassim Nicholas, 2008, *The Black Swan: The Impact of the Highly Improbable*, Penguin Books Limited.

[191] Taylor, John B., "Systemic Risk and the Role of Government", Keynote Speech, Conference on Financial Innovation and Crisis Federal Reserve Bank of Atlanta, Jekyll Island, Georgia, May 12, 2009.

[192] The Financial Crisis Inquiry Commission, 2011, "The Financial Crisis Inquiry Report", Final Report of the National Commission on the Causes of the Financial and Economic Crisis in the United States, Official Government Edition, Washington DC: US Government Printing Office.

[193] The IMF-FSB Early Warning Exercises, 2010, "Design and Methodological Toolkit", IMF.

[194] Turner, A., A. Haldane, P. Woolley, et al., 2010, "The Future of Finance and the Theory of that Underpin it", LSE Report, London School of Economics and Political Science.

[195] Turner, Adair, "Shadow Banking and Financial Instability", Case Lecture, Case Business School, March 14, 2012.

[196] Valen, Leigh Van, 1973, "A New Evolutionary Law", *Evolutionary Theory*, 1, 1—30.

[197] Vazquez, F., B. M. Tabak and M. R. Souto, 2010, "A Macro Stress Test Model of Credit Risk for the Brazilian Banking Sector", IMF Working Paper.

[198] Viral V., A., J. A. C., Santos and T. Yorulmazer, 2009, "Systemic Risk and Deposit Insurance Premiums", Working Paper, New York University.

[199] Virolainen, Kimmo, 2004, "Macro Stress Testing with a Macroeconomic Credit Risk Model for Finland", Bank of Finland Discussion Papers, 18.

[200] Vlieghe, Gertian W., 2001, "Indicators of Fragility in the UK Corporate Sector", Bank of England Working Paper.

[201] West, Kenneth D. and Dongchul Cho, 1995, "The Predictive Ability of Several Models of Exchange Rate Volatility", *Journal of Econometrics*, 69.

[202] Wilson, Thomas C., 1997, "Portfolio Credit Risk", *Risk*, 10.

[203] Wong, J., K. F. Choi and T. Fong, 2006, "A Framework for Macro Stress-testing the Credit Risk of Banks in Hong Kong", *Hong Kong Monetary Authority Quarterly Bulletin*, 10, 1—38.

后　记

本书最早构想于 2008 年我在纽约离开花旗集团之后。近五年来，我有一半时间在中国的金融业和高校为业界做培训和咨询，此间不断对其进行丰富。回想三年多以前，当我与复旦大学新政治经济学研究中心的主任史正富教授谈到我对系统性风险和国际金融监管的研究兴趣和构想时，很快获得他的理解和支持。之后又有幸受史教授之邀，在中心任高级研究员。在此期间，慢慢积累和出版了数篇研究报告，并在史教授的激发和鼓励下，开始写作成书。由于题目涉及面广泛，个人认知有限，直到完稿仍感诸多仓促和遗憾。此书的内容若有任何不妥和错误之处，是我个人的责任。

在中心工作的三年多来，史教授对问题敏锐的洞察力，鞭辟入里的率直和对现实问题超常、独特的见解，对我启发颇深。他对我的研究提出了不少建议，比如，关于金融衍生品与系统性风险关系的一章，就是在他的提议下构思的。中心的高级研究员陈平教授，以擅长批判性思维著称，阅读了书中的部分章节，给予了肯定并提出了建议，还推荐我阅读了不同角度的参考文献。几年来，中心的那些热烈、尖锐而风趣的学术讨论至今仍历历在目，难以忘却。我能够顺利地完成该研究和书稿，离不开中心的研究同仁这些年来不断的鞭策和激励。在此，我对史正富教授和中心其他人员的支持和帮助深表谢意。

我的马里兰大学博士师兄，北京大学王其文教授，在书稿演化的过程中一路提出让我思考的问题。他在数量分析方面拥有丰厚的理论知识和严谨的理性思维，他对本书实证研究的模型部分给予了很多宝贵的启发和指导。他花了大量的时间通读了全书，还欣然动笔，指正了初稿中的不妥之处和表达的偏差。我的挚友，《我在美联储监管银行》一书的作者卢菁博士，阅读了初稿的主要部分，提出了不少建设性的意见，帮助我理清思路，不断完善观点的表达。在我写作困难的期间，她的视角和鼓励点燃了我心中的灯。我的老朋友，北美华人银行家协会第一任会长骆宁博士，长期以来不断地与我分享他的观点和行业信息。他资深的业界经验和批判性思维，开阔了我的视野，启发我转换思考的角度。在此，我向他们表示衷心的感谢。

本书的第 7 章，中国问题系统性风险的实证性研究部分，得益于我任兼职教授的北京大学的金融信息工程专业硕士研究生——勾金海、和宗昌、陶健、刘瑜、赵婧伊的积极参与。他们对金融系统性风险的研究方向有热情,在资料梳理、数据收集、建模分析和对比研究方面,做了深入细致的工作,获得了有意义的研究成果,为本书在中国系统性风险的实证定量研究方面达到目前的较高水准,做出了关键性的支持。在此感谢他们。

在研究过程中,勾金海参与了第 6 章英文资料收集、整编的工作。他的好学和钻研使得沉闷而繁重的研究和讨论变得富有生气。在书稿的写作过程中,金涛、和宗昌、勾金海、曾妮阅读了初稿,为文字编辑、修订排版、绘制图表做了大量细致的工作。特别是和宗昌、金涛在繁忙的工作之余,还常常熬夜读稿,为书稿内容的准确性核对资料。施雯嘉和冯忠伟也在收集资料方面给予了帮助。他们的工作使得书稿的语言和格式润色不少。我向他们致谢。

立项之初,我受王丹女士"世纪管理名家讲坛"和中国人民大学陈忠阳教授"第 7 届中国金融风险经理年度总论坛"的邀请,提供了以"全面风险管理"和"系统性风险管理"为专题的前沿讲座,收获不少业界人士的肯定和启示,收益颇多。多位金融媒体圈的资深编辑和作家朋友——于江、张立红、孙芙蓉、甘琦、北岛、徐晓、江涛、郭良、张闻素等,多年来一直鼓励我将课件和研究写作成书,或开设媒体专栏,有的对本书的前言和内容提出了具体建议,他们的积极推动让我深受鼓舞。汪天德教授和张朝辉教授、行业同仁吕多加和李小苏阅读了书稿部分章节,提出了不少富有启发性的问题和宝贵的修改建议。他们以及其他的专家或同仁,杨壮、陈航、刘莉莉、陈超英、朱敏、李勇、窦尔翔、黄嵩、邢恩全、陈毅松、楼新跃、万颖玲、蔡晓虹、吕嘉禾等,也常与我就经济和金融的问题进行交流和切磋。过去五年来在中国的部分时间里,我有幸与来自行业第一线的管理人员相识和交流,受益于很多我无法一一点名的同仁和朋友,在此对他们一并表示诚挚的感谢。

格致出版社的忻雁翔女士为本书的编辑、校对、出版付出了大量的心血,我敬佩她的专业素养和敬业精神,感谢她和她的同仁们的努力投入,使得本书能以今天的面貌问世。

我的先生 Roger Chan,中年来到我的生活中,成为我最重要的人。他的智慧、理解、激励与包容,使我的生活得以真正由"自在"进入"自在自为"的境界。有他一同分享完成书稿的喜悦,我为之幸运。

孙晓云
2014 年 6 月 2 日
于纽约

图书在版编目(CIP)数据

系统性风险管理和国际金融监管体系改革/孙晓云
著.—上海:格致出版社:上海人民出版社,2014
ISBN 978-7-5432-2424-7

Ⅰ.①系… Ⅱ.①孙… Ⅲ.①国际金融-风险管理②
国际金融-金融监管体系-金融改革 Ⅳ.①F831

中国版本图书馆CIP数据核字(2014)第149454号

责任编辑 忻雁翔
美术编辑 路 静

系统性风险管理和国际金融监管体系改革

孙晓云 著

出 版	世纪出版股份有限公司 格致出版社	印 刷	上海图宇印刷有限公司
	世纪出版集团 上海人民出版社	开 本	787×1092 1/16
	(200001 上海福建中路193号 www.ewen.co)	印 张	18.25
		插 页	2
	编辑部热线 021-63914988	字 数	328,000
	市场热线 021-63914081	版 次	2014年11月第1版
	www.hibooks.cn	印 次	2014年11月第1次印刷
发 行	上海世纪出版股份有限公司发行中心		

ISBN 978-7-5432-2424-7/F·774   定价:48.00元